ALL THAT MUSIC THERAPY FOR YOUTH AT RISK

올 댓 위기청소년 음악치료

황은영 · 박지선 · 이일경
장문정 · 주지은 공저

학지사

머리말

"부유한 국가들의 불행한 청소년에 대한 역설: 고소득 국가 청소년들의 정신건강, 중소득국가에 비해 좋지 않다고 밝혀져"(교수신문, 2023. 3. 14.)

전 세계 81개국(OECD 회원국 37개국, 비회원국 44개국)이 참여한 OECD 국제 학업성취도 비교연구 결과, 우리나라 학생의 학력 수준은 최상위권임에도 불구하고 10명 중 2명은 자기 삶에 만족하지 못하다고 응답했으며, 이는 OECD 평균보다 낮은 수준이었습니다. 왜 우리나라 청소년들은 국가소득 수준이 높아져도 삶의 만족도는 낮은 수준일까요?

2017년『올 댓 청소년 음악치료』를 집필할 때도 이런 내용으로 시작했던 것 같습니다. 그리고 몇 년이 지났지만 여전히 행복하지 않은 청소년들에 대한 기사는 사라지지 않고 있습니다. COVID-19라는 생각지도 못한 사건을 경험하면서 우리 청소년은 정서적 · 사회적으로 더욱 힘든 시간을 보내고 있습니다. 위기청소년이라는 단어도 이제 익숙한 단어가 되는 건 아닌지 걱정이 되기도 합니다. 서울시 교육청은 '학교 밖 청소년 위기 상황 대응 행동 지침'(2023. 12. 4.)을 발표하는 등 위기청소년들을 위한 특별한 지원을 하고 있습니다. 많은 전문가가 우리 청소년을 걱정하고 지원책을 제시하고 있지만 왜 우리 청소년들은 여전히 행복하지 못하다고 느끼고 있을까요?

'위기'는 위협적이거나 고통스러운 상태로서, 갑작스럽게 어떤 사건이나 상황에 직면하여 정서적 충격을 받아 적절하게 대처하지 못하는 상태를 말합니다. 이제 우리가 그들을 위해 먼저 손을 내밀어 주어야 할 것입니다. 현장에는 청소년들에게 관심이 많고 또한 이들과 함께하고자 하는 치료사들이 많습니다. 하지만 이들은 모두 공통적으로 "어렵다."라고 말합니다. 막상 도와주고는 싶지만 어떻게 도와주어야 할지 막막하다는 말을 하기도 합니다.

얼마 전 연구를 진행하던 중 청소년들에게 음악의 의미에 대해 물었습니다. "음악은 유일한 나의 친구, 음악은 공기, 음악은 나."라는 답을 들으면서 안타까운 마음이 들었습니다. 우리 청소년들에게 숨 쉴 수 있는 음악이 있다는 사실에 안도하면서도, 한편으로는 음악만이 유일하게 자신을 알아준다는 청소년들의 답을 들으니 씁쓸한 마음도 들었습니다.

이 책은 우리 청소년들이 건강한 성인으로 자라났으면 하는 마음으로 함께 모인 음악치료사들이 집필하였습니다. 또한 그런 공동의 목적을 갖는 전문가들에게 실질적인 도움을 주고자 하는 마음으로 시작하였습니다. 이 책의 저자들은 청소년들과 수년간 함께하면서 웃고 울어 온 치료사들입니다.

이 책은 총 3부로 구성되어 있습니다. 제1부는 청소년에 대한 이해를 목적으로, 제1장 청소년에 대한 이해와 제2장 위기청소년에 대한 이해로 구성하였습니다. 제1장에서는 청소년이 경험하는 심리적인 어려움, 그리고 제2장에서는 이러한 위기를 유발하는 요인들에 대해 설명하고 있습니다. 제2부는 청소년을 위한 음악과 음악치료의 내용으로, 제3장 청소년과 음악치료, 제4장 위기청소년과 음악치료로 구성하였습니다. 제3장에서는 일반적으로 청소년에게 음악이 어떤 의미인지, 그리고 청소년에게 적용할 수 있는 음악 평가도구들을 설명하고 있습니다. 제4장에서는 위기청소년을 위한 음악치료의 목적과 방법, 그리고 음악 이외의 기타 예술적인 접근방법, 국내외 사례 등을 소개하고 있습니다. 특별히 청소년을 위한 기타 예술적인 접근방법에서는 실제 각 영역에서 활동하고 있는 미술치료, 연극치료, 무용동작치료 분야의 전문 치료사들이 직접 소개하고 있어 더욱 현실적이며 실질적인 도움을 주고자 하였습니다.

제3부는 위기청소년을 위한 음악치료 사례를 소개하고 있습니다. 사례는 제2장에서 소개한 위기청소년의 유형별로 소개하고자 하였습니다. 물론 사례에 소개된 방법만이 음악치료 적용에서 유일한 방법은 아닐 수 있지만, 현장에서 적용한 실질적

인 사례는 이 책을 읽는 독자들에게 간접적으로 도움을 줄 것이라고 생각합니다. 마지막으로, 부록에는 청소년들을 이해하는 데 참고가 될 만한 서적들, 청소년과 함께할 때 많이 하는 질문들, 그리고 청소년 관련 기관 및 사이트 목록을 제시하여 현장에서의 적용에 도움을 주고자 하였습니다.

부디 저자들의 작은 관심과 노력으로 우리 청소년들이 더 이상 위기청소년이 아닌 행복하고 건강한 청소년이 될 수 있는 치료와 교육에 이 책이 조금이나마 도움이 되기를 바랍니다. 음악은 언제나 우리 옆에 있으며 희망과 위로를 줍니다. 우리 청소년들이 음악을 통해 자신만의 빛을 발견할 수 있는 그날까지 음악치료사들이 함께하고자 합니다.

마지막으로, 이 책의 출판을 허락해 주신 학지사 김진환 대표님과 이하 모든 관계자분들, 그리고 다른 영역 예술치료에 대해 소개해 주신 명지병원 조지연 미술치료사님, 이정미 무용동작치료사님, 이다연극치료센터 이태승 대표님께 진심으로 감사의 인사를 드립니다. 또한 현장의 사례를 공유해 주신 오늘 하루 한옥돈 대표님, 제이크루 음악커뮤니티 고윤정 치료사님, 권수지 치료사님, 정대산 치료사님, 김지현 치료사님, 마음력연구소 노인규 연구원님, 명지예술센터 장문정 박사님, 유영희 음악심리상담연구소 유영희 대표님, 서울 힐링앙상블 장지현 대표님, 이원지 치료사님에게도 감사의 인사를 드립니다. 특히 캐나다 아동병원 청소년의 사례를 나눠 주신 캐롤린 마샬 음악치료사님에게 감사의 인사를 드립니다(Special thanks to music therapist Carolyn Marshall for sharing her case of a adolescent at the Hospital for Sick Children Canada).

2024년 9월
저자 일동

차례

제1부

청소년과 위기청소년의 이해

제1부는 총 두 개의 장으로 구성되어 있다. 제1장에서는 청소년의 정의와 발달, 그리고 정신건강 문제를, 제2장에서는 위기청소년의 개념과 속성, 그리고 위기청소년의 유형을 네 가지 요인으로 분류하여 소개하고 있다.

제1장

청소년에 대한 이해

1. 청소년기 정의와 발달

올해 중학교에 입학하는 P는 요즘 항상 짜증이 난다. 엄마의 말에도 괜히 화가 나고 공부도 집중이 되지 않는다. 내 맘을 나도 잘 모르겠다. 갑자기 모든 것이 혼란스럽기만 하다.

1) 청소년기의 개념과 정의

(1) 청소년기의 개념 발달

청소년이란 일반적으로 인간의 성장과 발달과정상 아동기와 성인기 사이의 과도적 발단 단계에 해당하는 특정 시기에 있는 사람들을 총칭하는 용어이다. 흔히 사람의 일생을 성장과 쇠퇴라는 생애주기(life cycle)에 따라 유아기(취학 전), 소년기(10대), 청년기(20대), 장년기(30~40대), 노년기(50대 이후) 등으로 구분하는데, 이러한 사회적 통념에 따를 때 '청소년'이란 소년기와 청년기에 해당하는 사람을 통틀어 부르는 개념이다.

청소년기는 유아기를 제외하고 인생의 어떤 단계보다도 더 많은 생물학적 · 심리적 · 사회적 역할의 급변이 특징적이며(Feldman & Elliot, 1990; Steinberg, 2005), 따라서 '변화'라는 단어가 청소년기의 특징을 대표하게 된다. 이때 청소년들이 경험하는 변화는 시작과 기간 그리고 강도의 면에서 상당한 개인차를 보이게 된다. 그러므로 학문적으로 청소년기란 단순한 연령 구분 이상의 의미를 갖는다.

인간이 일정한 단계를 거치면서 발달한다는 사실이 밝혀지기 이전에는 인간발달 단계에서 '청소년기'라는 시기가 분명히 있다는 사실이 널리 받아들여지지 않아 인간을 보통 성인과 미성인(또는 아동)으로만 구분하였다. 이러한 구분은 아동이 아동으로서의 특별한 특징을 가지고 있음을 발견했다기보다 아직 미성숙하고 어리기(immature or young adult) 때문에 시도된 이분법적 시각에 기인한다.

그러나 문명시대로 접어들면서 인간발달 단계에 신체적 · 정신적 급속한 변화가 일어나는 시기가 있음을 발견하면서 이를 라틴어 'pubertas(꽃피우다)'에서 발원하여 영어로 'puberty(사춘기)'라 칭하였으며, 사춘기를 포함한 전체적 변화의 시기를 라틴어 'adolescere(성장하다)'에 기초하여 'adolescence(청소년기)'라 하였다. 이 외에도 청소년기를 지칭하는 용어는 '소년(juvenile)' '미성년자(minor)' '십대(teenager)' '젊은이(youth)' 등 다양하게 불리고 있으나 사회적으로 또는 연령으로 청소년기를 정확히 정의하기는 쉽지 않다. 청소년기의 개념은 사회적 흐름, 관련 학문의 변화, 관련 법규 규정에 따라 달라지기 때문이다.

청소년기(adolescence) 또는 청소년이라는 말이 영어의 한 단어로 나타나게 된 것은 15세기 중반으로, 1430년 영국의 시인 존 리드게이트(John Lydgate)가 자작시에서 청소년이라는 말을 처음 사용하였다. 근대적 관점에서 청소년기의 개념을 정립한 사람은 프랑스의 자연주의 철학자 루소(Jean-Jacques Rousseau, 1712~1778)이다. 루소는 1762년 청소년기의 개념을 소개하며 어린이를 성인과 동일하게 취급해서는 안 되며, '축소된 성인(miniatured adult)'이 아닌 '독립된 인격체(independent character)'로 보아야 한다고 주장하였다. 그는 특히 12세 이전의 어린이는 성인의 엄격한 통제로부터 자유로워야 하며 그들의 세상을 자유롭게 경험할 수 있어야 한다고 하였다. 이어서 12~15세에 신체적 성장과 함께 이성과 자의식이 형성되고, 15~20세에 정서적으로 성숙되면서 도덕심을 갖게 된다고 하였다. 따라서 이 시기에 다양한 탐색 활동을 통해 호기심을 길러 주고 지적 욕구를 충족시켜 주는 것이 중요하다고 강조했다(박진규 외, 2019).

루소가 처음으로 청소년이라는 용어를 개념적으로 확립했다면 청소년을 학문적으로 연구하여 청소년학을 정립한 사람은 미국의 심리학자 홀(Stanley Hall,

1844~1924)이다. 홀은 과학적인 청소년기 연구방법을 사용한 최초의 심리학자로 오늘날 보편적으로 사용하고 있는 '청소년기(adolescence)'라는 용어는 1904년 발간된 그의 저서의 제목에서 따온 것이다(박지선, 박진희, 2018). 홀에 따르면, 청소년기는 12~23세까지의 연령 범위에 해당하며 갈등과 정서 혼란으로 가득 찬 격변기를 의미하는 '질풍과 노도의 시기(a period of storm and stress)'라고도 한다. 즉, 홀은 청소년기에 놓인 젊은이들은 내부에 큰 에너지를 잠재적으로 갖고 있어 늘 긴장과 갈등을 동반한다고 보았고, 청소년기는 성적 감수성과 능력이 출현하는 시기이지만 사회적 관습으로 인해 청소년은 충동을 행동으로 옮기지는 못한다고 하였다. 또한 청소년은 보호받는 아동기의 의존적인 상태에 머물러 있고 싶은 갈망과 험난하지만 자기 독립적인 성인의 세계로 진입하려는 욕망 간에 긴장과 분열을 경험하기도 한다고 하였다.

홀이 청소년의 특징을 주로 생물학적 · 심리학적 측면에서 접근하였다면, 미드(Margaret Mead, 1901~1978)와 베네딕트(Ruth Benedict, 1887~1948)는 사회적 · 문화적 측면에서 이를 설명하고자 하였다. 즉, 이들은 청소년이라고 해서 모두가 예외 없이 긴장과 혼란의 과정을 지나는 것은 아니며 성장환경과 속한 문화에 따라 성인기로 부드럽게 이행할 수도 있다고 주장했다(박진규 외, 2019).

(2) 청소년기의 정의와 구분

청소년기의 개념이 어떻게 발달하였으며 발달적 맥락에서 청소년기가 어떤 단계에 해당하는가에 대해서는 대체로 의견이 일치되지만 발달과정에서 청소년기에 놓여 있다는 것을 어떻게 정의할 수 있는가에 대해 명확히 답하기는 쉽지 않다. 왜냐하면 다양한 관점에 따라 청소년기를 바라보는 시각의 차가 존재하고 이러한 질문에 대해 사회 역할에 따라, 취학 연령 혹은 학력에 따라, 심리적 · 신체 변화에 따라, 법률 근거에 따라 구분하는 방법이 있기 때문이다. 우리나라에서 일반적 통념 속에 존재하는 청소년의 정의는 주로 연령을 기준으로 형성되며, 보다 구체적으로는 법적인 기준에 따라 정의 내린다.

첫째, 연령을 기준으로 할 때 청소년은 주로 중 · 고등학교 시기인 13~18세를 지칭하는 경우가 흔하지만 최근에는 빠른 발달과 성장으로 인해 초등학교 5~6학년 시기부터 청소년으로 생각한다. 켄달(Kendall)은 청소년기는 단일한 발달 단계 동안 두 번의 변화 지점이 있는데, 하나는 아동기로부터 초기 청소년기로의 변화이며, 하나는 후기 청소년기로부터 성인기로의 변화를 말한다고 하였다(Kendall, 2011). 따라서 연구자들은 이러한 변화 지점을 기준으로 하였을 때 청소년기 내에 세 단계가 뚜렷이 구분되는 특징을 지니고 있다고 보는데(정규석 외, 2013; Short & Rosenthal, 2008), 우리나라의 경우 대다수의 아동 · 청소년이 초등학교, 중학교, 고등학교 과정에 다니고 있는 점을 고려하여 학령을 기준으로 초등학교 5~6학년 시기를 청소년 초기로, 중 · 고등학교 시기를 청소년 중기로, 그 이후를 청소년 후기로 구분한다. 그러나 학업을 중단했거나 진학하지 않는 등 학교 밖 청소년의 경우도 발달상의 청소년기에 포함되어야 하므로 학령뿐 아니라 연령을 함께 고려하는 것이 필요하다[이 책에서는 현재 우리나라 청소년의 위기와 관련하여 가장 부적응적 면을 많이 가질 수 있는 청소년 중기 해당 청소년(중 · 고등학교 시기)에 초점을 맞추고자 하며, 학생 청소년과 학교 밖 청소년[1]을 모두 포함한다].

둘째, 법률적 근거에 따를 때 우선 국제기구의 기준을 살펴보면 국제연합(United Nation: UN)은 국제협약 및 청소년 관련 정책과 사업 등을 통해 '청소년(youth)'을 15~24세로 규정하고 있고, 국제노동기구(International Labour Organization: ILO)나 세계보건기구(World Health Organization: WHO) 등의 UN 기구들은 '청소년(youth)' 통계를 산출할 때 15~24세를 대상으로 하고 있다. UN 기구 및 그 외 국제기구들의 기준을 정리해 보면 〈표 1-1〉과 같다(박선영, 2015).

---

1) 「학교 밖 청소년 지원에 관한 법률」(제2조)에서의 '학교 밖 청소년'이란 다음의 어느 하나에 해당하는 청소년을 말한다.
- 「초 · 중등교육법」 제2조의 초등학교 · 중학교 또는 이와 동일한 과정을 교육하는 학교에 입학한 후 3개월 이상 결석하거나 「초 · 중등교육법」 제14조 제1항에 따라 취학의무를 유예한 청소년
- 「초 · 중등교육법」 제2조의 고등학교 또는 이와 동일한 과정을 교육하는 학교에서 「초 · 중등교육법」 제18조에 따른 제적 · 퇴학처분을 받거나 자퇴한 청소년
- 「초 · 중등교육법」 제2조의 고등학교 또는 이와 동일한 과정을 교육하는 학교에 진학하지 않은 청소년

표 1-1 UN 및 UN 기구 청소년과 아동 연령 기준과 근거 법률

기관	대상	연령 구분
UN 세계청소년행동계획 (UN's World Programme of Action for Youth)	청소년(youth)	15~24세
국제노동기구(ILO), 세계 보건기구(WHO)	청소년(youth)	15~24세
	청소년(adolescent)	10~19세
	청소년(young person)	10~24세
세계은행(World Bank)	아동(child)	12세 미만
	청소년(youth)	12~24세
UN 아동권리협약(UNCRC)	아동(child)	18세 미만

출처: 박선영(2015), p. 15.

셋째, 우리나라 법률에서는 청소년의 명칭 및 연령을 법률 분야와 입법 목적에 따라 〈표 1-2〉와 같이 다양하게 구분 및 규정하고 있다. 2022년 『청소년백서』(여성가족부, 2023)에 따르면, 우리나라 9~24세의 청소년 인구는 약 815만 명으로, 우리나라 총인구 5,182만여 명 중 약 16.1%를 차지하는 것으로 나타난다(〈표 1-2〉 참조).

표 1-2 국내 법률상 청소년 연령 기준

분야	규정 법률	조항	연령기준	청소년 명칭	규정 내용
일반	「민법」	제4조	19세 미만	미성년자	사람은 19세로 성년에 이르게 한다.
	「형법」	제9조	14세 미만	형사미성년자	14세가 되지 아니한 자의 행위는 벌하지 않는다.
비행	「소년법」	제2조	19세 미만	소년(범죄소년, 촉법소년, 우범소년)	소년이란 19세 미만인 자를 말한다.
육성	「청소년 기본법」	제3조 제1항	9~24세 이하	청소년	청소년이란 9세 이상 24세 이하의 사람을 말한다.
	「청소년활동 진흥법」	제2조 1항	9~24세 이하	청소년	청소년이란 9세 이상 24세 이하의 사람을 말한다.
	「청소년복지 지원법」	제2조 제1항	9~24세 이하	청소년	청소년이란 9세 이상 24세 이하의 사람을 말한다.
	「학교 박 청소년 지원에 관한 법률」		9~24세 이하	청소년	청소년이란 9세 이상 24세 이하의 사람을 말한다.

유해 환경 보호	「청소년 보호법」	제2조 제1항	19세 미만	청소년	청소년이란 만 19세 미만인 사람을 말한다.
	「영화 및 비디오물의 진흥에 관한 법률」	제1장 제2조의 18	18세 미만	아동 · 청소년	청소년이란 함은 18세 미만의 자를 말한다.
	「근로기준법」	제5장	18세 미만	연소자	
	「식품위생법」	제44조	19세 미만	청소년	청소년을 유흥접객원으로 고용금지, 청소년출입 · 고용금지업소에 청소년을 출입 및 고용금지, 청소년고용금지업소에 청소년을 고용금지, 청소년에게 주류(酒類)를 제공금지
	「공연법」	제2조 6항	19세 미만	청소년	청소년이란 만 19세 미만의 사람을 말한다.
복지	「아동복지법」	제3조 제1항	18세 미만	아동	아동이란 18세 미만인 사람을 말한다.
성보호	「아동 · 청소년의 성보호에 관한 법률」	제2조의 1	19세 미만	청소년	아동 · 청소년이란 19세 미만의 자를 말한다.

출처: 법제처 국가법령정보센터(2023), https://www.moleg.go.kr/index.es?sid=a1

2) 청소년기의 발달

(1) 청소년기의 생물학적 발달

청소년기의 첫 단계라 볼 수 있는 사춘기(puberty)는 라틴어 'pubertas'에서 유래된 말로, 신체적 성장과 생물학적인 변화를 동반한 성적 기능의 성숙이 시작되는 시기를 일컬으며 일반적으로 청소년기의 시작으로 해석된다. 사춘기의 시작과 진행은 성, 인종, 환경, 건강 상태 등 다양한 요인에 의해 영향을 받지만, 사춘기의 평균 시작 연령은 11세로 볼 수 있다(Styne, 2004).

사춘기의 시작과 함께 성장 급등(growth spurt)이라 불리는 급격한 신체 성장이 시작하는데, 키, 뇌 골격, 체중 등에서 두드러진 변화가 발생한다. 또한 사춘기에는 전체적인 신체 성장과 더불어 성적 성숙에서도 큰 변화가 나타나는데, 이는 에스트로겐, 안드로겐과 같은 성호르몬과 밀접한 연관이 있다. 에스트로겐과 안드로겐은 남녀 모두에게 존재하지만, 성별에 따라 분비되는 양과 작용 효과도 다르다. 특히 아드레날 안드로겐은 여성의 키 성장과 유방, 자궁, 질 등의 성숙을 촉진하는 반면, 테스토스테론은 남성의 고환, 성기의 성장, 근육, 체모의 증가와 같은 변화를 가져온다(Ambler, 2013). 또한 여성에게는 체지방의 축적이, 남성에게는 근육의 발달이 발생하는데, 이는 심장과 폐 기능의 발달과 이어져 성별에 따른 운동 수행 역량의 차이를 가져온다(Greydanus et al., 2010).

이러한 사춘기는 모든 청소년이 공통으로 경험하는 발달과정이지만, 사춘기 발달의 정점은 남자보다 여자에게서 2년 정도 먼저 나타나고(Kendall, 2010/2011) 그 시작과 경과는 개인에 따라 큰 편차를 보이기도 한다(Anderson et al., 2003; Mendle et al., 2010). 그리고 그 편차는 유전(Jahanfar et al., 2013), 영양 상태, 사회경제적 지위 등과 같은 다양한 요인에 의해 촉발되는데, 예를 들어 영양이 부족한 환경에 처한 남자 청소년에게서는 사춘기의 시작이 지연되거나, 영양 상태와 보건이 좋지 않은 환경에 처한 여자 청소년에게서는 초경이 상대적으로 늦게 시작되기도 한다(Parent et al., 2003).

그뿐만 아니라 가족환경 또한 사춘기의 시작에 영향을 미치는 요인으로 확인됐는데, 이 시기 한부모 가정에서 자라거나 부모와 분리되는 등 따뜻한 가족환경을 경험하지 못한 청소년일수록 그렇지 않은 청소년에 비해 사춘기를 일찍 접하게 됐고 위험한 성적 행동에 대한 감수 경향도 상대적으로 높았다(Belsky, 2012; Diamond et al., 2015). 이처럼 사춘기는 청소년의 심리사회적 발달에 많은 영향을 미치는데, 사춘기의 조기 발현 또는 지연은 청소년의 정신건강은 물론 비행, 일탈 등의 문제행동과 연관성이 있는 것으로 확인됐다. 예를 들어, 사춘기가 조기에 찾아온 여자 청소년의 경우 약물 남용이나 식이 장애의 위험 가능성이 더 크게 나타났고, 남자 청소년도 사춘기의 조기 발현은 이들의 성적 활동, 흡연, 비행과 같은 위험행동의 가능성을 증가시켰다. 반대로 사춘기의 지연은 부모와의 갈등, 학교 문제, 우울 혹은 괴롭힘의 피해 등과 같은 문제의 발생 위험도를 크게 높였다(Adams et al., 2005). 또한 사춘기의 조기 발현은 스트레스 증가와 학업 성취도의 하락과도 유의한 연관성을 보여 주었다(Diamond et al., 2015; Mendle et al., 2007).

이러한 경향성은 환경 요인과 결합해 문제의 심각성이 커지기도 하는데, 예를 들어 경제적 수준이 낮은 지역에 사는 청소년의 경우 비행 친구와의 교우로 이들의 반항적 행동이 강화되거나 사회적 지지의 부족과 보호자(부모)의 비일관적 양육 태도로 인해 우울 증상이 악화하기도 한다(Benoit et al., 2013). 또한 사춘기의 발현 시점은 비단 청소년기뿐만 아니라 성인기 이후에도 지속해서 영향을 미치는 것으로 나타났는데, 사춘기가 조기에 발현한 남자 청소년은 성인 초기까지 우울증을 경험하거나 성적 대상을 빈번히 바꾸는 패턴을 보였으며, 사춘기의 조기 발현을 경험한 여자 청소년 역시 가족, 친구와의 관계가 좋지 않거나 성인 초기까지 낮은 삶의 만족도를 경험하였다(Copeland et al., 2010). 따라서 청소년의 정신건강 문제와 문제행동을 효과적으로 예방하고 문제 발생 시 개입하기 위해서는 청소년기의 주요 생물학적 발달 특성과 이러한 특성의 발현에 영향을 미치는 변인들의 역학관계에 대한 이해가 필요하다.

현대의 청소년 발달과 관련하여 홀은 다윈의 생물학적 진화론의 개념을 심리학적 반복이론으로 확장하고 청소년기를 '질풍노도의 시기'로 묘사하였다. 즉, 그는 아동의 발달이 생리적 변화에 의해 초래되고 생리적 요인은 유전적으로 결정되기 때문에 결국 유전적 요소들이 외적 · 내적 성숙, 발달, 성장 및 행동을 통제한다고 주장하였다. 그러나 홀의 주장은 인간의 성장과 발달에 있어 생물학적 요인을 너무 강조한 나머지 친구, 가족, 사회 등 환경적 요소의 영향을 도외시하였다는 비판과 함께 청소년기를 큰 무리 없이 보내는 사람들도 있다는 것을 근거로 청소년기의 감정적 동요와 혼란을 모든 인간이 겪는 과정으로 보는 것은 무리가 있다고 보는 견해도 존재한다.

(2) 청소년기의 인지적 · 심리사회적 발달

청소년기의 생물학적 발달과 더불어 인지적 발달은 청소년의 정신건강을 설명하는 또 하나의 중요 프레임이다. 인지적 발달에 대한 체계적 이론을 성립한 피아제(Piaget)에 따르면, 사춘기의 시작과 함께 청소년은 추상적 · 체계적 · 과학적으로 사고하는 능력이 발달하는 형식적 조작기(formal operational stage)에 들어서게 된다. 형식적 조작기는 인지발달 단계 중 하나로 구체적인 물건이나 사건을 직접 조작해 보고서야 비로소 어떤 결과가 초래되는지를 검증하는 아동의 인지 수준을 넘어 추상적인 개념을 이해하고, 가능성을 염두에 두며, 이론적 가설을 설정하고, 고차원의 논리 규칙을 깨달아 대상에 대한 직접 조작 없이도 예측과 추론을 할 수 있는 단계를 의미한다(Inhelder & Piaget, 1958).

따라서 형식적 조작기에 들어선 청소년은 가설 추론 능력의 발달 덕분에 더욱 정교하게 세상의 인과 관계를 파악할 수 있고, 미래에 대한 계획 세우기가 가능해진다. 또한 이러한 인지발달로 인해 청소년은 자신의 인지과정에 대한 효율성과 편향성 등도 평가할 수 있게 되고, 자신과 세상, 그리고 타인을 새롭게 이해하고 해석할 수 있게 된다. 다만, 타인과 자신의 생각을 분리하여 인식하는 능력의 불완전한 발달로 인해 청소년은 자기중심적 인지왜곡 문제를 경험하는데, 이는 자신의 중요성을 과대 인지하는 개인적 우화(personal fable)[2]의 경향성, 주위의 사람들이 제 생각과 행동에 항시 주목하고 있다는 믿음으로 타인의 평가를 민감하게 받아들이고 대응하는 상상적 청중(imaginary audience)[3]의 경향성 등으로 발현된다(Elkind, 1985).

타인의 견해를 중요시하는 태도는 한편으로 청소년이 자신의 정서적 가치와 자존감을 객관적으로 평가하거나 독립적 자기개념을 만들고 타인과의 관계 유지 능력을 키우는 데 도움을 줄 수 있다(Galanaki & Christopoulos, 2011). 그러나 자기중심적 인지왜곡에서 출발하는 '개인적 우화'나 '상상적 청중'과 같은 경향성은 오히려 청소년에게 우울한 감정이나 자살 생각을 더 많이 유발하는 것으로 밝혀졌고, 특히 개인적 우화의 경향이 높을수록 감각 추구 경향이 높아져 약물 남용이나 비행행동을 자극하는 결과가 초래되기도 한다(Greene et al., 2000).

청소년이 성숙한 성인으로 성장하기 위해서는 기억력 증가와 같은 특징인지 요소의 향상뿐만 아니라 전반적 인지 기능의 향상을 기반으로 해서 효과적으로 판단하고 그에 따라 적절한 행동을 취할 수 있어야 한다. 청소년기 약물 남용, 성행위, 비행 등의 위험행동 경향성이 높아지는 이유는 해당 행동의 위험성에 대한 지식이나 이해의 부족 때문이라기보다 판단과 행동 능력의 미성숙 때문이다(Benthin et al., 1995; Cauffman & Steinberg, 1995). 흔히 청소년이 가정에 근거한 도덕적 딜레마 상황에 대해서는 원칙적 기준에 맞게 판단할 수 있지만, 실제 생활 문제에 대해서는 그렇지 못한 모습(Sobesky, 1983), 타인의 관점을 취하는 능력은 향상하지만 정작 그러한 능력

2) 청소년기 자신의 독특성에 대한 비합리적이고 허구적인 관념을 지칭하는 것으로, 청소년이 자신은 특별하고 독특한 존재이므로 자신의 감정이나 경험세계는 다른 사람과 근본적으로 다르다고 믿는 것이다.

3) 자신의 행동이 다른 사람의 주목을 받고 있다고 생각하는 청소년기 자아중심성의 한 측면으로 자기가 자신의 외모와 행동을 신경 쓰는 것처럼 다른 사람들도 자신을 주목하고 있다고 믿는 것이다. 사고가 분화되지 못해 생긴 것으로 실제의 청중과 자신의 기대 속의 청중을 구분하지 못하는 현상이다.

을 사용해 타인을 관용하는 수준은 떨어지는 행태, 목전의 즉각적 보상이나 순간적 감정에 휘둘려 위험을 감수하거나 비이성적 행동을 취하는 모습 등은 모두 청소년기의 미흡한 인지적 발달과 밀접한 연관이 있다(Christakou et al., 2013). 따라서 청소년의 정신건강 문제와 문제행동을 효과적으로 예방하고 관련 문제에 개입하기 위해서는 청소년기의 인지적 발달 속성과 그에 따른 판단과 행동 능력의 미성숙 문제에 대한 고려가 필요하다.

(3) 청소년기의 자아개념 발달

청소년기의 정서와 행동 특성을 이해하는 데 있어 간과할 수 없는 또 다른 요소는 바로 자아개념, 즉 자아정체감(ego-identity)이다. 에릭슨(Erikson, 1993)은 자아정체감을 '나는 누구인가?'라는 질문에서 시작해 '나는 주변인과 무엇이 다르며, 그들에게 어떤 의미를 갖는가?' '나는 가치 있는 존재인가?' '삶에서 어떤 것을 추구하고 살 것인가?' 등에 대해 고민하며 진정한 자신의 모습을 알아가는 것으로 정의했다. 에릭슨은 인간이 아동기부터 자아정체감을 형성하기 시작하지만, 청소년기에 접어들며 자아상을 실험하고 확립하려는 과업에 더 몰두하며 더욱 복잡한 삶의 가치나 인생의 방향성을 결정하려는 과정을 겪게 된다고 보았다.

이 과정에서 청소년은 정체감의 위기를 경험하기도 하는데, 에릭슨은 이를 '자아정체감 대 역할 혼미(identity vs. confusion)'라 일컬었다. 이 시기의 청소년은 아동기의 모습과 청소년기에 새롭게 나타나는 능력과 특징 간의 불일치로 인해 자신의 정체성과 관련된 특징을 선택해야 하는 상황에 놓이게 된다. 이때 청소년이 자신의 사회적 한계, 능력의 불일치, 기대의 불일치 등으로 인해 갈등의 긍정적 해결과정을 경험하지 못하게 된다면 청소년은 다양한 상황에 대처할 수 있는 성숙한 정체성을 형성하지 못한 채 성인기로 넘어가게 되는 것이다.

마르샤(James E. Marcia, 1937~)는 에릭슨의 '자아정체감 대 역할 혼미'에 대한 이론을 경험적 연구들을 통해 개념을 확장하며 자아정체감의 기준은 자신에 대한 탐구(exploration)와 관여(commitment)라는 본질적인 두 가지 변인을 통해 분류될 수 있다고 하였다. 즉, 자아정체감 형성 과정에서 청소년이 자아에 대한 특징을 선택하기 위해서는 탐색과 갈등 해결을 필수적으로 경험하게 되는데, 그 결과는 자아정체감의 성취(achievement), 유예(moratorium), 유실(foreclosure), 혼미(diffusion) 중 한 가지 형태로 나타난다(Marcia, 1980). 이때 자아정체감의 성취는 자신의 가치를 명확히 알고 목표를 안정적으로 추구하며 자신의 상태에 대한 만족감과 방향성을 인식하고 있는 상태를 의미하고, 자아정체감의 유예는 삶의 가치와 방향성이 명확하지 않아 이를 찾고 싶은 마음과 선택을 위한 탐색에 머물러 있는 상태를 의미한다, 자아정체감의 유실은 가치와 방향성의 설정에 있어 자신의 선택과 탐색이 빠진 채 권위적 인물 혹은 자신에게 영향력이 큰 사람이 대신 선택해 준 가치와 방향성에 전념하는 상태를, 마지막으로 자아정체감의 혼미는 가치와 방향성을 적극적으로 탐색하고 목표를 분명히 하려는 노력과 의지가 모두 부족한 상태를 의미한다(〈표 1-3〉 참조).

표 1-3 마르샤의 청소년기 정체감 발달의 네 가지 유형

구분		관여	
		있음	없음
탐구노력	있음	정체감 성취	정체감 유예
	없음	정체감 유실	정체감 혼미

출처: 방기연(2021), p. 13.

청소년의 성공적 자아정체감 형성에 있어 특히 가족요인은 '안전망'과 같은 작용을 하는 것으로 확인되고 있는데, 부모와의 애착이 안정적이고 가정 내에서 자신의 의견을 존중받는 청소년은 가치 인식과 목표가 명확한 상태를 보이지만(Crocetti et al., 2014), 부모와의 의사소통에서 지지와 수용을 받지 못한 청소년은 정체감의 혼미 상태를 보이는 것으로 나타났다(Arseth et al., 2009).

청소년 대부분은 청소년기를 보내며 자아정체감의 유실과 혼미 상태에서 자아정체감의 유예나 성취로 변화하는 모습을 보여 주지만, 일부는 그렇지 못한 모습을 보여 주기도 한다(Kroger, 2012). 정체성이 견고해지는 과정은 청소년 스스로 탐색과 갈등 해결을 반복하며 자신의 선택에 대한 평가와 선택과 능력 간의 갈등상황에서 대안적인 해결책을 찾는 것이기 때문에 정체감의 일시적 혼란 자체는 문제가 되지 않는다. 당장은 자아정체감의 유예 상태가 지속되더라도 청소년은 끊임없이 정보를 찾고 평가하며 자신의 선택에 대해 성숙하고 건설적인 문제 해결 양식을 추구하며 견고한 정체성을 형성할 수 있다(Berzonsky, 2011). 그러나 자아정체감의 유실이나 혼미 상태가 장기간 지속되는 경우 청소년은 진정한 자아의 모습을 알지 못하는 미성숙한 심리 상태로 인해 부적응적 사고와 행동을 보여 주게 되는데, 개인의 선택이나 갈등상황을 회피하는 것, 주변에 대한 무관심, 낮은 학업성취도와 자아존중감, 약물 남용 등이 이에 해당한다(Meeus et al., 2012). 또한 자신의 선택과 탐색 없이 권위적 인물 혹은 자신에게 영향력이 큰 사람이 대신 선택해 준 가치와 방향성을 일방적으로 수용하고 이에 반하는 정보를 스스로 배제하는 청소년은 정보를 탐색하고 평가하는 능력의 유연성이 떨어지게 되어 성인이 되었을 때 스스로 판단하고 결정을 내리지 못하는 장애를 갖게 된다(Berzonsky et al., 2011).

청소년기의 온전한 자아정체감 형성이 중요한 이유는 자아존중감(self-esteem)과도 관련이 있다. 자아존중감이란 개인이 스스로에 대해 가지는 긍정적이거나 부정적인 태도 또는 스스로에 대한 평가를 의미하는 것으로(Trzesniewski et al., 2013), 이 시기의 청소년은 자신이 얼마나 가치 있고 중요한 존재인가에 대한 질문에 답을 찾기 시작한다. 스스로뿐만 아니라 주변 사람들에 의해 형성되는 자아에 대한 평가는 학업, 또래집단에서의 수용 정도, 외모 등 모든 생활 영역의 상호작용에서 나타나는 통합적 결과이며, 그것이 긍정적인가 또는 부정적인가에 따라 자아존중감이 높거나 낮아지게 된다. 자아존중감은 청소년의 정신건강은 물론 신체건강, 행동, 생활 적응 수준 등 다양한 영역에 걸쳐 영향을 미친다. 예를 들어, 높은 자아존중감을 보여 주는 청소년은 자신의 외모를 긍정적으로 평가하고 사회적 관계에서도 긍정적으로 기능하며 위험한 행동을 피하고 신체적으로도 건강한 경향을 보여 주는 것으로 나타났다(Erol & Orth, 2011). 그뿐만 아니라 청소년기의 자아존중감은 청소년의 생활 적응력에도 영향을 미치는 것으로 나타났는데, 학업에 대해 낮은 자아존중감을 보고한 청소년은 그렇지 않은 청소년에 비해 불안의 정도가 크고 집중력이 떨어지며 또래 친구들과도 원만한 관계를 유지하는 능력도 떨어졌다(Marsh et al., 2004).

특히 이러한 자아존중감은 부모와의 관계로부터 많은 영향을 받는 것으로 나타나는데, 부모로부터 많은 격려와 지지를 받는, 즉 긍정적 양육 태도를 경험한 청소년일수록 그렇지 못한 청소년(즉, 부모가 비판적이고 비난적 양육 태도를 보여 주는 경우)에 비해 높은 자아존중감을 보여 주었다(McKinney et al., 2008). 하지만 부모로부터 충분한 격려와 지지가 없더라도 다른 사회적 관계로부터의 충분한 지지와 격려는 청소년의 자아존중감 하락을 막는 완충 역할을 하는 것으로 나타났다(Du Bois et al., 1999).

(4) 청소년기의 정서 및 사회성 발달

정서란 어떤 자극에 반응하여 개인의 내부에서 일어나는 감정, 즉 개인이 직면한 외부 자극에 강하게 동요하여 생리적 변화와 함께 수반되는 감정을 의미한다. 버거(Berger, 2005)에 따르면, 청소년기는 감정의 기복이 심하고 극단적인 정서를 자주 경험하며, 생애발달 단계 중 정서적인 강도가 최고치를 기록하는 시기이다. 따라서 다른 발달 시기에 비해 청소년기의 정신건강 문제 발생 위험이 상대적으로 높아지는 이유는 이 시기의 정서 경험이 갖는 특성에서도 찾을 수 있다.

일반적으로 청소년기에 접어들게 되면 청소년은 아동기 또는 성인기와 비교하여 더 높은 강도의 정서를 경험하게 되는데, 이는 긍정적 · 부정적 정서, 즉 정서의 속성에 상관없이 일관되게 발견되는 특징이다. 특히 성인의 정서 경험과 비교했을 때 기저 강도에서의 차이는 없는 것으로 나타났는데, 이는 청소년기 감정 경험의 변동성이 여타 발달 시기와 비교해 크다는 것을 의미한다. 이러한 경향은 초기 청소년기에서 후기 청소년기로 갈수록 높아지는데, 후기 청소년일수록 초기 청소년과 비교해 긍정 정서를 덜 경험하게 되고 부정 정서에 대한 정서 강도는 물론 부정 정서의 경험 빈도가 함께 높아지는 것으로 나타났다(Frost et al., 2015). 청소년기의 정서 강도와 정서적 불안정성의 증가는 우울증, 불안과 같은 정신건강 문제와 더불어 자해나 자살과 같은 문제의 위험도를 높인다(Guan et al., 2012; Nock, 2009). 실제로 우울증을 앓고 있는 청소년은 그렇지 않은 청소년에 비해 부정 정서를 더 많이 경험하며 정서 처리와 관련된 뇌 영역의 활성 정도에서도 큰 차이를 보여 주는 것으로 확인된다(Yang et al., 2010). 청소년의 정서 표현은 아동기와 달리 내면적이고 영속적이므로 정서가 기분(mood)과 감상(sentiment)으로 발전하는 경우가 많다. 청소년의 정서는 외부에 표출되기보다 내부에 숨겨진다거나 방어기제에 의해 변화될 수도 있어 외부에서는 쉽게 알 수 없게 된다(박지선, 박진희, 2018).

청소년의 정서를 자극하는 것은 주로 대인관계 문제가 많은데, 정서의 강도와 빈도 증가가 반드시 부정적 속성만 지닌 것은 아니다. 청소년은 특히 또래집단에 대해 강한 정서적 반응을 보이게 되는데, 이는 결과적으로 또래관계의 형성과 그 안에서의 작용을 원만하게 만드는 기제로 작용한다. 더 나아가 청소년기의 정서발달은 청소년이 성인이 돼 다른 사람의 정서와 감정에 대해 적절하게 반응하고 적응할 수 있는 사회적 반응성의 기제로도 작용하게 된다(Bailen et al., 2019). 따라서 청소년기의 역동적 정서발달 과정에서 정서 강도와 정서적 불안정성의 증가로 인한 문제점을 예방하기 위해서는 청소년이 자신의 정서를 제대로 평가하고 자신의 정서 표현을 적절히 억제하고 지연 또는 수정할 수 있는 역량, 즉 정서 조절 능력을 키우는 것이 중요하다. 특히 이러한 정서 조절 능력은 청소년기의 인지 기능 체계 발달과도 매우 밀접하게 연계돼 있어 상황에 대한 객관적 평가, 이를 근거로 한 합리적 행동의 선택 등을 아우르는 인지기능의 원만한 발달이 정서에 의한 일방적이고 무분별한 판단과 행동(약물 남용, 위험한 성행위 등)의 발생 위험을 줄이고 궁극적으로 정서의 사회적 반응성을 강화하는 데 중요한 역할을 하는 것으로 알려져 있다(Loewenstein & Lerner, 2003).

2. 청소년의 정신건강과 주요 정신건강 문제

> 올해 고2인 L은 아침에 일어나는 것이 두렵다. 갑자기 몸이 아프고 우울하며 좋아하던 게임도 이제는 재미가 없다. 학교에서 친구들을 만나는 것도 두렵기만 하다. 엄마는 쓸데없는 생각하지 말고 공부만 하라고 한다. 어느 누구에게도 이런 고민을 말할 수 없다. 날 이해해 주는 사람은 아무도 없다는 생각에 외롭기만 하다.

1) 청소년기 정신건강

(1) 대인관계 특징과 정신건강

인간은 사회적 동물로 타인과 관계를 맺고자 하는 기본 욕구를 지닌다. 주 애착 대상과의 관계를 시작으로 각 발달 단계마다 주변 사람들과 다양한 관계를 맺게 되는데 청소년기는 어떤 시기보다도 친밀감이나 대인관계의 욕구가 강한 것이 특징이다. 미국의 정신의학자이자 정신분석학자인 설리반(Harry Stack Sullivan, 1982~1949)은 대인관계 욕구의 발달 단계를 소개하면서 청소년기에 형성하는 효율적이고 의미 있는 대인관계가 건강한 심리사회적 발달을 위한 필수 전제조건으로 보았다.

① 부모-자녀 관계

청소년기는 부모에게 의존적이고 개방적이었던 아동기와는 달리 부모로부터 독립하려고 한다. 부모보다는 또래 친구들과 더 많은 시간을 보내길 원하며 더 많은 정보를 공유하기 원한다. 인지발달에 따라 청소년은 부모가 설정한 규칙이나 제한에 이견을 보이며 논리적으로 반박하고 부모의 권위에 도전하게 되는데, 부모와 청소년의 갈등은 청소년 초기에 가장 높고 17~20세경에 감소한다(장휘숙, 2007). 중년기에 도달한 청소년 자녀의 부모는 머지않아 자녀가 부모의 품을 떠날 것을 인식하여 자녀와의 관계를 돈독히 하려는 입장을 취할 수 있으나 부모와 자녀의 욕구가 상충하면서 갈등이 유발될 수 있으므로(Berk, 2009) 아동기와는 다른 부모-자녀 관계를 형성해야 한다. 최근의 부모-자녀 관계 모형에서는 자율성과 애착을 동시에 유지할 것을 강조한다(Sandrock, 1995).

② 형제자매 관계

가족관계 중 부모-자녀 관계가 다소 수직적이라면 형제자매 관계는 다소 수평적인 양상을 보인다. 형제자매 간 경쟁은 8~12세에 두드러지며 연령이 증가함에 따라 증가하다가 청소년기에 접어들면서 경쟁심보다는 정서적으로 친밀한 관계를 이루어 나간다. 청소년 후기에는 형제자매를 자신에게 '의미 있는 타인'으로 지각하게 된다. 또래관계의 영향력이 커지기는 하지만 여전히 가족이 지닌 고유 기능이 청소년의 발달에 영향을 준다. 올손 등(Olson et al., 1980)에 따르면, 가족은 청소년에게 응집성과 결속력을 제공하며 적응을 위한 모델 기능을 수행하고 의사소통 경험의 연결망을 제공하는 기능을 하는 등 어떠한 사회기관에 의해서도 대치될 수 없는 고유한 역할을 하기 때문이다.

③ 또래관계

청소년기의 중요한 발달과업 중 하나는 삶에서 중요한 타인인 또래와 친밀한 관계를 형성하는 것으로 청소년기의 또래란 단순히 같이 놀 대상이 아니라 심리적으로 서로 유사하고, 양립할 수 있으며, 개인의 비밀을 지켜 주고, 어려운 상황에서 서로에게 도움을 주는 대상인 것이다(장성화 외, 2012). 또래란 비슷한 연령대나 비슷한 성숙도를 가진 청소년을 말하는데, 청소년에게 또래집단은 정서적 지원과 안정감을 제공하며 준거집단의 역할을 하고 다양한 인간관계를 형성할 수 있는 기회를 제공한다. 또한 의사결정에 영향을 주고 행동 모델이 되어 준다(오윤선, 황인숙, 2016). 또래와의 관계가 밀접해지면 집단 내부 압력에 일치하려는 동조성이 극대화되어 자신의 의견보다는 또래의 의견을 중시하며 또래와 같은 방식으로 사고하고 행동하려 노력하게 된다. 이러한 노력은 단순히 자신의 생각에 대한 확신이 부족해서가 아니라 자신이 속해 있는 집단과 자신과 또래와의 관계 때문이다(박경애 외, 2019). 『2022년 청소년백서』(여성가족부, 2023)에 따르면, 청소년의 고민상담 대상은 부모 29.7%, 형제자매 4.8%, 친구 · 동료 43.7%, 선후배 1.3%, 스스로 해결 18.1%, 기타 0.4%로 나타나고 있는데, 이는 청소년기 또래관계의 중요성을 잘 보여 주는 결과이다(〈표 1-4〉 참조).

표 1-4 청소년의 고민상담 대상 (단위: %)

구분	부모	형제자매	친구 및 동료	스스로 해결	인터넷 (SNS)	기타	계
2014년	26.1	5.5	46.2	17.6	-	4.7	100.0
2016년	24.1	5.1	44.4	21.8	-	4.5	100.0
2018년	28.0	5.1	49.1	13.8	-	4.0	100.0
2020년	27.2	6.1	43.4	19.1	1.4	2.7	100.0
2022년	29.7	4.8	43.7	18.1	0.6	1.9	100.0

주: 기타에는 스승, 전문 상담가 포함. 2020년부터 '인터넷(SNS 등)'을 분리하여 별도 항목으로 조사함
출처: 여성가족부(2023), p. 102.

④ 이성관계

청소년기 발달과업 중 하나는 이성을 이해하고 원만한 관계를 형성하고 유지하는 일이다. 청소년기 이성교제는 이성친구와의 관계를 통해 인간관계의 기술 및 사회기술을 발달시킬 수 있고 나와 다른 이성의 정체성을 발견하고 어울리며 친밀감을 발달시키는 기능을 한다. 또 어려운 일이나 힘든 일이 발생했을 때 서로에게 의지하고 따뜻한 지지와 공감을 받음으로써 우정, 신뢰감, 친밀감을 느끼는 등 정서적인 안정감을 제공한다. 청소년의 이성교제는 학업과 진로로 인한 스트레스, 불안감을 감소시키고 자신감과 자아존중감을 향상시키는 등의 순기능을 가진다.

그러나 원만하지 못한 이성교제로 인해 오히려 정서적 · 심리적 갈등을 겪기도 하고, 역기능으로 이성교제 과정 중 심각한 성경험으로 인한 문제를 경험할 수도 있으

며 데이트 폭력에 노출될 수도 있다. 한편, 이성교제가 시작되면서 동성 또래관계에 부정적 영향을 미치기도 한다(박지선, 박진희, 2018).

(2) 청소년기 발달과 적응의 통합적 이해와 정신건강

앞서 청소년기의 주요 생물학적, 인지적 그리고 정서적 발달 특성을 살펴보고 이러한 특성이 정신건강에 미치는 영향력에 대해 살펴보았다. 청소년의 정신건강을 이해하는 데 청소년기의 다양한 발달 특성에 대한 이해가 선행되어야 하는 것은 청소년기의 정신건강이 한 가지 발달 특성에 의해 결정되는 것이 아니라 여러 발달 특성의 복합적 작용으로 만들어지는 결과물이기 때문이다. 따라서 홀의 질풍노도 이론이 제시된 이래 오늘날까지 청소년기의 특징을 다양한 관점과 방법으로 이해하고 해석하려는 시도가 지속되고 있으며(Hollenstein & Lougheed, 2013), 경험적 연구를 통해 통합적인 이해를 도모하고 있다.

그 한 예로, 청소년 대상 연구에 있어 홈벡과 샤페라(Holmbeck & Shapera, 1999)는 주요한 발달적 변화가 청소년이 발달시키는 대인관계적 맥락을 통해 발달 결과에 영향을 미친다는 이론적 틀을 제시하였다. [그림 1-1]은 청소년기의 발달적 변화가 청소년

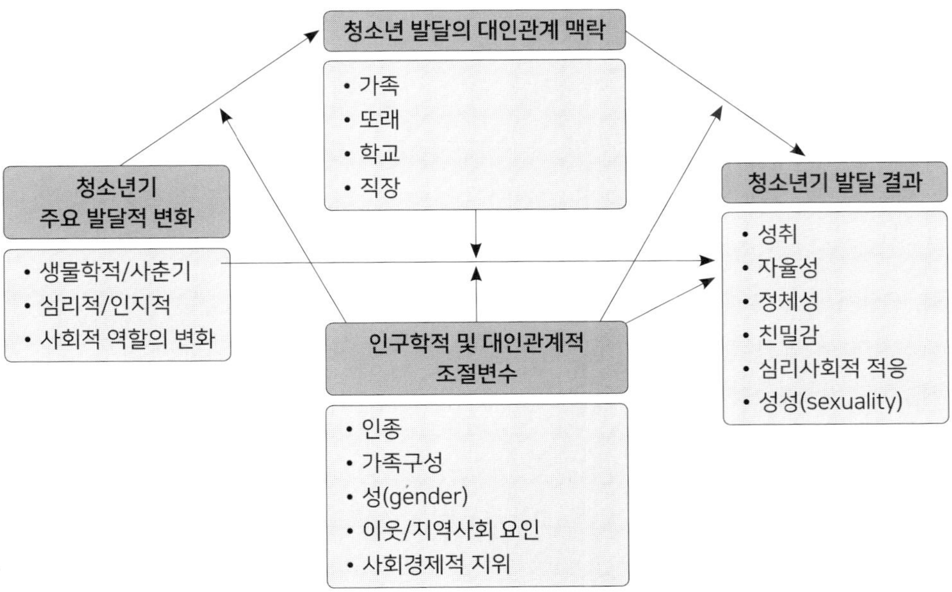

그림 1-1 청소년 발달과 적응을 이해하기 위한 이론적 틀

출처: Kendall (2010/2011), p. 553.

이 발달시키는 대인관계적 맥락을 통해 발달 결과에 영향을 미치는 것을 보여 준다.

(3) 청소년기 정신건강 연구 동향

앞서 청소년기의 주요 발달 특성과 이러한 특성이 청소년의 정신건강에 미치는 영향력에 대해 살펴보았다. 비단 신체는 물론 정서와 인지 등에서 이전의 발달기와는 비교할 수 없는 변화가 빠르게 그리고 동시다발적으로 진행되는 청소년기의 격동적 발달 특성에 비춰 볼 때 청소년의 정신건강은 불안정한 상태에 놓일 개연성이 높다. 그러나 앞서 설명했듯이 청소년기의 정신건강을 이해하는 데 질풍노도의 관점을 기계적으로 적용하는 것은 지양해야 한다. 청소년기의 발달과정이 다양한 요인에 의해 개인차를 보여 주듯이 청소년기의 정신건강 역시 개인이 처한 다양한 환경요인에 따라 다른 양상을 보여 줄 수 있기 때문이다. 청소년의 정신건강에 대한 경험론적 접근이 중요한 이유가 여기에 있다.

2021년 한국청소년정책연구원에서는 청소년 정신건강을 다룬 선행연구에 대한 네트워크 분석을 통해 연구에서 다뤄진 다양한 청소년 정신건강 문제와 여기에 작용하는 보호 및 위험 요인 등을 범주화하였다(최정원 외, 2021). 이 과정에서 2010~2020년까지 11년 동안 국내 학술지에 등재된 10대 청소년의 정신건강 문제를 실증연구한 논문을 수집하여 최종 231편이 분석에 활용되었다. 231편 양적 연구의 연구대상은 초·중·고등학생, 후기 청소년, 다문화 청소년, 위기청소년, 후기 청소년 등 다양한 집단이 포함되고 있었지만, 논문 대다수의 주제는 초·중·고등학생의 정신건강 연구에 집중돼 있었다(166편, 71.9%). 여타 다문화, 탈북, 가출, 보호관찰 청소년 등 특정군의 청소년을 대상으로 정신건강을 확인한 논문은 28편(12.1%)이었다. [그림 1-2]에서 보여 주듯이, 지난 11년간 청소년 정신건강 문제를 실증 연구한 논문은 꾸준히 증가해 왔고, 특히 2010년과 2014년 사이 가장 가파른 증가세가 확인된다.

이 231편의 연구논문에서 청소년 정신건강 문제의 유형을 확인하고자 연구에서 종속변수로 사용된 정신건강 문제를 분류한 결과를 살펴보았을 때 코딩된 정신건강 문제는 우울, 불안, 수면 문제, 행복, ADHD 등 32개 유형에 달한다. 가장 높은 빈도를 기록한 정신건강 문제는 우울로 150건에 달했으며, 그 뒤를 이어 자살/자해(81건), 불안(73건), 스트레스(46건), 신체화(25건), 대인예민성(23건), 적대감(22건) 등의 순으로 출현 빈도가 높았다.

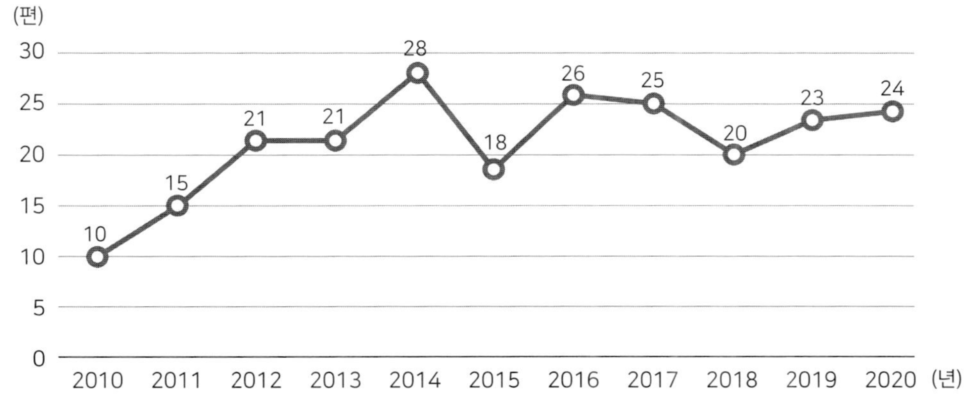

그림 1-2 논문에서 다루어진 연도별 청소년 정신건강 관련 논문 수 현황

출처: 최정원 외(2021), p. 32.

[그림 1-3]은 출현 빈도가 가장 높은 상위 15개 유형의 정신건강 문제를 연도별로 구분한 결과이다. 2010년부터 2020년까지 가장 빈번하게 분석된 정신건강 문제는 우울이며, 우울 문제는 시기별로 등락이 있으나 전반적으로 다른 정신건강 문제와 비교해 정신건강 연구에서 가장 많이 다루어진 것을 알 수 있다.

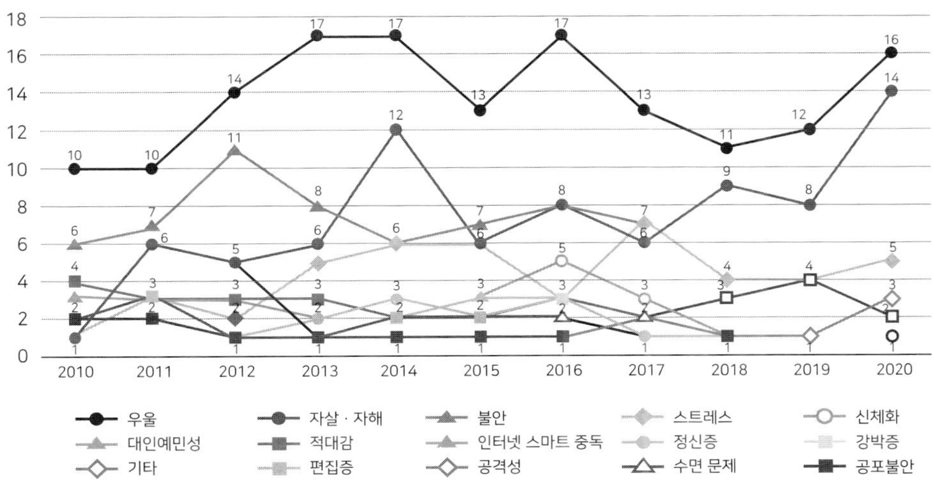

그림 1-3 주요 정신건강 문제의 연도별 · 유형별 출현 빈도

출처: 최정원 외(2021), p. 38.

한편, 건강보험심사평가원의 보건의료 빅데이터 개방 시스템에서 제공되는 정신 및 행동장애(F00-F99)[4] 진료 현황 자료(2013~2018년)를 연령별 · 질환별로 분석하면, 10대 청소년 환자에게서 운동과다장애(F90, ADHD 포함)가 가장 높은 점유율인 23.5%를, 그 뒤를 이어 우울 에피소드(F32), 기타 불안장애(F41), 심한 스트레스에 대한 반응 및 적응장애(F43) 그리고 틱장애(F95) 등이 각각 17.2%, 8.9%, 7.5% 그리고 4.9%의 점유율을 차지하고 있음을 확인할 수 있다. 2019년과 2020년의 경우에도 이전 기간과 마찬가지로 10대 청소년 환자가 가장 많이 진료를 받은 정신건강 문제는 운동과다장애, 우울증, 기타 불안장애, 심한 스트레스에 대한 반응 및 적응장애, 틱장애 등이었다(박진우, 허민숙, 2021). 이러한 일련의 진료 통계는 결국 10대 청소년의 주요 정신건강 문제가 ADHD, 우울, 불안, 스트레스 등으로 좁혀질 수 있음을 말해준다.

2) 청소년의 주요 정신건강 문제

(1) 신체화

신체화(somatization)라는 용어는 "의학적으로 원인을 알기 어려운 신체적 불편감과 증상을 경험하고 이를 다른 사람에게 호소하는 동시에 질병이 있다고 생각하여 치료를 받으려는 경향"(Lipowski, 1988)을 의미한다. 즉, 신체화란 개인이 심리적 어려움이나 스트레스를 경험하게 되는 상황에서 이를 신체적인 불편감이나 증상으로 나타내어 보이는 것을 말한다. 『DSM-5(Diagnostic and Statistical Manual for Mental disorder-fifth edition)』(American Psychiatric Association: APA, 2013/2015)에 따르면, 신체 증상 및 관련 장애는 "심리적 원인에 의해 다양한 신체적 증상을 나타내며, 원인이 불분명한 신체 증상을 호소하거나 그에 대한 과도한 염려를 나타내는 부적응 문제"를 의미하는 것으로 신체증상장애, 질병불안장애, 전환장애, 허위성장애 등의 하위 유형으로 구분하고 있다[이 장에서 의미하는 신체화는 DSM-5의 신체증상장애의 진단 기준에는 부합하지 않지만, 임상 장면에서 신체적 원인이 밝혀지지 않고 신체 증상을 호소하는 비교적 넓은 범위로 사용되고 있는 신체화 증상(somatic symptoms)을 의미한다].

4) 괄호 안 표기는 국제질병분류(International Classification of Diseases-10-Clinical Modification: ICD-10-CM)에 의한 진단 부호

청소년 시기는 생물학적 · 사회적 · 심리적으로 급격한 변화를 경험하며 기존의 질서에 부딪혀 혼란과 갈등을 겪게 되는데, 그 결과 그들은 많은 스트레스와 위기를 경험하며 정서적 어려움을 겪는다. 청소년의 신체화 증상은 개인의 심리적 갈등에 대해 도움이 필요하다는 것을 신체 증상으로 나타내는 표현으로 기질적 이상이 없는 두통, 복부 통증, 오심, 무기력, 피로와 같은 신체적 증상이 있는 경우를 기초로 한다(Eminson, 2007). 신체화 증상은 '아프다'는 호소로 힘든 일을 회피할 수 있고 책임이 면제되기를 기대할 수 있는 이차적 이득(secondary gain)의 학습 또는 부모의 지나친 관심이나 걱정 반응에 의해 강화되기도 한다.

청소년의 신체화 증상은 표면적으로는 심각성이 덜 할 것으로 보이지만 의학적 원인이 불분명한 신체화 증상의 잦은 호소는 청소년들의 학교생활과 일상생활에 중대한 영향을 미친다. 학교생활에 대한 만족이 높고 친구들과의 관계가 원만할수록 청소년의 신경증, 정신병, 신체화 증상이 낮아진 반면, 학업 성적이 저조하고 친구관계가 원만하지 못할수록 정신건강 상태는 매우 좋지 않은 것으로 나타난다. 이들은 신체화로 일상생활에 지장을 받으며(De Gucht & Maes, 2006), 잦은 조퇴나 결석으로 또래관계 형성이 어렵고, 학업에 지장을 초래하는 등 학교생활에 부적응할 가능성도 높다(신현균, 2002; Lieb et al., 2000). 또한 신체화 증상은 일시적으로 나타났다가 없어지는 것이 아니라 아동기에서 성인기로의 발달과정에서 꾸준하게 상승된다는 견해가 제기되고 있어(김정민, 지혜, 2011; Campo & Fritsh, 1994) 그 문제가 심각하다고 할 수 있다.

우리나라 청소년 신체화 증상의 주 호소 증상은 두통, 복통, 어지러움, 근육통, 발열 등이며, 특히 우리나라 청소년은 외국 청소년에 비해 신체 증상 호소 비율이 높은 것으로 나타났다(이미숙 외, 2000). 그 이유로는 개인적 원망이나 내적 감정의 표현이 집단 내의 갈등을 야기하고 조화를 해치는 원인이라고 보는 우리나라의 문화(김교헌 외, 2005; 신현균, 2002)와 입시제도로 대표되는 우리나라의 교육 시스템에서 찾고 있다. 즉, 우리나라 청소년들이 극심한 학업 스트레스를 호소하고 있지만 이러한 스트레스를 적절하게 해소할 수 있는 시간과 여유는 상대적으로 부족하기 때문에 스트레스에 의한 신체화 증상을 더 많이 호소하는 것은 오히려 자연스러운 모습이라는 견해이다(김교헌 외, 2005).

(2) 우울

우울(depression)은 사전적으로 '마음이 답답하거나 근심으로 활기가 없음' '공상과 반성에 따른 가벼운 슬픔'을 의미한다. 우울은 살아가면서 늘 누구나 느낄 수 있는 다양한 감정 중 하나이지만 일정한 증상과 기간이 지속되면서 의욕 저하와 우울감을 주요 증상으로 한 다양한 인지 및 정신 · 신체적 증상을 일으켜 일상 기능의 저하를 가져오게 되면 우울장애(depression disorder)라는 질환으로 진단된다. DSM-5에 따르면, 우울장애는 파괴적 기분조절장애, 주요우울장애, 지속성 우울장애, 월경전불쾌감장애, 물질/치료약물로 유발된 우울장애, 다른 의학적 상태로 인한 우울장애, 달리 명시된 우울장애, 명시되지 않은 우울장애를 포함한다.

2022년 여성가족부의 조사에 따르면, 2021년 청소년의 우울감 경험률은 남학생 22.4%, 여학생 31.4%로, 2020년 대비 남학생은 2.3%p, 여학생은 0.7%p 우울감 경험률이 증가한 것으로 드러났다. 연도별로 청소년의 우울감 경험률 추이를 살펴보면([그림 1-4] 참조), 남녀 학생 모두 2020년에는 우울감 경험률이 큰 폭으로 감소했으나, 2021년에는 다시 증가한 것으로 나타났다. 전반적으로 여학생의 우울감 경험률이 남학생보다 높았으며, 2021년 청소년의 우울감 경험률은 남학생 및 여학생 모두 2020년 대비 증가한 것으로 나타나, 상당히 많은 청소년이 우울을 경험하고 있음을 알 수 있다.

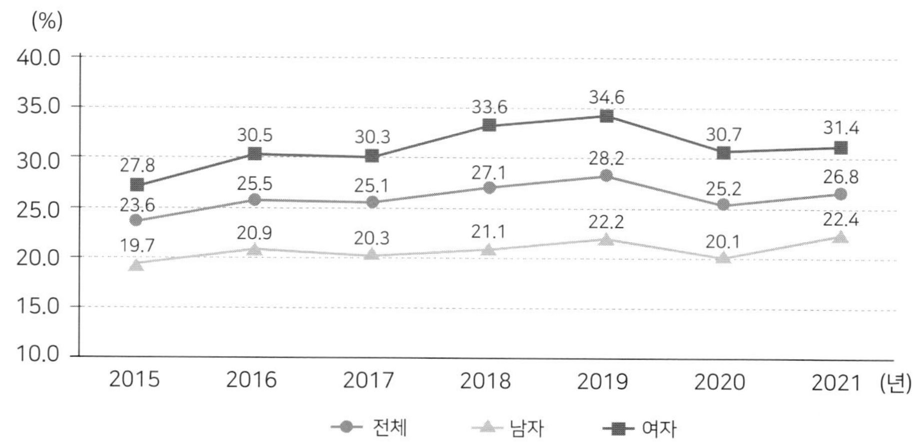

그림 1-4 청소년(중 · 고등학생) 우울감 경험률

주: 우울감 경험률은 최근 12개월 동안 2주 내내 일상생활을 중단할 정도로 슬프거나 절망감을 느낀 적이 있는 사람의 분율임

출처: 여성가족부(2023), p. XVII.

2021년 한국청소년정책연구원 조사(최정원 외, 2021)에서도 학생 청소년의 평균 우울 점수는 4.99점(n=5,937명, SD=7.71)[5], 학교 밖 청소년의 평균 점수는 10.06점(n=752명, SD=12.61)으로, 학교 밖 청소년이 2배 이상의 증상에 노출된 것으로 나타났다. 또한 여자 청소년이 남자 청소년보다, 고등학생 연령대가 더 높은 수준의 우울 증상을 경험하고 있는 것으로 나타났다.

청소년기의 우울 증상은 성인과는 달리 증상을 직접 호소하기보다는 매사에 부정적이거나 반항적인 행동과 짜증, 피로, 두통, 불면증 등으로 나타날 수 있다(Thapar et al., 2012). 청소년기에도 성인과 비슷한 양상인 죄책감, 자기비하, 수치심, 과다 수면, 체중 변화 등의 모습을 보이기도 하지만, 최근 청소년들의 우울 증상은 반사회적 행동, 가출, 약물 남용, 공격성, 학업 부진 등의 가면성 우울 증상으로 표현되는 경향이 있다. 청소년의 우울은 이렇게 성인기와는 다른 다양한 형태로 나타날 뿐 아니라, 가정 혹은 학교생활의 부적응 문제를 일으키고 성인기 우울의 원인이 될 수 있다. 청소년의 우울은 높은 스트레스 및 불안 수준, 낮은 자존감, 학업 부진 등과 유의한 관련이 있으며, 청소년의 전반적인 생활 기능에도 부정적인 영향을 미친다. 또한 만성화되면 성인기까지 지속할 위험이 높아(김명식, 2008; Bhatia & Bhatia, 2007), 이에 대한 조기 발견과 전문적 개입이 필요하다. 따라서 청소년 우울과 관련된 요인들, 특히 우울의 부정적 영향을 감소시킬 수 있는 보호 요인에 대한 연구는 매우 중요하다고 할 수 있다.

(3) 불안

불안(anxiety)이란 명확한 원인 없이 미래에 대한 두려움, 근심, 걱정, 긴장으로 특징지어지는 불쾌한 정서를 경험하는 주관적 자의적 상태를 의미한다(Spielberger, 1972). 불안을 연구한 최초의 학자인 프로이트(Freud)는 그의 초기 정신분석학 이론 속에서 인간의 사고, 언어, 감정, 행동 등 포괄적인 인간행동 개념 중의 하나로 출발하였으며, 그 까닭이 외부가 아닌 내부 세계에 있다고 하며 공포와 구분하였다. 스필버거 등(Spielberger et al., 1970)은 불안을 어떤 행동에 대한 반응으로 일어나는 인지적 · 정서적 · 행동적 반응의 연속과 관계 있는 하나의 과정으로 보았으며 관찰될 수 있다고 하였다. 그는 불안을 일시적 특징을 가진 상태불안(state-anxiety)과 안정적

5) 빈도(number: n), 표준편차(Standard Deviation: SD)

특징을 가진 특성불안(trait-anxiety)으로 세분화시켰다. 상태불안은 특수한 상황에서 긴장감, 두려움 등의 느낌을 동반하면서 일시적으로 일어나는 불안을 말하며 위협을 어떻게 받아들이느냐에 따라서 달라질 수 있으나, 특성불안은 개인이 일생 동안 변하지 않고 일정한 양상으로 나타내는 불안으로서 위협에 대처하는 개인 차이를 결정하는 요소가 된다. 특성불안은 상태불안의 수준에 따라 표현되며, 특성불안이 높은 사람은 위협이나 위험을 폭넓게 수용해 버리는 경향을 보인다. 따라서 특성불안이 높은 사람은 낮은 사람보다 더 많은 상황에서 위험성이나 위협을 지각하며, 위협적인 상황에서 더 강한 상태불안을 경험하게 된다.

청소년기는 신체, 인지, 정신, 사회 등 여러 측면에서 급격히 일어나는 변화와 발달에 대처할 수 있는 충분한 지식이나 기술을 아직 갖추고 있지 못하기 때문에 항상 불안과 혼란 속에서 끊임없이 긴장하고 갈등하게 된다. 최근에는 인간관계가 확대되고 생활공간도 넓어짐에 따라 새로운 세계에 대한 불확실성, 청소년이 갖는 지위와 역할의 모호성과 소속 집단의 변화에 따른 행동변화, 기성세대와의 가치관 차이, 학업의 갈등 등이 청소년에게 심각한 고민의 문제로 나타나고 있다.

한국청소년정책연구원에서는 청소년이 느끼는 강박증, 불안, 대인예민성, 공포불안, 불안, 긴장 등을 불안 범주로 보았는데, 2021년 한국청소년정책연구원의 조사에 따르면 불안 증상의 중증도에 따른 분포 비율을 비교할 때 무증상에 해당하는 학생 청소년의 비율은 87%인 데 비해 학교 밖 청소년은 71%에 불과한 것으로 나타났고, 특히 증상의 중증도 비율이 학교 밖 청소년의 경우 중등증 비율은 3배, 중증은 5배나 높은 것으로 나타났다. 또한 성별과 연령대에서 학생/학교 밖 청소년 모두 여학생이 남학생보다, 고등학교 연령대가 더 높은 수준의 불안 증상을 경험하고 있는 것으로 나타났다(최정원 외, 2021).

(4) 자살 및 자해

① 자살(suicide)

자살에 대한 사전적 의미는 '자기 스스로 자기 자신의 생명을 끊는 행위로 '자기살인 · 자기자해'라고도 한다. 세계보건기구(WHO)는 자살이 '치명적 결과를 초래하는 자살행위'를 의미하며 자살행위란 '어느 정도의 자살하려는 의도와 자살동기를 인지하여 자기 자신에게 가한 상해'라고 정의하였다. 이와 같이 자살은 심리적인 고통을 겪고 있는 상태에서 그 고통이 극복될 수 없을 때 촉발되며 의식중단을 목표로 시도하는 것이다. 샤퍼(Shaffer, 1988)는 청소년들 중에 '타인의 비난에 과민하고 민감하게 반응하는 청소년' '정서적으로 불안정하고 충동적이어서 행동을 예측할 수 없는 청소년' '남에게 자신을 잘 드러내지 않고 조용하며 접근이 어려운 청소년' 그리고 '완벽주의자로 실수를 두려워하며 자신에게 지나치게 엄격한 유형의 청소년'에서 자살이 많다고 보고했다.

2022년 통계청이 발표한 2021년 사망 원인 통계에서 10~24세 청소년의 사망 원인을 살펴보면 자살이 가장 많은 것으로 나타난다(여성가족부, 2023; [그림 1-5] 참조).

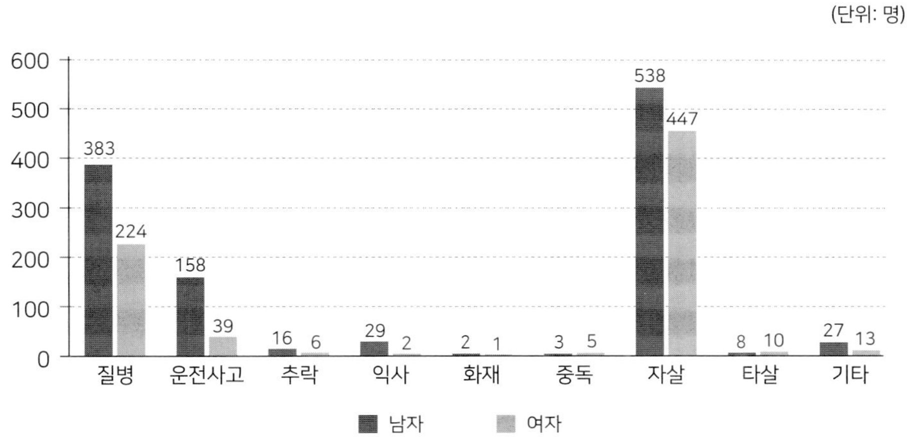

그림 1-5 청소년(10~24세) 사망 원인

출처: 여성가족부(2023), p. X.

청소년기의 높은 자살률을 설명할 수 있는 경험적 자료들은 부족하지만 대체로 청소년기의 급격한 심리학적 · 생물학적 · 사회적 변화에 의해 촉발된 스트레스로 인해 취약성이 증가되는 점을 주시하고 있다. 즉, 청소년의 자살은 우울, 빈약한 자기상, 낮은 자존감, 과도하게 높은 부모의 기대, 약물이나 알코올 사용, 부모나 또래와 경험하는 대인 간 갈등, 외로움, 학업에 대한 부담감, 과거의 자살 시도력 등과 관련이 있다. 과거의 자살행동이 미래의 스트레스에 더 쉽게 반응할 수 있는 도식을 만들기 때문이다(Spirito et al., 2012).

한국청소년정책연구원의 조사(2021)에 따르면, 자살 위험성은 학교 밖 청소년이 학생 청소년보다 3배 이상 높은 자살 위험성을 보여 주었다. 성별에 따른 자살 위험성의 차이는 학생의 경우 근소한 차이지만 학생/학교 밖 청소년 모두 여학생이 남학생보다 더 높은 자살 위험성을 보여 주었다(최정원 외, 2021).

② 자해(self-injury)

자해는 의도적으로 자신의 신체에 상처를 입히는 행동을 말한다. 넓은 의미에서 자해는 자살을 시도하고자 하는 목적은 없지만 의도적이고 지속적이며 무모하게 스스로에게 상처를 입히는 행위로 해석할 수 있다(Zila & Kiselica, 2001). 하지만 자해는 자살 의도가 없다 하더라도 자칫 죽음으로 이어질 가능성이 높다는 점에서 청소년의 문제행동 중 고위험에 해당한다. 자해는 촉발요인에 많은 결손과 결핍, 그리고 공존장애의 문제들이 포함되어 있는 복잡한 과정이다. 심리적 · 생리적 긴장의 증가를 건강한 방식으로 대처할 수 없을 때, 우울감, 거부, 자기혐오, 분리불안, 죄의식, 비개인화, 환각, 감각적인 자극의 필요, 부모의 정서적 박탈, 역기능적 가정 등이 위험요소로 작용할 수 있다(Nock & Favazza, 2009).

2021년 한국청소년정책연구원의 조사에 따르면([그림 1-6] 참조), 자해행동의 평균 점수는 .64점(n=5,937명, SD=1.35), 학교 밖 청소년의 경우 1.35점(n=752명, SD=1.86)로 후자의 자해 행동 위험이 2배 이상 높은 것으로 나타났고, 학교급에서는 중학생의 자해행동이 많은 반면, 학교 밖 청소년은 고등학생 연령대가 더 많은 것

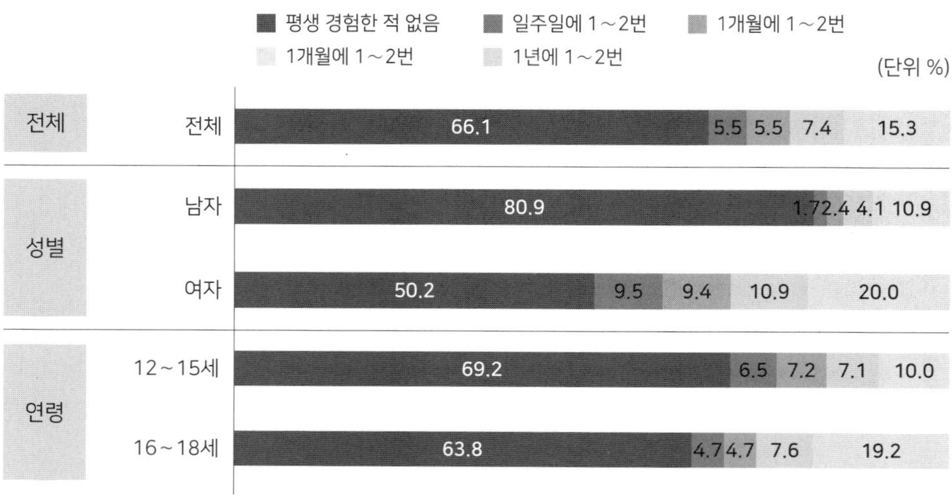

그림 1-6 자해 경험 여부 및 빈도

출처: 여성가족부(2022), p. xxvii.

으로 나타났다. 위기청소년 지원기관 이용자 생활실태조사(여성가족부, 2022)에 따르면, 위기청소년 지원기관 이용자의 33.9%가 자해를 한 경험이 있으며, 최근 1년간 자해 경험이 있다고 답한 비율은 18.7%로 나타났다. 여자 청소년의 자해 경험률은 남자 청소년의 자해 경험률보다 30.7%p 높고, 최근 1년간 자해 경험률 역시 여자 청소년이 남자 청소년의 약 3.6배 높은 것을 알 수 있다.

같은 조사에서 자해를 생각하거나 시도한 청소년을 대상으로 그 이유를 확인한 결과, '그냥 죽고 싶은 생각이 들어서'(65.4%)라는 응답이 가장 많았고, '스트레스를 풀고 편안함을 느끼기 위해'(46.1%) '나쁜 기분들을 멈추기 위해'(33.9%) 등의 순으로 나타났다. 자해를 시도한 청소년 중 77.5%는 자해를 그만두려고 결심하고 현재 그만두었으며, 5.1%는 그만둘 생각을 해 본 적이 없는 것으로 조사되었는데, 여자 청소년(74.5%)보다 남자 청소년(85.3%)이 자해를 그만둔 경험이 10.8%p 높게 나타나 여자 청소년이 자해에 더 취약함을 알 수 있다.

(5) 스트레스

물리학에서 힘과 그 힘에 저항하는 상호작용을 나타내기 위해 처음 사용된 용어인 스트레스(stress)는 셀리에(Hans Selye, 1956)가 『The stress of life』를 발표한 후 신경생리학, 내분비학 등의 의학 분야 및 심리학 · 사회학 분야에 이르기까지 다양한 연구 분야에서 주목받고 있다. 스트레스는 모든 사람이 경험하지만, 청소년기는 특히 급격한 생리적 · 심리사회적 변화로 인한 스트레스를 경험할 가능성이 높다. 동시에 청소년기는 개인의 독립과 책임이 요구되고 발달과정상 아동기에서 성인기로 이행하는 과도기이며 자아정체감을 확립하는 시기로, 이러한 청소년기의 과업 자체가 스트레스 요인이 된다(Chiang et al., 2022).

질병관리청(2023)에서 발표한 2022 청소년 건강 행태 온라인 조사를 살펴보면, 2022년 청소년의 스트레스 인지율은 남학생 36.0%, 여학생 47.0%로, 2021년 대비 남학생은 3.7%p, 여학생은 1.4%p 증가했다. 연도별로 청소년의 스트레스 인지율 추이를 살펴보면, 남녀 학생 모두 2020년에는 스트레스 인지율이 큰 폭으로 감소했으나 2021과 2022년에는 다시 증가한 것으로 나타났다. 전반적으로 여학생의 스트레스 인지율이 남학생보다 높았으며, 학년이 올라갈수록 스트레스 인지율이 증가하는 경향을 보였다.

그러나 스트레스를 인식하는 것에 비해 스트레스 상황에 대한 성숙한 대처방법을 미처 습득하지 못한 청소년들은 스트레스의 영향에서 벗어나기 위해 자칫 청소년 문제로도 발전될 수 있는 행동 양식을 선택할 위험성을 가지고 있고, 신체화 증상으로 이어질 위험성을 가지고 있다. 우리나라의 초·중·고 학생들은 학업 스트레스로 인해 많은 신체화 증상을 보이며, 특히 시험 기간이 다가올수록 더 많은 수의 학생들이 신체화 증상을 호소한다(김교헌 외, 2005; 이미숙 외, 2000). 하지만 적절한 정도의 스트레스가 오히려 청소년들의 학업 성취 등에 긍정적 역할을 한다는 연구 결과에서 볼 수 있듯이, 스트레스를 겪는 모든 학생이 부정적 영향을 받는 것은 아니며, 특히 자아탄력성이 높은 청소년들은 스트레스가 낮고, 행복감과 심리적 안녕감이 높다는 연구 결과들이 나타나고 있다(강명희, 이수연, 2013; 김연화, 2010). 따라서 스트레스의 부정적 영향을 줄일 수 있도록 돕는 긍정적 심리자본에 대한 연구와 관심이 커지고 있다.

한국청소년정책연구원의 2021년 조사 결과에 따르면, 학생 청소년의 스트레스 평균 점수는 16.28점(n=5,937명, SD=5.93), 학교 밖 청소년의 평균 점수는 18.82점(n=752명, SD=7.01)로 학교 밖 청소년의 스트레스가 더 높은 것으로 나타났고, 학생/학교 밖 청소년 모두 고등학생 연령대가 더 많은 스트레스를 경험하는 것으로 나타났다. 스트레스 수준에서는 여자 청소년이 남자 청소년보다 더 많은 스트레스를 경험하는 것으로 나타났다(최정원 외, 2021).

(6) 주의력결핍 과잉행동장애

주의력결핍 과잉행동장애(Attention-Deficit/Hyperactivity Disorder: ADHD) 증상은 산만하고 부주의한 주의력 결핍과 자신의 행동을 적절히 통제하지 못하는 신경발달장애로 과잉행동·충동성이 특징적으로 나타난다(APA, 2013/2015). ADHD 증상을 지닌 청소년은 주의력 결핍으로 인하여 다른 사람들의 표정에 적절한 주의를 기울이고 타인의 감정을 인식하는 것이 어려울 수 있다. 이러한 감정 인식의 오류는 사회적 기술에 부정적 영향을 미칠 뿐만 아니라 공격적인 행동을 증가시킬 수 있다(배승민 외, 2009). 또한 ADHD 증상을 보이는 청소년은 불안이나 우울과 같은 부정적 정서를 경험하지만 적절한 정서 표현 및 조절의 어려움으로 인해 충동적으로 공격행동을 보일 수 있다(Wehmeier et al., 2010). 이처럼 ADHD 증상을 보이는 청소년은 규칙 위반, 적대적 행동, 신체 및 언어적 공격행동을 보이고, 적대적 반항장애(Oppositional Defiant Disorder: ODD)[6]와 품행장애(Conduct Disorder: CD)[7]와 같은 파괴적인 행동 문제를 동시에 나타내기도 한다(Mordre et al., 2011; Sibley et al., 2011).

ADHD 증상을 보이는 청소년들은 사회기술 결핍, 낮은 공감 능력, 급격한 정서적 변화로 인해 오프라인 공간뿐만 아니라 가상세계인 사이버 공간에서도 공격적 양상을 나타낼 수 있다는 연구들이 나오고 있는데(Kowalski & Fedina, 2011), 이와 같은 특징으로 인해 사회적 상호작용이 더욱 용이한 사이버 공간에서 또래들과 사회적 접촉을 시도하게 되고, 이는 온라인 활동 시간의 증가를 초래하게 되고 이러한 활동 시간의 증가는 다시 사이버 불링(cyber bullying)[8] 가해행동의 가능성을 증가시킬 수 있다(황양순, 2015; Didden et al., 2009).

2021년 전국 초 · 중 · 고등학생의 학생 청소년과 학교 밖 청소년 6,689명을 대상으로 한 한국청소년정책연구원의 연구 결과를 살펴보면, 학생 청소년의 ADHD 평균 점수는 15.30점(n=5,937명, SD=10.42), 학교 밖 청소년의 ADHD 평균 점수는 18.23(n=752명, SD=12.27)으로 후자가 전자보다 높은 것으로 나타났다. 또한 학생 청소년의 경우 성별에 따른 ADHD 평균 점수가 남자 청소년이 여자 청소년과 비교해 통계적으로 유의미하게 높아 ADHD 문제에 더 많이 노출되어 있는 것으로 나타났다.

(7) 기타: COVID-19[9]에 의한 외상성 고통 등

COVID-19는 2020년부터 전 세계적으로 확산되며 약 3년간 지구촌을 불안으로 응집시켰던 사회재난으로 많은 사람에게 정서적 고립과 분노, 안전이라는 가치의 붕괴 등을 유발해 전반적 정신건강에 부정적 영향을 미치게 되었다. COVID-19가 장기화되면서 우울감을 뜻하는 '코로나 블루(corona blue)', 우울감이 분노로 확산된 '코로나 레드(corona red)', 우울감과 분노를 넘어서 암담함과 무기력함을 느끼는 '코로나 블랙(corona black)'이라는 신조어가 등장하여 국민이 경험하는 내면 정서의 고통

6) 거부적 · 적대적 · 반항적 행동 양상이 최소한 6개월 이상 지속되고, 그러한 행동이 사회적 또는 학업에 중대한 지장을 초래하며, 같은 또래에 비해 문제행동이 더 자주 발생하는 장애를 말한다.

7) 아동 · 청소년들이 사춘기를 겪으면서 보일 수 있는 일시적인 일탈 행위와는 다르게, 반복적이고 지속적으로 다른 사람의 기본적인 권리를 침해하거나 중요한 사회 규범이나 규칙을 어기는 행동 양상을 보인다.

8) 인터넷상의 집단 괴롭힘을 뜻하는 신조어이다.

9) 코로나바이러스감염증-19(coronavirus disease 2019: COVID-19)

을 대변해 주었다.

사상 초유의 사태로 공교육은 개학 연기 및 휴교, 비대면 온라인 원격수업을 경험하면서 청소년을 둘러싼 일차적인 환경인 가정과 학교생활이 달라졌고, 이로 인하여 청소년들은 정서적 불안정과 혼란을 경험하게 되었다. 이러한 심리적 외상은 청소년에게 우울과 불안, 위축, 신체화 증상, 수면장애, 분노, 무기력감, 자살충동 등을 촉발할 수 있다(권석만, 2013; 한국트라우마스트레스학회, 2022; 황종원, 2019).

청소년기는 또래와의 상호작용이 증가하는 시기이다. 또래는 정서적 공감을 토대로 상호작용하며, 어려움을 겪을 때 지지하고 위로하며, 자신감과 도전의식을 갖게 하고, 대처 전략과 문제해결 능력을 강화시키기도 한다. 또래와의 경험은 청소년이 이루어 가야 할 발달과업 중 중요한 변수로 자아정체감 형성과 사회적 적응 및 사회기술에 영향을 미치고 부정적 정신건강의 예방 기능을 한다. 그러나 이러한 발달과업을 이루는 데 학교생활이 정상적으로 이루어지지 않으므로, 또래와의 정서적 교류가 오랜 기간 동안 제한받고, 감염에 대한 공포와 불안, 긴장, 감염으로 인한 격리조치와 면회사절, 가족이나 친척, 지인의 사망 소식, 경기침체로 가정경제의 빈곤, COVID-19의 종식에 대한 불확실성 등의 문제에 당면하였다. 이러한 문제들은 청소년으로 하여금 스트레스로 인한 내재화 행동 문제의 우울, 불안, 위축, 신체화 증상, 자살 충동 등을 나타내며 심리적 정신건강에 부정적 영향을 보고하고 있다(강도태, 2022; 한국트라우마스트레스학회, 2021, 2022; 홍다솜, 2021; Wu et al., 2020). 이러한 감염병 재난은 심리적 요인과 사회적 요인들이 복합적으로 작용하여 우울이나 불안, 외상 후 스트레스 장애(Posttaumatic Stress Disorder: PTSD)[10)]의 위험성이 증가함을 보고하였다(심민영, 2020).

2021년 한국청소년정책연구원의 조사 결과를 살펴볼 때, COVID-19에 의한 외상성 고통[11)]은 조사된 학생 청소년의 평균 CPDI(COVID-19 Peritraumatic Distress Index) 점수가 8.85점(n=5,937명, SD=10.33), 학교 밖 청소년의 평균 CPDI 점수가 11.36점(n=752명, SD=13.21)으로 학교 밖 청소년의 고통이 더 심했음을 알 수 있다. 우울감

10) 실제적이거나 위협적인 죽음, 심각한 부상, 또는 성폭력에의 노출과 같은 외상성 사건에 대한 직접적 경험, 목격, 가까운 사람에게 일어난 것을 알게 됨 등에 의해 그 이후 침습 증상, 회피, 인지와 감정의 부정적 변화, 각성과 반응성 등이 1개월 이상 나타나는 증상을 의미한다.

11) 우울, 불안, 특정 공포증, 인지적 변화, 회피 및 강박적 행동, 신체 증상, 사회적 기능의 감소 등 COVID-19로 인한 외상성 고통수준을 포괄하는 개념이다.

경험률 등 청소년의 정신건강 지표는 2020년에 감소하였다가 2021년 이후로 다시 증가하는 경향을 보였다(최정원 외, 2021).

2022년 실시한 질병관리청 청소년 건강행태조사에서도 우울감 경험률은 2022년 남학생 24.2%, 여학생 33.5%로 2021년에 비해 증가(남 1.8%p 증가, 여 2.1%p 증가)하였고, 스트레스 인지율도 증가(남 32.3→36.0%, 여 45.6%→47.0%)한 것으로 나타났다. 외로움 경험률의 경우 2022년 결과 남녀 학생 모두 전년 대비 증가(남 12.3%→13.9%, 여 19.9%→21.6%)하였고, 범불안장애 경험률(중등도 이상)도 소폭 증가(남 9.3%→9.7%, 여 15.6%→15.9%)하는 경향을 보였다(질병관리청, 2023; 〈표 1-5〉 참조).

표 1-5 질병관리청 2022 청소년 건강행태조사

단위: %(SE)

산출지표		'05	'06	'07	'08	'09	'10	'11	'12	'13	'14	'15	'16	'17	'18	'19	'20	'21	'22	'22 -'21
스트레스 인지율	전체	45.6 (0.3)	46.5 (0.3)	46.5 (0.3)	43.7 (0.3)	43.2 (0.3)	43.8 (0.3)	42.0 (0.3)	41.9 (0.3)	41.4 (0.3)	37.0 (0.3)	35.4 (0.3)	37.4 (0.3)	37.2 (0.3)	40.4 (0.3)	39.9 (0.3)	34.2 (0.3)	38.8 (0.3)	41.3 (0.3)	↑ 2.5
	남학생	39.7 (0.4)	40.6 (0.4)	40.9 (0.3)	38.1 (0.3)	37.3 (0.3)	37.7 (0.3)	35.8 (0.3)	34.8 (0.3)	34.3 (0.3)	30.8 (0.3)	29.6 (0.3)	30.5 (0.3)	30.4 (0.3)	32.0 (0.3)	31.7 (0.3)	28.1 (0.3)	32.3 (0.3)	36.5 .0 (0.3)	↑ 3.7
	여학생	52.2 (0.4)	53.1 (0.4)	52.8 (0.4)	50.1 (0.4)	50.0 (0.4)	50.7 (0.4)	49.0 (0.3)	49.6 (0.4)	49.3 (0.3)	43.7 (0.3)	41.7 (0.4)	44.9 (0.4)	44.6 (0.4)	49.5 (0.4)	48.8 (0.4)	40.7 (0.4)	45.6 (0.4)	47.0 (0.4)	↑ 1.4
우울감 경험률	전체	29.9 (0.3)	41.4 (0.3)	41.3 (0.3)	38.8 (0.3)	37.5 (0.3)	37.4 (0.3)	32.8 (0.2)	30.5 (0.2)	30.9 (0.3)	26.7 (0.2)	23.6 (0.2)	25.5 (0.2)	25.1 (0.2)	27.1 (0.3)	28.2 (0.3)	25.2 (0.3)	26.8 (0.2)	28.7 (0.3)	↑ 1.9
	남학생	25.6 (0.3)	37.1 (0.4)	36.5 (0.3)	34.0 (0.3)	32.1 (0.3)	32.7 (0.3)	28.0 (0.3)	25.5 (0.3)	25.2 (0.3)	22.2 (0.2)	19.7 (0.2)	20.9 (0.2)	20.3 (0.3)	21.1 (0.3)	22.2 (0.3)	20.1 (0.3)	22.4 (0.3)	24.2 (0.3)	↑ 1.8
	여학생	34.7 (0.4)	46.2 (0.4)	46.6 (0.4)	44.3 (0.4)	43.5 (0.4)	42.6 (0.4)	38.2 (0.3)	36.0 (0.3)	37.1 (0.3)	31.6 (0.3)	27.8 (0.3)	30.5 (0.3)	30.3 (0.3)	33.6 (0.3)	34.6 (0.4)	30.7 (0.3)	31.4 (0.3)	33.5 (0.3)	↑ 2.1
주관적 수면 충족률	전체	26.2 (0.3)	26.1 (0.2)	25.9 (0.3)	25.6 (0.3)	26.3 (0.2)	27.5 (0.3)	29.9 (0.2)	28.5 (0.3)	25.5 (0.3)	26.4 (0.3)	28.0 (0.3)	25.9 (0.3)	25.1 (0.3)	23.0 (0.3)	21.4 (0.2)	30.3 (0.3)	22.9 (0.2)	22.2 (0.2)	↓ 0.7
	남학생	28.0 (0.4)	28.6 (0.3)	28.4 (0.3)	28.7 (0.3)	29.4 (0.3)	31.5 (0.4)	34.5 (0.3)	33.2 (0.4)	30.4 (0.4)	31.8 (0.4)	33.3 (0.4)	32.1 (0.4)	31.0 (0.4)	28.7 (0.4)	26.9 (0.4)	34.7 (0.4)	27.8 (0.3)	26.6 (0.4)	↓ 1.2
	여학생	24.2 (0.3)	23.3 (0.3)	23.0 (0.3)	22.1 (0.3)	22.7 (0.3)	22.9 (0.4)	24.7 (0.3)	23.2 (0.3)	20.1 (0.3)	20.5 (0.3)	22.2 (0.4)	19.0 (0.3)	18.7 (0.3)	16.9 (0.3)	15.4 (0.3)	25.6 (0.3)	17.6 (0.3)	17.6 (0.3)	-

주: 조사대상자: '05년 중1~고2, '06년 이후 중1~고3.
스트레스 인지율: 평상시 스트레스를 '대단히 많이' 또는 '많이' 느끼는 편인 사람의 분율
우울감 경험률: 최근 12개월 동안 2주 내내 일상생활을 중단할 정도로 슬프거나 절망감을 느낀 적이 있는 사람의 분율
출처: 질병관리청(2023).

제2장

위기청소년에 대한 이해

1. 청소년 위기의 개념과 속성

고등학교 1학년인 K는 요즘 고민이 있다. 친하게 지내던 B가 최근에 말도 없고 왠지 우울해 보인다. 무슨 일인지 말을 하려고 하지도 않는다. 최근에는 학교에도 잘 나오지 않는다. B에게 무슨 일이 있는 걸까?

1) 청소년 위기의 개념

'위기(at-risk)'는 일반적으로 청소년을 위험에 처하게 만드는 요인을 통칭하며, 빈곤, 학대, 부모의 사망, 학업 중단, 십대 임신과 청소년 비행 등 다양한 어려움을 겪는 청소년들을 '위기청소년(at-risk youth)'으로 개념화하고 있다. 하지만 이러한 개념은 전반적인 합의나 동의 없이 때로는 다양하게 때로는 모호하게 사용되었으며, 위기청소년에 대한 개념의 모호성은 위기청소년을 위한 예방과 개입 노력의 성과에 일정 부분 방해 요인으로 작용하고 있다(윤철경 외, 2006).

위기의 사전적 의미는 위협적이거나 고통스러운 상태로서, 갑작스럽게 사건이나 상황에 직면하여 정서적 충격을 받아 적절하게 대처하지 못하는 상태를 의미한다(김춘경 외, 2016). 길리랜드와 제임스(Gilliland & James, 1997)는 개인이 현재 지니고 있는 대처기제와 자원으로 해결하거나 감당하기 어려운 사건 또는 상황을 지각하거나 경험하는 것이 위기라고 정의한다. 위기청소년에 관한 연구에서 위기의 개념에 대해서는 일반적으로 현재 나타나지 않지만 적절한 개입이 없을 경우 미래 청소년에게 부정적인 결과를 초래할 위험성이 있는 상황이라는 설명이 광범위하게 사용되고 있다. 이러한 개념을 적용하면, 흡연은 음주의 위기가 될 수 있고, 음주는 약물사용의 위기로 확대될 수 있으며, 어린 시절 행동장애, 공격성, 학습 부진 등의 징후를 나타낸 아동은 이후 반사회적 행동과 비행으로 이어질 수 있음을 예측할 수 있다(McWhirter et al., 2004).

위기청소년이라는 용어는 1983년 미국에서 학업을 중도에 그만둘 가능성이 높은 청소년들이 늘어나고 있음에 주목하여 미국 교육 시스템의 문제점을 진단하고 대책을 촉구한 국가위원회 보고서를 통해 처음으로 소개되었다. 당시 보고서는 미국의 실패한 교육정책의 결과로 감정적 · 행동적 문제, 잦은 결석, 낮은 학업 수행 능력, 학업에 대한 관심 부족, 학교에 대한 불만 등의 문제들을 가진 위기청소년 집단이 생겨났다고 주장하였다. 이후 범죄 예방 전략의 하나로 위기집단을 규정하며 부모의 관리 · 감독 부재, 학업 중단, 낮은 학업성취도, 가난, 낮은 지능, 비행 친구와의 만남, 실업과 폭력환경에의 노출, 거주지의 빈번한 이동, 영양상태 불량 등을 위기요인으로 진단하였고 장기적으로 이러한 요인들에 노출되는 청소년을 위기청소년으로 정의하였다(이유진 외, 2015).

경제협력개발기구(Organization for Economic Cooperation and Development: OECD, 1995)는 위기청소년을 학교에서 실패하고, 직업이나 독립적인 성인의 삶으로 이행하지 못함으로써 결과적으로 사회에 긍정적인 기여를 하지 못할 것 같은 청소년으로 정의한 바 있다. 이러한 정의는 OECD 국가들 사이에서 광범위하게 받아들여졌으며, 이후에는 학교뿐만 아니라 직업교육기관에서의 이탈, 실직 상태에 있거나 그럴 위험성이 있는 청소년까지 포함하는 것으로 범위가 확장되었다(이봉주 외, 2008). 이와 같이 위기청소년이라는 용어가 사용된 초기에는 위기의 주된 내용이 청소년기에 수행해야 할 과업을 정상적으로 수행하지 못하는 데 있었음을 짐작하게 한다.

그러나 이 같은 개념이 점차 확장되어 최근에는 청소년을 둘러싼 환경의 불안정성과 그로 인해 청소년들이 처한 위험한 현실을 위기의 핵심 요인으로 간주하는 관점이 광범위하게 자리 잡고 있다. OECD(2007)의 최근 문헌에서 위기청소년을 빈곤,

부모의 양육 및 지도의 부재, 학대 및 방임, 가출 및 노숙, 소년원과 같은 구금시설, HIV/AIDS[1] 등 보건 및 건강상의 문제, 그리고 장애를 포함하여 특별한 교육적 요구가 있는 청소년 등 사회적 · 교육적 지원이 필요한 대상으로 정의된 바 있다. 국내의 경우, 황순길 등(2016)은 위기청소년을 개인적 · 가족적 · 교육적 · 사회적 위기상황에 처해 있거나 그러한 위기 상황에 노출될 가능성이 있는 청소년으로 적절한 개입 없이는 정상적인 발달은 물론 학교생활이나 직업생활을 영위해 나가기 어려운 청소년이라 정의하고 있다. 이러한 관점도 위기청소년을 정의 내릴 때 위기청소년이 처한 환경의 영향을 강조하는 입장이라고 할 것이다. 같은 맥락으로 김현진 등(2018)의 연구에서도 위기청소년은 특별한 집단으로 조작적인 정의를 내리기 어려우며 빈곤, 건강, 가족 특성, 또래집단, 학교에서의 성취와 적응 등 다면적 요인을 고려하여 사회적 환경과 맥락에 따라 정의할 수 있다고 언급하고 있다(〈표 2-1〉 참조).

표 2-1 위기청소년의 개념

구분	개념
OECD(2007)	빈곤, 부모의 양육 및 지도 감독 부재, 가출 및 노숙, 소년원 등 구금시설에 있는 청소년, 학대 및 방임, HIV/AIDS 등 보건 및 건강상의 문제, 장애를 포함하여 특별한 교육적 요구가 있는 청소년 등 사회적 · 교육적 지원이 필요한 대상
구본용 등(2005)	일련의 개인적 · 환경적 위험에 노출되어 행동적 · 심리적 문제를 경험할 가능성이 높으며, 적절한 개입이 이루어지지 않으면 정상적인 발달을 이루기 어려운 상황에 있는 청소년
이창호 등(2005)	어느 특별한 집단이 아니고 위기의 유형, 발달 단계, 위기수준에 따라 다양한 위기 상황에 처한 청소년 집단이며, 적절한 개입 없이는 심리사회적 문제에 빠질 가능성이 많은 집단
윤철경 등(2006)	넓은 의미로 보면 구체적인 위기행동을 경험하고 있는 청소년들뿐만 아니라, 위기상황을 초래할 수도 있는 바람직하지 않은 환경에 처한 청소년들까지 포함
황순길 등(2016)	개인적 · 가족적 · 교육적 · 사회적 위기 상황에 처해 있거나, 그러한 위기 상황에 노출될 가능성이 있는 청소년으로서 적절한 개입 없이는 정상적인 발달은 물론 학교생활이나 직업생활을 영위해 나가기 어려운 청소년
김현진 등(2018)	특별한 집단으로 조작적인 정의를 내리기 어렵고 빈곤, 건강, 가족 특성, 또래 집단, 학교에서의 성취와 적응 등 다면적 요인을 고려하여 사회적 환경과 맥락에 따라 다르게 정의

출처: 황여정, 이정민(2020), pp. 24-25.

1) 인체면역결핍바이러스(Human Immunodeficiency Virus: HIV)/후천성 면역결핍증후군(Acquired Immune Deficiency Syndrome: AIDS)

학술적 관점에서 논의된 위기청소년의 개념뿐만 아니라 법령에 명시된 정의를 통해 살펴보고자 한다. 위기청소년의 개념은 「청소년복지 지원법」(이하 「청소년복지법」)(법률 제19131호, 2022.12.27., 일부 개정)에 명시되어 있다. 「청소년복지법」에서 위기청소년은 가정 문제가 있거나 학업 수행 또는 사회 적응에 어려움을 겪는 등 조화롭고 건강한 성장과 생활에 필요한 여건을 갖추지 못한 청소년으로 규정되어 있다(같은 법 제2조; 〈표 2-2〉 참조).

표 2-2 법령에 명시된 위기청소년 개념

구분	위기청소년 관련 규정
「청소년복지법」 제2조(정의)	위기청소년이란 가정 문제가 있거나 학업 수행 또는 사회 적응에 어려움을 겪는 등 조화롭고 건강한 성장과 생활에 필요한 여건을 갖추지 못한 청소년을 말한다.

출처: 국가법령정보센터(2024), http://www.law.go.kr.

이 같은 법적 정의를 앞서 살펴본 청소년의 위기 및 위기청소년의 범위에서 기준을 적용해 검토하면, 먼저 해당 조항의 '가정 문제가 있거나 학업 수행 또는 사회 적응에 어려움을 겪는 등'의 규정은 위기청소년의 본질로 과업의 불이행(학업 수행 또는 사회 적응의 어려움)과 환경적 요인(가정 문제)을 함께 고려하고 있다. 다음으로, 해당 조항의 '조화롭고 건강한 성장과 생활에 필요한 여건을 갖추지 못한' 규정은 위기청소년의 범위와 관련하여 이미 위기상황에 처해 있거나 위기행동을 나타내는 청소년뿐만 아니라 위기 가능성이 있는 청소년까지 포괄한 정의라고 할 수 있다(황여정, 이정민, 2020).

2) 청소년 위기의 속성

(1) 청소년 위기의 연속성과 수준

위기는 연속선상에 있는 발달적이고 단계적인 개념으로(윤철경 외, 2005), 수준 또는 단계로 나누어 설명할 수 있다. 맥위터 등(McWhirter et al., 2004)은 위기를 최저위기(minimal risk), 저위기(remote risk), 고위기(high risk), 위기행동 입문(imminent risk), 위기행동(at-risk category activity) 등 연속적으로 이어지는 다섯 단계의 스펙트럼으로 구분하여 제시하고 있다. 여기에서 위기요인이 중첩적 · 복합적으로 나타날수록 위기수준은 높아지며, 가장 심각한 위기수준에서는 약물 남용, 학업 중단, 위험한 성행동, 비행 등의 행동이 표출된다(〈표 2-3〉 참조).

표 2-3 위기 단계별 특성

위기 구분	내용
최저위기	양호한 사회경제적 배경을 가지고 있으며, 학교 · 가정환경 · 사회관계가 긍정적이고, 심리적 · 환경적으로 스트레스 요인이 거의 없는 상태
저위기	최저위기에 비해 다소 부족한 사회경제적 배경을 갖고 있으며, 학교 · 가정환경 · 사회관계가 다소 미흡하고, 일부 스트레스 요인을 보유한 상태
고위기	부정적인 학교 · 가정환경 · 사회관계를 경험하고 있으며, 스트레스 요인이 많음. 부정적 태도나 감정 등 개인 차원에서 표출되는 위기 징후로 발전되는 단계
위기행동 입문	청소년들이 문제행동을 시작하는 단계
위기행동	이전 단계(위기행동 입문)에서 표출된 행동이 다른 범주의 위기행동으로 확대되는 단계

출처: McWhirter et al. (2004), pp. 6-9; 황여정, 이정민(2020), p. 27.

버트 등(Burt et al., 1992)은 학업 중단, 알코올과 같은 약물 사용, 범죄 행동 등 고위험 수준의 경험을 하는 청소년에 대한 효과적인 개입방법과 지원 서비스 증대를 위해 위기에 대한 개념적 틀을 다음의 네 가지 수준으로 나누어 위기를 설명하고 있다. 첫째, 위기 전조(risk antecedents)는 빈곤, 가족의 사회경제적 지위, 이웃 환경 등을 포함하는 것으로, 청소년에게 부정적 영향을 미쳐 이후 문제가 발생할 우려가 있는 환경 요소들이다. 둘째, 위기 표식(risk markers)은 가정불화가 심한 가정환경, 가정폭력 및 학대, 부모의 이혼, 자연재해, 정체성의 위기, 고용주의 착취 및 임금 체불, 친구들과의 불화 등 청소년들이 처해 있는 상황적 · 맥락적 요인의 상호작용 과정에서 발생하는 것으로 설명한다. 셋째, 위기행동(risk behaviors)은 성매매, 흡연 및 음주, 자살 충동 및 시도, 비행 친구들과의 교류, 잦은 무단 결석, 폭력 등 이전 단계, 즉 위기 전조 또는 위기 표식의 징후를 보이는 청소년에게서 나타나는 부정적 행동으로, 자신이나 타인의 심리적 · 신체적 안녕을 위협하는 행동들이다. 마지막으로, 위기 결과(risk outcomes)는 청소년이 가정, 학교, 지역사회로 대표되는 사회안전망에서 이탈하여, 명백하게 부정적인 경험을 하게 되는 상황이다. 가출, 학업 중단, 범죄, 정신적 장애 및 자살 등의 행동이 해당된다.

한편 국내 연구에서는 지승희 등(2006)이 위기수준을 정상군, 잠재적 위험군, 위험군, 고위험군의 4가지로 분류하고 있다. 각각의 위기수준을 위험성, 문제행동, 환경, 정신건강의 측면에서 설명하고 있다(〈표 2-4〉 참조).

표 2-4 청소년 위기수준의 네 가지 분류

위기 구분	내용	
1수준 (고위험군)	위험성	자신과 타인에게 심각한 피해를 주는 파괴적인 위기상황이 나타나는 단계
	문제행동	자살시도, 집단폭행, 반 전체의 왕따, 성매매, 은둔형 외톨이, 게임중독의 문제행동
	환경	부모의 학대, 유기, 경제적 빈곤 등 열악한 가정환경
	정신건강	병원치료를 받아야 할 정도의 정신건강 문제
2수준 (위험군)	위험성	파괴적이지는 않지만 위기상황이 나타나는 단계
	문제행동	자살에 대한 잦은 생각, 친구들의 왕따, 도벽, 가출 경험, 무단 결석 등
	환경	부모와의 갈등, 의사소통 결여
	정신건강	심리적 문제를 개인 스스로 통제하지 못하는 상태
3수준 (잠재적 위험군)	위험성	위기상황이 나타날 잠재적 조건을 갖춘 경우
	문제행동	흡연 및 음주
	환경	비행친구들과의 어울림, 교사와의 갈등, 유해환경 노출 등
	정신건강	심리적으로 취약한 상태
4수준 (정상군)	위험성	문제 및 잠재적 조건을 보이지 않는 경우
	문제행동	
	환경	
	정신건강	

출처: 지승희 외(2006); 황여정, 이정민(2020), pp. 29-30.

(2) 청소년 위기의 위험요인과 보호요인

① 위험요인

청소년이 위기에 이르는 과정을 이해하기 위해 위험요인(risk factor)과 보호요인(protective factor)은 중요한 개념적 틀을 제공한다. 위험요인은 한 개인이 다른 사람들에 비해 발달상 문제를 일으킬 소지가 평균적으로 높은 특성이나 변인을 의미한다(유영준, 오윤수, 2013; Pollard et al., 1999). 호로비츠(Horowitz, 1987)는 인간의 타고난 특성이 환경적 질과 독특한 방식으로 상호작용한다는 발달 모델을 주장하면서, 개인의 특성뿐만 아니라 환경적 요인이 위험요인으로 작용한다고 주장한다. 생태학적 이론을 주창한 브론펜브레너(Bronfenbrenner, 1979) 역시 인간발달에 미치는 환경의 영향을 강조하면서 생태학적 이론을 통해 개인적 요인, 가정환경, 학교환경, 지역사회 환경 등 다양한 환경요인이 상호 역동적으로 영향을 주고받으면서 청소년기 발달에 영향을 미친다고 한다. 즉, 위험요인은 개인을 둘러싸고 있는 내적 · 외적 환경 중에서 발달상에 부정적인 영향을 미치는 객관적인 요인이라고 할 수 있다. 이러한 관점의 영향을 받은 존슨(Johnson, 1998)이 제시한 청소년에게 위험요인이 되는 네 가지 범주는 〈표 2-5〉와 같다.

표 2-5 위기청소년의 위험요인

구분	내용
개인 위험요인	청소년의 개인적 행동으로 성적 행동, 약물 사용 및 남용, 학교에의 잦은 지각과 중퇴, 범죄 활동 및 비행행동 등을 포함
가족 위험요인	부모나 형제의 약물 남용, 부모의 감독 결여, 부모의 교육적 지지와 개입 결여, 부모의 범죄 연루, 학업을 중단한 형제자매, 부모의 무능 · 방임, 정서적 · 신체적 학대, 이혼, 사회복지 수혜자, 부모의 낮은 학력 수준(고졸 미만), 빈곤 경계선 이하의 경제수준, 부모의 잦은 실업 등
지역사회 위험요인	가용 일자리의 질과 양, 임금, 제공 가능한 직업훈련 등
학교 위험요인	교원의 역량, 학생의 발달에 대한 교사의 낮은 기대, 교육과정 부족, 개별화된 교육의 부족, 적절한 교육 프로그램의 부족, 학교폭력, 적절하지 못한 지도 등

출처: 황여정, 이정민(2020), p. 31.

한편, 윤철경 등(2005)의 연구에서 제시한 우리나라 청소년의 위기상황 네 가지는 〈표 2-6〉과 같다.

표 2-6 위기상황별 문제

위기상황	문제
가족적 요인	빈곤, 이혼 자녀, 소년소녀가장, 학대아동, 북한이탈 청소년, 외국인 노동자 자녀
교육적 요인	학습 부진, 학업 중단
사회적 요인	폭력피해, 범죄/성범죄 피해, 실업
개인적 요인	범죄, 가출, 성경험, 폭력가해, 흡연

출처: 윤철경 외(2005).

또한 지승희 등(2006)의 연구에서는 위기청소년 실태 파악을 위한 설문 문항 개발을 위해 청소년의 위기요인을 문제행동 영역, 환경 영역, 정신건강 영역으로 구분하여 제시한다. 각 영역별 구체적 사례는 〈표 2-7〉과 같다.

표 2-7 위기상황 영역별 구성

구분	내용
문제행동 영역	가출 경험, 무단 결석, 폭력(가해/피해), 가정폭력(가해/피해), 집단따돌림, 괴롭힘, 자살 시도, 인터넷 중독 및 게임 과다, 성매매, 성폭력, 습관적인 음주·흡연, 약물 등 유해물질 사용 등
환경 영역	경제적 수준, 유기 및 방임, 부모와의 갈등, 주변의 유해환경 노출, 교사와의 갈등, 문제행동을 보이는 친구들과의 교류 등
정신건강 영역	부정적 자존감, 불안, 우울, 공격성 등

출처: 지승희 외(2006), p. 22.

② 보호요인

보호요인은 개인의 행동을 긍정적으로 발달시키는 기능을 하며, 위기청소년에게 문제행동을 억제하고 위기 결과로 이어지는 것을 예방하도록 돕는다(황순길 외, 2016). 보호요인은 부정적 결과가 예측되는 위기 환경에도 불구하고 청소년의 정상적인 발달을 이끄는 요인으로, 문제행동에 직접적인 영향을 끼칠 수 있는 독립변인인 동시에 위험요인과 문제행동 간의 관계를 중재하고 완화시키는 조절변인으로 기능하여, 부정적 결과를 감소시킨다(권재환, 이은희, 2006; 한상철, 2008; 황순길 외, 2016). 보호요인을 개인, 가족, 또래·학교, 지역사회의 네 가지로 구분하여 제시하면 〈표 2-8〉과 같다.

표 2-8 위기청소년의 보호요인

구분	내용
개인 보호요인	• 위기청소년이 가지고 있는 개인 정서, 심리적 요인과 유능감 등 비행을 유발하는 충동과 불안 상황에서 자신을 통제할 수 있는 힘 • 높은 자아존중감, 적극적인 대처 전략, 자기효능감 등
가족 보호요인	• 원만한 부모-자녀 관계, 부모의 정서적 지지, 부모와의 유대감, 가족 유대, 가족구조, 형제 간의 친밀감 등
또래 · 학교 보호요인	• 친구의 지지, 교사의 지지
지역사회 보호요인	• 종교, 지역사회 내 청소년 활동 참여 등

출처: 황여정, 이정민(2020), p. 33.

보호요인은 위기청소년이 다양한 위험요인에 노출되어 있거나, 상황적 · 발달적 위기상황에 처해 있을 때, 문제행동으로 이어지는 연결고리에서 완충 역할과 조절변인으로 기능함으로써 위기 결과로 이어질 가능성을 경감시킨다. 또는 위험요인이 존재하는 위기상황에 있는 청소년이 문제행동이나 위기 결과로 이어지지 않게끔 처음부터 독립적인 강한 힘을 발휘하는 역할을 하기도 한다(황순길 외, 2016).

선행연구를 통해 도출된 주효한 보호요인으로 사회자본(social capital)을 들 수 있다. 객관적으로 취약한 환경에 속해 있더라도 위기에 처하지 않는 청소년들은 열악한 환경에 대처하는 다양한 능력과 기술 및 역량을 보유하고 있는데, 대표적으로 언급할 수 있는 것이 바로 사회자본, 즉 자신을 둘러싼 유의미한 타자(significant others)와 맺고 있는 관계라는 것이다. 구체적으로 가까운 또래 친구들을 비롯하여 지역사회의 종교인, 선배, 청소년기관 실무자, 학교 선생님 등이다. 이 같은 네트워크는 일반청소년에게 정서적 지지와 격려 및 조언을 제공해 주고, 위기청소년에게 생존과 성공에 필요한 자원을 제공해 주는 역할을 한다. 또한 위기를 잘 극복하는 청소년들은 개인적으로 사회성, 내적 통제력, 긍정적인 태도 등의 특성을 보이는 것으로 알려져 있다(윤철경 외, 2005).

2. 위기청소년의 유형과 범주

18세인 D군은 오늘도 스마트폰으로 영상을 튼다. 특별히 좋아하거나 보고 싶은 영상이 있는 것은 아니다. 그냥 더욱 자극적인 영상을 찾게 된다. 학교를 가지 않고 집에서 비대면 수업을 하면서 하루가 따분하고 지루해서 영상을 더 보게 된다. 엄마는 오늘도 또 잔소리를 한다. 가출을 할까?

위기청소년은 정서 · 행동, 인지, 사회성 영역에서 어려움을 경험할 수 있다. 첫째, 위기청소년은 정서 · 행동 영역에서 우울감, 정서조절의 어려움, 공격성 등을 보일 수 있다(구주영 외, 2020). 실제로 10대 초반에 높은 수준의 공격성이 나타나는 청소년은 10대 중반에 비행을 경험하는 경향이 더 많고, 공격성 정도가 빠르게 증가한다(서미정, 2009). 또한 청소년기 우울은 가출 및 약물 남용 등 외현적 증상을 보이며, 이로 인한 학교 및 사회에서의 부적응의 문제를 초래할 수 있다(신현숙 외, 2004).

둘째, 위기청소년은 인지 영역에서 낮은 자기 통제력, 부정적인 자기개념과 함께 주의력과 문제해결의 어려움 등을 보고한다. 이들은 일반청소년에 비해 내재적으로 낮은 자아존중감과 부정적 자아개념, 비규범적이고 낮은 신뢰감을 갖고 있으며, 스트레스에 대한 대처행동에 있어서도 바람직하지 않은 대처 방식을 사용하는 경향이 있다(김영춘, 2022). 이러한 경향은 위기청소년이 자기개념을 형성하는 데 있어 자기 불일치 정도가 일반청소년에 비해 유의하게 높게 나타남과 관련이 있다(정용래, 2019).

셋째, 위기청소년은 사회성 영역에서 대인관계의 어려움을 보고한다. 고제원(2021)은 소년 범죄자들이 개인적 영역에 많은 관심이 있는 것에 비해, 사회적 동요나 주변의 시선에 덜 민감하며 자신의 행동에 대한 통제 수준이 낮다고 하였다. 또한 이들은 정서 및 행동적인 문제들로 인해 재학 중인 청소년보다 또래관계를 형성할 수 있는 기회가 적어져 또래와의 관계에서 서로에 대한 존중이나 가치, 대인관계 갈등 해결을 통한 사회적인 기술을 습득할 기회도 적어지게 된다(이승지, 2021). 이러한 요인들은 독립적으로 영향을 미치기보다는 관련 요인들이 상호작용하여 영향을 미치기 때문에(전학열 외, 2015), 전문가들은 위기청소년의 심리적 특성과 문제행동의 원인을 정확히 판별하는 시스템 구축의 필요성과 함께 그에 맞는 적절한 심리치료와 인성교육 강화의 필요성을 제기하고 있다.

위기청소년의 유형과 범주를 관련 법령과 지원 정책의 대상을 검토하여 분류하면 다음과 같다(황여정, 이정민, 2020). 첫째, 청소년 분야 법령[2]에서 확인할 수 있는 위기청소년의 세부 유형으로는 빈곤, 가출, 비행 · 일탈, 학교 밖 청소년, 요보호, 가정폭력 · 학대 피해, 이주배경, 일상생활 부적응, 청소년 한부모(24세 이하의 부 또는 모), 성매매 · 성폭력 피해, 인터넷 게임 중독, 약물중독, 환각물질 중독, 학습 · 정서 · 행동 장애 청소년 등이 언급되었다. 둘째, 복지 분야 법령[3]에서는 빈곤, 요보호아동(보호자의 보호를 받지 못하는 18세 미만 아동), 아동학대 피해자, 약물 · 알코올 중독, 정서 · 행동 · 발달 장애, 성폭력 피해자 등이 도출되었다. 셋째, 교육 분야 법령[4]에서는 학교폭력 가해 · 피해학생과 장애학생이 특별히 언급되었다. 넷째, 소년사법 분야 법령[5]에서는 범죄 · 비행 관련 청소년에 대해 반사회성이 있는 소년[6]이라 하여, 소년법의 취급 범위에 따라 범죄 · 촉법 · 우범 소년(집단적으로 몰려다니며 주위 사람들에게 불안감을 조성하는 성벽[7]이 있는 것, 정당한 사유 없는 가출, 음주 소란이나 유해환경 접촉 성벽이 있는 것)으로 명시되었다. 〈표 2-9〉는 황여정, 이정민(2020)에서 각각의 법령을 검토하여 도출된 위기청소년의 세부 유형과 윤철경 등(2005)에서 제시한 위기요인의 분류 틀을 준용한 범주화 구분을 제시한 것이다.

2) 「청소년복지지원법」 및 「동법 시행령」, 「청소년보호법」 및 「동법 시행령」, 「아동 · 청소년의 성보호에 관한 법률」, 「한부모가족 지원법」, 「가정폭력방지 및 피해자보호 등에 관한 법률」

3) 「아동복지법」 및 「동법 시행령」

4) 「학교폭력예방 및 대책에 관한 법률」

5) 「소년법」

6) 소년법에서 "소년"이란 19세 미만인 자를 말한다(제1장, 제1조).

7) 성벽(性癖)이란 굳어진 성질이나 버릇을 의미한다(국립국어원편찬 표준국어대사전).

표 2-9 위기청소년 관련 법령에서 도출된 위기청소년 세부 유형

<table>
<tr><th>구분</th><th>세부 유형</th><th>범주화</th></tr>
<tr><td>청소년
분야 법령</td><td>• 빈곤 청소년
• 비행 · 일탈 청소년
• 학교 밖 청소년
• 보호자의 보호를 받지 못하는 청소년
• 가정폭력 · 학대 피해 청소년
• 가출 청소년
• 이주배경 청소년
• 일상생활 부적응 청소년
• 청소년 한부모
• 성폭력 · 성매매 피해 청소년
• 인터넷 게임 중독 청소년
• 약물(환각물질 포함) 중독 청소년
• 학습 · 정서 · 행동 · 장애를 가진 청소년</td><td rowspan="4">① 가족적 요인
• 빈곤 청소년
• 가정폭력 · 학대 피해 청소년
• 가출 청소년
• 보호자의 보호를 받지 못하는 청소년
• 청소년 (한)부모

② 교육적(또래 · 학교) 요인
• 학업중단 청소년
• 학교 밖 청소년
• 학교폭력 가해 · 피해 청소년

③ 개인적 요인
[중독 성향]
• 약물 · 알코올 · 환각물질 중독
• 청소년
• 인터넷 게임 중독
[기타]
• 학습 · 정서 · 행동ㅍ발달 장애
• 장애학생
• 일상생활 부적응
• 유해환경 접촉 성향

④ 사회적 요인
• 범죄(비행 · 일탈) 청소년
• (성)범죄 피해 청소년
• 이주배경 청소년</td></tr>
<tr><td>복지
분야 법령</td><td>• 빈곤 청소년
• 보호자의 보호를 받지 못하는 청소년
• 학대 피해 청소년
• 약물 · 알코올 중독 청소년
• 정서 · 행동 · 발달 장애 청소년
• 성폭력 피해 청소년</td></tr>
<tr><td>교육
분야 법령</td><td>• 학교폭력 가해 청소년
• 학교폭력 피해 청소년
• 장애학생(학교폭력으로 피해를 입은 장애학생)</td></tr>
<tr><td>소년사법
분야 법령</td><td>• 반사회적 청소년
• 범죄를 저지른 청소년(촉법소년 포함)
• 다음의 사유가 있는 우범 청소년
- 집단적으로 몰려다니며 주위 사람들에게 불안감을 조성하는 성벽(性癖)이 있는 것
- 정당한 이유 없이 가출한 것
- 음주 소란이나 유해환경 접촉 성벽이 있는 것</td></tr>
</table>

출처: 황여정, 이정민(2020), p. 96.

1) 가족적 요인

가정 문제나 학업 수행, 사회적 적응 문제로 어려움을 겪는 위기청소년은 약 78만 명으로 추산되며, 이는 전체 청소년의 9%에 이르는 수치이다. 뉴스 보도에 따르면, "여성가족부가 가정이나 사회 적응에 어려움을 겪는 위기청소년을 대상으로 첫 실태 조사를 한 결과, 많은 위기청소년들이 부모 등 보호자로부터 폭력을 당한 것으로 나타났다. 10명 중 3명이 가출을 했고, 가족 간의 갈등이 주원인이었다"(KBS 뉴스, 2022. 4. 28.).

여성가족부(2022)가 위기청소년 4천여 명을 조사한 결과에 따르면, 절반 가까이가 부모나 보호자로부터 신체 폭력(44.4%)이나 언어 폭력(46.0%)을 경험하였으며, 특히 청소년쉼터나 자립지원관 등을 찾은 청소년 70% 이상이 보호자의 폭력을 경험했음을 보고한다. 가출한 적 있다는 청소년이 10명 중 3명 이상이며, 가족과의 갈등 때문이라는 응답이 가장 많았다. 응답자의 26.2%가 최근 1년 안에 우울감을 느낀 적이 있었고, 자해를 시도한 경우가 18.7%, 자살시도는 응답자의 9.9%에 이른다.

가족의 변화는 사회의 변화와 불가분의 밀접한 관계에 있으므로 사회의 어느 한 부분이나 요소에서 일어나는 변화는 직·간접적으로 가족의 제 측면에 영향을 미친다. 현대 사회는 가족구성원들의 다양한 개인적 관심이 증가하면서 부부간, 부모-자녀 간에도 하루 중 짧은 시간만을 같이 보낸다. 가족에 대한 인식의 변화는 가족구성원 간의 의사결정 참여와 의견 존중 그리고 평등을 주장함으로써 이전 가족에 비해 더 많은 갈등과 문제, 폭력, 외도, 마약, 자살, 부조화, 무관심을 드러내고 있다. 이로 인해 이혼가정이 증가하고 있으며, 급격한 사회 변화에 따라 이전의 많은 직종이 사라지고 새로운 직종이 나타나면서 가장의 실직이 증가하거나 가정의 경제적인 문제가 심각한 불화와 위기를 불러오기도 한다.

(1) 가정폭력 및 학대

가정폭력은 신체적 공격, 언어적 위협, 성폭력, 심리적 학대 등을 포함할 수 있고, 이것 모두 청소년이 가정에서 목격할 수 있는 것들이다. 청소년은 폭력을 시각적으로 목격하지 않고도 그것에 의해 영향을 받을 수 있으며, 특히 가정폭력에의 노출은 의존하는 부모 중 하나에게 폭력이 가해지는 것을 목격할 때 청소년 자신이 직접 구타를 당하지 않아도 외상을 입을 수 있다.

가정폭력에의 노출과 다른 유형의 학대는 공존하며, 가정에서 폭력을 관찰한 청소년과 피해를 당한 청소년 모두 부정적으로 영향을 받는다. 청소년이 학대를 목격하는 것과 피해를 입는 것이 동시에 일어났을 때 일부 자료들은 남자 청소년이 더 위험하다고 주장한다. 남자 청소년은 가정폭력에 의해 외현화의 행동 반응을 나타내는 경향이 있으며, 이는 부모가 청소년에게 더 많은 짜증과 학대행동을 분출하게 할 수 있다(Jourlies & Norwood, 1995). 또한 학대에 대해 더 큰 위험이 있는 경우는 미숙하거나 정신적으로 지체된 아동, 혹은 까다롭거나 특별한 결함이 있는 아동들이다. 예를 들어, 설리반과 크누트손(Sullivan & Knutson, 1998)은 장애아동의 경우 신체적으로 학대받는 아동이 학대받지 않은 아동의 두 배가 됨을 밝히고 있다. 반항성 장애와 같은 행동장애를 겪는 아동 또한 신체 학대의 위험이 높다(Ford et al., 2000). 행동적으로 혹은 발달적으로 어려움이 있는 아동은 부모가 가진 자원에 지나친 부담을 줄 수 있고, 부모 역할을 미흡하게 만듦으로써 어려움을 증가시켜 부모를 더 큰 스트레스에 노출시킨다. 이와 같은 이후의 악순환은 궁극적으로 폭력을 초래하기도 한다.

폭력적인 가정에서 자란 청소년은 인지적 결함을 지속적으로 나타내는 것은 아니지만 그들은 종종 학업 문제를 보인다(Hughes & Graham-Berman, 1999). 학교에서의 주의산만과 부주의는 폭력에의 노출과 관련된 외상의 결과로 나타날 수 있다. 폭력에 대한 아동의 인지적 처리 또한 그들이 폭력에 의해 영향을 받는 방식에 영향을 준다. 부모 사이에서 폭력이 빈번하고 강렬하며, 위협적인 것으로 지각한 아동은 자기 비난적인 사람 못지않게 자신이 고통받을 가능성이 높다고 생각한다(Grych et al., 2000). 이와 유사하게, 아동은 부모의 불화를 통제하는 자신의 능력에 대한 비현실적 기대를 발전시킬 수 있다(Rossman & Rosenberg, 1992). 지각된 통제감은 아동이 그 싸움을 신체적으로 중재하려고 시도함으로써 자신을 손상시키는 방식을 취하거나(Kerig, 2001), 아동이 그 상황을 실제로 통제할 수 없다는 것을 알았을 때 죄책감과 부적절한 느낌을 남길 수 있는 위험에 영향을 준다(Osofsky & Scheeringa, 1997). 아동만이 갖는 딜레마는 높은 자기비난과 낮은 통제감의 역설, 즉 폭력에 대해서 책임이 있었지만 아무것도 할 수 없었다는 인식일 것이다(Kerig, 1998).

연구자들은 가정폭력에 노출된 아동이 수많은 정서적 · 행동적 문제를 보인다고 주장한다. 이런 문제는 어린 아동에게서는 불안정 애착, 학령기 우울, 불안, 공격성을 포함한 외현화 및 내면화 문제들이다. 청소년기에 이런 행동적 문제는 강화되고 비행 행동, 자살사고를 수반한다. 예츠 등(Yates et al., 2003)은 가정폭력에의 노출 여부가 신체적 학대, 방임, 사회경제적 지위, 일반적인 생활스트레스 이외에 아동에게 어떤 영향을 미치는지를 조사하였다. 이들은 출생부터 청소년기까지 155명을 추적한 종단적 연구를 통해 가정폭력의 노출은 남자 청소년에게 외현화 문제, 여자 청소년에게 내면화 문제의 독립적 예언 변인임을 밝혔다. 이는 경험의 시기에 의해서도 영향을 받는다. 학령전기 동안 가정폭력에의 노출은 청소년기의 부적응에 대한 최고의 예언 변인이지만, 남자 청소년의 비행은 같은 시기 가정폭력에 의해 가장 잘 예언된다. 나아가 종단연구들은 장기적 관점에서 볼 때 아동기 가정폭력의 노출이 성인 남성의 범죄행동에 대한 가장 강력한 요인 중 하나라는 것을 보여 준다(McCord, 1979).

가정에서 만성적인 폭력에 노출된 아동은 폭력에 더욱 민감해진다는 것을 제안한다(Cumming, 1998). 헤네시 등(Hennessy et al., 1994)은 폭력에 노출된 아동은 성인들이 서로 화내는 것을 녹화한 장면에 대해 또래보다 더 많이 두려워하고 정서적으로 강하게 반응한다고 밝혔다. 이러한 민감화는 과잉경계와 관련되기도 하는데, 이는 외상 후 스트레스 장애(Posttraumatic Stress Disorder: PTSD)의 특징 중 하나로 환경 내 잠재적 위협을 탐색하는 데 있어 보다 큰 걱정과 불안을 갖는 경향성을 의미한다. 그리고 실제로 폭력적 가정의 아동은 악몽, 과장된 놀람 반응, 침투적 사고, 해리를 포함하는 PTSD 증상을 보이며, 50% 정도가 PTSD 진단의 모든 기준에 부합된다(Rossman & Ho, 2000).

DSM-5-TR에 따르면, PTSD의 진단기준은 다음과 같다(주의점: 이 기준은 성인, 청소년, 그리고 6세를 넘은 아동에게 적용한다).

A. 실제적이거나 위협적인 죽음, 심각한 부상, 또는 성폭력에의 노출이 다음과 같은 방식 가운데 한 가지(또는 그 이상)에서 나타난다.

1. 외상성 사건에 대한 직접적인 경험
2. 그 사건이 다른 사람에게 일어난 것을 생생하게 목격함
3. 외상성 사건이 가족, 가까운 친척 또는 친한 친구에게 일어난 것을 알게 됨

4. 외상성 사건의 혐오스러운 세부 사항에 대한 반복적이거나 지나친 노출의 경험
   (예: 변사체 처리의 최초 대처자, 아동학대의 세부사항에 반복적으로 노출된 경찰관)

주의점: 진단기준 A4는 노출이 일과 관계된 것이 아닌 전자미디어, 텔레비전, 영화 또는 사진을 통해 노출된 경우는 적용되지 않는다.

B. 외상성 사건(들)이 일어난 후에 시작된 외상성 사건과 관련이 있는 침습 증상의 존재가 다음 중 한 가지(또는 그 이상)에서 나타난다.

1. 외상성 사건(들)의 반복적, 불수의적이고 침습적인 고통스러운 기억
2. 꿈의 내용과 정동이 외상성 사건과 관련되는 반복적으로 나타나는 고통스러운 꿈
3. 외상성 사건(들)이 재생되는 것처럼 그 개인이 느끼고 행동하게 되는 해리성 반응
4. 외상성 사건(들)을 상징하거나 닮은 내부 또는 외부의 단서에 노출되었을 때 나타나는 극심하거나 장기적인 심리적 고통
5. 외상성 사건(들)을 상징하거나 닮은 내부 또는 외부의 단서에 대한 뚜렷한 생리적 반응

C. 외상적 사건(들)이 일어난 후에 시작된, 외상성 사건과 관련이 있는 자극에 대한 지속적인 회피가 다음 중 한 가지 또는 두 가지 모두에서 명백하다.

1. 외상성 사건(들)에 대한 또는 밀접한 관련이 있는 고통스러운 기억, 생각 또는 감정을 회피 혹은 회피하려는 노력
2. 외상성 사건(들)에 대한 또는 밀접한 관련이 있는 고통스러운 기억, 생각 또는 감정을 불러일으키는 외부적 암시를 회피 또는 회피하는 노력

D. 외상성 사건(들)이 일어난 후에 시작되거나 악화된, 외상성 사건과 관련이 있는 인지와 감정의 부정적 변화가 다음 중 두 가지에서 나타난다.

1. 외상성 사건(들)의 중요한 부분을 기억할 수 없는 무능력(두부외상, 알코올, 약물 등의 이유가 아니며 전형적으로 해리성 기억상실에 기인)
2. 자신, 다른 사람 또는 세계에 대한 지속적이고 과장된 부정적인 믿음 또는 예상
3. 외상성 사건(들)의 원인 또는 결과에 대하여 지속적으로 왜곡된 인지를 하여 자신 또는 다른 사람을 비난함
4. 지속적으로 부정적인 감정상태
5. 주요 활동에 대해 현저하게 저하된 흥미 또는 참여
6. 다른 사람과의 사이가 멀어지거나 소원해지는 느낌
7. 긍정적 감정을 경험할 수 없는 지속적인 무능력
   (예: 행복, 만족 또는 사랑의 느낌을 경험할 수 없음)

E. 외상적 사건(들)이 일어난 후에 시작되거나 악화된 외상성 사건과 관련이 있는 각성과 반응성의 뚜렷한 변화가 다음 중 두 가지에서 현저하다.

1. (자극이 거의 없거나 아예 없이) 전형적으로 사람 또는 사물에 대해 언어적 또는 신체적 공격성으로 표현되는 민감한 행동과 분노폭발
2. 무모하거나 자기 파괴적인 행동
3. 과각성
4. 과장된 놀람 반응

5. 집중력의 문제
6. 수면교란

F. 장애(진단기준 B, C, D, E)의 기간이 1개월 이상이어야 한다.

G. 장애가 사회적, 직업적 또는 다른 중요한 기능 영역에서 임상적으로 현저한 고통이나 손상을 초래한다.

H. 장애가 물질(예: 치료약물, 알코올)의 생리적 효과나 다른 의학적 상태로 인한 것이 아니다.

발달과정에서 폭력에 노출된다는 것은 청소년의 대인관계에 부정적 영향을 미친다. 가정에서 폭력에 노출된 학령전기 아동은 타인과의 상호작용에서 공격성과 부정적 감정을 드러내며(Graham-Bermann & Levendosky, 1997), 학령기 아동은 다른 아동에 비해 대인 간 불신이 높고 빈약한 사회적 기술을 보였으며 여성에 대한 폭력은 정상적이며 정당하다는 신념을 가질 비율이 더 높았다(Jaffe et al., 1986; Kerig, 1998). 또한 신체적 학대를 받은 아동들은 일련의 문제해결 단계에서 어려움을 보여 대인 간 문제를 해결할 때 적대적이고 공격적인 수단을 사용할 가능성이 높아진다(Dodge et al., 2013). 방임된 청소년들은 친사회적인 또래들에게 거부당하기 때문에 거부당한 다른 청소년들과 종종 우정을 추구하며, 거부당한 또래들을 통해 공격성, 비행과 물질 사용과 같은 파괴적이고 반사회적인 행동을 접할 수 있다. 게다가 자녀를 방임한 부모들은 대부분 자녀의 행동을 충분히 관리 감독하지 않는다. 결과적으로, 일탈적인 또래집단과 부실한 부모의 관리 감독은 품행 문제의 주요 예측인자이다(Merlo & Benekos, 2016).

맥기 등(McGee et al., 1997)에 의한 연구에서 심리적 학대가 방임, 성학대, 신체학대 혹은 가정폭력에의 노출보다 청소년의 정신건강에 전반적으로 더 나쁜 영향을 미친다고 밝혔다. 심리적 학대는 다른 유형의 학대의 영향력을 강화시킨다. 또한 그들의 연구는 학대의 영향력에 있어서 발달적 차이와 성차의 중요성을 밝히고 있는데, 남아의 경우 학대의 경험이 아동기 초기에 일어났을 때 그들의 적응 수준은 신체적 학대와 심리적 학대의 상호작용과 방임과 가정폭력 목격의 상호작용에 의해 예측된다. 반면, 여아의 경우 청소년기의 안녕감은 아동기 초기에서 아동기 중기까지의 방임 혹은 심리적 학대의 증가에 의해 강하게 영향을 받는다. 남아가 신체학대 및 가정에서의 폭력과 같은 구체적 학대에 의해 더 큰 영향을 받는 반면, 여아는 온정적이지 않은 양육이나 심리적으로 학대하는 양육 같은 부모-자녀 관계에서의 손상에 의해 더 큰 영향을 받는 것으로 나타났다.

(2) 가출

위기청소년의 가출 경험은 위기청소년 지원기관 이용 · 입소 경험이 있는 9~18세 청소년 4,399명을 대상으로 한 조사(여성가족부, 2022)에서 최근 1년간 22.6%로 나타났으며, 이는 2020년 초등학교 4학년에서 고등학교 3학년 학생 1만 5천여 명을 대상으로 한 청소년 매체 이용 및 유해환경 실태조사(여성가족부, 2021)에서의 청소년 가출 경험률(2.5%)과 비교할 때 9배가량 높은 결과이다. 가출 원인은 가족과의 갈등(69.5%), 자유로운 생활(44.3%), 가정폭력(28.0%) 등이 주된 이유이며, 청소년 쉼터 및 청소년자립지원관 이용 청소년의 경우 부모 · 형제 등 가족과의 갈등(70.6%)이나 가정폭력(49.4%)과 같은 가족 문제가 더 높은 비율을 차지하는 주요 원인으로 조사되었다.

일반적으로 가출은 부모의 허락 여부, 연령, 기간 등의 요소를 고려하여 정의하며, 기본적으로는 보호자의 동의나 허락 없이 집에서 벗어나는 행위로서 보호자가 소재를 알지 못하는 경우여야 한다(조성연 외, 2008). 우리나라의 경우 가출에 대해 자신 및 자신을 둘러싼 주위 환경에 대한 불만이나 갈등에서 비롯된 문제점에 대한 반발이나 해결을 위해 보호자의 승인 없이 최소한 하룻밤 이상 무단으로 집을 나가 돌아오지 않는 충동적 혹은 계획적 행위로 정의하였다(김준호, 박정선, 1993). 따라서 가출청소년은 부모나 법적 보호자의 동의 없이 일정 기간 이상 안정된 거주지를 떠나 생활하는 청소년이라 지칭할 수 있을 것이다.

가출청소년의 가출 원인은 크게 개인적인 차원과 환경적인 차원으로 나누어서 설명할 수 있다. 먼저 개인적 차원으로, 가출이 하나의 인간행동이면서 또한 사회현상이므로 가정 및 사회 환경과 관련 있는 것은 물론이지만 가출의 주체인 개인이 갖는 특성과 밀접한 관계가 있다. 즉, 친족성 및 독립성이 결여되고, 찰나적 흥미에 마음을 뺏기며, 배회하는 것을 좋아하고 인내심이 없으며, 그리고 게으르고 근면성이 결여되어 있다는 특징이 있다(표갑수, 2010). 많은 연구자가 지적하는 가출청소년의 공통된 성격적 특징은 통제력 결핍과 충동성, 높은 불안감과 우울감, 낮은 자기존중감 등이다. 그러나 청소년 가출이 개인의 성격적 결함이나 정서장애의 한 표현이라고 보는 관점은 현실적으로 한계를 지닌다. 개인적 성격요인이 청소년 가출의 모든 것을 설명해 줄 수는 없지만 많은 부분을 설명해 주고 있으며, 가출행동의 잠재적 위험요인이라 할 수 있다.

다음으로 환경적 차원으로, 가정의 구조적 · 기능적 결손, 그리고 또래의 부정적인 압력, 학교 부적응과 학업 실패, 사회의 각종 유해환경을 들 수 있다(장수한, 2011). 첫째, 구조적 결손가정, 예를 들어 모자가족, 부자가족, 자녀만으로 이루어진 가족 형태가 가출의 요인이 되고 있다. 모성 상실과 부성 상실의 장기적인 영향은 감정통제력 결핍, 죄의식 결여, 대인관계가 원만하지 못하여 성격적 혼란을 주고, 공격적 행동을 통제하지 못하며, 초자아가 발달하지 못하고, 인내심과 참을성이 부족한 특징이 있다. 둘째, 기능적 결손가정은 구조적으로 결손이 안 되었더라도 갈등으로 인하여 가족 간의 유대가 단절되고 가족원 각자의 역할을 수행하지 못함으로써 가족의 혼란 또는 해체를 경험하는 가정을 말한다. 부모의 무관심과 냉대, 가정폭력이 가출의 원인이 되기도 한다. 특히 청소년에 대한 가족의 학대와 폭력은 신체적 · 정신적으로 심각한 위험을 주기 때문에 가출의 직접적인 계기가 될 수 있다(표갑수, 2010). 또한 가정의 사회경제적 지위도 가출에 영향을 주는데, 이는 가정의 저소득과 빈곤이 직접적인 원인이라기보다 가정 내 구성원 간의 갈등과 욕구불만, 불화와 파탄의 위험을 더 많이 조장하기 때문에 이러한 요인들이 가출과 범죄 발생의 기회를 높여 준다고 할 수 있다(장수한, 2011). 셋째, 학교 원인을 들 수 있다. 학교는 청소년의 성장 및 발달을 돕고 진로를 탐색하며 사회적 대인관계 능력을 키우는 장소이다. 그러나 획일적이며 입시 위주의 수업과 상급학교 진학을 최우선으로 하는 풍토로 인하여 많은 청소년이 학교 성적과 관련해 괴로워하고 좌절을 경험하기도 한다. 청소년기가 되면 대부분의 시간을 학교에서 보내게 되므로 학교생활이 미치는 영향이 매우 크다. 따라서 교사 및 친구들과의 관계, 입시 위주의 학업성취 중심적인 학교환경 등이 청소년의 학교 적응에 영향을 준다(조성연 외, 2008). 최근 1년간 가출을 해 본 적이 있는 청소년에게 가출하게 된 주된 원인을 조사한 결과에서, '가족과의 갈등'으로 가출하였다는 응답이 74.1%로 가장 많았으며, 이어서 '자유롭게 살고 싶어서'(7.8%), '공부에 대한 부담감'(4.8%) 등의 순으로 나타났다(여성가족부, 2021). 이러한 결과는 가출 원인의 환경적 차원 세 가지가 드러나는 것이라 할 수 있다.

가출청소년은 가출 이후 다양한 문제에 직면하는데, 의식주 등의 기본적인 생활뿐만 아니라 보호자의 보호로부터 벗어난 상태에서 학업 문제, 정서 문제, 건강 문제, 가족 문제 등을 경험하게 된다(조성연 외, 2008). 특히 정서 문제에서 가출청소년은 부모 혹은 보호자와의 정서적 유대관계가 부족하며 언어적 · 신체적 · 성적 학대를 경험하게 되면서 부정적 자기개념과 소외감 · 우울증 · 불안 등을 경험하고 자살에 대한 생각을 하기 쉽다. 가출 이후에는 이러한 정서 문제가 심한 정신적 · 심리적 고통으로 발전하여 정서적 · 행동적 문제를 유발하게 되며, 결과적으로 비행이나 자해 및 약물 사용과 같은 우발적 · 공격적 · 자포자기적 행위가 자살로 이어지기도 한다. 또한 건강 문제 역시 가출청소년은 부적절한 숙식이나 흡연 · 음주 · 약물 남용 등으로 인해 건강을 해치거나 질병에 노출되기 쉬운 환경에 처해 있다. 청소년들은 과거의 아픈 경험을 잊기 위해서 또는 매일 부딪히는 위험이나 생계의 절박함을 처리하기 위해 술을 마시거나 약물을 사용하게 되면서 이로 인해 알코올이나 약물 중독으로 발전하기도 한다. 또한 유흥업소 생활로 인해 AIDS를 포함한 심각한 성병질환이나 임신 · 낙태 등의 심각한 문제를 경험할 수도 있다. 가출청소년의 대부분이 가정의 구조적 · 기능적 결함을 가지고 있으며, 이와 같은 가정 문제는 청소년이 가출한 후에도 지속되는 경우가 많다. 가출청소년은 가정환경이 개선되지 않으면 귀가를 원하지 않게 되고 결과적으로 집에 돌아가도 다시 가출을 시도하게 되는 상습 가출자로 전락하게 된다.

또한 우울증, 자살행동, 가출과 관련된 범죄 등의 2차적 문제행동까지 발생할 수 있다(장수한, 2011). 먼저, 우울증은 가출청소년의 보편적인 정신적 장애로 인식되고 있다. 가출청소년의 경우 우울증으로 약물을 사용하는 등 건강이 악화되고 이러한 행동이 우울증을 더욱 악화시킨다. 그럼으로써 우울과 건강 악화가 반복적으로 진행되어 결국 비행행동이나 자살과 같은 극단적인 행동을 유발하게 된다. 다음으로, 자살행동을 살펴보면 가출청소년들의 자살률이 일반청소년들보다 높다. 청소년의 자살행동에는 많은 요인이 관련되어 있는데, 그중 가족구성원에 의한 신체적 · 성적 학대 경험 역시 가출청소년의 자살행동과 관련이 있을 것으로 예상된다. 마지막으로, 청소년 범죄와의 관계를 들 수 있다. 청소년 범죄를 가출과 연관시켜 논의하는 이유는, 첫째, 가출은 부모 또는 보호자의 부재로 인하여 청소년에 대한 통제가 제대로 이루어질 수 없기 때문에 또 다른 비행 혹은 범죄를 일으킬 가능성이 높아진다. 둘째, 가출 상황에서 접하게 되는 여러 사회환경이 청소년들에게는 나쁜 영향을 미치기 때문에 범죄에 쉽게 유입될 수 있다. 가출 이후 청소년들이 범죄에 유입되는 경로를 파악하기 위해서는 우선 가출 이후의 생활상을 파악하는 것이 중요하다. 대부분의 가출 청소년들은 가출 이후 초기에는 오락실이나 만화가게를 자주 드나든다. 그러나 장기적인 가출생활을 유지하기 위해서 점차 생활비는 필요하게 되고 일을 찾게 되지만 특별한 기술도 없고 연령제한으로 인해 일을 할 수 있는 곳은 한정되어 있다. 이러한 취업의 어려움으로 가출 청소년들은 절도, 강도 등의 범죄를 통하여 생활비를 조달하기도 한다.

2) 교육적 요인

교육적 요인으로 학업을 중단하는 위기청소년은 약 2만 여명으로 추정된다. '학업 중단 · 학교 밖 청소년 규모 한눈에' 보도에 따르면, COVID-19 기간인 2020년 학업 중단 학생은 3만 2천 27명(초 · 중 · 고교생 대비 0.6%)이었으나 2022년엔 5만 2천 981명(1.0%)으로 불어난 상태이다. 이 가운데 학업 중단의 사유가 학교 부적응인 학생 규모는 2만 명에서 3만 2천 명으로 증가했다. 학교에 학적을 두지 않은 학교 밖 청소년의 경우 학업 중단 청소년보다 규모를 파악하기가 더욱 어렵다(연합뉴스, 2023. 11. 27.)([그림 2-1] 참조).

청소년 유해환경접촉 종합실태조사(여성가족부, 2012)에서 폭력 유형별 피해 경험률을 일반 중 · 고교생과 위기청소년을 비교한 결과는 구타, 욕설 · 폭언, 돈 · 금품

학교급별 학업 중단자 인원수와 비율

학교급 / 년도	전체	초등	중등	고등
2020	32,027명 (0.6%)	11,612명 (0.4%)	5,976명 (0.5%)	14,439명 (1.1%)
2021	42,755명 (0.8%)	15,389명 (0.6%)	7,235명 (0.5%)	20,131명 (1.5%)
2022	52,981명 (1.0%)	19,415명 (0.7%)	9,585명 (0.7%)	23,981명 (1.9%)

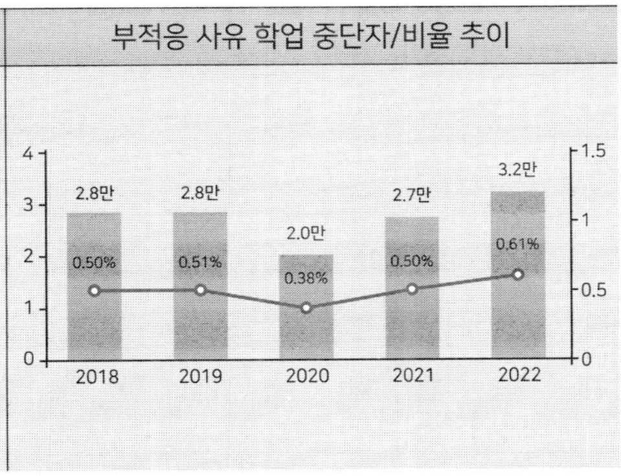

그림 2-1 최근 학업 중단 발생 추이

출처: 교육부(2023a), p. i.

갈취 피해 경험은 위기청소년이, 집단따돌림 피해 경험은 중·고교생이 많은 것으로 나타났다. 일반 중·고교생의 38.2%가 집단따돌림을 당한 경험이 있다고 응답한 반면, 위기 청소년은 그 절반 수준(18.6%)에 머물렀다(〈표 2-10〉 참조).

표 2-10 폭력 유형별 피해 생애 경험률(집단 비교)

폭력 피해 경험(%)* / 집단(인원수)	구타	돈/금품 갈취	욕설/폭언	집단따돌림
일반 중·고교생(608)	28.1	29.6	56.2	38.2
위기청소년(86)	62.8	36.0	62.8	18.6

* 복수 응답
출처: 여성가족부(2012), p. 199.

일반 중·고교생들은 위기청소년들과 비교하여 직접적인 폭력보다는 정서적·심리적 폭력의 피해를 상대적으로 많이 겪고 있음을 알 수 있다. 또한 폭력 피해를 당한 장소로는 일반 중·고교생은 학교 교실 안(51.5%)과 학교 교실 밖(12.7%)의 응답률이 높은 반면, 위기청소년은 학교 주변 공터/골목(24.0%), 동네 주변 공터/골목(13.4%)의 응답률이 상대적으로 높은 편이었다. 일반 중·고교생은 주로 학교 내부에서, 위기청소년은 학교 밖 지역사회에서 폭력을 당하는 경우가 많았는데, 이것은 위기청소년의 상당수가 학교에 다니지 않고 있기 때문인 것으로 보인다(〈표 2-11〉참조).

표 2-11 폭력 피해를 당한 장소(집단 비교)

폭력 피해 장소(%) / 집단(인원수)	학교의 교실 안	학교의 교실 밖	학교 주변 공토/골목	동네 주변 공터/골목	상가 또는 지하도 안	시내 유흥가/번화가	공원/야산 등	기타
일반 중·고교생(597)	51.5	12.7	9.9	10.6	2.8	3.0	2.3	7.2
위기청소년(82)	17.1	8.5	24.4	13.4	2.4	6.1	11.0	17.1

출처: 여성가족부(2012), p. 199.

위기상황에 있는 청소년과 관련된 학교변인으로는 학교의 풍토, 문화, 학교 유형, 학교 주변의 유해환경을 들 수 있다. 그러나 가장 중요한 것은 역시 학교 내에서의 인간관계라고 할 수 있다. 즉, 교사와 학생 간의 관계, 친구 간의 관계가 청소년의 위기상황에 영향을 미치는 주요 요인이다. 박영신 등(2000)의 연구에 따르면, 초등학생 시기 교사의 사회적 지원은 자기효능감과 생활만족도를 증가시키고, 증가된 자기효능감과 생활만족도는 학업성취를 증진하는 것으로 나타났다. 그러나 이러한 영향력은 청소년 후기로 갈수록 감소하는 현상을 보여 준다.

친구와의 관계를 살펴본 연구(김성언, 2000)에서 일반청소년이나 일탈청소년 모두 친구가 가장 중요한 삶의 요소로 나타났다. 그러나 친구의 유형과 친구관계를 맺는 방식에 있어서 일반청소년은 공부를 잘하는 친구들과 교우관계를 맺고, 일탈청소년의 경우 비행성이라는 변인을 중심으로 친구관계가 형성되었다.

또한 중학교 3학년 학생을 대상으로 일탈행동의 형성과정을 분석한 결과는 친구로부터 따돌림을 받는 인간관계가 폭력피해 경험과 연결되고, 폭력피해 경험은 폭력가해행동을 설명하는 가장 강력한 예언변인이었다. 이러한 결과는 폭력피해 경험이 폭력가해행동에 얼마나 직접적인 영향이 있는가를 보여 주는 것으로서, 결국 피해를 당해 본 청소년들이 나중에 가해행동에 적극 참여하게 된다는 의미이다. 그리고 이러한 청소년들이 폭력만이 아니라 다양한 유형의 일탈행동을 확대해 나간다고 할 수 있다(박영신, 김의철, 2004).

(1) 학교 부적응

학교 부적응이란 여러 가지 부적응 행동 특성들이 학교라는 생활 영역에서 나타나는 것으로 개인의 욕구가 학교 내 환경과의 관계에서 수용 또는 충족되지 못함으로 인하여 갈등과 부적절한 행동을 표출하는 것이다(이경은, 1998). 이는 개인이 학교 및 학급에서 적응해 나가는 데 있어서 적절하지 않는 행동을 보이는 것으로 학교의 교육적 가치와 규범, 질서에 위배되며, 대인관계나 사회적 환경에 대한 개인의 행동양식이 불균형 상태에 놓이는 것을 의미한다. 이럴 경우에 개인은 불안, 절망, 소외감을 느끼며 소극적이고 자신감이 결여된 상태가 되고 이때 문제행동을 보인다(유영덕, 한수정, 1994; 이경화, 손원경, 2005).

학교 부적응은 청소년들로 하여금 또래집단의 하위문화를 형성하게 하고 등교 거부, 폭력이나 절도 등의 비행, 가출 또는 무단 장기결석, 학습부진, 음주 · 흡연 등과 같은 교칙 위반, 주의산만, 신체적 공격행동, 위축행동, 우울증, 휴학, 자살 등의 현상으로 다양하게 나타난다(오수연, 1999). 또한 청소년들이 보이는 대표적인 부적응

행동들은 학교 안에서의 부적절한 행동으로부터 지위 비행(예: 가출, 무단결석), 범죄 행위(예: 물건 훔치기)까지 다양한 행동을 포함한다(Quay, 1987). 이런 학교 부적응의 문제는 학교 일탈로 이어지며 이는 곧 청소년 비행으로 이어질 가능성을 높인다.

(2) 학교폭력

「학교폭력 예방 및 대책에 관한 법률」[8](제2조 제1호)에 의하면, 학교폭력이란 "학교 내외에서 학생을 대상으로 발생한 상해, 폭행, 감금, 협박, 약취 · 유인, 명예훼손 · 모욕, 공갈, 강요 · 강제적인 심부름 및 성폭력, 따돌림, 사이버폭력 등에 의하여 신체 · 정신 또는 재산상의 피해를 수반하는 행위"라고 규정하고 있다. 또한 따돌림은 학교 내외에서 2명 이상의 학생들이 특정인이나 특정 집단의 학생들을 대상으로 지속적이거나 반복적으로 신체적 또는 심리적 공격을 가하여 상대방이 고통을 느끼도록 하는 모든 행위를 말한다. 사이버 폭력이란 정보통신망(「정보통신망 이용촉진 및 정보보호 등에 관한 법률」 제2조 제1항 제1호의 정보통신망을 말한다)을 이용하여 학생을 대상으로 발생한 따돌림과 그 밖에 신체 · 정신 또는 재산상의 피해를 수반하는 행위를 말한다. 광범위하게 보면 사이버폭력은 청소년들이 사이버 공간에서 정보통신기기를 사용하여 욕설, 비난, 위협, 유언비어, 따돌림과 괴롭힘 등의 언어적 공격행위들로 불특정인과 특정인에게 정신적 · 심리적 피해를 주는 행동이라 할 수 있다.

초등학교 4학년에서 고등학교 3학년 학생 약 317만 명(조사참여율 82.6%)을 대상으로 한 2023년 1차 학교폭력 실태조사(교육부, 2023b) 결과에 따르면, 학교폭력 피해응답률[9]은 1.9%로 언어폭력(37.1%), 신체폭력(17.3%), 집단따돌림(15.1%) 순으로 나타났다. 2022년 1차 조사 대비 언어폭력(41.8% → 37.1%)과 사이버폭력(9.6% → 6.9%) 비중은 감소하였으나 신체폭력(14.6% → 17.3%) 비중은 증가하였다. 집단따돌림, 사이버폭력은 초등학교에서 고등학교까지의 학교급이 높아질수록 응답률이 높게 나타났고, 과잉 접근 행위(스토킹), 신체폭력은 학교급이 높아질수록 응답률이 낮게 나타났다.

---

8) 「학교폭력예방 및 대책에 관한 법률」(약칭 「학교폭력예방법」). [시행 2024. 3. 1.] [법률 제19942호, 2024. 1. 9., 일부개정]

9) 피해응답률은 학교폭력 실태조사에 참여한 학생 중 학교폭력 피해 경험이 있다고 응답한 학생의 비율을 뜻한다.

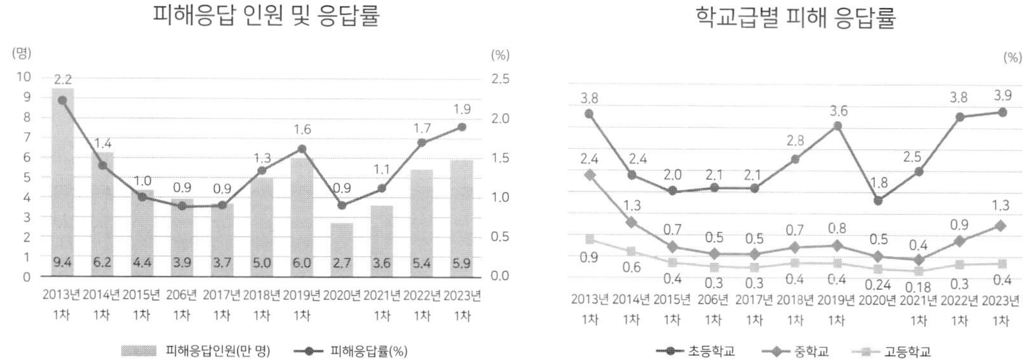

그림 2-2 **학교폭력 피해응답 인원 및 응답률**

출처: 교육부(2023b), p. 1.

학교폭력 가해응답률은 1.0%로 2022년 1차 조사 대비 0.4%p 증가하였다. 학교급별로는 초등학교 2.2%, 중학교 0.6%, 고등학교 0.1%로 조사되어, 초등학교는 0.9%p, 중학교는 0.3%p 증가하였으며, 고등학교는 거의 동일하게 나타났다([그림 2-2] 참조).

3) 개인적 요인

청소년기는 감정이 격하고 기복이 심하며 낙관적, 비판적 감정이 교차하기도 한다. 감정의 표현이나 수용에 엄격한 청소년들은 자신의 감정 상태에 대한 수치심을 느끼기도 하며, 지나치게 억제함으로써 사회적 고립이나 부적응 행동을 가져올 수도 있다. 반면 충동적이고 감정을 일으키는 자극에 즉각적인 반응을 보이는 청소년들이 이러한 반응으로 비행에 개입하게 되는 결과를 초래하게 된다. 보도에 의하면 상위 5개 정신질환(진료 횟수 기준)으로 치료받은 청소년 환자가 5년 새 65%가량 급증한 것으로 집계됐다. 공황장애 · 발작 등 기타불안장애(84.2%) 증가율이 가장 높았으며, ADHD(68.1%), 우울증(61.2%), 심한 스트레스에 대한 반응 및 적응장애(61.0%), 틱장애(45.7%) 순으로 나타났다. 정신질환 진료 현황을 성별로 보면 2022년 통계를 기준으로 여성 청소년이 우울증(65.9%)과 기타불안장애(60.2%)를 앓는 비율이 절반을 훌쩍 넘었으며, 남성 청소년의 경우 ADHD(76.6%)와 틱장애(80%)로 치료받은 비중이 크게 높았다(서울신문, 2023. 10. 4.).

위기상황에 처해 있는 청소년들은 그렇지 않은 청소년들과 심리적인 측면에서 여러 가지 차이가 있는 것으로 확인되었다. 먼저, 일반청소년 중에서 일탈을 경험한 청소년 집단과 일탈을 경험하지 않은 청소년 집단 간의 심리적 특성을 분석한 결과, 일탈행동을 경험한 청소년의 경우 더욱 도덕적으로 이탈되어 있고, 스트레스를 많이 받고 있으며, 사회적 효능감은 높지만 자기조절학습 효능감은 더욱 낮고, 학업에 대한 포부 수준도 낮은 것으로 나타났다(박영신, 김의철, 2004). 일탈청소년 집단과 일반청소년 집단은 충동성에서도 차이를 보였다. 보호관찰[10] 청소년의 경우 약 과반수에 가까운 숫자가 PC방이나 오락실에서 친구와 지낸다는 사실(탁수연 외, 2004)과 결부하여 볼 때 일반청소년에 비해 보호관찰청소년이 보다 충동적인 경향이 강할 가능성을 포함하는 것으로 나타났다. 또한 청소년의 과거 일탈행동은 현재의 일탈행동에 직접적인 영향을 주는 것으로 확인되었다(박영신, 김의철, 2004). 즉, 청소년의 일탈행동에 대한 종단적인 연구자료를 통해 과거의 일탈행동 경험이 현재의 일탈행동 참여 정도를 결정하는 데 강력한 영향력이 있는 변인이며, 청소년 초기의 일탈행동은 계속적인 일탈행동에 중요한 영향을 미친다고 할 수 있다.

(1) 인터넷 중독

인터넷은 청소년 문화의 중심지가 되었으며, 인터넷을 기반으로 하는 사이버 공간은 청소년에게 중요한 생활 영역으로 자리 잡았다. 사이버 공간은 청소년에게 다양한 여가활동과 오락, 정보 습득, 인간관계 및 교제, 상대방과의 대화와 토론 등의 기회를 제공해 주고 있다. 특히 청소년에게 문화생활과 여가활동의 기회가 제한되어 있는 우리나라 사회에서 사이버 공간은 매우 흥미롭고 다양한 세계를 경험하게 해 주는 매력적인 활동과 놀이의 장이 될 수 있으며, 실제로 청소년들의 가치관과 의식구조 생활 전반에 걸쳐 직간접적인 영향을 미치는 것으로 나타나고 있다(민정숙,

---

10) 보호관찰은 정부가 성인에 비해 교화 및 개선 가능성이 높은 비행청소년의 경우 처벌 위주인 시설 내 처우 대신에 재범 방지와 선도 및 보호를 목적으로 하는 사회 내 처우(community correction) 제도로서 범죄인들로 하여금 자유롭게 사회생활을 영위하게 하면서 다른 한편으로는 국가의 지도감독을 받게 함으로써 이들의 재활을 돕고자 하는 제도이다. 보호관찰을 포함해 청소년의 보호처분에 대한 규정을 담고 있는 우리나라 「소년법」(제4조, 1~3항)을 보면, 보호처분의 대상에는 형벌 법령에 죄를 범한 소년은 물론이고, 형벌 법령에 저촉되는 행위를 한 10세 이상 14세 미만인 소년, 집단적으로 몰려다니며 주위 사람들에게 불안감을 조성하는 성벽(性癖, 굳어진 성질이나 버릇)이 있거나, 정당한 이유 없이 가출하거나, 술을 마시고 소란을 피우거나 유해환경에 접하는 성벽이 있는 10세 이상인 소년까지도 포함된다.

2013; 조춘범, 2008; 천정웅 외, 2013).

이러한 인터넷 활용의 긍정적인 면 이외에 대표적인 부작용으로 인터넷 중독을 들 수 있다. 여성가족부(2023b)가 전국 학령 전환기(초 4학년, 중 1학년, 고 1학년) 청소년 128만여 명을 대상으로 실시한 청소년 인터넷 · 스마트폰 이용 습관 진단조사 결과에 따르면, 전체적으로 인터넷 과의존 위험군 또는 스마트폰 과의존 위험군(이하 '과의존 위험군')으로 진단된 청소년은 1,276,789명 중 230,634명으로, 인터넷과 스마트폰 두 가지 문제를 모두 갖고 있는 청소년(이하 '중복위험군')은 81,991명으로 나타났다(〈표 2-12〉 참조).

표 2-12 위험수준별 인터넷 · 스마트폰 과의존 청소년

구분	2021년	2022년	2023년
과의존 위험군(A+B-C)	228,891	235,687	230,634
위험사용자군(A)	30,452	32,694	31,256
주의사용자군(B)	282,319	291,116	281,369
중복위험군(C)	83,880	88,123	81,991

주: 위험사용자군: 일상생활에서 어려움을 겪고 있어 전문기관의 도움이 필요한 수준
주의 사용자군: 사용시간이 늘어나고 조절에 어려움이 잇어 주의가 필요한 수준
과의존 위험군: '위험사용자군'과 '주의사용자군' 합계에서 중복위험군을 제함
출처: 여성가족부(2023b), https://www.mogef.go.kr

이 중 인터넷 과의존 위험군은 1,276,789명 중 181,065명이며, 스마트폰 과의존 위험군은 1,256,226명(스마트폰 미사용자 제외한 인원) 중 131,560명으로 나타났다. 학년별로는 중학생(90,730명), 고등학생(74,777명), 초등학생(65,127명) 순으로 과의존 위험군 학생 수가 많은 것으로 조사되었으며, 중학생은 전년 대비 4,388명이 증가한 것으로 나타났다. 초등학생의 경우 전년 대비 과의존 위험군 수는 71,262명에서 65,127명으로 줄었으나 조사 참여인원이 446,128명에서 399,129명으로 줄어든 것을 고려할 때 오히려 저연령 청소년의 미디어 과의존 현상이 심화된 것으로 볼 수 있다. 성별에 있어서는 남자 청소년의 경우 과의존 위험군이 124,186명으로 조사되어 전년 대비 214명 증가하였으며, 여자 청소년의 경우 106,448명으로 전년 대비 5,267명이 감소하였다. 초등학교, 중학교 과의존 위험군은 남자 청소년이 많으나, 고등학교 과의존 위험군은 여자 청소년이 더 많은 현상이 지속되었다(〈표 2-13〉 참조).

표 2-13 2021~2023년 학년별 · 성별 인터넷 · 스마트폰 과의존 위험군 수

구분	초등 4년			중등 1년			고등 1년			총계		
	소계	위험군		소계	위험군		소계	위험군		소계	위험군	
		남	여		남	여		남	여		남	여
2021	67,280	40,173	27,107	85,731	43,058	42,673	75,880	34,309	41,571	228,891	117,540	111,351
2022	71,262	43,377	27,885	86,342	44,627	41,715	78,083	35,968	42,115	235,687	123,972	111,715
2023	65,127	40,497	24,630	90,730	47,661	43,069	74,777	36,028	38,749	230,634	124,186	106,448

출처: 여성가족부(2023b), https://www.mogef.go.kr

중독이라는 용어의 사전적 의미를 보면 "생체가 어떤 독성에 의해 기능장애를 일으키는 것"으로 정의하고 있다(홍봉선 외, 2010). 세계보건기구는 중독을 "자연 혹은 인공적인 약물의 반복적인 사용으로 야기되는 일시적 혹은 만성적인 중독 상태"라고 규정하고 있으며, 대한기초간호자연과학회에서는 "중독 사용을 중지할 경우 심각한 감정적, 정신적, 생리적 반응을 유발할 정도로 물질, 행동, 습관 등에 대해 강박적이고 조절할 수 없는 의존성이 생기는 것"으로 정의하고 있다(권윤희, 2006).

최근 들어 중독의 개념을 신체의 위험 증상뿐 아니라 문제행동을 일으키는 모든 대상에 확대하여 사용하고 있다. 즉, 약물이나 물질에 의한 중독뿐만 아니라 물질이 개입되지 않은 상태에서 특정 행위에 대한 과도한 집착이나 그 행위를 하고자 하는 특정 행동에 의한 중독 역시 중독의 개념에 포함하여 사용하기 시작하였다. 예를 들어, 도박 중독, 게임 중독, 섹스 중독, 홈쇼핑 중독 등 어떤 행동에 대한 중독으로 개념화되기 시작했는데 이 중에서 최근 청소년들과 관련하여 문제가 되는 것이 바로 인터넷 중독이다.

인터넷 중독이라는 개념은 골드버그(Goldberg, 1996)가 인터넷 중독 장애(internet addiction disorder)라는 용어를 사용하면서 등장하였으며, 인터넷 중독 장애를 인터넷을 병리적이고 강박적으로 사용하여 심리적 · 사회적 · 직업적인 기능의 손상을 가져오는 것으로 보았다(이준기, 2011). 그리피스(Griffiths, 1999)는 도박, 과식, 성행위, 운동, 텔레비전 및 컴퓨터 게임 등 인간의 모든 활동이 중독이 될 수 있다고 언급하여 인터넷 중독에 대한 이론적 토대를 마련하였으며, 인터넷 중독은 두 가지 유형인 약물 중독과 행동적 중독 중 행동적 중독에 해당한다고 하였다. 그리고 인터넷 중독의 핵심 준거로서 집착 활동 시 긍정적 감정, 내성, 금단, 일상생활 장애 등을 들었

다(강석기, 2005; 강희양, 손정락, 2007).

우리나라 청소년들이 쉽게 인터넷에 몰입하게 되는 원인을 살펴보면, 청소년에게 인터넷이 유일한 놀이라는 점과 대부분 학교가 끝나도 학원을 가는 경우가 많기 때문에 운동이나 동아리 활동을 할 시간적 여유가 부족하며 비교적 시간과 공간의 제약을 덜 받는 인터넷 속에서 얻어지는 새로운 정보가 문화가 되고, 이 문화에 적응하지 못하면 집단으로 소외당하게 된다는 점을 꼽을 수 있다(이준기, 2011). 여가시간 및 여건에 비해 상대적으로 쉽게 접근할 수 있는 사회 기반 시설과 인터넷 사용이 필수조건이 되어 버린 사회적 환경, 부모의 통제 부족 등이 청소년의 심리적인 특성과 맞물리게 되면서 청소년의 인터넷 이용률이 급격히 증가하였고, 이는 청소년의 가치관 형성에 많은 영향을 미치고 있다.

(2) 약물 남용

청소년기는 독립성과 주체성을 확립하기 위해 투쟁하는 동시에 한편으로는 외로움과 괴로운 감정을 많이 느끼는 시기이므로 약물에 취약성을 갖는 시기라 할 수 있다. 청소년은 이러한 불안정한 시기에 대한 부담감과 호기심, 친구의 권유 등으로 인해 습관성과 중독성이 강한 약물을 사용하게 되면 대부분 지속적이고 반복적인 사용, 즉 중독에 빠지기 쉬워지는 것이다(이미옥, 2010). 청소년은 또래의 영향을 많이 받기 때문에 친구에게 약물 남용 행위를 전파시킬 가능성도 매우 높다. 청소년의 약물은 단지 개인의 신체적 · 정신적 건강을 해치는 데 그치는 것이 아니라 약물 구입 비용을 마련하기 위하여 범죄나 비행을 저지르고, 환각 상태에서 여러 범죄를 저지르는 경우가 많다(이양훈, 2014).

일반적으로 약물은 의학적 목적으로 사용되는 약품을 의미하는 개념으로 사용되지만 약품뿐만 아니라 인간의 정신 기능에 변화를 초래하는 물질 전반을 총칭하는 개념으로 사용되며, 약물 남용은 의학적 사용과는 상관없이 약물을 지속적으로 또는 빈번하게 대량으로 사용하는 것을 의미하며, 약물 중독은 특정 물질을 복용하지 않으면 안 되는 상태로 내성이나 금단 증상이 나타나 일상생활과 사회생활에 지장을 초래하게 되는 경우를 말한다. 약물 남용은 향정신성 약물(psychotropic agents)의 비의학적 사용(non-medical use)을 의미한다. 향정신성 약물은 정신(psyche)을 향(tropic)해서 작용하는 약물, 즉 정신에 작용하는 약물을 의미하는 것으로, 이는 정신은 뇌에서 나오며, 뇌는 중추신경계로 구성되어 있기 때문에 향정신성 약물은 곧 중추신경계(Central Nervous System: CNS)에 작용하는 약물을 의미한다. 또한 약물의 비의학적 사용은 약물을 의학적 목적과는 상관없이 사용하는 것을 말한다(주왕기 외, 1996). 남용 약물들은 감정(mood), 인식(perception), 행동에 영향을 일으키기 때문에 약물 남용의 정의는 감정, 인식 및 행동에 인위적인 변화를 일으키고자 의도하는 향정신성 약물, 다시 말하면 중추신경계에 작용하는 약물을 비의학적이고 불법적으로 사용하는 것을 의미한다.

「청소년 보호법」[11](제2조 4항)에 따르면, 청소년 유해약물은 '주세법'에 의한 주류, '담배사업법'에 의한 담배, '마약류 관리에 관한 법률'에 의한 마약류, '유해화학물질 관리법'에 의한 환각물질(톨루엔, 초산에틸, 메틸알코올 등이 포함된 접착제, 부탄가스 등) 그리고 그 밖에 청소년의 사용을 제한하지 않으면 청소년의 심신을 심각하게 훼손할 우려가 있는 약물로 대통령령이 정하는 기준에 따라 청소년보호위원회가 결정하고 여성가족부 장관이 고시한 것을 말한다. 위기청소년 지원기관이용자 생활실태조사(여성가족부, 2022)에 따르면, 12~18세 청소년 3,906명 중 '최근 1개월간 음주경험이 있다'(29.6%), '최근 1개월간 흡연 경험이 있다'(33.5%), '액상형 전자담배(쥴, 몬스터엑스팟, 비엔토 액상 카트리지 등) 경험이 있다'(12.7%)로 나타났다. 또한 초등학교 4학년에서 고등학생까지 17,140명을 대상으로 한 2022년 청소년 매체이용 유해환경 실태조사 결과에 따르면, 환각성 물질 및 약물인 '식욕억제제(나비약) 복용 경험'은 0.9%, '진통제(펜타닐패치) 사용 경험'은 10.4%로, 주로 병원에서 처방[식욕억제제(나비약) 62.7%, 진통제(펜타닐패치) 94.9%] 받아 구입한 것으로 나타났다(여성가족부, 2023a).

① 개인적 위험요인

약물 남용을 하는 부모로부터 물려받는 유전적 · 생리적 요인은 약물에 대한 내성이 그렇지 않은 부모 밑에서 성장한 청소년보다 더 강하게 작용한다는 것이다. 예를 들어, 알코올 남용의 부모 밑에서 자란 아동이 알코올 남용자가 될 가능성은 알코올 남용자가 아닌 부모 밑에서 자란 아동에 비해 약 4~5배가량 높다고 보고된다(홍봉선, 남미애, 2000). 또한 허지인(2003)의 연구에서 연구대상자 1,284명 가운데 알코올

11) 청소년 보호법 [시행 2024. 3. 26.] [법률 제20423호, 2024. 3. 26., 타법개정]

중독자 자녀로 판명된 수는 총 403명으로 전체의 31.4%를 차지하였으며, 알코올 중독자 자녀가 비알코올 중독자 자녀보다 높은 우울증 및 불안을 경험하며, 자아존중감은 낮게 나타났다.

불안정한 심리 상태의 청소년기에는 자신들이 갖는 혹은 주위로부터 받는 심리적인 압박이나 불안에서 벗어나려고 하는 경우가 많고, 더욱더 청소년에게 허용되지 않은 약물에 대한 심리적 의존이 높아져 약물을 남용하게 될 위험이 높아진다. 특히 청소년은 학업에 대한 스트레스 때문에 심리적으로 불안에 시달려 약물 남용을 하고 있다. 처음에는 심한 스트레스나 불안으로 인한 판단력의 저하로 약물을 남용하더라도 중독이 되면서 점차 약물에 대한 부정적인 의식을 긍정적으로 받아들이고 약물 남용에 대한 죄책감을 피하려고 약물 남용을 합리화하기도 한다. 또한 청소년기의 특성상 타인으로부터 불법적인 약물을 권유받거나 유혹이 있을 경우에 심한 심리적 동요가 있을 수 있다(이양훈, 2014).

② 가족적 위험요인

청소년기를 거쳐 성인에 이르기까지 주변의 외부적 환경이 중요하다. 그중에서도 가장 큰 영향력을 미치는 것은 가정이 될 것이며, 이러한 가족과 관련된 위험요인은 부모-자녀의 갈등관계, 부부불화, 부모의 강압적이고 경직된 훈육방식, 그리고 가족 간의 역기능적인 관계 및 구조, 부모와 형제자매의 약물 남용 등이 있다. 문형란(2005)에 따르면, 가족들 간 다툼이 심하거나 사망·유기·이혼 등에 의한 결손가정에서 성장하거나 부모나 가족구성원이 알코올 및 약물 중독으로 인해 제대로 기능하지 못하는 가정의 경우, 가족구성원에게 갖는 가정의 사회 기능과 통제력이 약화되기 때문에 결국은 가족구성원 중 청소년들이 비행행동을 하게 되고 이것이 약물 남용의 원인이 될 수도 있다.

특히 가족 간의 의사소통 결핍 및 유대감 부족, 그리고 부모의 가정관리 기술의 부족(예: 돈 관리, 가사 관리 등)은 청소년에게 스트레스의 원인을 제공하게 되고, 이러한 가족적 스트레스를 청소년은 내재화된 문제와 외현화된 행동으로 표출하게 된다. 불화가 심한 가정, 사망·이혼·유기에 의한 한부모가정, 그리고 알코올과 약물 중독으로 인해 기능이 마비된 가정의 위기청소년은 가족의 사회 기능과 통제력이 약화되어 비행으로 유인하는 요인으로 작용할 가능성이 높다. 이 같은 가정적 요인들이 위기청소년의 약물 사용에 영향을 줄 수 있으며, 그중에서도 부모의 약물 사용이 중요한 요인으로 작용할 수 있다. 즉, 부모가 지속적으로 약물을 사용하는 정도는 자녀의 약물 사용에 큰 영향을 주는 요인으로 작용할 수 있으며, 이러한 결과는 문화나 사회의 차이와 상관없이 나타나고 있는 것으로 조사되고 있다(Brook et al., 2001; Morojele & Brook, 2001).

6학년 대상의 음주 시작에 관한 연구에서, 부모가 금주에 대해 기대가 낮은 것은 어릴 때 일찍 음주를 시작하는 것에 대한 예측인자가 될 뿐만 아니라 청소년 자신의 기대와 상호작용한다고 밝혔다. 10대가 알코올 사용에 대해 긍정적 기대를 가지고 있고, 자신의 부모가 술을 마시면 안 된다는 단호한 태도를 가지고 있지 않다고 믿을 경우, 6학년에 알코올을 시작하게 될 가능성이 더욱 높다(Simons-Morton & Chen, 2006). 이러한 결과는 소년과 소녀, 그리고 백인 및 아프리카계 모두에게서 나타났으며, 청소년은 허용될 수 있는 행동에 대한 단서가 또래로 이동하지만, 부모의 태도 및 음주 패턴은 여전히 중요한 역할을 한다는 것을 보여 준다(Dick et al., 2013; Hummel et al., 2013). 또한 부모의 낮은 모니터링, 즉 부모가 '청소년 자녀가 어디에 있으며 누구와 함께 있는지'에 관해 모르는 정도는 일관되게 청소년 물질 사용의 예측인자로 나타났다(DiClemente et al., 2001; Shorey et al., 2013).

③ 또래 및 학교 위험요인

청소년기는 또래집단의 영향이 크게 작용하는 시기이고 또래들과 오랜 시간을 함께 보내므로, 또래집단의 행동이나 태도가 청소년 약물 남용에 큰 영향을 미칠 수 있고, 때로는 청소년기의 비행에서 가족요인보다 더욱 중요한 예측요인으로 나타날 수 있다(정슬기, 2006). 학교에서의 실패와 낮은 학업 성적, 학교에 대한 불만족과 교사와의 갈등, 또래 및 급우로부터의 따돌림 등은 청소년의 약물 남용 가능성을 높이는 결과를 초래한다(Jenson, 1997). 또한 또래의 약물 사용에 대한 압력과 또래집단에 대한 소속감 및 충성심을 보이기 위해서라도 청소년은 약물을 사용할 가능성이 높게 된다. 청소년은 친구들과의 관계에서 소속감과 친밀감을 얻고, 이를 유지 · 강화하기 위해 약물을 남용하게 되며, 이때 약물은 소속감과 친밀감을 얻기 위한 수단적 · 도구적 의미를 지니게 된다. 이와 같이 또래 친구들은 청소년으로 하여금 약물을 사용할 것인지의 여부를 결정하는 데 영향을 줄 뿐만 아니라 약물을 전혀 사용하지 않던 청소년을 약물의 세계로 인도하는 역할을 담당하는 것으로 밝혀지고 있다(노충래, 2001; Brook et al., 2001; Ennett et al., 1999; Morojele & Brook, 2001). 특히 초기 청소년에게 있어서 비행 및 약물 남용 친구와의 접촉은 성행동, 흡연, 음주 그리고 비행과 같은 위험행동의 주요 원인으로 작용할 가능성이 높다. 실제로 청소년은 약물을 시작하거나 사용하기보다는 또래 친구들의 영향이나 압력을 받아 약물을 사용하거나 비행행동을 하는 경우도 많이 있는 것으로 보고되고 있다(Barnes et al., 2002; Brook et al., 2001; Ennett et al., 1999). 하지만 청소년 상담 및 치료 과정에서 청소년은 약물 남용에 대한 또래 집단의 압력이나 유혹보다는 자기 책임으로 돌리려는 경향을 볼 수 있다. 이는 타인에 대한 책임 전가보다는 궁극적으로 자신의 의지에 따라 약물 남용 문제를 예방하고 치료가 될 수 있음을 시사한다.

④ 사회적 위험요인

약물 남용은 빈곤, 사회해체 그리고 절망감 때문에 발생하기도 하는데, 빈곤과 약물 사용이 연관되는 현상은 경제적 하류층에서 보이는 높은 수준의 불신감, 회의주의, 반항 등과 관련이 있다. 또한 약물 남용에 대한 사회의 관용적 태도, 법적 · 제도적 규제 장치와 예방 프로그램의 결여, 약물 구입에 대한 접근 용이성, 지역사회의 해체, 빈곤, 사회복지 서비스의 결여 등이 관련될 수 있다(Newcomb, 1995). 특히 범죄발생률이 높고 빈곤지역이면서 폭력과 약물 남용에 대한 노출이 심각한 지역, 그리고 대중매체에서의 약물 남용의 미화 등은 청소년의 약물 남용을 유인하는 흡인요인이 된다.

또한 대중매체 차원도 위험요인의 하나가 될 수 있다. 청소년기는 그 어느 때보다 감수성이 예민한 시기이므로 TV나 영화, 잡지 등 여러 대중매체를 통해 보게 되는 자신들이 우상시하는 유명 연예인이나 스포츠 스타들의 담배를 피우는 모습이나 술에 취한 모습은 청소년에게 반감을 일으키기보다는 오히려 긍정적으로 받아들여, 모방하게 된다(이양훈, 2014).

(3) 우울

가출과 비행 · 범죄의 유형에 속하는 위기청소년 565명을 대상으로 한 위기청소년 현황 및 실태조사에 따르면, 최근 1년 동안 일상생활을 중단할 정도로 슬프거나 희망이 없다는 기분을 2주 내내 느낀 우울감을 경험한 위기청소년 비율은 24.3%였으며, 힘들 때 도움을 요청할 사람이 없다고 답한 위기청소년 비율은 14.5%로 나타났다(황여정 외, 2020).

청소년의 우울한 감정, 특히 경증에서부터 중증까지의 우울은 청소년기에 보편적으로 나타나는 현상이다(Reynolds, 1995; White, 1989). 따라서 청소년기의 우울과 같은 문제는 발달적 특성의 하나로 간주하여 일시적이며 시간이 지나면 해결될 것으로 생각하여 안이하게 대처하기 쉽다. 그러나 이러한 감정이 장기간 걸쳐 일어나고 심화되면 부정적인 자아개념, 일상활동에 대한 관심 및 흥미 저하와 의욕상실, 무기력감, 식욕 저하, 주의집중 곤란, 수면장애 등의 심각한 장애들이 수반될 수 있다. 특히 청소년기에는 신체적 성숙과 심리사회적 성숙의 불균형, 사춘기 변화에 수반된 성적 충동의 효과적인 조절과 대처에서의 어려움, 다양한 역할 수행 및 이에 따른 압박감과 상충적인 요구와 역할들로 인하여 쉽게 우울감과 좌절감을 느끼고 갈등에 휩싸이게 된다. 청소년기의 심리사회적 상황은 청소년으로 하여금 자신의 존재와 역할에 대한 갈등과 의문을 강하게 야기하며, 우울증을 포함한 다양한 정서적 어려움을 유발할 수 있다. 성인과 달리 청소년은 우울한 경우에 여러 가지 문제행동을 보이는 것이 특징적이다. 즉, 우울하고 슬픈 정서보다는 짜증을 많이 내고 부모에 대한 반항, 공격적인 행동을 보이며, 무단결석 · 가출 · 도벽을 보이고, 주의집중에 어려움이 있고 학습의욕이 저하되어 성적의 저하를 보이는 경우가 많다. 또한 청소년의 우울은 신체화 증상, 즉 두통이나 복통, 소화불량 등과 같은 증상으로 표현되기도 하여 우울증 증세를 쉽게 간파하지 못하기도 한다(Watson & Kendall, 1989). 그 결과, 청소년의 우울은 자살, 흡연, 알코올 또는 약물 남용 등을 유발할 가능성이 높고, 우울증에서 회복이 된 후에도 대인관계의 결함, 전반적인 생활 기능의 저하를 가져온다.

캔트웰과 베이커(Cantwell & Baker, 1991)는 청소년 우울증의 주요 특징을 다음과 같이 정리하였다. ① 지속적으로 슬픈 감정을 보인다. ② 이전에 좋아하던 활동을 하지 않는다. ③ 활동 자체가 줄어든다. ④ 화를 잘 낸다. ⑤ 두통이나 복통과 같은 신체적 증상을 자주 호소한다. ⑥ 학교를 자주 결석하거나 성적이 저조하고 숙제를 하지 않는 경향이 높다. ⑦ 권태감이나 낮은 활동력 및 주의집중을 보인다. ⑧ 식사나 수면 상태에서 변화를 보인다. ⑨ 친구들과 같이 어울리는 시간이 줄어들어 혼자 지내거나 친구들과의 놀이에 흥미를 잃는 경우가 많다. ⑩ 죽고 싶다는 말을 하거나 자살에 대해 이야기한다. ⑪ 기분 전환을 위해 알코올이나 약물을 사용하는 경우도 있다. 따라서 이러한 특징과 증세가 지속될 경우 특별한 관심과 치료가 요구된다고 하겠다.

화이트(White, 1989)는 청소년의 우울증 증상을 네 가지 영역으로 구분하고 ① 정서적 · 감정적인 면, ② 인지적 · 사고적인 면, ③ 행동적인 면, 그리고 ④ 신체적인 면을 포함하고 있다. 구체적으로 살펴보면 다음과 같다. 우선 정서적 · 감정적인 측면에서는 심각한 슬픔, 비애감, 의기소침, 좌절감, 낙심 등에 빠져 있으며, 감정의 기복이 심하고 화를 잘 내거나 신경질적이며, 즐거운 일이 없는 상황에서 이유 없이 행복해하는 경우, 칭찬을 하여도 반응이 없는 경우가 지속되는 경우가 이에 해당한다. 둘째, 인지적 · 사고적인 측면에서는 자아개념이 낮으며, 자기비하와 자기비판적인 태도를 가지며, 극도의 죄책감과 수치감으로 휩싸이게 된다. 또한 아무도 자신을 돌보지 않는다든지 혹은 누구를 돌봐 주는 것도 가치가 없다는 생각을 하게 된다. 나아가 불길한 예감에 싸여 있고 희망이 없으며 장래에 대한 계획이 부재하며, 삶의 가치가 없다고 생각하여 자살이나 죽음에 대한 생각을 하게 된다. 셋째, 행동적인 측면에서는 무기력감에 빠져 있고, 무슨 일을 시작하지 못하거나 시도하지 않으며, 일에 집중하는 능력이나 활동에 참여하려는 의욕이 떨어진다. 특히 즐겨 하던 사회활동으로부터 자신을 격리시키며, 일상생활에 대한 관심을 잃기 쉽다. 또한 일의 생산성이 저하되며, 자주 우는 경우가 이에 해당한다. 넷째, 신체적인 측면에서는 극도의 피로감 내지는 쉽게 지치게 되고, 망각이 잦아진다. 또한 식욕이 저하되거나 지나친 과식을 자주 하는 경우, 불면증으로 고생하거나 또는 지나치게 잠을 많이 잔다. 그리고 두통, 복통, 또는 뚜렷한 증상 없이 자주 고통을 호소한다.

이와 같은 우울증의 증세는 청소년기의 발달 특성과 함께 혼재되어 나타나기 때문에 임상적인 진단과 치료의 측면에서 각별한 주의를 요구한다. 즉, 청소년기의 심각한 감정기복과 자아정체감의 탐색으로 인한 혼돈감, 입시로 인한 스트레스 등으로 인해 다양한 역할 및 과제를 수행하는 청소년으로서는 이러한 다양한 사회적 요구를 충족시킬 능력과 대처기제를 갖추고 있어야 하지만 그렇지 못한 경우 심각한 정서장애를 갖게 된다. 그리고 우울한 청소년을 대하게 될 때, 우울증 문제를 스트레스로 인한 단순한 문제로 간과하기 쉽기 때문에 청소년의 우울 문제는 보다 면밀한 검사를 요한다.

(4) 자살

청소년상담복지센터, 청소년쉼터 등과 같은 위기청소년 지원기관을 이용했거나 입소한 경험이 있는 9세에서 18세 이하 청소년 4,399명을 대상으로 한 2021년 위기청소년 지원기관 이용자 생활실태조사(여성가족부, 2022)에 따르면, '자살을 생각해 본 적 있다'(27.5%), '자살을 시도해 본 적 있다'(9.9%)는 결과가 나타났다. 또한 위기청소년 중 여성 청소년(남성 대비 자해 21.6%p 높음, 자살 7.8%p 높음)이 남성 청소년보다 더 높은 자해·자살 시도 경험을 보여 자해·자살 문제에 보다 취약한 것으로 나타났다. 자살시도는 심리불안(48.4%), 가족 간 갈등·학대(26.3%)가 주된 이유이지만, 청소년쉼터 및 청소년자립지원관(45.2%) 및 아동보호전문기관(59.2%) 이용 청소년은 가족 간 갈등과 학대가 주요한 원인으로 나타났다.

청소년의 자살은 계획적으로 시도하기보다 충동적인 감정으로 발생하기 때문에 자살 시도율이 높지만 치명적인 자살률은 성인에 비해 낮다(오승근, 2006). 청소년 자살은 15세 전후로 크게 증가하여 23～25세에 절정에 이르는 것으로 알려져 있다.

스트레스와 충동성이 강한 청소년들이 자살을 생각하고 계획하며 시도하려고 하는 것은 하나의 위기의 과정으로 볼 수 있다(박재연, 2010; 지승희 외, 2008). 젊은 세대에 있어 자살은 여전히 위기이며(White, 2007), 청소년 자살은 이들이 극도로 심한 스트레스에 반응하는 일시적 현상임을 강조하며 위기로서 바라보아야 한다고 하였다(지승희 외, 2008). 또한 자살을 치명성의 위기로 분류하며 이를 사전에 대처하기 위해 사정, 상담, 개입, 예방하는 위기개입에 관심을 가졌다(James & Gilliland, 2001/2008). 특히 자살과 같은 치명적 위기에 대한 고위험집단은 청소년이라고 하였으며, 사전에 자살위험 유형을 알아내고, 자살을 예측하고 예방하기 위한 전문가의 노력이 각별히 필요함을 강조하였다.

청소년은 인생의 전환기에서 많은 심리사회적 위기를 경험하게 되며, 이를 적절히 대처해 나가지 못하면 자살이라는 극단적 '위험'에 빠져들게 된다. 그러나 위기를 잘 극복하게 되면 역경을 딛고 보다 성숙한 모습으로서 자신을 새롭게 돌아볼 수 있는 전환점이자 성장의 '기회'가 될 수도 있다. 따라서 청소년이 직면하는 위기의 실체를 바로 보고 적절하게 대응할 수 있도록 개입 전략을 마련하는 것이 청소년 자살 방지를 위해 전문가들이 해야 할 노력일 것이다.

자살의 어원은 라틴어의 'sui'(자기 자신)와 'cædo'(죽이다)의 합성에서 비롯되었다.

여기서 알 수 있듯이, 자살이란 그 원인이 개인이든 사회이든, 당사자가 자유의사에 의하여 자신의 목숨을 끊는 행위를 말한다. DSM-5에 제시된 자살행동장애의 진단기준은 지난 24개월 이내에 자살시도를 한 적이 있다는 것이다. 자살의도가 없는 자해행동, 자살사고나 준비 행위, 섬망이나 혼돈 상태, 정치적 또는 종교적 목적의 행위는 포함하지 않는다(Black & Grant, 2014/2018).

청소년의 자살행동은 아동에서 성인으로 변화하는 과정에서 작용하는 생물학적 · 심리적 · 사회적 · 문화적 힘의 상호작용에서 일어나는 어려움의 결과로서, 자살생각, 자살계획(자살의도), 자살시도, 자살(사망)의 네 가지 차원을 중심으로 살펴볼 수 있다(Reynols, 1988). 첫째, 자살생각(suicidal ideation)은 죽기를 원하거나 자신을 죽이고 싶은 생각으로, 한 번쯤 살아가면서 생각하므로 간과해서 안 되는 위험요인이며, 기분장애와 인격장애 또는 자해 등과 같은 병적 상태를 나타낸다. 둘째, 자살계획(suicidal plan)은 자살생각을 넘어서 자신이 파괴하고자 하는 의도를 지닌 행동적 차원까지 포함하지만, 자해적인 행동에 이르기 전에, 인터넷에서 정보를 수집한다거나 소지품 정리, 유서 작성 등의 행위를 말한다. 셋째, 자살시도(suicidal attempt)는 자기 자신을 파괴하고자 하는 의도를 지닌 채 고의적으로 자신에게 상해를 입히는 구체적인 행동을 뜻한다. 마지막으로, 자살사망(suicidal completion)은 스스로 만든 죽음을 의미하며, 자살시도의 완성으로 자살로 인하여 사망에 이르게 된 상태를 말한다.

위기청소년 지원기관이용자 생활실태조사(여성가족부, 2022)에 따르면, 12~18세 3,876명 가운데 자살을 시도한 적 있다는 응답이 22.8%였으며, 자살을 생각해 본 적 있다는 응답은 46%였다. 또한 자해 경험은 41.7%, 자해 빈도는 일주일에 1~2번 11.1%, 1개월에 1~2번은 7.6%였다. 죽고 싶다는 생각을 한 이유는 가족 간의 갈등(가정폭력이나 학대 등)이 26.3%, 선후배나 또래와의 갈등(학교폭력 등) 7.0%, 학업 문제(학업부담, 성적 등) 4.7%, 경제적인 어려움 3.2% 순으로 나타났다.

이와 같이 청소년 자살은 성인과 다른 이유로 시도될 수 있고 그 이유도 다양하다. 〈표 2-14〉와 같이 가족적 요인, 성격 및 심리적 요인, 정신질환 요인, 자살촉발 요인, 교육적 요인, 사회문화적 요인들이 복합적으로 작용하여 자살을 유발한다. 특히 학업 스트레스나 학교폭력, 부모와의 갈등 등으로 인한 스트레스 등과 같은 외부요인으로 인해 충동적으로 자살을 시도하는 경우가 많다.

표 2-14 아동청소년의 자살행동 관련 요인

구분	내용
가족적 요인	가족 해체(이혼, 별거, 한부모 가정, 조손 가정 등), 부모의 정신병리 및 자살행동의 가족력, 가정 학대
성격 및 심리적 요인	충동성, 충동적 공격성
정신질환 요인	정신장애, 우울 및 양극성 장애, 약물 사용 장애, 품행장애 · 반사회적 행동, 불안장애, 정신증(조현병 포함), 외상 후 스트레스 장애(PTSD), 수면장애
자살촉발 요인	자살생각 및 이전 자살시도, 치명적인 수단에의 접근성, 자살 의도와 동기, 대인관계 갈등 · 상실, 약물 남용
교육적 요인	집단따돌림 피해, 학업 스트레스
사회문화적 요인	미디어 사용, 다문화 가정의 증가

출처: 한국자살예방협회(2023).

청소년 자살의 특징을 살펴보면 다음과 같다(이문영, 2021). 첫째, 성인이 우울증과 정신분열증 등 정신병적 원인으로 자살을 시도하는 것과 달리 청소년은 환경적 요인의 영향을 받는 경우가 많다. 청소년의 경우 갑작스러운 스트레스나 어려움을 피하려는 충동적인 욕구, 주변 사람을 조종하려는 의도, 가족이나 친구에 대한 보복 등이 자살의 중요한 요인이 될 수 있다(Glaser, 1981). 둘째, 청소년 자살은 대부분 사전 계획 없이 시도되며 감정적이다. 청소년기는 인지적으로 미성숙하면서 충동성이 매우 강하기 때문에 사소한 자극에 대해 극단적이고 충동적인 방식으로 자살시도를 할 위험이 높다. 셋째, 청소년 자살은 자살의도를 가지고 자살하기보다는 자신의 괴로움을 극단적으로 표현하는 수단으로 자살을 선택하는 경우가 많다(지승희 외, 2007). 청소년 자살의 동기는 살아갈 의욕과 동기를 상실한 경우도 있지만, 극도로 좌절하고 낙담한 상태에서 도움을 청하고, 관심을 끌기 위한 경우도 많다(김운삼, 구서연, 2019). 넷째, 청소년 자살은 다른 연령층에 비해 자신의 내적 동기보다 외적 요인에 영향을 받기 쉬워 모방자살이나 동반자살을 시도하는 경우가 성인보다 많다(오승근, 2006). 청소년은 유명인이나 주변인의 자살에 쉽게 영향을 받고, 심리적 불행감에서 벗어나기 위해 동조행동으로 모방자살을 하는 경향을 보인다(남순현, 2008).

〈표 2-15〉를 살펴보면, 자살한 학생의 평소 고민하는 문제들로는 개인 문제, 가족 문제, 학업 문제 및 친구관계 문제의 순으로 나타났다. 개인 문제는 정신건강 문

제로서 우울감, 가족 문제로는 가정 내 갈등, 즉 부모-자녀 갈등이 많고, 학업 문제는 성적 고민이 높게 나타났다. 이러한 스트레스 요인 중에서 부모와의 갈등, 이성문제, 진로 및 성적 고민 등은 자살 직전에 자주 파악되는 촉발사건이 된다.

표 2-15 자살한 학생의 평소 고민 문제

구분	초등학생	중학생	고등학생	계(N=102)	
				인원수	%
우울감	1	5	15	21	20.6
친구 간 갈등	1	1	3	5	4.9
갈취 · 폭력피해	0	1	0	1	1.0
가정 내 갈등	0	4	14	18	17.6
부모의 성적 압박	0	2	5	7	6.9
외모 콤플렉스	0	0	2	2	2.0
성적	0	7	12	19	18.6
가정폭력	0	1	3	4	3.9
이성문제	0	1	2	3	2.9
자해 · 자살 충동	1	1	1	3	2.9
기타	0	5	14	19	18.6

출처: 한국자살예방협회(2023).

청소년들의 자살은 많은 경우 최근의 어떤 특별한 스트레스에 의해 나타난다(Wright, 1991/1998). 즉, 학업이나 친구 문제, 가족과의 관계 등에서 받은 스트레스를 적절히 대처하지 못할 경우 학업 중퇴, 부모와의 갈등, 우울 및 절망감, 자기비하 등 사회적 · 심리적 부적응 상황에 빠지게 되고 이것이 청소년이 가지고 있는 충동적 성향과 결합하여 자살 선택이라는 극단적이고 치명적인 위기로 빠져들게 되는 것이다. 이에 청소년의 자살은 정신과적 질환에 의한 것보다는 외부 환경과의 부적응에서 초래되는 일시적이며 극단적인 위기의 과정으로 이해될 수 있다. 따라서 그 위기를 적절히 대처할 수 있는 청소년의 경우 자살로 이어지기보다는 자신에게 발생된 위험사건을 극복해 나가는 과정에서 보다 더 성장하게 되는 '기회'가 될 수 있는데, 대처 능력이 떨어지는 청소년의 경우 위험사건으로 인한 스트레스가 극대화되면서 자살로 연결될 수 있다. 따라서 청소년의 자살은 아동에서 성인으로 변화하는 과정에서 발생하는 심리적 · 사회적 · 생물학적 · 문화적 역경과 위기의 과정으로서 이해해야 한다(박재연, 2010).

청소년의 자살위험성을 높이는 위험요인에는 개인의 심리적 요인으로 우울과 절망감 등이 있고, 사회환경적 요인으로는 가족, 친구 또는 학교생활과 관련된 요인이 있다. 반대로 자살을 예방하는 데 기여하는 보호요인에는 낙관성, 자기효능감, 긍정적인 자기지각, 자아존중감 등이 있어 이러한 보호요인을 강화하기 위한 노력이 필요하다. 청소년기는 발달과정상 심리적 · 정서적으로 매우 불안정하고 주변 환경으로부터의 자극에 다른 연령대에 비해 상대적으로 큰 영향을 받는다. 청소년은 스트레스 상황이나 자극에 충동적으로 대처하는 특성을 보이고, 정서적으로 불안정하고 인지적으로 미성숙하여 현실도피의 일환으로 자살하게 될 가능성이 높으므로 주변 사람들의 주의 깊은 관심과 관찰이 요구된다.

4) 사회적 요인

(1) 범죄(비행 · 일탈) 가해

청소년 범죄는 청소년에 의해 행해지는 범죄로 형벌 법규에 위배되어 「소년법」상 처벌이 가해지는 것을 말한다. 우리나라 「소년법」은 '반사회성이 있는 소년에 대해 그 환경의 조정과 성행의 교정에 관한 보호처분을 하고 형사처분에 관한 특별 조치를 함으로써 소년의 건전한 육성을 기하기 위해' 제정된 법률이며, 「소년법」의 대상은 형법에 저촉되는 행위를 하였으나 형사책임 연령에 달하지 않아 형사책임을 묻지 않는 10세 이상~14세 미만의 '촉법소년', 14세 이상~19세 미만의 형법에 저촉되는 행위를 한 '범죄소년', 그리고 집단적으로 몰려다니며 주위 사람들에게 불안감을 조성하거나, 정당한 이유 없이 가출하거나, 술을 마시고 소란을 피우거나 유해환경에 접하는 등의 행동을 한 10세 이상~19세 미만의 '우범소년'이다. 따라서 '청소년 범죄'란 10~19세 미만의 청소년이 저지른 형법에 저촉되는 행위를 의미하며, '청소년 범죄자'는 촉법소년과 범죄소년만을 의미한다(여성가족부, 2023c).

우리나라 청소년 범죄자의 현황을 살펴보면, 2021년 청소년 범죄자는 66,697명으로 2014년 대비 21.2% 감소하였다. 청소년 인구수를 고려한 청소년 범죄율은 2014년 청소년 인구(10~19세 미만) 10만 명당 1,603.1명에서 오르내림을 거듭하다가 2020년에는 1,783.8명으로 최고치를 기록하였으나, 2021년에는 1,582명으로 상당히 큰 폭으로 감소하였다. 한편, 청소년 범죄자 중 촉법소년 등은 2014년 7,104명에서 2021년 12,680명으로 증가하였다(여성가족부, 2023c; 〈표 2-16〉 참조).

표 2-16 연도별 청소년 범죄자 현황 및 구성비(2012~2021) (단위: 명, %)

구분 \ 연도	전체 범죄자		청소년 범죄자				청소년 범죄자 구성 비율 (b+c/a×100)
	전체 범죄자 (a)	전체 범죄율	청소년 범죄자 (b+c)	촉법소년 등 (b)	범죄소년 (c)	청소년 범죄율	
2014	1,886,615	4,036.7	84,661	7,104	77,557	1,603.1	4.5
2015	1,955,658	4,167.4	77,727	6,756	70,971	1,544.8	4.0
2016	2,026,900	4,300.7	82,704	6,788	75,916	1,719.5	4.1
2017	1,869,446	3,948.7	80,409	7,743	72,666	1,723.7	4.3
2018	1,757,794	3,698.8	74,477	8,335	66,142	1,650.7	4.2
2019	1,765,268	3,702.1	76,707	10,460	66,247	1,775.3	4.3
2020	1,649,450	3,446.5	75,543	11,063	64,480	1,783.8	4.6
2021	1,372,632	2,866.9	66,697	12,680	54,017	1,582.0	4.9

주: 1) 범죄소년은 14~19세 미만 범죄자를 의미하며, [범죄분석]의 범죄자 연령 통계를 활용해 집계함
2) 촉법소년 등은 경찰이 법원 소년부에 송치한 촉법소년과 우범소년을 의미하며, [사법연감]의 소년보호사건 접수 통계를 활용함
3) 청소년 범죄자는 범죄소년과 경찰이 소년법원에 송치한 촉법소년 등의 수를 집계한 결과임
4) 전체 범죄자는 [범죄분석]의 범죄자 연령 통계 중 14세 이상의 범죄자의 수에 경찰이 소년법원에 송치한 촉법소년 등의 수를 합계한 결과임
5) 전체 범죄율=전체 범죄자(청소년 범죄자+성인 범죄자) 10세 이상 인구수 × 100,000
6) 청소년 범죄율=(촉법소년 등+범죄소년)/10~18세 인구수 × 100,000
출처: 대검찰청(2022b); 대한민국 법원(2022).

한편, 대검찰청(2022b) 범죄분석 보고에서 범죄소년[12]이 저지른 범죄군별 현황을 살펴보면 재산범죄(절도, 장물, 사기, 횡령, 배임, 손괴)율이 가장 높았고 그다음은 강력(폭력)범죄, 교통범죄, 강력(흉악)범죄 순으로 나타났다. 범죄소년의 재산범죄율은 증감을 반복하다가 2020년 14~19세 미만 인구 10만 명당 1,229.3명으로 가장 높았으나, 2021년에는 지난 8년간 최저치를 기록하였고, 강력(흉악)범죄율은 2016년 이후 지속해서 증가해 2021년에 14세~19세 미만 인구 10만 명당 181.0명으로 최고치

12) 14세 이상~19세 미만의 형법에 저촉되는 행위를 한 '범죄소년'

를 기록하였다. 강력(폭력)범죄율은 2014년 이후 대체로 증가하여 2020년에 14~19세 미만 인구 10만 명당 628.1명으로 최고치를 기록하였으나, 2021년에는 579.9명으로 상당히 큰 폭으로 감소하였다. 범죄소년이 저지른 교통범죄는 2014년 이후 증감을 반복하다가 2021년에 14~19세 미만 인구 10만 명당 277.9명으로 2014년과 비슷한 수준이었다(〈표 2-17〉 참조).

표 2-17 주요 범죄군별 범죄소년의 범죄율 추이(2014~2021)

(단위: 인구 10만 명당 범죄자 수)

연도 \ 구분	전체 범죄	재산범죄	강력(흉악)범죄	강력(폭력)범죄	교통범죄
2014	2,380.7	1,113.2	105.0	593.7	276.4
2015	2,266.1	1,023.3	94.9	557.5	267.0
2016	2,569.0	1,119.0	125.8	658.8	308.2
2017	2,587.7	1,034.1	136.3	749.0	323.7
2018	2,486.0	995.9	145.0	742.0	271.2
2019	2,696.1	1,131.8	161.7	757.9	282.2
2020	2,747.0	1,229.3	174.0	628.1	322.8
2021	2,300.8	927.9	181.0	579.9	277.9

주: 1) 각 범죄군은 14~18세 미만 범죄소년이 저지른 범죄만 집계함
2) 각 범죄군의 범죄율=해당 유형의 범죄를 저지른 14~18세 범죄소년의 수/14~18세 인구 수(주민등록인구 기준) × 100,000
3) 재산범죄: 절도, 장물, 사기, 횡령, 배임, 손괴
4) 강력(흉악)범죄: 살인, 강도, 방화, 성폭력, [범죄분석] 상의 강력범죄(흉악)과 달리 「아동 · 청소년의 성보호에 관한 법률」의 성매수, 성매매 강요, 알선영업과 아동 · 청소년착취물 범죄 포함
5) 강력(폭력)범죄: 폭행, 상해, 협박, 공갈, 약취와 유인, 체포와 감금, 폭력행위 등(손괴 · 강요 · 주거침입 등), 폭력행위 등(단체 등의 구성 · 활동)
6) 교통범죄: 교통사고처리특례법, 도로교통법, 도로법, 교통방해죄

출처: 대검찰청(2022b).

대검찰청(2022b) 범죄분석에서 주요 범죄유형별 범죄소년 추이(2014~2021)를 좀 더 자세히 살펴보면, 2021년에는 범죄소년이 저지른 범죄 중 기타 범죄의 비율이 24.4%로 가장 높았고, 이어 절도(23.5%), 폭행 · 상해(10.9%), 사기(12.7%) 등의 순이었다. 한편, 교통범죄를 교통사고와 교통사고 이외의 교통범죄로 구분해 보면, 범죄소년은 교통사고 범죄(「교통사고처리특례법」 4.2%)보다는 무면허운전, 음주운전 등과 같은 교통사고 이외 교통범죄(「도로교통법」 7.9%)를 더 많이 저지른 것으로 나타났다.

2014년 가장 높은 비율을 차지하고 있던 절도 범죄와 그다음으로 높은 비율을 차지했던 폭행·상해 범죄는 감소하는 추세를 보였으나 이에 비해 사기 범죄, 성폭력범죄는 증가하였고, 교통범죄(「교통사고처리특례법」과 「도로교통법」)는 소폭의 증감을 반복하면서 비슷한 수준을 유지하고 있다(〈표 2-18〉 참조).

표 2-18 주요 범죄유형별 범죄소년 추이(2014~2021) (단위: 명, (%))

연도	전체 범죄	사기	절도	강도	성폭력	폭행/상해	교통사고처리특례법	도로교통법	기타
2014	77,594 (100.0)	7,251 (9.3)	26,047 (33.6)	405 (0.5)	2,827 (3.6)	16,245 (20.9)	3,543 (4.6)	5,456 (7.0)	15,820 (20.4)
2015	71,035 (100.0)	7,844 (11.0)	21,170 (29.8)	432 (0.6)	2,467 (3.5)	15,203 (21.4)	3,219 (4.5)	5,142 (7.2)	15,558 (21.9)
2016	76,000 (100.0)	7,482 (9.8)	22,534 (29.7)	317 (0.4)	3,238 (4.3)	16,941 (22.3)	3,256 (4.3)	5,850 (7.7)	16,382 (21.6)
2017	72,759 (100.0)	6,225 (8.6)	20,008 (27.5)	244 (0.3)	3,453 (4.7)	18,036 (24.8)	2,988 (4.1)	6,119 (8.4)	15,686 (21.6)
2018	66,142 (100.0)	6,968 (10.5)	16,904 (25.6)	215 (0.3)	3,522 (5.3)	16,401 (24.8)	2,577 (3.9)	4,634 (7.0)	14,921 (22.6)
2019	66,247 (100.0)	8,088 (12.2)	17,141 (25.9)	366 (0.6)	3,489 (5.3)	15,134 (22.8)	2,270 (3.4)	4,663 (7.0)	15,096 (22.8)
2020	64,480 (100.0)	9,212 (14.3)	17,066 (26.5)	324 (0.5)	3,653 (5.7)	11,446 (17.8)	2,518 (3.9)	5,056 (7.8)	15,205 (23.6)
2021	54,017 (100.0)	6,854 (12.7)	12,715 (23.5)	178 (0.3)	3,984 (7.4)	10,590 (19.6)	2,282 (4.2)	4,241 (7.9)	13,173 (24.4)

출처: 대검찰청(2022b).

최근 10년간 전체 마약류 사범과 청소년 마약류 사범은 모두 증가하고 있는데, 특히 청소년 마약류 사범은 10년 전 대비 1,084.2% 증가하여 전체 마약류 사범의 증가폭(78.4%)과 비교해 훨씬 더 큰 것으로 나타났다. 2021년 청소년 마약류 범죄의 종류를 살펴보면, 마약이 43.6%로 가장 높은 비율을 차지하고 있는데 마약류는 성장 과정에 있는 청소년의 신체·정신발달에 큰 문제를 일으킬 수 있다는 점에서 성인 이상으로 중독 예방에 대한 집중적인 교육이 요구된다(〈표 2-19〉 참조).

표 2-19 청소년 마약범죄의 마약류별 현황(2012~2021)

구분 연도	전체	청소년 마약류 사범		청소년 마약류 종류			
		인원	비율	합계	향정신성 의약품	대마	마약
2012	9,255	38	0.4	38(100.0)	26(68.4)	12(31.6)	-
2013	9,764	58	0.6	58(100.0)	39(67.2)	17(29.3)	2(3.4)
2014	9,742	102	1.0	102(100.0)	48(47.1)	54(52.9)	-
2015	11,916	128	1.1	128(100.0)	78(60.9)	50(39.1)	-
2016	14,214	121	0.9	121(100.0)	91(75.2)	28(23.1)	2(1.7)
2017	14,123	119	0.8	119(100.0)	70(58.8)	49(41.2)	-
2018	12,613	143	1.1	143(100.0)	105(73.4)	36(25.2)	2(1.4)
2019	16,044	239	1.5	239(100.0)	167(69.9)	69(28.9)	3(1.2)
2020	18,050	313	1.7	313(100.0)	196(62.6)	78(24.9)	39(12.5)
2021	16,513	450	2.7	450(100.0)	192(42.7)	62(13.8)	196(43.6)

주: 마약류 통계에서 청소년 연령기준은 '19세 이하'를 기준으로 하고 있음
출처: 대검찰청(2022a).

한편, 2021년도 범죄소년의 성별 구성 비율을 보면, 남자가 83.0%, 여자가 17.0%로, 남자 청소년이 여자 청소년에 비해 약 5배 정도 많다. 범죄소년 중 여자 청소년의 비율은 2014년과 2015년 14.8%까지 낮아졌으나, 이후 3년 연속 증가하여 2018년 18.5%로 최고치를 기록하였다가 2019년 이후 감소하는 추세를 보이고 있다(여성가족부, 2023c).

(2) 범죄 피해

범죄와 청소년에 대한 일반인들의 생각은 주로 피해자로서의 청소년보다는 가해자로서의 청소년을 떠올린다. 이는 미디어에서도 학교폭력이나 청소년 비행 또는 청소년 범죄에 대해 주로 다루기 때문이기도 하다. 그러나 최근에는 가해자 또는 범죄자로서의 청소년뿐만 아니라 청소년 또는 아동을 대상으로 한 성범죄가 사회 문제화되면서 피해자로서의 청소년에 대한 관심이 증가하고 있다.

한국형사 · 법무정책연구원(2022)에 따르면, 2021년 기준 재산범죄, 폭력범죄, 성범죄를 경험한 아동 · 청소년 피해자 발생율은 26.7%로, 피해 유형별로는 재산범

죄, 폭력범죄, 성범죄 순이었다. 이 외에도 아동·청소년이 경험한 가정 내 학대는 5.4%, 또래괴롭힘은 12.9%로 나타났다. 온라인에서 발생한 피해 유형을 분석한 결과, 재산범죄 피해나 폭력범죄 피해보다 성범죄 피해가 더 높았고, 특히 중·고등학생일수록 온라인에서 성범죄 피해를 더 많이 경험하는 것으로 나타났다(박성훈 외, 2022).

청소년의 범죄 피해의 원인은 다수의 연구에서 브론펜브레너(Bronfenbrenner, 1979)의 생태체계적 모델을 바탕으로 다체계적인(multi-systemic) 관점에서 생태체계적(ecosystem) 접근을 활용해 설명하고 있다. 아동·청소년의 범죄 피해를 이해하는 데 다양한 수준이 필요한 이유는 아동·청소년은 자아와 인격이 발달하여 가는 시기로 가족, 학교, 지역사회의 지원과 도움을 광범위하게 받으면서 성장하기 때문이다. 이러한 접근에 의거하여 범죄 피해의 원인을 미시적·중간적·거시적 수준으로 설명할 수 있는데, 개인 특성인 자기통제력, 일탈적 생활양식, 범죄가해 경험 등이 미시적 수준에 해당되고, 역기능적 가정, 학교환경, 사이버 범죄에의 적용 등 중간적 수준에 해당된다. 더 나아가 거시적 수준에는 지역사회 특성인 지역사회의 빈곤, 주거 스트레스와 아동 학대율 등이 범죄 피해에 영향을 미치는 것으로 알려져 있다(박성훈 외, 2022).

범죄 피해 발생은 크게 일반 범죄, 가정 내 학대·또래괴롭힘 피해, 온라인 피해 등으로 나누어 볼 수 있다. 일반 범죄 피해는 크게 재산범죄 피해(절도, 사기), 폭력범죄 피해(갈취, 폭행·협박), 성범죄 피해(성희롱, 카메라 촬영, 성추행·강간)로 나누어지는데 한국형사·법무정책연구원에서 실시된 2017년과 2021년 '전국 범죄 피해 조사: 아동·청소년 범죄 피해 조사'에 따르면 전반적으로 피해를 경험한 학생들이 4년 전에 비해 다소 증가하였으며(박성훈 외, 2022), 이러한 증가 추세는 교육부가 발표한 2021년 1차 학교폭력 실태조사 결과와도 유사하다.

이 조사에 의하면 가정 내 학대(신체학대, 정서학대, 방임)와 또래괴롭힘 경우 또래괴롭힘이 2017년 기준 피해자 비율이 8.9%에서 2021년 기준 12.9%로 증가한 것으로 나타났다. 또한 재산범죄, 폭력범죄, 성범죄 등 일반 범죄 피해를 오프라인과 온라인으로 나누어 분석한 결과, 온라인에서 발생한 피해 유형 가운데 성범죄 피해가 36.9%로 재산범죄 피해(16.1%)나 폭력범죄 피해(9.5%)에 비해 월등히 높은 것으로 나타났다([그림 2-3] 참조).

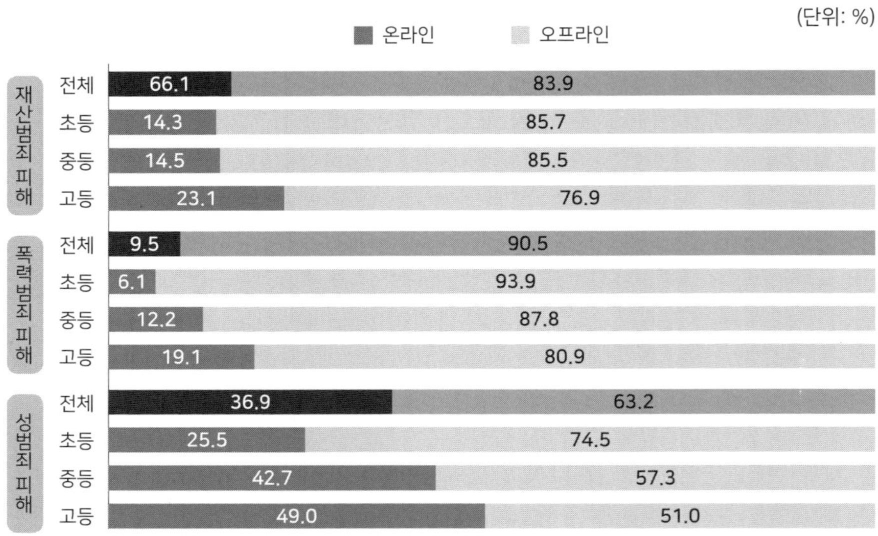

그림 2-3 피해 영역별 피해자율

출처: 박성훈 외(2022), p. 2.

그러나 피해자의 사후 대응에 있어 아동·청소년의 절반가량은 피해 사실을 타인에게 알리지 않는 것으로 나타났는데, 특히 가정 내 학대에서 보고율은 더 줄어드는 경향이다. 피해 사실을 자신 혹은 다른 사람이 경찰에 신고한 비율은 절도 4.7%, 사기 5.1%, 갈취 3.4%, 폭행 3.4%, 협박 5.3%, 강제추행 9.5%, 성희롱 2.4%, 신체학대 3.1%, 정서학대 2.3%, 또래괴롭힘 1.4%로 매우 저조했다. 경찰 외에 기관으로부터 도움을 받은 경험에서는 20.3%의 피해자가 기관의 도움을 받았다고 응답하였는데, 경찰 이외 기관으로는 학교 교사나 위 클래스(Wee class)[13] 교사 등 접근성이 좋은 교내 교사에게 도움을 구하는 것으로 보인다.

최근 범죄 피해에서는 온라인 피해가 특징적인데, 온라인에서는 주로 사기 42.3%, 성희롱 43.8%로 발생 비중이 높았다. 사기가 다른 피해 유형에 비해 높은 것은 최근 들어 빠르게 성장하고 있는 전자상거래 활성화와 관련이 있는 것으로 보이

13) 위 클래스(Wee class)는 학교, 교육청, 지역사회가 연계하여 학생의 건강하고 즐거운 학교생활을 지원하는 다중의 통합지원 서비스인 위 프로젝트(Wee project)의 1차 안전망이다. 학생이 재학하고 있는 소속 학교의 상담실을 통해 친구관계나 진로 등 다양한 고민을 전문상담교사와 함께 나눌 수 있는 소통 및 상담 공간이며, 학교 적응 및 심리적·정서적 안정을 위한 개인상담, 자존감 향상 및 사회성 증진을 위한 상담·교육 프로그램을 운영하고 있다.

며, 온라인에서 발생하는 성희롱 역시 아동 · 청소년의 인터넷 이용 시간 증가와 관련이 있는 것으로 보인다.

이와 같은 조사(2021년 전국 범죄 피해 조사: 아동 · 청소년 범죄 피해 조사)에서 범죄 피해 경험이 청소년의 정신건강에 영향을 미치는 영향을 분석한 결과, 남자 청소년보다 여자 청소년이, 학교에 재학 중인 청소년보다 학교 밖 청소년이 더 취약한 것으로 나타났고, 학교급에 따라서는 중학생일수록 외현화 문제가, 고등학생일수록 내재화 문제가 더 심각한 것으로 나타났다. 청소년 심층 면접에서는 피해를 경험한 청소년일수록 역기능적 가정과 부모의 학대 경험으로 심리적 방임을 경험하는 경향이 있고, 그 결과 부모와 애착이 불안정해지고 학교 적응 및 또래관계와 문제가 이어지면서 학교생활이 쉽지 않은 것으로 나타났다. 피해자들은 피해를 당한 이후 내재적 증상(우울, 불안감, 죄책감 등) 증가, 외현적(적대적 · 공격적) 문제행동 증가, 외부 개입에 대한 거부, 자포자기, 자살 충동을 경험하는 것으로 나타났는데, 이러한 현상은 청소년 관계 기관 간 긴밀한 협력이 필요함을 시사한다.

한편, 청소년 대상 성범죄의 증가 추세에 따라 청소년의 성보호에 대한 법률이 2000년에 제정되었고, 그동안 여러 차례 세부 내용의 개정이 이루어져 왔다. 그러나 최근 청소년을 대상으로 한 성범죄의 유형이 온 · 오프라인으로 다양해짐에 따라 청소년에 대한 성보호에 대한 대책이 더욱 절실해지면서 2020년 「아동 · 청소년의 성보호에 관한 법률」(약칭 「청소년성보호법」)의 개정으로 성매매에 유입된 아동 · 청소년은 '대상 아동 · 청소년'이 아닌 '성매매 피해 아동 · 청소년'으로 규정하게 되었고, 성매매 피해 아동 · 청소년 지원센터의 설치 근거가 마련되었다. 「청소년성보호법」 개정 이전인 2006~2020년 기간에는 성매매 피해 청소년 교육 위탁기관을 전국적으로 5~11개소를 지정 · 운영하였으나 이 개정에 따라 여성가족부는 2021년에 성매매 피해 아동 · 청소년지원센터를 중앙지원센터 1개소(한국여성인권진흥원), 지역지원센터 17개소를 신설 · 운영하고 있다.

성매매 피해 아동 · 청소년 지원센터의 운영 방향은 ① 성매매 피해 아동 · 청소년 조기발견 및 긴급구조, ② 상담 및 의료 · 법률 등 지원을 통한 원활한 일상생활 복귀, ③ 피해 아동 · 청소년의 자립 · 자활역량 강화 도모, ④ 아동 · 청소년에게 성매매의 위험성을 알리고 지원기관 안내 및 성범죄 피해 예방 활동 전개, ⑤ 유관기관 네트워크 연계를 통한 피해 아동 · 청소년 지원에 적극 대응 등이다. 성매매 피해 아동 · 청소년 지역전담지원센터는 일반적으로 경찰, 검찰, 유관기관 등에서 연계된 피해 아동 · 청소년을 중앙지원센터를 통해 통지받아 지원하나, 온 · 오프라인에서의 아웃리치를 통해 성매매 피해 혹은 피해 위험이 있는 아동 · 청소년을 발견하여 피해 방지를 위한 업무를 수행한다. 또한 지역전담지원센터는 긴급지원, 교육지원, 의료지원, 법률지원, 학업지원, 진로취업지원, 자활자립지원, 타 기관 연계 지원 등의 다양한 프로그램을 운영하고 있다.

긴급지원은 위기상황 발생 시 긴급구조와 주거를 포함한 생계비를 제공하여 일시적으로 피해 아동 · 청소년의 안전과 일상생활 보장을 지원한다. 교육지원은 피해자의 일상복귀를 위해 법정 대리인 교육이 병행되어 보호자 및 가족의 교육과 심리지원이 함께 이루어진다. 법률지원은 경찰 · 검찰 조사 동행, 재판 동행, 민사소송 지원 등 모든 절차에 피해 아동 · 청소년이 참여하여 자신 의사를 정확하게 표현할 수 있도록 도와준다. 학업지원은 피해자가 성매매로 재유입되지 않고, 피해자 스스로 삶의 주체로 살아가는 힘을 기를 수 있도록 검정고시, 학원비 등을 지원한다. 또한 필요한 경우에 지역전담지원센터는 디지털성범죄 피해자지원센터, 장애인지원기관 등 유관기관으로 피해 아동 · 청소년을 연계 지원하고 있다.

(3) 이주배경

한국청소년정책연구원은 2020년 경제인문사회연구회 협동과제로 '포용사회구현을 위한 이주배경 아동 · 청소년 성장기회격차 해소방안 연구: 통계구축방안을 중심으로'를 수행한 바 있는데, 이 연구에서는 현재 다양한 의미로 사용되고 있는 이주배경 아동 · 청소년의 개념과 범위를 통일된 방식으로 정리함으로써 각 부처 및 현장의 '이주배경 아동 · 청소년'에 대한 개념과 범위에 대한 소통을 도모하고, 통계 구축의 일관성도 도모하고자 하였다. 즉, 이주배경 아동 · 청소년을 '부모 또는 본인이 이주의 경험을 지닌 24세 이하의 연령에 속하는 자'로 정의하였는데, 여기서 '이주'란 외국뿐 아니라 북한도 포함하는 개념으로 국경을 넘은 경우 이주로 간주한다(양계민 외, 2021). 따라서 이주배경 청소년은 〈표 2-20〉에서와 같이 크게 국제결혼가정 및 외국인가정 자녀와 탈북 청소년의 두 범주로 나눌 수 있고, 각각 하위 유형으로 나누어진다(〈표 2-20〉 참조).

〈표 2-20〉에서와 같이, 부모와 본인의 이주배경 유형을 나누어야 할 정도로 최근

표 2-20 이주배경 아동 · 청소년의 정의에 따른 유형

부모 배경 \ 본인 출생지	국내 출생	국외 출생
부모 중 한 명이 한국인	① 국내 출생 국제결혼 가정 자녀	② 국외 출생 국제결혼 가정 자녀
부모 모두 외국인	③ 국내 출생 외국인 가정 자녀	④ 국외 출생 외국인 가정 자녀
부모 배경 \ 본인 출생지	**남한 출생**	**남한 외 출생**
부모 중 한 명 이상이 북한이탈주민	⑤ 남한 출생 탈북배경 아동 · 청소년	⑥ 북한 출생 아동 · 청소년
북한이탈주민과 외국인 결혼 가정		⑦ 제3국 출생 탈북배경 아동 · 청소년

출처: 양계민 외(2021), p. 18.

들어 우리 사회에 이주배경을 지닌 집단이 매년 증가하고 있고, 그에 따라 아동 · 청소년 연령층의 인구 역시 지속적으로 증가하고 있다. 2021년 이주배경 청소년 현황(이주배경청소년지원재단, 2023)을 살펴보면, 외국인 주민 자녀(0~18세)는 289,529명으로(행정안전부 기준) 현재는 미취학 연령이 가장 많으나 점차 학령기 아동 · 청소년기 연령으로 성장할 것이고 후기 청소년의 수도 점차 증가할 것으로 예상된다. 또한 중도입국 청소년(만 18세 이하)은 3,240명(법무부 기준), 탈북 청소년(9~24세)은 1,994명(통일부 기준)이며, 다문화 학생 수도 매년 증가 추세를 보여 2022년에는 5년 전에 비해 약 60,000명 증가한 168,645명에 달하는 것으로 나타나고 있다(여성가족부, 2023c; [그림 2-4] 참조).

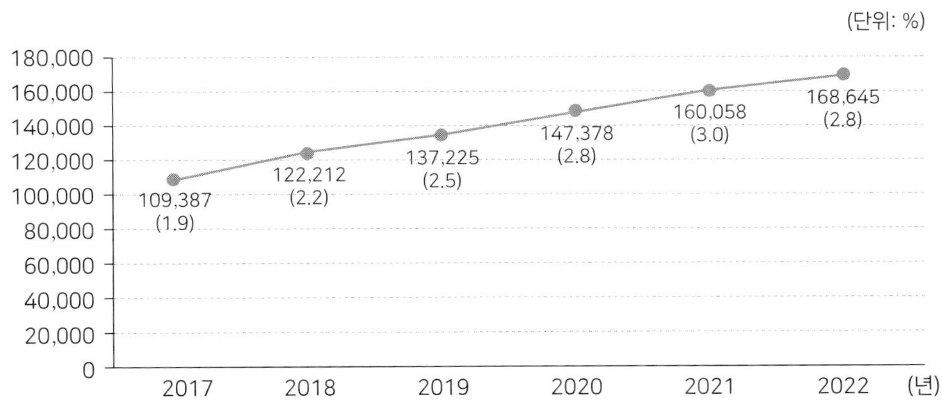

그림 2-4 다문화가정 학생 수 및 비율

출처: 여성가족부(2023c). p. XXII.

한편, 이주배경 청소년들이 겪는 어려움을 살펴보면 유형에 따라 각각 조금씩 다른 양상을 보인다. 다문화가족 자녀는 부모가 외국인이어서 다른 아이들과 다른 점이 있기 때문에 차별과 따돌림을 받는 등의 이유로 정체성 형성에 부정적인 영향을 받을 수 있다. 특히 외국인 근로자 자녀는 한국 내 체류자격에 따라 권리가 달라지고, 미등록 근로자 자녀의 경우에는 진학이나 의료보장 등 기본적인 교육·사회복지 혜택에서 배제되는 심각한 상황에 놓여 있다(여성가족부, 2023c).

탈북 청소년의 경우 제3국 출생 북한이탈주민 자녀를 포함한 중도입국 청소년의 경우 외국에서 출생하여 성장하다가 한국으로 이주를 하게 되면서 가장 먼저 언어로 인한 장벽에 부딪히게 되고 이주과정에서의 가족 해체와 중국에서의 은신 생활, 한국으로 입국하기 위해 거치는 제3국에서의 불안한 상황 등으로 인해 심리적·정서적 어려움을 겪을 가능성이 높다. 「북한이탈주민의 보호 및 정착지원에 관한 법률 시행령」 제38조 2항에서는 북한이탈주민 청소년 중 직계존속을 동반하지 아니한 24세 이하의 사람을 '무연고 탈북청소년'이라고 정의하고 있는데(신현옥 외, 2012), 특히 무연고 탈북청소년은 가난이나 부모의 사망·이혼 등으로 북에서부터 가족 해체를 경험하고 홀로 북한 국경을 넘어 부모 없이 자신의 생활을 스스로 책임져야 함은 물론, 심지어 북에 남은 가족을 위해 돈을 벌어야 하는 상황에 놓이는 경우도 있다. 복합적인 어려움을 겪고 있는 무연고 탈북청소년의 남한 입국 수도 꾸준히 증가하고 있는 추세이다(이주배경청소년지원재단, 2023).

외국에서 태어나 청소년기에 한국에 입국한 대부분의 이주배경 청소년들은 공통적으로 심리적인 고독감과 외로움, 정체성의 혼란을 경험하는 것으로 나타나며, 또한 이주과정에서 가족 내 갈등이 심화되거나 부모와 자식 간의 심리적 거리감으로 인한 문제들이 발생하기도 한다. 이주배경 청소년의 교육에서의 문제는 크게 학교 진입에서의 어려움과 교육과정의 차이 및 학업 공백으로 인한 기초학력의 부족을 들 수 있다. 학령기를 벗어난 10대 후반에서 20대 초반의 이주배경 청소년들은 근로 자격 요건에 충족되기 어렵고, 언어 소통이나 사회문화적 소통이 어려워 자신에게 맞는 적성을 찾거나 다양한 직업에 대한 정보를 얻기 어려운 상황으로 인해 단기 또는 임시 아르바이트와 미숙련 노동시장에 유입되고 있는 실정이다. 그러나 무엇보다 이주배경 청소년들이 공통적으로 겪는 가장 큰 어려움은 차이에 대한 차별과 편견으로, 이주배경 청소년 지원 정책 및 제도의 정비와 사회적 인식 개선을 위한 노력이 필요하다(신현옥 외, 2012).

제2부

음악과 음악치료

제2부는 총 두 개의 장으로 구성되어 있다. 제3장은 청소년과 음악치료에 대한 내용으로 청소년에게 음악의 의미와 효과, 그리고 음악치료의 일반적인 내용과 심리평가도구들을, 제4장은 위기청소년과 음악치료에 대한 내용으로 위기청소년을 위한 음악치료의 목적, 방법, 그리고 기타 예술치료 접근과 국내외 사례를 소개하고 있다.

제3장

청소년과 음악치료

1. 청소년과 음악

> 14세인 S군은 오늘도 이어폰을 끼고 음악을 듣는다. 공부를 할 때도 학원을 갈 때도 항상 음악과 함께한다. 요즘은 친구들과 모여 좋아하는 가수의 노래와 춤을 따라 하기도 한다. 어른들은 이해할 수 없겠지만 그럴 때마다 기분이 좋아지고 숨을 쉴 수 있을 것 같다.

1) 음악의 의미

청소년에게 음악은 매우 일상적인 경험이며 생애 그 어떤 시기보다 청소년기에 음악은 더욱 특별한 의미를 가진다고 할 수 있다. 청소년들은 음악을 들으며 서로 공감대와 신뢰감을 형성하며 자신의 미래를 꿈꾸기도 한다. 특별히 청소년기는 일상에서 음악에 대한 소비가 가장 높아지는 시기이며 가장 음악에 몰입하는 시기이기도 하다(North et al., 2000). 또한 음악은 감정적 기억에 가장 강렬하게 남아 있어 이 시기에 행복을 준 음악은 청소년이 성인이 된 이후에도 행복한 기억으로 오래 남아 있게 된다. 이처럼 청소년들에게 음악은 그들의 삶에 있어서 매우 중요한 의미를 준다고 할 수 있다. 더욱이 청소년기는 일반적으로 자신의 개성과 감성을 소중히 여기는 시기이기 때문에 이들이 일상에서 경험하는 음악은 청소년의 사고와 행동에 영향을 미치며 더 나아가 인격 형성에도 영향을 미칠 수 있다.

한편, 청소년이 일상에서 음악을 즐겨 듣는 이유를 연구에서는 다음과 같이 설명한다. 첫째, 정서적으로 청소년은 자신을 표현하기 위해, 기분이나 분위기를 조절하면서 스트레스를 해소하기 위해, 친구와의 공감대를 형성하기 위해 음악을 듣는다(성소라, 2022; 황은영, 2016). 둘째, 사회적으로 청소년은 일상에서 자신만의 세계를 만드는 '나만의 사운드스케이프(soundscape)'를 구축하기 위해 음악을 듣기도 한다. 이는 청소년의 구체적이며 실질적인 음악 경험을 의미하는 것으로 개인화된 사운드 미디어 환경과 기능을 구성하는 것을 의미한다. 즉, 청소년은 음악을 통해 자신만의 정서와 분위기를 간직하면서 음악으로 일상을 견딜 수 있는 자신만의 공간으로 만들어 간다. 이러한 과정에서 청소년은 자신만의 음악적 취향을 찾아가면서 또래집단 혹은 동일한 음악적 취향을 가진 집단 내에서 '하위문화적 자본'을 스스로 확보해 갈 수 있다. 그러므로 청소년은 음악을 들으며 좋아하는 음악과 그렇지 않은 음악을 구분하면서 자신만의 취향을 형성해 나가고, 이러한 취향의 형성은 특정 음악에 대한 지식과 문화적 역량의 축적으로 이어진다. 이처럼 청소년에게 음악은 친숙하고 편안하게 이야기할 수 있는 주제가 될 수 있으며, 노래 부르기 등을 통해 음악에 적극적으로 참여할 수 있는 '최소한의 심리적 문화 경험'이 될 수 있다(이상규, 2012).

특별히 음악감상은 다른 어떤 음악적 활동보다 청소년에게 더욱 친숙한 경험이 된다. 청소년은 주로 대중음악을 선호하며, 휴식할 때, 그리고 공부할 때 배경음악으로 음악을 듣기도 한다. 또한 이들에게 음악은 스트레스 해소 및 기분 전환을 위해 필요한 것이며, 이는 정서에 긍정적인 영향을 미친다(서승미, 2005). 이처럼 청소년은 음악을 단지 익숙함에 습관적으로 듣는 것이 아닌 정서 변화를 위해 혹은 기타 자신만의 목적을 위해 전략적으로 음악을 듣는다고 할 수 있다(황은영, 2016).

청소년들이 일상에서 전략적으로 음악을 듣는 방식을 구분한 이정실(2009)은 이를 네 가지 유형으로 구분하였는데, 기분전환형, 감정표현형, 기분유지형, 차분형이다. 첫째, 기분전환형 음악으로는 랩, 힙합, 테크노, 락 음악 등이 있는데, 이 유형의 음악을 듣는 청소년들은 음악을 통해 강하고 활발한 느낌을 받고 따분할 때 음악을 듣는 경향이 있다. 둘째, 감정표현형 음악으로는 주로 발라드와 R&B 음악이 있는데, 이 유형의 음악을 듣는 청소년들은 음악을 통해 부드럽고 공명[1]적인 느낌을 받고 외

1) 공명의 물리적 의미는 어떤 물체가 외부에서 그 물체가 가진 고유진동수와 일치하는 자극을 받을 때 진

롭거나 슬플 때 음악을 듣는 경향이 있다. 셋째, 기분유지형 음악은 댄스음악과 팝이 있는데, 이 유형의 음악을 듣는 청소년들은 음악을 통해 신나고 밝은 느낌을 받고 기분이 좋을 때 또는 그 기분을 유지하거나 확인할 때 음악을 듣는 경향이 있다. 넷째, 차분형 음악은 고전음악과 뉴에이지 음악이 있는데, 이 유형의 음악을 듣는 청소년들은 음악을 통해 부드러운 느낌을 받고 부정적 정서를 느낄 때 음악을 듣는 경향이 있다. 이처럼 청소년들은 음악을 통해 자신의 감정을 표현하고 공감을 경험하며 자신만의 메시지를 전하기도 한다.

2019년 12월 중국에서 시작된 COVID-19는 2020년 1월 국내 첫 환자 발생 이후 2023년 6월 단계적 일상회복을 본격화하기까지 전 세계적으로 유행한 감염병이다. 이로 인해 많은 국가가 사회적 거리두기 등 대인관계 접촉을 최소화하는 봉쇄 정책을 실시하였다. 이러한 사회적 거리두기 상황은 또래와의 대면적 관계를 단절시킴으로써 청소년들은 심리적 불안감과 스트레스를 경험하며 부적응적인 모습을 보였다. 이때 음악은 이들의 정서적 안정에 도움을 주었다. 구체적으로, 팬데믹 시기 청소년들은 기분 전환, 스트레스 해소 등 이전의 음악을 듣는 목적과 비슷한 양상을 보이기도 했지만, 또한 팬데믹 시기에 이전에는 듣지 않았던 새로운 음악이나 콘텐츠를 경험하거나 온라인 콘서트 등의 새로운 음악활동에 참여하기도 하였다. 또한 청소년들은 빠른 댄스음악을 주로 들었으며 팬데믹 시기에 위로와 격려를 주는 가사에 공감을 받았다(김송하, 2021). 이처럼 청소년에게 음악은 일상에서 친구가 되어 주기도 하고 그들만의 문화이며 음악을 통해 자신의 감정을 전환할 수 있는 긍정적인 매체가 되어 왔다.

2) 음악의 효과

청소년은 일반적으로 음악에 홍미와 관심이 있다. 음악홍미란 음악활동에 능동적으로 참여할 때의 정서 또는 음악에 대하여 가지는 감정을 의미한다(Radocy & Boyle, 2003). 청소년이 음악에 적극적으로 홍미를 갖고 참여할 때 다음과 같은 긍정적 효과를 얻을 수 있다.

동하는 현상을 의미한다. 심리적으로 공명은 외부에서 자신의 내면과 유사한 분위기의 음악을 들으면 그 분위기에 동조되는 것과 같은 의미로 사용된다.

(1) 자기인식 및 자아정체성 형성

자기인식(self-awareness)이란 자기(self)와 사회적 상호작용에 대한 자신의 사고, 감정, 심리, 상태, 정신 등 총체적인 자기에 대해 주의를 기울이고 이를 확인하며 깨닫는 과정과 결과를 의미한다(Duval & Wicklund, 1973). 또한 자기인식은 자신의 과거, 현재, 미래의 모습을 대상화하고 생각, 기분, 성격, 목표, 태도 등에 대해 인식하는 다차원적이고 다면적인 성찰과 통찰까지도 의미한다(Fenigstein et al., 1975; Grant et al., 2002; Morin, 2011). 학자마다 자기인식에 대한 정의는 차이가 있지만, 종합하면 자신에 대한 종합적 이해와 지각과 같이 스스로에 대해 인식하는 것이라고 할 수 있다(박홍석, 이정미, 2018).

자기인식의 흐름과 방향성에 대해서 여러 학자의 의견이 있지만 최근에는 고번과 마쉬(Govern & Marsch, 2001)가 제안한 '공적 자기인식(public self-awareness)'과 '사적 자기인식(private self-awareness)' 그리고 '상황적 자기인식(situational self-awareness)'으로 분류할 수 있다. 첫째, 공적 자기인식은 인식의 대상과 흐름이 외부로 향한 것을 말하며, 다른 사람이 인식하는 사회적 객체로서의 자기를 인식하는 것을 의미한다. 이러한 공적 자기인식이 높은 청소년은 타인에게 긍정적인 평가를 받고자 하여 외부에 의한 반응에 예민하며, 높은 스트레스와 불안, 부적 정서를 보이기도 한다. 둘째, 사적 자기인식은 인식의 흐름과 방향이 내부로 향한 것으로 자기의 사고와 감정, 태도, 가치와 신념, 동기, 지적인 호기심, 충동성, 자기상태와 기질 등에 대한 인식을 의미한다. 사적 자기인식이 높은 청소년은 외부 자극에 대해 자기의 내면을 알아차리고 통합할 수 있어서 자신에 대한 이해가 증진된다. 마지막으로, 상황적 자기인식은 일반적으로 자기 주변에 어떤 일들이 일어나고 있는지를 적절하게 알아차리는 것으로 자신이 속한 환경에서 자기 자신에 대한 충분한 이해를 바탕으로 환경과의 작용적 관계를 이해하는 것을 의미한다.

자기인식이 명료한 청소년은 자신의 심리, 정서 상태를 안정적으로 유지·조절할 수 있으며 적극적으로 대응하며 행동할 수 있다(Baumeister & Vohs, 2003). 또한 청소년이 자신이 경험하는 충동성, 공격성, 우울, 불안 등 부정적인 정서를 인식할 수 있는 경우에는 스스로 충동을 조절하고 통제하는 방법을 찾음으로 심리적 안정감을 유지할 수 있다(Brown & Ryan, 2003; Richards et al., 2010). 이처럼 자기인식이 높은 청소년은 우울, 불안, 부정적 정서, 신경증 성향이 낮으며(Campbell et al., 1996), 따라서 자신의 부정적 정서, 부적절한 행동을 조절하기 위해서는 자신을 명확하게 이해하는 기술이 필요하다.

청소년기에는 자기인식의 명료함이 증가함에 따라 자기 객관화와 자기 재설정을 통한 인지, 정서적 성숙이 가능하며, 스스로 자각하고 깨닫는 반성과 성찰도 가능할 수 있게 된다. 반성과 성찰은 자기인식 뿐만 아니라 목표, 의도, 신념, 욕망, 생각 및 감정과 같은 정신상태의 인식도 포함한다. 따라서 청소년은 자기인식이 높을수록 더 나은 삶의 방향으로 자신을 조망하여 반성하며 행동 규제 능력도 향상될 수 있다(Baumeister & Vohs, 2003; Grant et al., 2002).

이러한 자기인식은 자아정체성(self-identity) 형성에도 도움이 된다. 에릭슨(Erikson, 1968)은 정체성이란 한 개인이 다양한 사회적 역할을 수행하면서 형성되는 다양한 정체성의 관계를 일정한 정체성에 통합한 결과물로서 있는 그대로 자신을 통합해 바라보는 추상적 능력, 즉 경험을 의미화하는 자아의 능력이라고 하였다. 그러므로 정체성을 이해하기 위해서는 사회적 관계, 그로부터 획득되는 경험, 특정 시기 자아의 경험을 의미화하는 특성을 파악하여야 한다. 이러한 정체성은 삶을 살아가는 기본이 되는 것으로 청소년기는 이러한 자아정체성 형성을 위해 매우 중요한 시기라고 할 수 있다.

이때 음악은 청소년들의 자아정체성 형성에 도움을 줄 수 있다. 청소년기는 신체적·심리적·사회적으로 급격한 변화와 성장의 시기이며, 이 시기 청소년들이 경험하는 많은 것들은 개인의 정체성을 형성하는 데 영향을 미칠 수 있다. 많은 청소년들이 음악을 통해 나를 표현하기도 하고 나를 발견하기도 하는데, 음악을 경험하는 방식이 과거에는 단순히 음악을 소비하는 입장에서 최근에는 팬, 청취자, 연주자 등 과거 어느 시기보다 훨씬 다양해지고 있다. 이러한 변화는 청소년이 개인의 정체성을 형성하고 표현하는 수단으로 음악을 더 많이 이용할 수 있음을 의미하기도 한다(Bonneville-Roussy et al., 2013; Fiedler & Mullensiefen, 2015; Rentfrow & Levitin, 2019).

음악을 통한 정체성은 단지 음악가들의 존재를 설명하는 것 이상을 의미하는데, 청소년이 음악과 관련하여 나는 어떠한 사람이고 나를 표현하는 데 음악이 어떤 역할을 하는가에 대한 설명이라고 할 수 있다(임혜숙, 2022). 이처럼 음악과 자아정체성을 동화하는 것은 자아존중감(self-esteem)과 자기가치(self-worth) 향상에도 기여한다(Rentfrow & Levitin, 2019). 음악을 통해 자신의 정체성을 바꾸는 심리구조는 '음악 안에서의 정체성(identity in music)'과 '정체성 안에서의 음악(music in identity)'으로 표현될 수 있다. 이때 '음악 안에서의 정체성'은 음악연주나 창작 등의 활동을 하는 것과 관련한 자기개념이라면, '정체성 안에서의 음악'은 음악이 자신의 통합적인 정체성이나 국가 정체성과 같은 음악 외의 정체성 측면에 어떤 영향을 미치는가에 대한 것이라고 할 수 있다(정주연, 2021).

구체적으로, 음악 안에서의 정체성은 사회적으로 정의된 음악 문화 안에서의 역할과 분류와 관련하여 형성된 정체성이라고 할 수 있다(Hargreaves et al., 2002; Hargreaves & Lamont, 2017). 이는 자신을 음악가 혹은 음악과 깊은 관련이 있는 사람이라고 여기는지 그렇지 않은지와 관련된 것이며, 이러한 음악 안에서의 정체성은 가정, 학교 등의 사회적 영향을 크게 받는다. 하지만 최근에는 음악가의 범주가 다각화되면서 이에 대한 논의의 필요성이 제기되고 있다. 현대에는 음악 편집 프로그램이나 애플리케이션, 온라인 음악 커뮤니티의 발달로 비교적 짧은 시간에도 음악적인 활동에 적극적으로 참여할 수 있는 다양한 기회가 제공됨으로써 한 사람이 이전보다 다양한 음악적 정체성을 여러 차원에서 가질 수 있게 되었다. 따라서 음악의 범위와 음악가의 범위가 확대되면서 정체성의 논의도 더욱 확대되어야 한다고 주장한다(Hallam, 2017).

한편, 정체성 안에서의 음악은 통합적인 자아정체성 발달과 형성 같은 다른 측면의 자아개념에 음악이 어떤 방식으로 작용하고 참조되는지와 관련된 것이다. 어떤 사람이 가진 음악적 선호나 취향은 자신을 바라보고 평가하는 관점이나 다른 사람에게 나를 어떠한 사람으로 나타내 보이고 싶어 하는지와 연관되어 서로 영향을 미친다. 청소년기의 음악적 행동에 또래집단이 많은 영향을 미치므로 이 시기 사회적 관계 속에서 다양한 음악적 행동을 추구하는 것이 개인의 정체성 형성에 많은 도움이 된다고 주장한다(North & Hargreaves, 2007).

이처럼 청소년은 공동체 안에서 음악을 통해 자신의 정체성을 찾고 음악 안에서 자아개념이 심화되어 간다고 할 수 있다. 예를 들어, 청소년은 자신이 듣고 싶은 음악을 찾아 듣기도 하고 좋아하는 가수나 연주자의 음악을 듣기 위해 콘서트장을 찾아가면서 자신만의 선호나 관심을 보여 주고 자신을 드러낸다. 또한 어떤 음악을 듣고 좋아하는지를 드러냄으로써 자신이 어떤 사람인지 나타내고자 한다. 자신만의 가사를 만들어 랩으로 표현하기도 하며, 자신의 생각이나 감정을 담은 노래를 작곡하거나 연주하기도 한다. 이처럼 공동체 안에서 다양한 음악적 행위를 통해 청소년들은 자신이 누구인지를 표현한다. 음악에 참여하는 다양한 행위는 청소년의 정체성을 형성하는 데 많은 영향을 미치며, 이러한 방식으로 음악을 통해 자신이 어떤 사람인지 정체성을 보여 준다고 할 수 있다. 이를 정리하면 〈표 3-1〉과 같다.

표 3-1 음악에서의 정체성

구분	음악 안에서의 정체성	정체성 안에서의 음악
정의	음악연주나 창작 등의 활동을 하는 것과 관련된 자기개념	음악이 자신의 정체성 측면에 어떤 영향을 미치는가에 대한 개념
관점	자신을 음악가 혹은 음악과 관련 있는 사람으로 여기는 것	음악적 취향이나 선호를 통해 자신을 평가하는 관점
행동	자신을 음악가로 생각함. 자신이 음악 관련 일을 하는 사람으로 생각함	좋아하는 음악을 듣는 등 음악으로 자신을 표현하고 드러내고자 함

청소년이 음악에서의 정체성을 형성해 가는 방식에 대해 마르샤(Marcia, 1980)는 다음과 같이 4단계를 주장하였다. 먼저, 개인이 다양한 음악을 탐색하여 자신의 음악적 취향을 분명히 구분하고 표현할 수 있는 정도에 이르면 이는 음악적 정체성의 성취(achievement) 단계이며, 다양한 음악을 들으며 탐색은 하고 있으나 특정 장르의 음악에 정착하지 않은 단계는 유예(moratorium) 단계이다. 한편, 주도적으로 음악을 탐색하지는 않고 수동적으로 부모나 또래의 음악을 받아들이는 상태를 상실(foreclosure) 단계라고 하며, 자신의 취향을 생각해 보지 않거나 음악이 자신의 삶에 있어서 중요하지 않다고 생각하면 혼미(diffused) 단계로 정의한다([그림 3-1] 참조). 이처럼 음악의 선호와 취향을 통해 정체성을 형성해 간다.

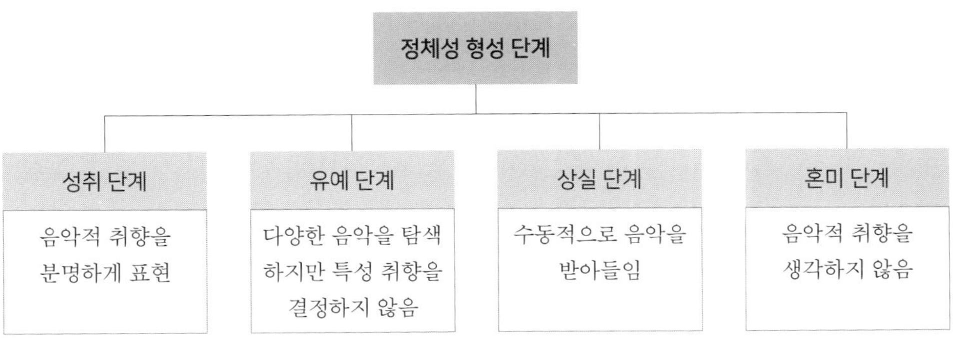

그림 3-1 정체성 형성의 단계

(2) 회복탄력성 증가

회복탄력성(resilience)이란 힘든 상황에서도 긍정적인 의미를 발견하기 위해 적극적으로 노력하는 것뿐만 아니라 역경에 반하여 자신의 감정과 행동을 스스로 조절하는 것을 말한다. 이러한 회복탄력성은 스트레스 상황을 피하는 것만이 아닌 다시 회복할 수 있는 능력을 말한다(Olsson et al., 2003). 또한 회복탄력성은 사람마다 가지고 있는 역경과 시련을 이겨내는 힘이자 마음의 근육이며, 삶의 어떠한 시련에도 굴하지 않는 강인한 힘의 원동력이다(Pleux, 2010/2012). 일반적으로 회복탄력성은 위험한 상황 속에서도 자신의 기능을 신속히 회복하고 개인이 직면한 역경 속에서 긍정적인 적응상태를 유지하며 건강하게 성장할 수 있는 힘이다(Masten, 2001).

회복탄력성의 정의에 대해서는 연구자마다 차이가 있지만, 일반적으로 회복탄력성은 청소년이 긍정적으로 성장할 수 있도록 핵심 능력과 태도를 길러 주며 정신건강이나 학업성취도, 진로에 강한 영향을 미친다. 회복탄력성은 다양한 측면에서 청소년의 삶에 영향을 미치는데, 회복탄력성이 높은 청소년은 긍정적인 정서와 타인에게 자신의 관심사를 적극적으로 표현하기도 하며, 자신의 욕구에 맞도록 환경을 변화시키기도 한다. 또한 문제를 해결하기 위해 적극적인 접근을 하며 스트레스를 완충할 수 있도록 다양한 자원을 활용하기도 한다(장연경, 2020).

이러한 회복탄력성은 개인의 기질, 성격적 특징, 대인관계, 인지 능력 등의 개인 내적 요인과 학교생활, 부모-자녀관계, 또래관계 등의 외적 요인으로 구성되어 있다(신우열 외, 2009). 회복탄력성 구성요인에 대해 홍은숙(2006)은 회복탄력성 보호요인은 역경에 대응하는 개인 내적 능력과 외적 능력을 포함하여, 특히 내적 요인은 개인의 성장과 발달을 위협하는 역경 속에서 개인이 위험에 처하는 것을 줄여 주고 위험의 영향력을 최소화할 수 있는 중요한 요인이라고 하였다. 또한 레비치와 샤트(Reivich & Shatte, 2002)는 회복탄력성 구성요인을 감정조절력, 충동통제력, 낙관성, 원인분석력, 공감 능력, 자기효능감, 적극적 도전성이라고 하였으며, 김주환(2011)과 이신숙(2013)은 자기조절 능력, 대인관계 능력, 긍정성이라고 하였다. 이처럼 회복탄력성 구성요인은 학자들마다 차이가 있지만 일반적으로 통제성, 긍정성, 사회성이라고 할 수 있다.

그러므로 회복탄력성이 높은 청소년은 자신의 감정을 잘 통제하고 긍정성을 유지함으로 불안이나 우울감에 잘 빠지지 않으며, 타인에게 자신의 생각을 적극적으로 표현하며 긍정적인 모습을 보이고, 또한 자신에게 닥친 어려운 문제를 해결하기 위해 적극적으로 문제에 접근하면서 다양한 환경적 자원을 활용할 수 있다(Hernandez, 1993). 또한 회복탄력성이 높은 청소년은 위험한 상황에서도 미래에 대한 긍정적 믿음과 삶의 목적을 추구하며 자신의 존재에 대해 만족한다(박지아, 유성경, 2003). 따라서 청소년의 심리적 건강을 위해서는 내재되어 있는 자신의 강점을 발견하여 고유한 자원으로 발전시키고 새로운 관점에서 자신의 삶을 이해해 볼 수 있는 이러한 회복탄력성을 발전시키는 것이 필요하다.

음악활동은 청소년의 회복탄력성 회복에 도움이 될 수 있다. 회복탄력성 향상을 위해서는 자신의 능력을 믿고 할 수 있다는 자기효능감이 필요한데, 이를 위해서는 성공적인 경험과 완성의 경험이 필요하다(Bandura, 1977). 특히, 악기를 연주하거나 음악 만들기 같이 적극적인 참여를 하는 음악활동 경험은 더 큰 만족감과 성취감을 경험할 수 있다. 청소년들에게 성공적 경험을 통해 자기효능감 향상을 기대할 수 있으며, 더 나아가 회복탄력성 향상도 기대할 수 있다. 악기연주 시 디지털 기기를 사용할 경우 청소년은 익숙한 악기보다 새로운 악기에 더욱 흥미를 보이며 더욱 적극적인 참여를 하기 때문에 긍정적인 변화를 유도할 수 있다(곽경희, 문소영, 2021).

로(Roe, 1987)는 음악은 청소년의 자아를 반영하며 이는 자아지각(self-perception)으로 명명될 수 있다고 하였다. 그는 스웨덴의 10대들을 대상으로 연구를 진행하였는데, 10대들의 선호하는 음악은 미래 자신의 성공을 예측하는 지표가 될 수 있다고 하였다. 청소년들은 자신이 선호하는 음악적 스타일에 좀 더 쉽게 다가갈 수 있을 때 성공적인 학교생활을 한다고 보고하였다. 이러한 이유는 회복탄력성은 어떤 역경의 상황에서 반응하는 정서와 행동을 조절할 수 있는 능력인데 청소년은 선호하는 음악을 들으며 자신의 감정을 표현하고 내면의 상태를 이해하면서 감정과 행동을 조절할 수 있기 때문이다(Rudd, 1997; Saarikallio & Erkkilä, 2007).

연구 결과는 회복탄력성이 높은 청소년과 그렇지 않은 청소년들의 음악 사용에 있어서도 차이를 보여 주고 있다. 드노라(DeNora, 2000)의 연구에서는 회복탄력성이 높은 청소년들은 어려운 상황에서도 자신이 선호하는 음악을 들으며 감정을 긍정적으로 조절할 수 있음을 보여 주는데, 이러한 결과는 회복탄력성이 높은 청소년이 음악을 통해 긍정적으로 자신의 정서를 조절하며 적응할 수 있다는 것을 의미한다. 특히 함께하는 음악활동에서 청소년들은 자신에게 주어진 역할의 의미와 중요성을 느끼며 음악을 완성하는데, 이러한 성공적 경험은 자신도 해낼 수 있다는 자기효능감 향상과도 연결될 수 있다.

(3) 역량 강화

건강한 청소년은 자신의 기술과 능력을 발전시키는 것이 필요하다. 이를 위해서는 인지적인 발달이 중요한데, 이러한 인지발달은 이후 지식, 경험, 지혜를 얻기 위한 특성이 된다. 피아제(Piaget)는 인간의 인지발달을 4단계로 설명하였다. 그는 0~2세는 감각과 운동을 사용하여 지각하는 단계로 감각운동기(sensorimotor stage), 2~7세는 아직 개념적인 조작 능력이 충분하게 발달하지 않고 정신적 표상에 의한 사고가 가능한 전조작기(preoperational stage), 7~11세는 초보적인 논리적 사고는 물론 논리적 행동을 통해 인지하는 능력이 발달하는 구체적 조작기(concrete operational stage), 11~15세는 추상적인 사고와 추리과정을 통한 논리적 검증이 가능한 형식적 조작기(formal operational stage)로 구분하였다(Ginsburg & Opper, 1988/2006).

피아제에 따르면, 11세 이후 청소년기는 단순히 관찰된 사례들을 전제로 일반적이고 보편적인 명제를 이끌어 내는 귀납적 추리뿐만 아니라, 확실한 근거가 있거나 가정된 일반적 지식, 법칙, 원리에서 특수한 사례, 원리, 결론 등을 이끌어 내는 연역적 사고도 가능하다. 건강한 청소년은 실제 경험을 넘어서는 잠재성에 대해 생각할 수 있고, 가설을 이끌어 내고, 주어진 상황에서 다양한 결과를 상상할 수 있다.

기드 등(Giedd et al., 1999)은 십대들의 뇌스캔을 통해 대뇌피질 중 지속적인 성장을 보이는 부위를 포착할 수 있었는데, 그 부위는 논리와 공간지각에 관여하는 두정엽, 언어와 관련이 있는 측두엽, 충동조절을 억제·조절하고 계획을 세우는 전두엽이다. 특히 전두엽은 계획 능력, 충동통제 능력 같은 고차원적 사고과정을 포함하며, 두정엽은 공간추론에 관한 일을 할 때 더욱 활성화된다(Kandel et al., 1991). 청소년기에는 뇌의 이 영역들이 계속해서 성숙해 가며 전두엽으로부터 측두엽으로 연결되는 신경섬유들은 더욱 굵어지고 수초화가 이루어진다. 또한 좌반구와 우반구를 연결해 주는 세포조직인 뇌량도 굵어진다.

이처럼 청소년기에는 전두엽의 성장이 진행 중이며 미성숙한 전두엽의 발달로 인해 청소년들은 심리적·인지적 변화에 대한 자기조절에 미숙함을 보일 수 있다. 청소년기의 이러한 전두엽의 변화는 학습의 능력을 비약적으로 높일 수 있으며, 그들이 생활하는 과정에 논리와 언어, 충동과 직관에 이르는 모든 분야에 영향을 미치게 된다.

이때 음악은 두뇌의 다양한 영역을 자극함으로써 발달과정에서 중요한 다양한 영역에서의 능력을 향상시켜 줄 수 있다(Trainor et al., 2009). 음악가와 비음악가와의 뇌를 비교한 결과, 음악가의 뇌는 시공간, 언어, 수리력 부분에서 비음악가의 뇌와 차이를 보였다. 이러한 신경학적인 연구 결과를 통해 음악은 뇌의 다양한 부분을 자극함으로 청소년의 인지 및 관련 두뇌발달에 도움을 줄 수 있음을 알 수 있다. 특히 청소년이 음악활동에 적극적으로 참여할 때 더욱 두뇌 발달이 증가할 수 있는데, 예를 들면 청소년들은 음악을 라이브로 혹은 녹음 음악으로 들을 수도 있고, 다른 사람들과 연주를 하면서 경험을 공유할 수도 있다. 따라서 이러한 다양한 음악 경험들은 청소년에게 다양한 분야의 역량을 강화시키는 데 도움이 될 수 있다. [그림 3-2]는 청소년들이 경험하는 다양한 음악활동 방법이다.

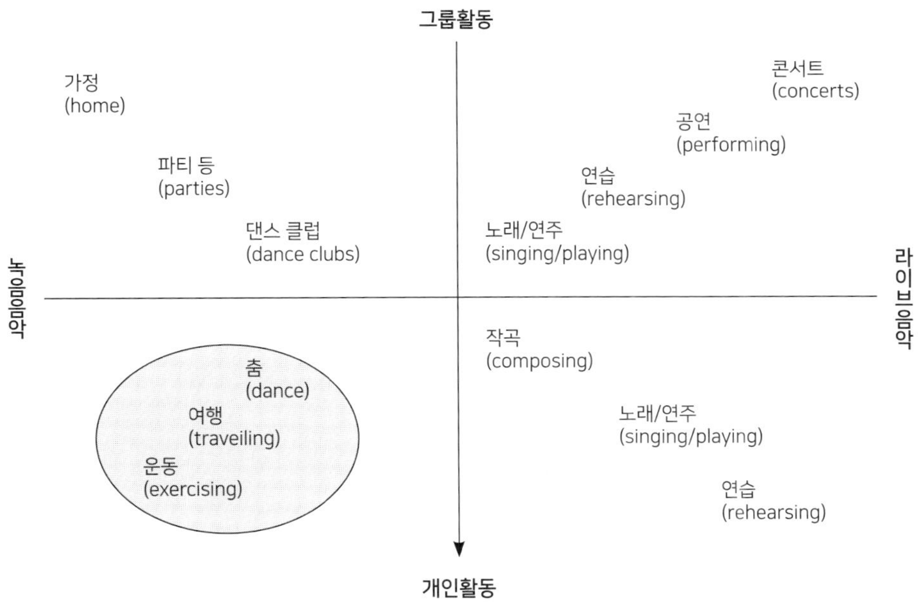

그림 3-2 청소년이 경험하는 음악활동의 수준

출처: McFerran (2020), p. 69.

매슬로(Maslow, 1968)는 음악은 절정 경험을 유발하는 하나의 촉진제 역할을 할 수 있기 때문에 청소년이 일상에서 음악을 들으며 미적 아름다움을 경험할 수 있다고 한다. 이를 통해 청소년은 다음과 같은 개인의 능력과 기술 등을 강화시킬 수 있다.

- 현실을 벗어나서 편안하게 해 줌
- 자아와 연결되도록 도와줌
- 창조적 사고를 조장함
- 내면의 경험과 연결하고 의미를 발견함
- 무의식에 접근하거나 혹은 내적 자원과 연결함
- 메시지를 전하거나 수용함
- 다른 수준과 의사소통을 함

한편, 음악은 개인적인 역량뿐만 아니라 사회적 역량을 강화시킬 수 있다. 사회적 역량이란 사회 내에서 일반적인 주위 환경과 효과적인 상호작용을 하여 자기와 타인에 관한 정체감을 확립하고 다른 사람과 사회적 관계를 능숙하게 맺으며 유능한 사회구성원으로 살아가는 데 필요한 적응 능력, 주도성, 개방성, 사교성, 책임감을 의미한다. 수비(Suvi, 2004)는 청소년기 음악의 중요한 심리적 기능으로서 자아정체성을 형성하는 것뿐만 아니라 사회적 윤활유(social lubricator)의 역할도 강조하였다. 특히 청소년의 음악 선호는 그들의 또래 친구들이 선호하는 음악과 강하게 연결되어 있으며 그렇기 때문에 그들은 타인을 평가할 때 음악에 대한 선호가 강하게 영향을 미칠 수 있다. 집단의 정체성은 이러한 선호하는 음악장르로 표현될 수 있기 때문에 청소년은 음악을 정체성의 표시로 사용한다(Frith, 1981).

(4) 연결성 향상

음악은 개인과 사회의 연결을 도와준다. 적극적인 음악활동 참여는 청소년의 건강한 발달을 위해 중요한 역할을 한다. 연결성(connectedness)은 청소년 발달에 있어서 긍정적인 영향을 미치는 5C, 즉 능력(competence), 신뢰(confidence), 특성(character), 보호(caring)에 따라 진보되는 것 중 하나이다. 이 부분에 있어서는 몇 가지 의견이 있다. 즉, 연결성은 청소년들이 이용할 수 있는 시스템에 안에서 행동을 취하는 것과 관련이 있는 것인지, 아니면 단지 이러한 시스템에 대해 개방적인 지각을 가지고 있으면 되는 것인가에 대한 것이다(Resnick et al., 1997).

연결성의 수준은 맥락 안에서 발달에 대한 학문에 초점을 맞추는데, 이는 생태학적 시스템 이론으로 알려져 있다(Bronfenbrenner, 2005). 브론펜브레너

(Bronfenbrenner, 2000)는 발달은 인간이 환경을 지각하고 다루는 방식에서의 지속적인 변화라고 하였다. 즉, 인간발달이 하나의 맥락으로만 작용하는 것이 아니라 환경과 환경 사이의 사회적 연결성의 존재 여부에 달려 있다고 보았다. 따라서 인간은 한 개인을 둘러싼 맥락을 포함하여 그 안에서 서로 상호작용함으로써 발달한다.

브론펜브레너(Bronfenbrenner, 2000)는 인간을 둘러싼 체계를 미시체계, 중간체계, 외체계(외부체계), 거대체계(거시체계), 시간체계로 구분하였다. 미시체계는 개인과 가까운 주변에서 일어나는 활동과 상호작용을 말하는데, 예를 들면 부모-자녀 관계를 들 수 있다. 중간체계는 가정, 학교, 또래집단 같은 두 가지 이상의 미시체계들 간의 연결이나 상호작용으로 미시체계 간의 강하고 지원적인 연결에 의해 발달이 이루어지는데, 예를 들면 가정과 학교와의 관계이다. 외체계는 청소년이 그 맥락의 부분을 이루고 있지는 않지만 청소년 발달에 영향을 줄 수 있는 환경적 요소로서, 예를 들면 부모와 직장의 사회적 관계망을 의미한다. 거대체계는 개인이 속한 사회의 이념이나 제도, 즉 정치, 경제, 문화 등의 광범위한 사회적 맥락을 의미하며, 청소년이 추구해야 하는 목표가 무엇인지를 규정하는 전체를 둘러싸고 있는 광범위한 이데올로기이다. 예를 들면, 청소년기 부모의 양육관이나 사회구성원의 청소년관이다. 시간체계는 청소년이 성장하면서 경험하게 되는 부모의 죽음 등의 외적인 사건이나 심리적 변화 등의 내적인 사건을 말하며, 전 생애에 걸쳐 일어나는 변화와 사회역사적인 환경을 포함한다. 이를 도식화하면 [그림 3-3]과 같다.

그림 3-3 **청소년을 위한 환경체계**

출처: Mcferran (2020), p. 72.

청소년은 이러한 연결성 안에서 음악을 통해 서로 영향을 주고받을 수 있다. 예를 들어, 청소년에게 랩(rap) 음악은 분노, 좌절, 자신의 생각 등을 표현하는 매체가 될 수 있는데, 많은 나라에서 이러한 음악은 시대별로 사회적인 현상에 대해 표현하는 수단으로 사용되어 왔다. 또한 사회적 현상을 비판하거나 동조하기 위해 함께 노래를 부르기도 하는데, 이처럼 음악은 공동체 안에서 사람들을 연결시켜 주는 역할을 한다고 할 수 있다.

2. 음악치료의 개요

1) 음악치료의 정의

1990년대 후반 국내에 소개된 음악치료는 음악을 치료적인 목적으로 사용하는 전문 영역이라고 할 수 있다. 음악이 치료적으로 사용된 역사는 오래되었지만 과학적인 접근을 통해 치료적으로 사용된 것은 1950년대 미국에서 시작되었다. 음악치료의 정의는 연구자마다 차이가 있지만, 음악치료에서 대표적이며 영향력을 가지고 있는 단체의 정의를 정리하면 다음과 같다.

미국음악치료협회(American Music Therapy Association: AMTA)의 정의는 다음과 같다. AMTA의 정의는 근거 중심을 언급하며 음악치료를 단순한 건강 관련 분야뿐만 아니라 의학적 전문 직종으로 보다 엄격하게 규정하고 있다.

> 음악치료는 승인된 음악치료과정을 완수하여 자격을 갖춘 전문가가 치료적 관계 안에서 개별적 목적을 달성하기 위해 음악적 개입을 임상적으로 그리고 근거중심적으로 사용하는 것이다(AMTA, 2013).

브루샤(Bruscia)는 음악치료를 다음과 같이 정의하고 있다. 브루샤의 정의는 체계적인 개입을 포함하는 건강 관련 직종의 일반적 개념을 일깨우며 변화의 과정에서 일어나는 관계가 중요한 심리치료의 시행을 언급하고 있다.

> 음악치료는 치료사가 대상자의 건강을 증진시키는 데 있어 변화의 역동적 힘으로서 발전되는 음악경험과 관계를 사용하는 개입의 체계적 과정이다(Bruscia, 2014).

마지막으로, 세계음악치료연맹(World Federation of Music Therapy: WFMT)의 정의는 다음과 같다. WFMT에서는 다원주의적 국제적 조직이라는 자신들의 상황에 걸맞게 앞의 정의보다 더욱 확장되어 건강은 물론 삶의 질까지 포함하고 있다.

> 음악치료는 삶의 질을 최적화하고 신체적 · 사회적 · 의사소통적 · 정서적 · 인지적 · 영적 건강과 안녕의 증진을 원하는 개인, 그룹, 가족 또는 사회 공동체 구성원에게 의학적 · 교육적 그리고 매일의 환경 속에서 개입하기 위해 음악과 그 요소들을 전문적으로 사용하는 것이다(WFMT, 2011).

2) 음악치료의 혜택

음악은 청소년에게 친근하며 선호도가 높은 매체로 음악을 통한 치료적 접근은 청소년들에게 보여지는 다양한 적응과 관련된 문제를 개선하는 데 도움이 될 수 있다. 국내 음악치료 관련 메타분석에 따르면, 일반청소년을 대상으로 음악치료 효과크기가 가장 컸지만 비행/부적응 청소년, 중독 청소년 등을 위한 음악치료도 긍정적인 효과를 보여 주었다(황은영, 2012). 또한 음악치료는 청소년의 부정적인 정서조절을 위해 효과적인 치료방법임을 보고하였다(이해강, 문지영, 2022). 일반적으로 음악치료는 청소년에게 다음과 같은 긍정적인 혜택을 줄 수 있다.

- 정서를 이해할 수 있다. 청소년은 간혹 정신적으로 어려운 상황에 처할 경우 자신의 감정을 조절해야 할 필요가 있다. 이때 음악치료는 자신의 이해하고 확인하는 데 도움을 줄 수 있다.
- 창조성을 촉진한다. 음악치료 활동에서 청소년은 다양한 방법으로 참여할 수 있다. 그 모든 순간에 청소년은 스스로 창조성을 표현한다.
- 긍정적인 분위기를 증가한다. 음악치료의 장점 중 한 가지는 청소년이 적극적으로 음악을 감상하거나 연주하거나 혹은 창조하면서 참여자의 분위기가 변화될

수 있다는 것이다. 음악은 그들이 자신의 좋은 감정에 집중하도록 도울 수 있다.

- 스트레스를 완화시킨다. 친구들과 음악활동 안에서 조용한 음악을 들으며 상상할 때 많은 청소년에게 음악은 스트레스를 감소시키고 편안해지게 하는 힘이 있다.
- 적극적인 감상을 배운다. 음악치료 안에서 청소년은 음악을 적극적으로 감상하면서 더 많은 의미로 해석할 수도 있는 가사에 대한 토의활동에 적극적으로 참여할 수 있다. 일상에서 그들은 자신을 이해하기 위해 적극적으로 음악듣기를 시작할 수 있다.
- 독립성을 증가시킨다. 청소년에게는 더 많은 자율성과 의사결정을 드러낼 필요가 있다. 음악치료에서 청소년은 다른 사람과 혹은 독립적으로 작업을 하는 동안 창조성을 사용할 수 있으며, 그 결과로 그들은 스스로를 긍정적으로 표현하는 방법에 대해 고민한다.
- 집중을 증가시킨다. 집중 시간의 증가는 음악치료에서 얻을 수 있는 또 하나의 장점이다. 음악치료에서 청소년은 창조적인 과정에 초점을 맞추고 그래서 프로젝트를 완성할 수 있는 능력을 도울 수 있다.
- 갈등을 해결한다. 집단에서 활동하는 것은 절대 쉬운 일이 아니다. 음악치료에서 그것이 음악토의이건 혹은 적극적으로 창조하는 프로젝트이건 간에 모두 그들은 다른 사람과 함께 작업하는 것에 초점을 맞추어야 한다.
- 성공에 초점을 맞춘다. 치료의 한 부분으로 청소년은 자신의 삶을 통제하는 경험을 갖는 것이 필요하다. 그들은 또한 성공의 경험, 자신감, 성취감을 경험하는 것이 필요하다. 음악치료에 참여하는 것은 그들이 자신의 창조적인 힘을 이해하도록 도울 수 있다.
- 신체적 건강을 향상시킨다. 건강은 음악치료에서 얻을 수 있는 또 하나의 장점이다. 연구자들은 참여자들이 흔히 낮은 혈압, 심박 감소, 긴장 감소를 보인다고 주장한다.

3) 음악치료의 과정

음악치료는 진단평가, 치료목적 및 목표 설정, 중재, 종결이라는 과정으로 진행된다. 이를 조금 더 세분화하여 체계적인 과정으로 설명하자면 다음과 같다. 첫째, 청소년의 배경정보, 의뢰 사유, 현 상황 파악을 위한 진단평가 단계가 있다. 둘째, 진단평가에 따른 치료 목적 및 목표를 설정하는 단계가 있으며 셋째, 치료 목적에 부합된 치료활동을 계획하는 단계가 있다. 넷째, 활동을 수행하는 단계, 다섯째, 치료 결과를 평가하여 치료 진보를 기록하는 단계로 구분된다([그림 3-4] 참조).

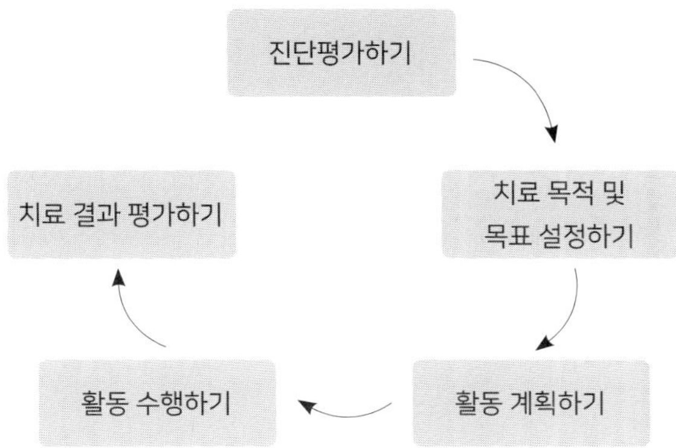

그림 3-4 음악치료의 과정

(1) 진단평가하기

진단평가(assessment)는 음악치료를 수행하기 전에 내담자에 대한 자료와 정보를 수집하는 과정으로 일반적으로 다음과 같은 항목이 포함된다. 먼저, 내담자의 주 호소 문제는 무엇인지, 심리적인 문제와 현 상황에 대해 알아본다. 또한 부모-자녀 관계 및 또래 간의 관계도 살펴보며 선호하는 음악이나 활동은 무엇인지를 파악한다. 이와 함께 내담자가 가지고 있는 강점과 약점도 파악한다. 뿐만 아니라 보호자의 초기 상담, 의사 기록지 혹은 소견서나 타 치료사의 협력 의뢰서 등도 살펴보고 다각도로 내담자에 대한 자료를 취합한 후 분석한다.

제이콥슨 등(Jacobsen et al., 2019/2020)은 진단평가를 음악자료(musical data), 음악적 행동자료(musical behavioral data), 행동자료(behavioral data), 비교자료(comparative data)로 분석한다고 설명한다. 음악자료란 특정한 음악사건 혹은 개별 특성적인 표현을 의미하고, 음악적 행동자료란 연주할 때 청소년이 어떻게 악기를 연주하고 움직이는지를 살펴보는 것처럼 음악적인 묘사 없이 음악 안에서 보이는 행동을 말한다. 또한 행동자료란 음악치료환경에서 관찰되는 특징적인 행동을, 비교자료는 음악치료 외에서 얻을 수 있는 타 분야의 기록들을 의미한다.

청소년을 위한 진단평가를 할 때에는 다음과 같은 사항을 고려해야 한다(Brent, 2011/2022). 첫째, 개방형 질문을 한다. '예' '아니요'로 대답할 수 있는 질문보다는 개방형 질문으로 내담자가 편안하게 이야기할 수 있도록 한다. 예를 들어, "학교에서 친구랑 싸웠니?"라는 질문 대신에 "학교에서 무슨 일이 있었니?"라고 물어본다. 둘째, 비언어적인 행동을 관찰해야 한다. 청소년 내담자가 치료실에 문을 열고 들어오는 순간부터 자리에 앉기까지의 걸음걸이, 시선, 태도, 표정을 살펴 볼 수 있다. 치료 초반 라포가 형성되기 전까지 언어적인 표현을 하지 않는 내담자일수록 더욱 몸짓과 제스처 등 비언어적인 모습을 세심하게 관찰할 필요가 있다. 셋째, 치료사가 무조건적인 수용을 하려는 준비자세가 필요하다. 치료사는 어떠한 이야기를 듣더라도 당황하지 않고 전적으로 내담자를 수용해 주는 태도로 임해야 한다. 치료사의 첫 회기의 태도에 따라 내담자가 더 많은 이야기를 할 수 있기도 하고 마음의 문을 닫아 버리기도 한다. 특별히 상황이 심각한 청소년 내담자의 경우 첫 회기 치료사의 태도에 따라 치료의 지속 여부가 결정되기도 한다.

(2) 목적 및 목표 설정하기

내담자에 대한 진단을 실시한 후에는 이 내용을 바탕으로 가장 시급하게 다뤄야 하는 항목부터 치료목적과 목표를 설정한다. 목적은 좀 더 광범위한 것으로 치료과정의 전반적인 의도, 방향을 정하는 것이다. 설정된 목적의 감소 혹은 증가를 반영하며 적정 수준으로 추구되는 구체적인 행동을 묘사한다.

음악치료사는 위기청소년 내담자에게 가장 도움이 필요한 부분이 무엇일지 파악한다. 우울 및 불안이 높은 위기청소년에게는 '우울 및 불안 감소'라는 목적을 설정할 수 있다. 목적 설정 후에는 장기 목표와 단기 목표를 설정해야 하며, 장기 목표는 수개월 내에, 단기 목표는 몇 세션 내에 도달할 수 있도록 세분화한다.

청소년에게 적절한 음악치료의 목적들은 다음과 같이 설정할 수 있다(황은영 외, 2019).

- 신체 증상 완화
- 우울 감소
- 불안 감소
- 자살 및 자해 충동 완화

- 스트레스 감소
- 자아존중감 향상
- 부모 및 또래와의 갈등 해소
- 집중력 및 인지 기능 향상
- 정서적 지지 및 안정감 제공
- 공격적인 행동 감소
- 자기통제력 향상
- 신체 및 운동 기능 향상

(3) 활동 계획하기

내담자에 대한 목적과 목표가 설정된 후에 음악치료사는 이에 적합한 음악활동을 계획하여야 한다. 치료 초기에는 라포 형성이 중요하다. 특히 위기청소년 내담자의 경우 라포 형성이 매우 중요하며 시간이 오래 걸릴 수도 있다. 치료사는 내담자의 음악 선호도를 파악하여 선곡을 할 필요가 있는데 그 이유는 선호하는 음악은 내담자의 정서변화를 더 빨리 유도할 수 있기 때문이다. 혹은 치료사가 평소에 즐겨 사용하지 않는 음악일지라도 열린 마음으로 수용하고 활동을 계획하여야 한다. 활동을 계획할 때는 노래부르기, 감상, 악기연주 등 다양하게 적용할 수 있다.

음악치료 활동의 영역과 수준은 다음과 같다(Bruscia, 2014). 영역은 교육적 · 의료적 · 치유적 · 심리치료적 · 오락적 · 생태적 영역으로 구성한다. 교육적 영역은 내담자가 기능적이고 독립적인 생활과 사회 적응에 필요한 지식, 행동, 기술을 얻도록 하는 활동을 말한다. 의료적 영역은 환자의 신체적인 건강을 향상, 회복, 유지하는 데 음악을 적용하는 것을 말한다. 치유적 영역은 음악의 진동, 소리, 보편적 특징들로 개인과 개인 내면 그리고 우주 간의 조화를 회복하기 위한 목적으로 음악을 사용하는 것을 의미한다. 심리치료적 영역은 내담자가 의미와 충만을 발견하도록 돕는 것으로 개인의 감정이나 자기만족, 통찰력, 관계 그리고 정신적인 부분을 변화의 주요 대상으로 하고 있다. 오락적 영역은 내담자의 삶의 질을 강화하기 위하여 여가 시간이나 사회활동 참여를 돕는 것을 목적으로 하는 프로그램들이 해당된다. 생태적 영역은 가족, 직장, 지역사회, 문화 등이 포함된다. 내담자의 생태 개체가 건강 문제를 유발할 수 있기에 음악치료를 통해 지역사회를 형성하고 구축하고자 함이다. 이러한 영역에 보조적 수준, 보충적 수준, 집중적 수준, 일차적 수준으로 각각의 실행 수준을 적용한다. 예를 들어, 다음의 활동 수행하기에 있는 치료적용계획서의 예시는 위기 청소년 내담자를 위한 심리치료적 영역의 집중적 수준의 활동을 적용한 것이다([그림 3-5] 참조).

- 보조적 수준(auxiliary level): 모든 기능적인 음악의 사용 또는 그것의 구성요인들이 비치료적이긴 하지만 목적과 연관되는 모든 실행
- 보충적 수준(augmentative level): 음악 또는 음악치료가 다른 치료 양식을 강화하기 위해 사용되고 내담자의 전반적 치료 계획에 기여하기 위해 사용하는 모든 실행
- 집중적 수준(intensive level): 음악치료가 내담자의 치료 계획의 우선적인 목적을 해소하는 데 있어서 중심적이며 독립적인 역할을 수행하여 내담자의 현재 상황에 지대한 변화를 도모하는 모든 실행
- 일차적 수준(primary level): 음악치료가 내담자의 주요 치료 욕구를 충족하는 데 있어서 필수 혹은 단독적인 역할을 수행하여 그 결과 내담자와 내담자의 삶에 보편적인 변화를 유도하는 모든 실행

(4) 활동 수행하기

활동이 계획되면 이를 수행하기 위해 한 회기마다 치료적용계획서를 작성한다. 치료적용계획서에는 제목, 대상, 목적 및 목표, 방법, 응용, 도구, 소요 시간, 음악의 치료적 역할 등을 작성한다. 음악치료 활동은 일반적으로 준비를 위한 도입 활동, 세션의 주된 부분을 구성하는 활동, 그리고 마무리 혹은 종결 활동으로 구조화된다. 또한 음악활동을 수행할 때는 내담자의 욕구, 발달 단계뿐만 아니라 내담자에 대한 윤리적인 고려도 필요하다.

[그림 3-5]는 자신의 감정을 인식하고 표현할 수 있도록 도와주는 치료적용계획서의 예이다. 본 활동은 우울하고 무기력하며 자신의 감정을 인식하지 못하는 청소년을 위해 자신의 심장박동의 리듬을 느껴보고 그 리듬에 따라 기분을 표현해 보면서 에너지를 회복하도록 돕고자 하는 활동이다. 심장박동은 음악적 요소의 하나인 리듬을 느낄 수 있으며 또한 삶의 활력을 느낄 수 있다는 관점에서 청소년이 자신을 인식할 수 있도록 돕는 요인이 되었다.

치료적용계획서

일시: 년 월 일

치료사:

제목: 내가 연주하는 하트비트(Heart Beat)

대상: K○○

목적: 자신의 감정을 인식하고 표현하기

목표: 심장의 박동을 묘사한 노래와 타악기, 치료사의 지지적 연주에 청소년은 자신의 심장의 박동과 에너지를 타악기로 표현하기를 5분 이상 지속한다.

방법:

1. 시작하는 노래와 함께 한 주간의 기분에 대해 나눈다.
2. 눈을 감고 1분 정도 호흡을 한 후 음악을 들으며 느껴지는 감정을 탐색한다.
3. 어떤 감정을 경험했는지 나누고 한 단어로 정리한다.
4. 젬베, 투바노 등 진동이 충분히 느껴지는 악기를 준비하고 왼쪽 가슴에 손을 올려 자신의 심장박동을 30초 정도 느껴보도록 한다.
5. 치료사가 묘사하는 심장박동에 대한 가사를 듣고, 청소년은 자신이 느낀 속도와 강도 그대로 앞에 놓인 타악기로 연주하게 한다. 치료사는 청소년이 연주하는 8박마다 지지적인 화성으로 배경을 제공한다.
6. 청소년이 연주하는 속도와 강도에 따라 8-4박으로 반영하는 방식으로 즉흥연주를 지속한다.
7. 연주의 패턴이 달라지거나 강도가 달라지는 타이밍에 지금의 연주에서 느끼는 것이 무엇인지를 노래로 질문하고 답한다.
8. 청소년이 말한 내용을 노래로 반영해 주며 함께 즉흥연주를 이어 간다.
9. 치료사는 반주를 제공하며 청소년이 자신의 감정을 연주하도록 한다.

응용:

1. 음악을 들으면서 느껴지는 감정과 단어가 여러 개 일 경우 두 파트로 나누어 즉흥연주 한다. 단, 반주 패턴의 선택은 단어의 느낌에 따라 Major와 Minor로 구분할 수도 있다.
2. 연주의 강도와 속도가 급격하게 바뀌는 타이밍에서 보다 에너지를 충분히 발산하고 청각적으로 확인 할 수 있도록 개더링 드럼 등으로 악기를 바꿀 수 있다.
3. 심장박동이 잘 느껴지지 않는 경우에 '자신이 살아있음'이 느껴지는 정도의 박을 탐색하고 표현하는 것으로 연주를 시작할 수 있다.

도구: 블루투스 스피커, 다양한 이미지를 연상할 수 있는 음악, 건반, 타악기(투바노, 개더링드럼, 젬베 등)

소요시간: 20분

음악요소의 치료적 역할(Music as co-therapist):

1. 투바노와 개더링 드럼의 낮은 진동은 심장의 박동에서의 울림과 유사한 느낌을 주어 호흡하고 살아 있는 자신을 청각적으로 확인할 수 있도록 해 준다.
2. 치료사가 지속하는 반복적인 화성은 정서적인 안정감을 주어 청소년이 타악기로 자유롭게 자신을 표현할 수 있는 배경을 제공한다.
3. 다이내믹은 청소년의 감정 변화에 따라 동일시를 느끼게 해 주어 타악기에 자신을 투사할 수 있도록 해 준다.

그림 3-5 치료적용계획서 예시

(5) 치료 결과 평가하기

내담자의 음악치료 변화를 평가(evaluation)하는 방법에는 여러 가지가 있다. 평가를 위해서는 치료 전과 후에 다양한 척도를 사용할 수 있다. 예를 들면, 행동을 관찰할 수도 있고 불안, 우울 스케일이나 스트레스 척도지, 정서 행동 평가 척도지 등이 있다. 이러한 양적인 평가와 더불어 서술로 하는 질적인 평가를 병행할 수도 있다. 이렇게 회기 당 평가가 모여 정기적으로 치료 목적 및 목표가 달성되었는지 살펴본 후 치료 목적을 유지하거나 재설정한다.

매 회기 음악치료를 진행한 후 내담자의 치료적 변화를 진보 기록에 작성한다. 일반적으로 진보 기록을 작성할때는 SOAP를 고려하여야 한다. SAOP의 S는 대상자(Subjective), O는 목표(Objective), A는 진단평가(Assessment), P는 계획(Plan)을 의미한다. 구체적으로, S는 내담자에 대한 정보로 이름(개인정보 보호 차원에서 머리글자만), 기관명, 생년월일, 세션 참여 횟수 등에 대한 내용이며, O는 목표로 음악치료사가 관찰할 수 있는 것이며, A는 치료 안에서 어떤 중재가 수행되었고 내담자가 어느 정도 성공했는가에 대한 결과이다. 마지막으로 P는 다음에 어떤 중재를 할 것인지 혹은 목적의 수정이 필요한지에 대한 내용이다. 그리고 날짜를 기입하고 하단에 치료사 서명을 한다(Podder et al., 2023).

한편, 병원 세팅에서는 전자의무기록(Electronic Medical Record: EMR)에 서술을 하게 되며, 그 외 각 기관마다 정해진 양식에 기록을 한다. 기록에는 해당 회기의 치료 목적, 목표 서술, 치료방법, 나타난 행동 및 음악에 대한 반응, 준비물, 결론 및 제언, 치료 시간 등을 기록한다. 진보 기록은 사례발표, 정기평가, 종결평가에 근거로 사용된다. [그림 3-6]은 치료 진보 기록의 예시이다.

치료 진보 기록

성명: 김○리　　**성별**: F

세션시간: 매주 화요일(60분간)　　**세션형태**: 개별

(치료 초반 기록)

세션기록(○○○○. ○○. ○○.): 진단평가에서 나타난 K의 엄마(母)에 대한 부정적이고 회피적인 상황이 세션 전반에 걸쳐 나타나고 있다. 음악 감상 후 엄마에 대한 이미지를 그려 보게 하자 K는 검은색 사인펜으로 도화지 전체를 칠해 놓고 엎드려 있는 모습을 보인다. 치료사가 K에게 그림의 제목을 말해 보게 하자, "엄마와의 단절"이라고 표현한다. K의 시선은 줄곧 아래를 향하고 있고 치료사의 눈 맞춤을 회피한다. 치료사가 들려주는 음악에 별다른 관심을 나타내 보이지 않으며 휴대폰을 만지작거리는 모습을 보인다. 치료사와 헤어지는 인사 노래를 부른 후 활동을 마무리하고 퇴실한다. 치료사는 계속되는 세션에서 엄마와의 관계 개선에 초점을 맞춰 치료를 진행해 나갈 것이다(치료 초반 기록).　　음악치료사 ○○○

(치료 중반 기록)

세션기록(○○○○. ○○. ○○.): 지난 회기에 이어 K는 엄마(母)에게 마음을 여는 모습을 조금씩 보이며 관계에 진전을 나타내 보이고 있다. 엄마를 생각하며 떠오르는 단어 활동에서 "밥 주는 사람" "나를 낳은 사람"이라고 한다. 대답을 회피했던 이전 회기에서 변화되는 모습을 보인다. 주어진 곡의 가사 중 마음에 드는 부분은 "나도 그렇지 못했잖아." "너의 삶을 살아라." 라고 한다. 즉흥연주 시도에서는 연주를 하지 않으며 무기력한 자신을 표현하고 엄마의 역할에서는 투바노를 세게 내리치면서 잔소리하는 모습을 나타낸다. 송라이팅 활동을 통해 "내버려 둘게! 그래 그렇게 해 줄게 / 손잡아 줄게! 너도 많이 힘들었지 / 쉼터가 되어 줄게! 편히 쉬어 가렴"이라는 가사를 작성한다. 눈물을 흘리는 K를 보며 정서에 변화가 있음을 알 수 있다. 다소 편안해진 표정으로 치료를 마치며 활동을 마무리한다. 앞으로도 엄마와의 관계 개선에 초점을 맞춰 치료를 진행해 나갈 것이다(치료 중반 기록).　　음악치료사 ○○○

그림 3-6 치료 진보 기록 예시

3. 평가도구

음악치료과정에서 내담자에 대한 정보를 모으거나 변화를 알아보기 위해 다양한 평가도구들이 적용될 수 있다. 다음은 일반적으로 음악치료에서 적용될 수 있는 평가도구들이다.

1) 음악 관련 평가도구

음악 관련 평가도구들은 음악적 반응을 통해 내담자의 특성 등을 알아보고자 하는 것이다. 몇 가지 도구를 소개하면 다음과 같다.

(1) 건강한 음악사용 척도(Healthy and Unhealth Music Scale: HUMS)

이 척도는 대상자가 음악을 어느 정도 건강하게 사용하고 있는가에 대한 것을 알아보는 목적으로 사리칼리오 등(Saarikallio et al., 2015)이 개발하고 타당화한 척도이다. 이 척도는 총 13개 문항으로 구성되었으며 '1=전혀 그렇지 않다' '5=항상 그렇다'로 평가한다. 이 중 5개 문항(3, 5, 6, 9, 15)은 '나는 음악을 듣거나 연주한 후 기분이 더 행복해진다'와 같이 음악을 건강하게 사용하는 내용으로 구성되었다. 나머지 8개 문항(1, 2, 4, 7, 8, 10, 11, 12)은 '음악은 내가 하면 안 되는 일을 하도록 해 준다'와 같이 음악을 건강하지 않게 사용하는 문항으로 구성되었다. 개발 당시 신뢰도와 타당도가 확보되었으며, 구체적인 문항과 내용은 〈표 3-2〉와 같다.

표 3-2 건강한 음악사용 척도(HUMS)

많은 사람이 음악이 우리 삶의 일부분으로 도움이 된다고 믿고 있지만 때로는 그렇지 않을 수도 있습니다. 음악이 도움이 되었을 때와 그렇지 않았을 때의 순간을 떠올리며 다음의 질문에 답을 해 주시기 바랍니다.

1	2	3	4	5
전혀 그렇지 않다	그렇지 않다	보통이다	그렇다	항상 그렇다

내용	평가				
1. 음악을 들을 때 나쁜 기억이 떠오른다.*	1	2	3	4	5
2. 나를 이해해 주는 사람이 아무도 없어서 나는 음악에 숨게 되고 그래서 음악이 사람들로부터 나를 막아 준다.*	1	2	3	4	5
3. 음악은 나를 이완시켜 준다.	1	2	3	4	5
4. 기분이 좀 더 좋아지기 위해 음악을 사용할 때 실제로 기분이 더 나빠진다.*	1	2	3	4	5
5. 나는 음악을 듣거나 연주 후 기분이 더 행복해진다.	1	2	3	4	5
6. 음악은 잘 지낼 수 있는 에너지를 준다.	1	2	3	4	5
7. 나는 음악이 기분을 나쁘게 하더라도 끊임없이 노래 듣는 것을 좋아한다.*	1	2	3	4	5
8. 음악은 나에 대해 나쁜 기분이 들게 한다.*	1	2	3	4	5
9. 음악은 나를 좋아하는 다른 사람들과 연결될 수 있도록 도와준다.	1	2	3	4	5
10. 음악은 나에게 현실을 인정하지 않을 수 있는 핑계거리를 제공한다.*	1	2	3	4	5
11. 나쁜 기억과 연결된 음악듣기를 멈추는 것이 어렵다.*	1	2	3	4	5
12. 음악은 내가 하면 안 되는 일을 하도록 해 준다.*	1	2	3	4	5
13. 신체가 긴장되고 피곤할 때 음악은 이완되도록 도와준다.	1	2	3	4	5

주: *건강하지 않은 사용

(2) 음악사용 기분조절 척도(Music in Mood Regulation scale: MMR)

이 척도는 사리칼리오와 에킬라(Saarikallio & Erkkilä, 2007)가 기분을 조절하거나 개선시키기 위해 음악을 사용하는 일곱 가지 전략을 측정하기 위해 개발된 것이다. 총 40문항으로 구성되어 있으며, '1=전혀 그렇지 않다' '5=항상 그렇다'로 평가한다. 하위 항목은 즐거움(entertainment), 회복(revival), 강한 감각(strong sensation), 전환(diversion), 방출(discharge), 정신작업(mental work), 위안(solace)으로 구성되어 있다. 구체적으로, '즐거움'은 음악을 사용하여 현재의 기분을 유지 혹은 향상시키고자 하는 전략이며, '회복'은 음악을 사용하여 긴장이완 혹은 일상의 리듬을 회복하기 위해 음악을 사용하는 전략이다. '강한 감각'은 음악을 사용하여 강한 정서적 경험을 추구하고자 하는 전략이며, '전환'은 음악을 사용하여 원치 않는 생각이나 느낌을 잊어버리고자 하는 전략이다. '방출'은 음악을 통해 감정을 발산하고 표현하는 전략이며, '정신작업'은 음악을 통해 사색하는 전략을 의미한다. 마지막으로, '위안'은 음악을 통해 위안 받는 전략을 의미한다. 〈표 3-3〉은 기분조절의 형태와 특성이다.

표 3-3 기분조절의 형태와 특성

조절전략	이전 정서	음악활동	사회적 상황	정서 변화
즐거움	특별한 분위기 없음. 기분은 괜찮지만 약간 지루함을 느낌	주로 감상활동을 하며 음악이 일반적으로 배경음악으로 사용됨	대부분 혼자 있지만 같이 있을 수도 있음	정서 고양, 긍정적인 분위기 유지됨
회복	스트레스와 일상적인 반복적인 삶, 이완이나 에너지가 필요함을 느낌	주로 감상활동이지만 노래 부르기, 연주하기, 노래 만들기도 함	대부분 혼자 있지만 같이 있을 수도 있음	회복, 이완, 에너지를 얻는 기분을 느낌
강한 감각	특별한 분위기는 없음	어떤 활동이든 강하게 관여함	혼자 있거나 타인과 같이 있음	강조와 집중이 더욱 강해짐, 때때로 소름끼치는 느낌
전환	분노, 슬픔, 우울, 스트레스, 파괴적인, 괴롭히는 생각들을 느낌	감상, 노래, 연주, 음악이 기쁘고 즐겁게 사용됨	혼자 있거나 타인과 같이 있음	현재의 부정적인 기분에 대해 잊음
방출	분노, 슬픔, 우울을 느낌	주로 감상 활동을 하며 때로 연주를 하기도 함. 음악이 공격적이고 슬프게 사용됨	혼자 있음	음악이 현재 부정적인 정서표현의 형태를 제공함
정신작업	생각을 요구하는 이슈, 예를 들면 개인적인 마음의 갈등을 느낌	감상, 노래 만들기가 사용됨	혼자 있음	음악이 상상, 통찰, 해석, 경험의 재평가를 제공함
위안	슬픔과 어려움을 느낌	감상, 가사에 집중함	혼자 있음	편안함과 이해의 느낌

척도의 내용은 〈표 3-4〉와 같다.

표 3-4 음악사용 기분조절 척도(MMR)

다음은 음악감상과 관련한 내용을 묻는 질문지입니다. 천천히 읽어 보시고 평상시 여러분이 음악을 들을 때와 관련된 경험과 기분에 일치하는 곳에 V표 해 주시기 바랍니다.

1	2	3	4	5
전혀 그렇지 않다	그렇지 않다	보통이다	그렇다	항상 그렇다

내용	평가				
1. 혼자 집에서 바쁘게 일할 때 나는 배경음악이 있는 것을 좋아한다.	1	2	3	4	5
2. 나는 외출할 때(예: 학교, 취미, 파티) 그에 걸맞은 기분을 내기 위해 음악을 듣는다.	1	2	3	4	5
3. 나는 청소와 집안일을 보다 즐겁게 하기 위해 음악을 듣는다.	1	2	3	4	5
4. 나는 분위기를 보다 즐겁게 하기 위해서 대부분 배경음악을 튼다.	1	2	3	4	5
5. 나는 피로에 지쳤을 때 음악을 드는 것으로 휴식을 취한다.	1	2	3	4	5
6. 음악을 듣는 것은 내가 긴장을 푸는 데 도움이 안 된다 .	1	2	3	4	5
7. 나는 힘든 하루를 보낸 후에 기운을 북돋기 위해 음악을 듣는다.	1	2	3	4	5
8. 나는 지쳤을 때 기운을 북돋기 위해서 음악을 듣는다.	1	2	3	4	5
9. 나는 지쳤을 때 음악에서 새로운 활기를 얻는다.	1	2	3	4	5
10. 나는 바쁜 하루 중, 숨 돌릴 틈을 갖기 위해 음악을 듣는다.	1	2	3	4	5
11. 음악을 듣는 것은 내가 휴식을 취하는 것을 돕는다.	1	2	3	4	5
12. 나의 영혼을 온전히 음악에 쏟는 것은 굉장한 느낌이다.	1	2	3	4	5
13. 음악은 내가 음악적으로 감명 깊은 경험을 하도록 해 주었다.	1	2	3	4	5
14. 음악은 나에게 잊지 못할 순간을 만들어 준다.	1	2	3	4	5
15. 음악은 내게 강렬한 정서적 경험을 불러일으키지 못한다.	1	2	3	4	5
16. 나는 감정을 불러일으키는 음악을 듣고 싶다.	1	2	3	4	5
17. 나는 온몸으로 음악을 느끼고 싶다.	1	2	3	4	5
18. 나는 가끔 음악이 너무 좋다고 느껴져 소름이 돋는다.	1	2	3	4	5
19. 스트레스를 주는 생각이 머릿속을 끊임없이 맴돌 때, 나는 그것을 잊기 위해 음악을 듣는다.	1	2	3	4	5
20. 나에게 음악은 걱정을 잊을 수 있는 방법이다.	1	2	3	4	5
21. 음악을 듣는 것은 내 마음을 어지럽히는 것을 차단하도록 도와준다.	1	2	3	4	5
22. 나는 기분이 나쁠 때 즐거운 음악 관련 활동을 함으로써 기분이 좋아지도록 노력한다.	1	2	3	4	5
23. 음악의 도움으로 걱정을 잠시도 잊을 수 없다.	1	2	3	4	5
24. 화가 났을 때 나는 내 분노를 표현하는 음악을 듣는 것으로 화를 분출한다.	1	2	3	4	5

25. 모든 것이 절망적으로 느껴질 때 나는 내 분노를 표현해 주는 음악을 듣는다.	1	2	3	4	5
26. 누군가에게 화가 났을 때 나는 분노를 표현해 주는 음악을 듣는다.	1	2	3	4	5
27. 나는 매우 화가 날 때 분노를 표현하는 음악을 듣고 싶다.	1	2	3	4	5
28. 나는 화가 날 때 분노를 표현하는 음악을 거의 듣지 않는다.	1	2	3	4	5
29. 모든 것이 안 좋게 느껴질 때 나의 나쁜 기분을 표현하는 음악을 듣는 것은 도움이 된다.	1	2	3	4	5
30. 음악은 내가 힘든 경험을 이겨내는 데 도움이 되곤 했다.	1	2	3	4	5
31. 음악은 내 안의 다양한 느낌을 이해하도록 돕는다.	1	2	3	4	5
32. 음악을 듣는 것은 나에게 일어났던 여러 일들을 상기시키고 그에 대해 생각하게 한다.	1	2	3	4	5
33. 음악은 내가 중요한 문제에 대해 생각하도록 영감을 준다.	1	2	3	4	5
34. 무언가로 속상할 때 내 감정을 명확하게 하는 데 음악은 도움이 된다.	1	2	3	4	5
35. 무언가 나를 괴롭게 할 때 나는 음악에서 위로를 얻는다.	1	2	3	4	5
36. 나는 걱정에 휩싸였을 때 위로를 위해 음악을 듣는다.	1	2	3	4	5
37. 슬플 때 음악을 듣는 것은 내게 위로가 되지 않는다.	1	2	3	4	5
38. 모든 것이 안 좋게 느껴질 때 음악은 나를 이해하고 위로해 준다.	1	2	3	4	5
39. 음악은 내 걱정을 이해해 주는 친구와도 같다.	1	2	3	4	5
40. 나는 슬플 때 음악을 들으면 위로가 된다.	1	2	3	4	5

(3) 헤도닉과 유다이모닉 음악 동기 척도(The Hedonic and Eudaimonic Motivations for Music scale: HEMM)

이 척도는 파월 등(Powell et al., 2023)이 음악을 듣는 두 가지 동기, 즉 헤도닉(hedonic)과 유다이모닉(eudaimonic)[2)]을 측정하기 위해 개발된 것이다. 이 척도는 영화에서 즐거움의 소비를 위한 동기를 알아보는 척도(Oliver & Raney, 2011)를 음악으로 적용한 것이다. 음악을 듣는 동기 중 헤도닉 동기는 쾌락적 동기로 음악을 통해 즐거움과 기쁨을 얻으려는 동기이다. 즉, 음악이 감정을 자극하고, 편안함을 제공하며 스트레스를 완화하거나 심리적인 쾌감을 느끼게 해 주는 역할을 강조하며 주로 노래와 리듬 등 음악의 물리적 특성과 감각적 측면에 초점을 맞추는 경우를 의미

2) 헤도닉과 유다이모닉은 행복에 대한 관점으로 헤도닉은 아리스티프스(Aristipus)가 말한 것으로 즐거움, 향락적인 행복을, 유다이모닉은 아리스토텔레스(Aristotle)가 말한 것으로 의미와 목적 실현을 위해 채워지는 행복을 의미한다.

한다.

한편, 유다이모닉 동기는 음악을 통해 의미와 삶의 만족감을 추구하는 동기이다. 즉, 음악을 통해 자아실현, 성취감, 연결감, 깊은 이해 등의 정신적인 보상을 찾으려는 것을 강조하며, 주로 음악을 통해 개인적인 성장과 윤리적 가치에 대한 생각에 중점을 두는 경우를 말한다. 총 12문항으로 구성되어 있으며, 7점 척도로 '1=전혀 그렇지 않다' '7=매우 그렇다'로 평가한다(〈표 3-5〉 참조).

표 3-5 음악 동기 척도(HEMM)

1	2	3	4	5	6	7
전혀 그렇지 않다	거의 그렇지 않다	별로 그렇지 않다	보통이다	조금 그렇다	거의 그렇다	매우 그렇다

내용	평가						
헤도닉 동기	**1**	**2**	**3**	**4**	**5**	**6**	**7**
1. 음악을 들을 때 즐거움을 얻는 것이 나에게는 중요하다.	1	2	3	4	5	6	7
2. 내가 좋아하는 음악은 행복하고 긍정적인 것이다.	1	2	3	4	5	6	7
3. 나는 대부분 나를 즐겁게 해 주는 음악을 좋아한다.	1	2	3	4	5	6	7
4. 나는 즐겁다면 단순한 음악조차도 즐길 수 있다.	1	2	3	4	5	6	7
5. 음악을 듣는 가장 중요한 목적은 즐거움이다.	1	2	3	4	5	6	7
6. 내가 좋은 시간을 갖는다면, 단순한 혹은 피상적으로 보이는 음악도 좋아한다.	1	2	3	4	5	6	7
유다이모닉 동기	**1**	**2**	**3**	**4**	**5**	**6**	**7**
1. 나는 세상을 보는 내 시각에 도전을 주는 음악을 좋아한다.	1	2	3	4	5	6	7
2. 내가 좋아하는 노래는 나를 생각하게 하는 것이다.	1	2	3	4	5	6	7
3. 나는 나를 더욱 반영적으로 만드는 음악을 좋아한다.	1	2	3	4	5	6	7
4. 나는 인간에게 의미를 맞춘 음악을 좋아한다.	1	2	3	4	5	6	7
5. 나는 삶에 의미를 찾는 것과 관련된 음악에 감동받는다.	1	2	3	4	5	6	7
6. 나는 깊이 있는 메시지를 주는 음악을 좋아한다.	1	2	3	4	5	6	7

(4) 음악적 자기개념 검사(MUsic Self-Concept Inquiry: MUSCI)

이 검사는 음악을 통해 자기개념의 인식 정도를 알아보는 것으로 2017년 피들러와 스피치거(Fiedler & Spychiger, 2017)이 개발한 검사이다. 총 49문항 10개의 하위영역으로 구성되어 있으며, 4점 척도로 '1=전혀 그렇지 않다'에서 '4=매우 그렇다'로 평정한다. 하위 영역은 사회적 측면 4문항, 음악적 능력 5문항, 감정조절 6문항, 신체적 측면(춤) 4문항, 이상적 5문항, 적응적 4문항(이 문항은 음악가 혹은 음악활동 중인 경우에만 응답), 의사소통 6문항, 능력과 열망 6문항, 감정 6문항, 종교 4문항으로 구성되어 있다. 이 중 '신체적 측면—춤'에서 '나는 몸을 움직이며 음악의 리듬에 반응한다.' '나는 열정적으로 춤추는 것을 좋아한다.' '춤은 나의 신체적 움직임에 대한 욕구를 만족시킨다.'와 같은 척도의 문항들은 우리나라의 청소년들에게 적용하기 위해서는 맥락이나 표현 등을 수정 · 보완할 필요가 있다(〈표 3-6〉 참조).

표 3-6 음악적 자기개념 척도(MUSCI)의 일부

1	2	3	4
전혀 그렇지 않다	그렇지 않다	보통이다	매우 그렇다

내용	평가			
기분조절(mood management)	1	2	3	4
1. 음악은 일상의 피로를 풀어 준다.	1	2	3	4
4. 나에게 음악은 기분조절의 특별한 원천이다.	1	2	3	4
21. 음악으로 나는 슬픔을 잊을 수 있다.	1	2	3	4
26. 음악은 나의 분노를 감소시켜 준다.	1	2	3	4
30. 나는 음악으로 이완할 수 있다.	1	2	3	4
24. 음악은 스트레스 대처에 도움이 된다.	1	2	3	4
사회(community)	1	2	3	4
3. 음악의 즐거움이 나에게 많은 의미를 준다.	1	2	3	4
24. 나는 음악으로 쉽게 사교활동을 한다.	1	2	3	4
36. 사람을 만나기 위해 음악행사에 간다.	1	2	3	4
38. 나에게 음악은 다른 사람들보다 공동체의 표현이다.	1	2	3	4
음악적 능력(musical ability)	1	2	3	4
5. 나는 노래를 잘할 수 있다.	1	2	3	4
8. 나의 음악적 능력은 평균 이상이다.	1	2	3	4

(5) 음악적 자기인식 검사(MUsical Self-Perception Inventory: MUSPI)

이 검사는 음악을 통해 자기인식의 정도를 알아보는 것으로 2016년 모린 등(Morin et al., 2016)이 개발하였다. 이 검사는 전반적인 음악적 능력에 대한 자아개념 측정뿐만 아니라 악기연주, 독보, 감상, 작곡, 가창, 음악에 따라 움직이기의 일곱 가지 하위 영역별로 측정할 수 있도록 구성되었다. 이 검사는 영역별 12문항씩 총 84문항으로 이루어져 있으며, 6점 척도로 '1=확실히 아니다'에서 '6=확실히 그렇다'로 평가한다(〈표 3-7〉 참조).

표 3-7 음악적 자기인식 검사(MUSPI)의 일부

다음은 음악적 자기인식을 측정하기 위한 질문입니다. 질문을 잘 읽은 후 해당되는 사항에 표시해 주세요. 한 문항에 하나의 응답을 해 주시기 바랍니다.

1	2	3	4	5	6
확실히 아니다	아니다	약간 아니다	약간 그렇다	그렇다	확실히 그렇다

내용	평가					
1. 나는 노래를 잘 부른다.	1	2	3	4	5	6
2. 나는 악기연주를 어려워한다.	1	2	3	4	5	6
3. 나는 내 또래에 비해 악보를 잘 읽을 수 있다.	1	2	3	4	5	6
4. 음악 만들기는 내가 도저히 할 수 없는 일이다.	1	2	3	4	5	6
5. 나는 음악을 듣고 그 특성을 파악하는 데 어려움이 없다.	1	2	3	4	5	6
6. 나는 음악에 맞춰 춤을 추는 것이 어렵다.	1	2	3	4	5	6
7. 나는 음악과 관련된 대부분의 활동을 아주 잘한다.	1	2	3	4	5	6
8. 나는 내 또래에 비해 노래를 잘 못 부른다.	1	2	3	4	5	6
9. 나는 악기를 연주하는 것에 자신이 있다.	1	2	3	4	5	6
10. 나는 악보 읽기를 잘했던 적이 없다.	1	2	3	4	5	6

2) 기타 평가도구

기타 평가도구들에서 소개하는 도구는 일반적으로 내담자의 심리적 속성을 알아보기 위해 종종 사용되는 검사도구이다. 몇 가지 도구를 소개하면 다음과 같다.

(1) 로젠버그 자아존중감 척도(Rosenberg Self-Esteem: RSE)

이 척도는 전반적인 자아존중감에 대한 일차원적인 측정을 위한 도구로 로젠버그(Rosenberg, 1965)가 개발하였다. 그는 자아존중감을 자신에 대한 부정적이거나 긍정적인 평가과 관련된 것으로 자신을 유능하고 가치 있는 존재로 보는 자신에 대한 평가로 정의하고 있다. 이 척도는 총 10문항으로 5문항은 긍정적 자아존중감을, 나머지 5문항은 부정적 자아존중감을 측정한다. 응답은 4점 척도로 '0=매우 동의하지 않는다'에서 '3=매우 동의한다'로 평가한다(〈표 3-8〉 참조).

표 3-8 로젠버그 자아존중감 척도(RSE)

다음 각 문항을 읽고 여러분의 생각과 가장 가까운 곳에 표시해 주세요.

0	1	2	3
매우 동의하지 않는다	동의하지 않는다	동의한다	매우 동의한다

문항	평가			
1. 나는 내가 적어도 다른 사람들과 같은 정도로 가치 있는 사람이라고 생각한다.	0	1	2	3
2. 나는 좋은 성품을 많이 가졌다고 생각한다.	0	1	2	3
3. 나는 대체로 내가 실패한 사람이라는 느낌을 갖는 편이다.*	0	1	2	3
4. 나는 대부분의 사람들만큼은 일을 잘 할 수 있다.	0	1	2	3
5. 나는 자랑할 것이 별로 없다.*	0	1	2	3
6. 나는 내 자신에 대하여 긍정적인 태도를 가지고 있다.	0	1	2	3
7. 나는 대체로 나 자신에 대하여 만족한다.	0	1	2	3
8. 나는 내가 내 자신을 좀 더 존경할 수 있으면 좋겠다.*	0	1	2	3
9. 나는 때때로 내가 쓸모없는 사람이라고 생각한다. *	0	1	2	3
10. 나는 때때로 내가 좋지 않는 사람이라고 생각한다.*	0	1	2	3

주: *3, 5, 8, 9, 10은 역수로 처리하여 계산한다.

(2) 아동 · 청소년 정서지능 진단 검사지(청소년용)

정서지능의 최초 개념은 살로비와 메이어(Salovey & Mayer, 1990)가 정의한 것으로 자신과 타인의 감정과 정서를 점검하고(monitor) 그것들의 차이를 변별하며(discriminate), 생각하고(thinking) 행동(action)하는 데 정서 정보를 이용할 줄 아는 능력을 말한다. 이를 바탕으로 문용린(1996, 1997)은 정서지능을 정서인식 능력, 정서표현 능력, 감정이입 능력, 정서조절 능력, 정서활용 능력 등 다섯 가지 영역에서의 능력으로 구분하였다. 정서인식 능력은 자신과 타인의 정서 상태를 정확히 알아차릴 수 있는 능력이며, 정서표현 능력은 상황에 맞게 타인이 이해할 수 있도록 자신의 감정을 나타낼 수 있는 능력이다. 감정이입 능력은 타인의 감정을 이해하고 자신의 내부에서 재경험해 보는 능력이며, 정서조절 능력은 자신의 부정적인 기분이나 감정을 긍정적인 상태로 변화시키고 긍정적인 기분을 유지하는 능력이다. 마지막 정서활용 능력은 과제수행이나 문제해결을 위한 감정이나 기분을 적극적으로 활용하는 능력이다. 이 척도는 총 47개 문항으로 구성되어 있으며, 3점 척도로 '0=그렇지 않다'에서 '2=항상 그렇다'로 평가한다(〈표 3-9〉 참조).

표 3-9 아동 · 청소년 정서지능 진단 검사지의 일부

다음 중 자신과 더 가깝다고 생각하는 것에 표시해 주세요.

0	1	2
그렇지 않다	가끔 그런 편이다	항상 그렇다

문항	평가		
1. 나는 내 기분이나 감정을 정확하게 알 수 있다.	2	1	0
2. 나는 내가 화가 났는지 짜증이 났는지 구별할 수 있다.	2	1	0
3. 나는 내가 슬픈지 부끄러운지 잘 구별할 수 있다.	2	1	0
4. 나는 내가 싫증이 났는지 불안한지 잘 구별할 수 있다.	2	1	0
5. 나는 내가 마음이 뿌듯한지 신나는지 잘 구별할 수 있다.	2	1	0
6. 나는 얼굴 표정만 보고도 그 사람이 화가 났는지 알 수 있다.	2	1	0

(3) 청소년 인터넷 중독 자가진단 척도

국내 표준화된 인터넷 중독 자가진단 척도는 2002년 정보통신부, 한국정보문화진흥원, 서울대학교 연구팀이 공동으로 개발하여 보급하였다(한국정보화진흥원, 2002). 총 40문항으로 구성된 이 척도를 기반으로 2007년 문항 수를 20문항으로 줄여 간략형 인터넷 중독 자가검사(KS 척도)가 개발되었고, 2009년, 2011년 수정을 거쳐 현재 15문항으로 축소하였다(〈표 3-10〉 참조).

표 3-10 **청소년 인터넷 중독 자가진단 척도의 일부**

각 문항을 읽고 귀하의 생각과 가장 가까운 칸에 표시해 주세요(일부).

1	2	3	4
전혀 그렇지 않다	그렇지 않다	그렇다	매우 그렇다

문항	평가			
1. 인터넷 사용으로 건강이 이전보다 나빠진 것 같다.	1	2	3	4
2. 오프라인에서보다 온라인에서 나를 인정해 주는 사람이 더 많다.	1	2	3	4
3. 인터넷을 하지 못하면 생활이 지루하고 재미가 없다.	1	2	3	4
4. 인터넷을 하다가 그만두면 또 하고 싶다.	1	2	3	4
5. 인터넷을 너무 사용해서 머리가 아프다.	1	2	3	4
6. 실제에서 보다 인터넷에서 만난 사람들을 더 잘 이해하게 된다.	1	2	3	4
7. 인터넷을 하지 못하면 안절부절못하고 초초해진다.	1	2	3	4

최근 2011년 인터넷 중독 관찰자 척도가 새로이 개발되어 연령과 대상에 적합한 인터넷 중독 진단검사군의 활발한 보완이 이루어지고 있다. 4점 척도로 '1=전혀 그렇지 않다'에서 '4=매우 그렇다'로 평가한다(〈표 3-11〉 참조).

표 3-11 **인터넷 중독 관찰자 척도의 일부**

각 문항을 읽고 귀하의 생각과 가장 가까운 칸에 표시해 주세요.

대상자: 연령 세	**성별**(남, 여)	**성명:**
관찰자: 대상자와의 관계	**연령:** 세	**성명:**

1	2	3	4
전혀 그렇지 않다	그렇지 않다	그렇다	매우 그렇다

문항	평가			
1. 인터넷 문제로 가족들과 자주 싸운다.	1	2	3	4
2. 평소와는 달리 인터넷을 할 때만 할 말을 다하고 자신감이 있어 보인다.	1	2	3	4
3. 인터넷에 빠진 이후로 폭력적(언어적 · 신체적)으로 변했다.	1	2	3	4
4. 하루에 4시간 이상 움직이지 않고 한곳에서 인터넷을 한다.	1	2	3	4
5. 식사나 휴식 없이 화장실도 가지 않고 인터넷을 한다.	1	2	3	4
6. 인터넷 사용으로 인해 주변 사람들의 시선이나 반응에 무관심하다.	1	2	3	4
7. 인터넷을 할 때 건드리면 화내거나 짜증을 낸다.	1	2	3	4

(4) 한국판 청소년용 삶의 만족도 검사(Korean Life Satisfaction Scale for Adolescence: KLSSA)

이 척도는 청소년의 삶의 만족도를 다차원적인 측면에서 측정하기 위해 히브너(Huebner, 1994)가 개발한 다차원 학생생활 만족도 척도(Multidimensional Student Life Satisfaction Scale: MSLSS)를 곽금주(1995)가 번안한 것이다. 내용은 자기 만족차원, 학교 만족차원, 주거환경 만족차원, 친구 만족차원, 가족 만족차원 총 5개의 하위요인으로 구성되어 있다. 총 33개 문항이며, 4점 척도로 '1=전혀 그렇지 않다'에서 '4=항상 그렇다'로 평가한다(〈표 3-12〉 참조).

표 3-12 한국판 청소년용 삶의 만족도 검사(KLSSA)의 일부

각 문항을 읽고 자신의 생각과 가장 일치하는 칸에 표시해 주세요.

1	2	3	4
전혀 그렇지 않다	그렇지 않다	그렇다	항상 그렇다

문항	평가			
1. 나는 잘 생겼다.	1	2	3	4
2. 나는 학교에 있는 것이 좋다.	1	2	3	4
3. 다른 집에서 살았으면 좋겠다.	1	2	3	4
4. 나는 우리 가족과 함께 있는 것이 기다려진다.	1	2	3	4
5. 나는 친구들과 사이가 좋지 않다.	1	2	3	4
6. 부모님과 나는 재미있는 일을 함께한다.	1	2	3	4
7. 나는 재미있는 사람이다.	1	2	3	4

(5) 외톨이 질문지

이 척도는 친구가 없이 혼자 지내는 청소년(외톨이)을 선별해 내기 위해 김은정(2001)이 개발하였다. 내용은 친구관계에서의 소외와 외로움, 사회적 유능감, 친구들과의 교류 부재 등 총 3개 요인으로 구성되어 있다. 총 16개 문항이며, 4점 척도로 '1=전혀 그렇지 않다'에서 '4=항상 그렇다'로 평가한다(〈표 3-13〉 참조).

표 3-13 외톨이 질문지의 일부

각 문항을 읽고 자신의 생각과 가장 일치하는 칸에 표시해 주세요.

1	2	3	4
전혀 그렇지 않다	그렇지 않다	그렇다	항상 그렇다

문항	평가			
1. 학교에서 혼자라고 느낀다	1	2	3	4
2. 소풍이나 체육대회를 걱정한다.	1	2	3	4
3. 체육시간, 단체활동에 아무도 나와 함께 하려 하지 않는다.	1	2	3	4
4. 나는 다른 아이들과 잘 지내지 못한다.	1	2	3	4

(6) 한국판 아동 · 청소년용 사회불안 척도(Korean Social Anxiety Scale for Children and Adolescents)

이 척도는 베이델 등(Beide et al., 1995)의 아동 사회공포증 및 불안 척도와 라그레카와 스톤(LaGreca & Stone, 1993)의 개정판 아동용 사회불안 척도를 번안한 내용을 기초로 문혜신과 오경자(2002)가 개발하였다. 내용은 수행불안, 부정적 평가에 대한 두려움, 회피행동 및 사고, 낯선 것에 대한 두려움, 비주장성 등 총 5개 요인으로 구성되어 있다. 총 40개 문항이며, 5점 척도로 '1=전혀 그렇지 않다'에서 '5=항상 그렇다'로 평가한다(〈표 3-14〉 참조).

표 3-14 한국판 아동 · 청소년용 사회불안 척도의 일부

각 문항을 읽고 자신의 생각과 가장 일치하는 칸에 표시해 주세요.

1	2	3	4	5
전혀 그렇지 않다	그렇지 않다	보통이다	그렇다	항상 그렇다

문항	평가				
1. 나는 학교 식당이나 매점과 같이 여러 명이 모인 곳에서 식사를 하는 것이 두렵다.	1	2	3	4	5
2. 여럿이 모인 자리에 가야 할 때면 땀이나거나 가슴이 쿵쿵뛴다.	1	2	3	4	5
3. 나는 여러 사람이 모이는 상황에서 두려운 생각이 든다.	1	2	3	4	5
4. 잘 모르는 아이들과 같이 있게 되면 겁이 난다.	1	2	3	4	5
5. 여러 사람이 모인 곳은 너무 두려워서 일찍 집에 가버린다.	1	2	3	4	5
6. 수업시간에 선생님이 질문하면 너무 긴장해서 대답을 잘 하지 못한다.	1	2	3	4	5

(7) 한국판 무망감 우울증상 척도(Korean Hopeless Depression Symptom Questionnaire: K-HDSQ)

이 척도는 메탈스키와 조이너(Metalsky & Joiner, 1997)가 개발한 무망감 우울증상 척도(Hopeless Depression Symptom Questionnaire: HDSQ)를 윤소미와 이영호(2004)가 우리말로 번안한 것이다. 내용은 동기적 결핍, 대인관계 의존성, 정신운동 지체, 무에너지, 냉담/무쾌락, 불면증, 집중곤란, 반추, 자살에 대한 생각 총 9개 영역으로 구성되어 있다. 0~3점 범위로 점수가 매겨지고 높은 점수일수록 증상의 심각도를 반영한다. 총 32개 문항으로 구성되어 있다(〈표 3-15〉 참조).

표 3-15 한국판 무망감 우울증상 척도(K-HDSQ)의 일부

각 문항을 읽고 자신의 생각과 가장 일치하는 칸에 표시해 주세요.

번호	점수	문항
1	0	내가 원하는 것을 얻으려고 계속 노력했다.
	1	몇몇 상황에선 내가 원하는 것을 얻으려고 계속 노력하지 않았다.
	2	대부분의 상황에서 내가 원하는 것을 얻으려고 계속 노력하지 않았다.
	3	모든 상황에서 내가 원하는 것을 얻으려고 계속 노력하지 않았다.
2	0	나는 원하는 것을 얻으려 할 때 소극적이지 않았다.
	1	몇몇 상황에서, 내가 원하는 것을 얻으려 할 때 소극적이었다.
	2	대부분의 상황에서 내가 원하는 것을 얻으려 할 때 소극적이었다.
	3	모든 상황에서 내가 원하는 것을 얻으려 할 때 소극적이었다.
3	0	나는 나에게 중요한 것을 얻으려고 노력했다.
	1	나는 나에게 중요한 것들의 일부를 얻으려는 노력을 포기했다.
	2	나는 나에게 중요한 대부분의 것들을 얻으려는 노력을 포기했다.
	3	나는 나에게 중요한 모든 것을 얻으려는 노력을 포기했다.

(8) 청소년의 스트레스 대처방안 측정도구

이 척도는 무스(Moos, 1993)가 개발한 청소년의 대처방안 측정도구(Coping Response Inventory- Youth Form A형)를 강영자와 이재연(1996)이 번안하여 사용하였다. 내용은 크게 적극적 대처방안, 회피적 대처방안으로 나누며, 적극적 대처방안에는 논리적 분석, 긍정적 재평가, 안내자/지지, 문제해결의 4요인으로 구분되며, 회피적 대처방안은 인지적 회피, 수용적 체념, 양자택일의 보상, 감정표출의 4요인으로

구성되었다. 문항은 4점 척도로 '1=전혀 그렇지 않다'에서 '4=항상 그렇다'로 평가한다(〈표 3-16〉 참조).

표 3-16 청소년의 스트레스 대처방안 측정도구의 일부

각 문항을 읽고 자신의 생각과 가장 일치하는 칸에 표시해 주세요.

1	2	3	4
전혀 그렇지 않다	그렇지 않다	그렇다	항상 그렇다

문항	평가			
1. 문제해결을 위해 여러 가지 방법을 생각했습니까?	1	2	3	4
2. 그 문제에 대해 가족과 대화를 했습니까?	1	2	3	4
3. 문제해결 방법을 결정하고 그대로 했습니까?	1	2	3	4
4. 전부 잊으려고 노력했습니까?	1	2	3	4

제4장

위기청소년과 음악치료

1. 위기청소년을 위한 음악치료 개요

> 17세인 L양은 오늘도 음악치료 선생님을 만나러 가는 중이다. 처음 학교에서 음악치료를 하라고 할 때는 내가 왜 그래야 하는지 이해할 수 없었다. "어… 이건 뭐지?" 오늘 그냥 내 마음대로 노래를 만들었을 뿐인데… 기분이 이상하다.

1) 목적

위기청소년을 위한 음악치료의 목적을 알아보기 위해서는 그들에게 보이는 정신건강 문제들을 이해하는 것이 필요하다(제1장 '2. 청소년의 정신건강과 주요 정신건강 문제' 참조). 위기청소년의 정서 및 행동 문제를 분류하면 내재화 장애와 외현화 장애로 구분할 수 있다. 내재화 장애에는 우울, 불안, 나아가 자살행동 등의 문제행동이 속하며, 외현화 장애에는 공격성, 주의력결핍 과잉행동장애(ADHD), 분노 등이 속한다(Kendall, 2012/2021). 이러한 정서 및 행동 문제는 학교 무단 결석과 학업 중단, 십대 초기에 부모가 되거나 약물 사용, 음주, 흡연, 비행, 폭력과 같은 부정적인 결과를 초래한다. 청소년 10명 중 1명은 경도 이상의 자살 위험성(16.4%)을 보여 준다고 보고된다(최정원 외, 2021).

청소년의 정신건강 문제를 완화시키기 위해서는 보호요인들을 강화하는 것도 중요한 치료목적이 될 수 있다. 청소년의 경우 일관성 있게 증상이 완화되는 보호요인으로는 자아존중감, 부모 및 보호자의 긍정적 양육태도, 평소 양호한 건강상태와 건강행태, 나이 등이 있다. 이 가운데 특히 자아존중감은 ADHD의 경우를 제외한 여타 정신건강 문제에서 가장 큰 표준화 계수를 일관되게 보여 줘 정신건강 문제를 개선하는 데 있어 가장 중요한 보호요인으로 작용한다(최정원 외, 2021).

음악은 대부분의 청소년의 삶에서 중요한 역할을 한다(Mcferran, 2020). 음악치료사를 대상으로 설문조사를 한 결과, 청소년 대상에게 가장 많이 적용하고 있는 효과적인 치료목적은 의사소통기술 향상, 사회성 향상, 정서기술 향상으로 나타났다(권수지, 황은영, 2017). 또한 청소년들을 대상으로 그룹음악치료의 효과 분석을 한 메타분석에 따르면, 공격성, 집중력, 문제행동 등의 행동 변인을 위한 중재의 효과크기가 크다는 것을 알 수 있다(황은영, 2012). 또한 권용주와 강경선(2020)에 따르면, 랩을 활용한 음악치료 중재는 청소년들의 고민과 가치관 등 심리적·정서 지원에 필요한 부분을 탐구하는 좋은 치료도구가 된다는 것을 시사한다. 청소년들이 만든 75개의 곡 가사를 로버츠와 맥페란(Roberts & McFerran, 2013)은 주제를 '자아' '관계 역동' '긍정적/부정적 감정' '기타'로 분류하였으며, '기타'는 담배, 술, 다이어트가 포함되었다. 또한 가장 큰 비중을 차지하고 있는 코드는 '내가 보는 주변 상황들' '긍정적 미래상' '가치 태도' '이성에 대한 감정' '내가 보는 나' '타인에 대한 인식' '신체적 열등의식' 등으로 도출되었다.

청소년뿐만 아니라 음악치료 프로그램은 위기청소년을 위해서도 효과적인 중재가 될 수 있다. 학교 밖 청소년을 대상으로 음악치료를 하는 기관에서는 음악치료의 목적 중 '우울 및 불안 감소'를 가장 효과적인 중재로 보고하였으며, 이후 '긍정적 정서 경험' '대인관계기술 향상'에 효과적인 중재로 기대한다고 하였다(이승지, 황은영, 2022). 그리고 청소년쉼터에 입소한 가출청소년을 대상으로 한 연구 결과에 따르면, 음악활동이 자기효능감 향상에 긍정적인 영향을 미친다고 보고하였으며(김선미, 2005), 드럼 연주가 청소년들의 학교폭력 예방 프로그램에서 공격성에 유의한 결과가 있으며, 질적 데이터를 통해 자존감, 감정 표현, 공감 및 적극적인 경청기술의 향상에도 도움이 되었음을 밝히고 있다(Suh, 2023).

(1) 신체 증상 완화

신체 증상 장애(somatic symptom disorder)는 전형적으로 여러 가지 신체 증상을 호소하고 고통스러워하며 이로 인해 일상생활에 중대한 지장을 초래하는데, 가장 흔하게 호소하는 증상은 통증이다(APA, 2013/2015). 치료실에 오는 위기청소년들 중에는 통증을 호소하여 각종 검사를 진행하지만 의학적으로는 이상 없는 경우가 종종 있다. 음악감상은 이러한 위기청소년들의 부교감 신경을 자극시켜 신체를 편안하고 안정된 상태로 유도할 수 있다. 느리고 멜로디 중심이며 조성의 변화가 거의 없고 관계조(related key)의 자연스러운 변화, 또한 음역의 폭이 좁고 멜로디가 단조로우며 반복적이고 예측할 수 있는 구조가 있는 음악이 도움이 된다.

우(Wu, 2017)은 대학생 27명을 대상으로 신체 증상 장애를 예방하기 위한 연구를 수행하였는데, 연구 결과 음악치료 그룹에 배정된 학생들이 신체적인 이완을 경험하며 통증 강도가 낮아졌으며 이러한 이유로 음악치료가 학업 중인 학생들에게 좋은 중재방법이라고 하였다. 이러한 신체적인 증상을 호소하는 위기청소년의 경우 신체적 불편함으로 인해 치료과정에 지속적으로 참여하는 것을 어려워할 수 있기 때문에 참여에 대한 동기부여가 될 수 있도록 치료사와 보호자의 관심이 더욱 필요하다.

(2) 우울 감소

위기청소년들은 여러 이유로 우울을 경험한다(우울증상은 제1장 '2. 청소년의 정신건강과 주요 정신건강 문제' 참조). 청소년의 5명 중 1명은 성인이 되기 전 최소 한 번의 우울삽화를 경험할 것이라고 하며, 여자 청소년의 약 8%, 남자 청소년의 약 3%가 심각한 우울삽화를 경험할 것이라고 한다(Brent et al., 2011/2022). 우울의 원인으로는 산전에 독소나 소아 · 청소년기의 니코틴, 알코올, 음주나 흡연 같은 중독성 물질 사용이 될 수 있으며, 성장기 때 부모의 상실, 이혼, 신체적 · 정서적인 학대 등이 위험인자로 작용한다(이문수, 2010). 2,351명의 청소년들을 3년간 반복 측정한 패널데이터에 따르면, 청소년의 우울 변화에 가장 큰 영향을 미치는 요인은 부모의 양육행동이라고 한다(성준모, 2016). 즉, 학대적 양육행동이나 부모의 방임적 양육행동이 늘어나면 청소년의 우울도 유의미하게 증가된다.

우울 감소를 위해 약물치료와 심리치료 접근을 함께 진행하는 것을 권고하고 있으며 음악치료가 심리치료 접근의 한 영역으로 적용될 수 있다(Cheung et al., 2018).

적극적 · 수용적인 음악경험은 우울 감소에 도움이 될 수 있는데(Belski et al., 2022) 두 가지 측면에서 효과적이라고 할 수 있다. 첫째, 음악이 청소년의 정체성 강화와 발달을 지원하고 자신감을 증진하며 부모로부터의 분리를 지원할 수 있기 때문에 청소년기 발달과업에 대처하는 데 도움이 된다. 둘째, 음악은 즐거움과 관련이 있으며, 정서의 표현과 조절을 지원할 수 있기 때문에 우울 감소에 도움이 된다(Laiho, 2004). 이러한 이유에 대해 신경과학자들은 음악은 정서 처리와 조절에 관여하는 신경학적 구조를 활성화할 수 있기 때문이며 따라서 우울증 치료에서 음악의 잠재력을 특히 높게 평가하고 있다(Koelsch et al., 2010).

한편, 우울 감소를 위한 음악치료에서는 수용적 방법(음악 듣기)뿐만 아니라 적극적인 참여(active doing)도 도움이 된다. 음악치료를 통해 의미 있고 즐거운 경험을 하며 상호작용을 촉진하고 신체활동을 증진시켜 나갈 수 있다. 흥미나 의욕의 상실, 동기 부족, 기분 저하, 그리고 가족이나 친구로부터의 철퇴(withdrawal)와 같은 우울 증상에 도움이 된다(Maratos et al., 2011). 우울 감소를 목적으로 하는 음악치료 중재방법에 대한 연구들을 살펴보면 다음과 같다. 게이퍼 등(Geiper et al., 2022)은 우울증을 가진 9명의 청소년을 대상으로 우울 감소, 정서조절 향상, 건강 관련 삶의 질 향상을 목적으로 12회의 음악치료 세션을 진행한 결과, 우울 증상이 감소하고 힘든 정서에 긍정적으로 대처하며 삶의 질이 향상되었다고 보고하는데, 이때 적용한 치료적 목적과 중재는 〈표 4-1〉과 같다.[1]

표 4-1 우울 감소를 위한 치료중재와 목적의 예시

모듈	목적	중재
모듈 1. 감각적 모듈(1~2)	• 소개 • 관계 형성 • 마음 · 신체 이완	• 기대와 바람 탐색 • 악기 탐색 • 마음챙김 감상
모듈 2. 정서조절 모듈(3~6)	• 인식 강화, 지각 · 표현 · 정서의 이해, 기분과 자신에 대한 영향 • 감정의 경험 • 정서 · 기분 변형 • 정서적인 말과 사건 다루기	• 내담자 선호 음악 수용적 감상 • 정서 · 기분 · 감정에 대한 관련적 즉흥연주[1] • 치료적 송라이팅/노래 연주 • 음악목록 만들기

1) 관련적 즉흥연주는 특정 주제, 사건, 대상 등과 관련하여 기분이나 생각 등을 다양한 악기로 즉흥적으로 연주하는 것이다.

모듈 3. 상호작용 조절 모듈 (7~10) (11~12)	• 자기 스스로 필요에 대한 지각 향상 • 사회적 역할 탐색 • 다양한 행동과 그 행동에 대한 자신에게 미치는 영향 탐색 • 자긍심 향상 • 성취에 대한 안정화	• 비관련적 즉흥연주 • 음악역할놀이 • 창작한 노래 혹은 연주한 노래 녹음 • 치료 평가

출처: Geipel et al. (2022), p. 4.

한편, 김현정(2021)은 청소년과 우울 관련 국내 연구 22편을 분석한 결과 우울 감소 목적을 위해 재창조 연주 기법이 주로 사용되었다고 하며, 김정은(2003)은 학교 부적응 청소년의 감정표현, 효과적인 의사소통, 감정표현에 타악기 연주와 노래 만들기 활동이 효과적이라고 한다.

다음은 우울 감소를 목적으로 진행한 활동의 예시이다. 사용했던 노래는 '우쿨렐레 피크닉'의 〈몸에 좋은 생각〉인데, 이 곡은 경쾌한 멜로디와 긍정적인 가사로 기분을 변화시킬 수 있기 때문에 선곡하였다. 위기청소년 내담자는 이러한 가사를 자신의 상황에 맞게 송라이팅하는 과정을 통해 인지를 재구조화하는 경험을 할 수 있다. 즉, 내담자의 임의적 추론, 선택적 추상화, 과도한 일반화, 흑백논리적 사고 등의 인지적 오류[2)]를 노래 토의와 송라이팅으로 탐색하고 재구조화할 수 있도록 하였다([그림 4-1] 참조).

2) 백(Beck)의 인지적 오류에는 다음과 같은 것들이 있다. 임의적 추론은 어떤 결론을 지지하는 증거가 없거나 증거가 결론에 맞지 않음에도 같은 결론을 내린다. 예를 들어, 친구에게 문자를 보냈는데 답이 없는 경우 나를 싫어해서 그렇다고 생각하는 경우이다. 선택적 추상화는 과학 시험을 잘 본 내담자가 영어 시험을 못 볼 경우 전체 시험을 망쳤다고 생각하는 경우이다. 과잉일반화는 한두 가지의 고립된 사건에 근거해서 일반적인 결론을 내리는 경우이며, 흑백논리적 사고는 '모 아니면 도'라는 극단적인 두 가지의 상황만 있다고 생각하는 경우라고 할 수 있다.

〈몸에 좋은 생각〉

(작사 홍영구, 작곡 이병훈 · 홍영구, 노래 우쿨렐레 피크닉)

기분 좋은 상상을 하면 어떨까
모두가 날 좋아한다고
몸에 좋은 생각을 하면 어떨까
보기보다 난 괜찮다고

반복되는 엄마의 잔소린
멋진 생활의 지혜
놀러 나갈 교통비가 없는 건
방청소 하라는 계시

기분 좋은 상상을 하면 어떨까
모두가 날 좋아한다고
몸에 좋은 생각을 하면 어떨까
보기보다 난 괜찮다고

그림 4-1 우울 감소를 목적으로 진행한 노래 가사 예시

(3) 불안 감소

청소년은 신체, 인지, 정서 등 다양한 측면에서 급격히 일어나는 변화로 인해 불안을 경험할 수 있다. 즉, 청소년기에는 행동적 · 신체적 · 인지적 및 정서적 요소들로 이루어진 다차원적 구조로 불안을 경험한다. 불안을 겪는 청소년들은 자율신경계의 활성화, 발한, 홍조, 확산적 복통, 나아가 위장관의 떨림에 이르는 고통을 호소한다(Kendall, 2012/2021). 퀵(Kwok, 2019)은 106명의 청소년들에게 긍정심리학과 음악치료의 중재를 한 결과 희망 점수, 정서적 능력, 주관적 행복이 크게 증가했으며 불안 증상이 크게 감소하여 음악치료가 청소년의 불안장애 관리에 있어 직접적이고 중요한 연관성을 보여 준다고 한다(Ashwin, 2023).

음악치료에서 불안 감소를 목적으로 적용할 수 있는 음악치료방법은 호흡과 음악 명상, GIM 심상음악치료, 만다라 그리기 등의 작업이 있다. 먼저, 호흡과 음악 명상의 경우 눈을 감고 조용히 자신의 호흡에 집중하는 것으로 일상에서 쉽게 적용할 수

있다는 장점이 있다. 치료 초반에는 치료사의 안내로 연습을 하게 되지만 위기청소년 스스로 일상의 불안한 상황에서 할 수 있도록 연습하여 익숙할 수 있도록 하는 것이 필요하다. GIM 심상음악치료(Guided Music and Imagery: GIM)은 전문 음악치료사와 함께 진행하며 프로그램화된 음악을 들으며 심상을 떠올리고 이후 경험한 것들을 만다라 등으로 표현하는 방법이다. 이때 편안한 것을 떠올리며 불안을 감소시킬 수도 있지만, 좀 더 적극적인 방법으로 자신을 불안하게 하는 것들을 탐색할 수도 있다. 따라서 전문 음악치료사의 안내로 안전한 상황에서 진행하는 것이 필요하다.

[그림 4-2]는 일상에서 쉽게 적용할 수 있는 호흡법의 예시이다.

호흡법을 하는 동안 치료사는 언어적인 가이드를 준 뒤, 피아노 혹은 톤차임으로 오스티나토를 제공한다.

'하나' 할 때 숨을 들이마신다. 숨이 가득 찬 상태에서 호흡을 멈춘다.
'둘' 할 때 숨을 내쉰다.
'셋' 할 때 숨을 천천히 깊게 들이마신다. 숨이 가득 찬 상태에서 호흡을 멈춘다.
'넷' 할 때 숨을 조금씩 길게 내쉰다.

하나부터 넷까지 세면서 숨을 들이마시고 내뱉는 동작을 반복한다.
응용: 숨을 내쉴 때 '아~' 같이 소리를 내본다.

그림 4-2 **4박자 호흡하기**

(4) 자살 및 자해충동 완화

아동 · 청소년의 사망 원인 1위를 차지하고 있는 자살은 개인의 정신건강과 사회적 요인이 합쳐져서 발생한다. 2009년 인구 10만 명당 2.6명으로 증가한 이후 지속적인 감소 추세를 보였던 자살률은 2018년부터 다시 증가 추세이며, 2021년에는 인구 10만 명당 2.7명으로 조사되었다(통계청, 2022)(자살 및 자해에 대한 내용은 제1장 '2. 청소년의 정신건강과 주요 정신건강 문제' 참조).

김민애(2009)는 인지행동적 음악치료가 여중생의 자살생각에 긍정적인 영향을 끼치며, 청소년 자살시도나 자살충동을 감소시키는 데 음악치료가 효과적임을 밝히고 있다. 이인용(2006)은 노래심리치료(Song Psychotherapy), MI(Music Imagery), 역할 악기 즉흥연주(Role Play Instrumental Improvisation)로 구성된 음악심리치료 프로그램이 자살충동 예방에 효과적으로 적용될 수 있다고 하였으며, 최연식(2022)도 청소년의 자살 예방을 위해서 음악치료의 필요성을 언급하고 있다.

로저스(Rogers)는 내담자가 어떤 이야기를 하더라도 무조건적이고 긍정적이며 수용적이고 일관적인 치료사의 태도의 중요성에 대해 언급하고 있다(이미나 외, 2023). 즉, 치료사는 진실성을 가지고 공감적인 이해를 해 주며 위기청소년이 요즘 들어 자살에 대한 생각이 얼마나 자주 떠오르는지와 이유나 방법 등을 다각적으로 살펴보는 것이 필요하다.

자살 및 자해충동 완화를 위한 음악치료목적을 위해 내담자의 리듬이나 멜로디를 모방하기 기법, 같은 멜로디나 리듬을 동시에 연주하는 함께 따라가기 기법이 있으며, 기분이나 태도, 느낌을 음악적으로 내는 것을 반영하기 기법, 음악적 모티브를 채택하면서 공감하는 기법이 있다(Bruscia, 1998/2006). 또한 내담자와 함께 즉흥노래 부르기 과정을 통해 자신의 삶을 돌아보고 음악으로 표현해 볼 수 있게 하는 방법도 자살 및 자해충동 완화에 도움이 될 수 있다.

(5) 스트레스 감소

청소년은 여러 가지 원인으로 인해 스트레스를 경험한다. 2차 성징을 겪으면서 오는 신체적 스트레스부터 정서적·심리적인 불안정, 가정, 학교 등 외부 환경적 요인에 의한 스트레스까지 다양하다. 정신건강을 측정하기 위한 지표 중 하나인 스트레스 인지율은 일상생활에서 얼마나 스트레스를 받고 있는지를 보여 주는 지표이다. 청소년들은 여러 가지 원인으로 스트레스 인지율이 2018년 이후 계속해서 40% 전후로 보여지고 있다(통계청, 2022; 스트레스 관련 자세한 내용은 제1장의 '2. 청소년의 정신건강과 주요 정신건강 문제' 참조).

스트레스는 일상에서 만나는 모든 자극을 말하는데 스트레스를 받으면 우리 몸은 '투쟁-도피 반응(fight or flight response)'[3]이 나타나게 된다(Hipp, 2008/2023). 음악은 자율신경계에 영향을 주어 청소년의 스트레스로 인한 신체와 정서에 변화를 줄 수 있다. 즉, 수용적 방법의 음악감상은 신체를 이완시켜 편안하게 해 주며, 이렇게 이

3) 투쟁-도피 반응은 스트레스 상황에서 교감신경계가 활성화될 때 나타나는 것으로 위급한 상황에 맞서 투쟁할 것인지 또는 도피할 것인지를 결정한 뒤 결정을 이행하기 위한 준비과정이라 할 수 있다.

완된 상태에서는 더욱 자신을 유연하게 탐색할 수 있으며 안정감을 주어 정서를 변화시키고 분노를 조절하도록 돕는다(권소현, 2013; 김현영, 2014). 이때 음악은 느리고 일정한 리듬의 음악이 효과적이다(Thaut & Hoembery, 2014). 또한 음악치료사의 중재 역시 스트레스 감소에 효과적이라고 한다(de Witte et al., 2022). 위기청소년의 스트레스 감소를 위한 음악치료 중재방법으로는 혼합된 방식으로 진행되나 수용적인 감상 기법이 가장 많이 활용되고 있다(곽예빈, 2023). 능동적인 방법으로는 다양한 악기를 통한 즉흥연주활동이 자기통제력을 향상시켜 스트레스 감소에 도움이 될 수 있다(임연희, 2012).

2) 방법

음악치료방법에는 음악감상 중재와 같은 수용적인 방법이 있고 노래 부르기, 악기 연주, 창작 활동처럼 능동적인 방법이 있다. 음악치료사의 설문 결과, 청소년 대상에게 가장 많이 적용하고 있는 효과적인 치료목적과 중재방법을 분석한 결과, '의사소통기술 향상'을 위해서는 음악감상, 노래 부르기, 즉흥연주를 적용하고 '사회성 향상'을 위해서는 기악 재창조, 음악적 재생을 적용하며, '정서기술 향상'을 위해서는 음악감상, 노래 개사, 노래 부르기를 적용한다고 보고된다(권수지, 황은영, 2017).

또한 청소년들을 대상으로 그룹음악치료의 효과 분석 메타분석에 따르면, 한 가지 활동보다는 여러 가지 활동을 함께 한 경우 가장 큰 효과크기를 보였다(황은영, 2012). 음악치료에 실제로 참여한 청소년들은 "음악감상이 편안해서 좋아요. 마음이 편해져요." "북으로는 소리를 크게 낼 수 있잖아요. 스트레스가 많이 풀렸어요." "음악을 만들 수 있고 내 마음대로 표현할 있어 좋아요."라고 긍정적인 반응을 보였다(최주희, 남현우, 2017).

(1) 음악감상

① 일반적인 음악감상

위기청소년을 위한 음악감상 경험은 호흡법, 긴장 이완뿐만 아니라 자신의 감정을 탐색하고 성찰에 이를 수 있도록 돕는다. 음악은 심장, 호흡, 맥박 등 자율신경에 영향을 줄 수 있기 때문에 위기청소년의 긴장 이완을 위해서는 느린 템포, 셈여림의 변화가 적고 안정된 박(pulse), 단조로운 멜로디 선율, 대부분의 음이 레가토(legato) 되어 부드럽게 이어지고, 악기의 경우 타악기군과 금관악기가 배제된 음악을 사용한다. 이완된 음악을 들으면 호흡, 혈압, 심장박동 등의 신체에 영향을 주어 이완을 가져오게 하고 두려움, 불안과 스트레스를 안정화하는 데 도움을 준다(Groke & Wigram, 2007/2011).

수용적인 방법으로 음악감상은 무기력하고 위축되어 아무것도 하지 않으려고 하는 위기청소년에게 주로 적용할 수 있다. 황은영 등(2019)에 따르면, 사고와 감정을 불러일으키는 감정적 언어인 음악은 내담자의 감정을 표현하게 하고 자아 인식을 증진할 수 있도록 돕는다. 청소년에게 음악감상을 통해 기억, 연상, 이완 같은 내현적 반응과 고개를 끄덕이는 것 같은 외현적 반응을 일으킨다는 것이다. 이러한 반응을 이끌어 내기 위해서는 위기청소년과의 라포 형성이 우선되어야 할 것이며, 가요, 팝송, 클래식 등 내담자가 선호하는 장르의 음악을 선곡해야 한다. 심리치료 환경에서 내담자에게 넓은 선곡의 폭을 주는 것은 매우 중요한데, 음악을 선택한다는 것은 선택에 대한 통제권이 주어졌음을 의미한다(정현주, 김동민, 2010). 음악에 온전히 집중하여 감상을 하고, 가사가 있는 곡의 경우에는 내담자에게 특히 더 와 닿는 단어들을 중심으로 이야기를 나누고, 토의를 통해 내담자의 감정이나 생각들을 나눌 수 있다. 토의를 위한 음악감상의 과정은 [그림 4-3]과 같다.

소요시간: 15분
- 편안한 자세를 취하며 의자에 앉거나 매트에 눕는다.
- 조명의 밝기를 낮추고 주변 소음으로 방해되지 않는 환경을 만든다.
- 치료사가 음악을 들려주고 내담자는 편안하게 감상한다.
- 음악 리스트 예시: 〈내가 니 편이 되어줄게〉(커피소년), 〈위로〉(어반자카파)
- 감상 후 소감을 나눠 본다.
- 가사 토의를 한다.

그림 4-3 토의를 위한 음악감상의 과정

② GIM 심상음악치료

GIM 심상음악치료(Guided Imagery and Music: GIM)는 자기자각과 이해를 증가시키는 데 목적을 둔 인본주의적 · 초개인적인 심리학에 기초를 두고 있다. 음악의 기능은 심상 경험을 촉진하고 구조화하여 치료사의 음악 선곡은 치료환경에 핵심적인 역할을 한다. 치료사는 지지와 격려, 공감을 해야 하며, 치료과정을 통해 내담자가 향상될 수 있는 치료적 구조를 제공해야 한다(Darrow, 2004/2006).

GIM 심상음악치료는 준비 대화, 이완과 유도, 음악과 심상, 사후 통합의 과정으로 진행된다. 내담자는 매트 위에 눕거나 최대한 편안한 자세를 취한 후 준비된 음악을 감상하며 떠오르는 심상들을 느낀다. 음악이 가이드가 되어 몰입의 경험을 하게 된 후 내담자는 경험되는 심상을 이야기한다. 치료사는 심상에 대한 어떠한 해석을 제시하지 않지만 명료화, 언어적 격려, 공감적 진술을 통해 내담자와의 접촉을 유지하는 과정을 갖는다. 사후 통합 과정에서는 만다라 그림을 그리게 하거나 언어적으로 자료를 통합하고 약간의 인지적 작업을 하기도 한다. 혹은 즉흥연주나 동작으로 표현하기도 한다(Darrow, 2004/2006; 〈표 4-2〉, [그림 4-4] 참조).

표 4-2 GIM 심상음악치료의 과정과 내용

과정	내용
준비 대화 (prelude)	• 치료과적에 내담자와 관련된 사건, 느낌, 이슈를 조사하고 확인하는 과정 • 언어적 토론, 만다라, 즉흥연주 등이 사용됨 • 내담자의 경험을 치료사에게 알려 주어야 함
이완과 유도 (induction)	• 이완 방법을 통해서 무의식으로 변화시키는 과정 • 언어를 사용하며 음악은 사용하지 않음 • prelude에 나타난 이슈에 초점을 맞추어 적절하게 선곡함
음악과 심상 (music imaging)	• 내담자는 여행을 시작함 • 음악에 따른 이미지를 상상하고 경험한 것을 치료사에게 보고 • 이때 이미지는 시각, 느낌, 기억, 환상, 은유, 상징 등으로 나타남
사후통합 (postlude)	• 무의식에서 현실세계로 돌아옴 • 경험을 반영하고 의미있는 것을 탐구 • 경험한 것을 만다라로 그리거나 즉흥연주를 할 수 있음 • 주요 이미지를 통해 얻은 것이 무엇인가에 대해 탐구

검은 나비가 한 마리가 있고 파란 나비들이 따돌리며 놀지 않음. 무지개가 생겨 검은 나비를 감싸고 나비가 무지개로 변신하여 파란 나비들과 어울리고 있음

L(15세, 남)은 2년 전 친구들에게 따돌림을 당한 경험이 있으며, 친구관계에서 어려움을 겪은 적이 있으나, 지금은 친구들과 잘 지내며 관계 문제가 해결된 상태임

그림 4-4 GIM 심상음악치료를 통한 청소년 만다라의 예

(2) 노래심리치료

① 성악심리치료

노래심리치료의 방법 중 성악심리치료(vocal improvisation)는 목소리를 사용하여 치료하는 것이다. 성악심리치료에서는 억압된 감정과 본능적 욕구를 그대로 목소리로 반영하게 하여 참자기(true self)를 찾는 것에 역점을 둔다. 음악환경 내에서 주 양육자의 역할을 재경험해 보기도 한다(정현주, 김동민, 2010). 그러나 대부분의 사람은 성장과정에서 정서적 욕구가 평가되거나 무시될 때 자신의 목소리로 적극적으로 표현하는 것을 두려워하며 숨기려고 한다. 따라서 진실된 자아를 찾을 수 있도록 하기 위해서는 안전한 환경을 제공하는 것이 중요하다.

음악은 위기청소년들이 자신의 목소리를 낼 수 있는 안전한 환경을 제공할 수 있다. 음악은 내담자에게 맞는 음악적 요소를 반영하면서 심리적으로 안정감을 느끼게 할 수 있으며 치료사의 부드러운 목소리를 통해서도 내담자와 심리적 거리를 가까이 하면서 심리적 문제해결을 위한 자원을 제공할 수 있다. 이러한 목소리를 적용한 성악심리치료에 대해 오스틴(Austin, 2008/2012)은 개인의 목소리를 체계적이며 단계적으로 사용하여 내담자의 마음과 정신적 성장을 촉진하는 것이라고 한다. 주로 사용하는 기법은 다음과 같다. 첫째, 목소리 즉흥(vocal improvisation)으로, 즉흥연주처럼 목소리를 사용하여 내담자가 지금-여기(here-and-now)의 경험을 강조하며 목소리를 내는 것이다. 둘째, 보컬홀딩기법(vocal holding technique)으로, 자기와 타인 간의 감정적인 접촉을 촉진하고 관계를 형성시키기 위해 사용된다. 일반적으로 두 가지 화성을 사용하여 내담자의 즉각적인 자기표현을 허용하는 안전한 음악적 수용 경험을 제공하기 위한 것이다. 이때 치료사는 위니콧(Winnicott)이 말하는 '충분히 좋은(good enough) 엄마' 역할을 충분히 하여 청소년 내담자가 지지적인 양육환경 내에서 자유롭게 충분히 표현할 수 있도록 돕는다(정현주, 김동민, 2010). 셋째, 자유연상가창(free associative singing)으로, 내담자가 치료적 환경에서 자신의 내면의 연상에 따라 노래를 만드는 것이다. [그림 4-5]는 위기청소년과 함께하는 보컬홀딩기법의 예시이다.

두 개의 화음을 선택한다(예: Aminor7과 Fmajor7).

- **지지하기**(holding): 치료사와 내담자는 유니송을 부른다.
- **화음 만들기**(harmonizing): 분리되는 경험을 한다.
- **반사하기**(mirroring): 내담자가 선율을 노래한 후 치료사가 내담자의 선율을 그대로 반복하여 들려줄 때 일어난다.
- **그라운딩**(grounding): 내담자가 즉흥연주할 수 있도록 코드의 으뜸화음이나 근음을 노래하는 것으로 치료사가 기반을 제공할 때 일어난다.

그림 4-5 보컬홀딩기법의 예시

② 노래 부르기

노래 부르기 방법은 즉흥적으로 부르는 노래와 기존의 곡을 노래하는 방법으로 적용될 수 있다. 먼저, 즉흥적으로 노래 부르기에서는 내담자가 자신의 삶을 가사로 만들어 부를 수도 있다. 이때 과거의 경험들이 즉흥노래의 주제가 될 수도 있지만, 이뿐만 아니라 현재 자신의 관점에서 과거의 경험들을 재구현하거나 해석하여 부를 수도 있다. 즉, 멜로디, 가사 등으로 과거 경험에 대한 현재의 느낌, 기분, 생각 등을 노래로 부를 수 있다. 이때 의미 있는 단어나 구절로 발전시키기도 하는데, 치료사는 질문-답(call & response)이나 대화(dialogue) 형식으로 내담자의 표현을 촉진하기도 하며 또한 혼자 노래할 수 있는 기회를 제공하기도 한다(정현주 외, 2006).

한편, 기존의 노래를 사용하거나 치료사가 창작한 곡을 직접 부르는 노래 부르기도 있다. 이때 노래는 내담자와 관련된 가사의 노래를 선택하여 표현의 기회를 주고 기쁨을 나누고 표현할 수 있도록 하는 등 일상생활에서의 실제를 보여 주는 곡으로 선곡한다(정현주 외, 2006). 위기청소년에게 자신의 목소리로 노래를 부른다는 것은 자신을 직접 보여 주어야 한다는 것처럼 느껴지기 때문에 부담스러울 수 있는 중재 방법이다. 따라서 치료사는 안전한 환경을 제공하는 것이 필요하며 이를 위해 노래를 강요하기보다는 먼저 천천히 치료사와 함께 노래 부르기, 그리고 이후 혼자 노래 부르기 등 여유를 갖고 적용하며 자신의 내면을 표현할 수 있도록 도와야 할 것이다. [그림 4-6]은 위기청소년과 함께하는 노래 부르기의 예시이다.

소요시간: 15분

- 내담자의 선호도를 고려한 곡을 선택한다[예: 〈친구〉(노래 담소네공방)].
- 가사를 보여 주며 치료사가 노래를 불러준다.
- 내담자와 함께 부른다.
- 가사 중 마음에 들었던 부분에 대해 나눠 본다(마음에 든 가사에 밑줄 긋기, 형광펜 색칠하기 등 표시).

"오랜만에 만나서
아무 말 하지 않아도
친구라는 이름은
나를 가득하게 만들어"

- 가사에 집중하며 노래를 한 번 더 불러본다.

그림 4-6 노래 부르기의 예시

(3) 악기연주

① 재창조 연주

재창조 연주는 기존 노래나 음악을 다양한 방법으로 새롭게 연주해 보는 활동을 의미한다. 오케스트라처럼 다양한 리듬악기를 이용하여 합주해 봄으로써 음악적인 경험을 하게 된다. 음악교육을 받지 않아도 청소년들은 색깔 악보 등으로 쉽게 재창조 연주에 참여할 수 있다. 또한 멜로디를 완성해 나가는 과정을 통해 성취감을 경험할 수 있다. 악기연주 활동은 긍정적 정서를 증가시키고, 스트레스 감소와 부정적인 정서가 줄어들도록 돕는다. 즉, 악기연주를 통해 '배출 기능'을 함으로써 억눌린 정서를 쏟아내고 이를 통해 긍정적인 경험을 도울 수 있다(Meyberg, 1989). 또한 구조화된 음악활동 안에서 이루어지는 성공적인 연주 경험은 위기청소년 자신의 가능성을 확인하고 자신감을 향상시킨다. 비경쟁적이고 안전한 환경이 되는 음악활동은 성취감을 경험하게 해 주고 강점을 극대화시키며 건강한 자아상을 갖게 한다(Kaser, 1993).

여러 명과 함께 연주하는 합주 경험은 청소년들에게 자연스럽게 사회규칙을 배울 수 있는 기회가 되며 배려와 타협이 필요한 대인관계기술 향상에 긍정적인 도움이 된다(장문정 외, 2012). 청소년들은 자신이 맡은 악기를 책임감 있게 연주하고 전체적인 조화를 위해 악기 강도를 스스로 조절하여 그룹원들과 앙상블을 이루게 된다. 이러한 과정은 타인과 조화를 이루는 경험을 통하여 협동심, 책임감에 긍정적인 영향을 주는 것으로 나타났다(김성희, 2002; 정태미, 2010; 최현순, 2014; Boxill, 1985). 또한 청소년은 재창조 연주를 통해 자신의 음악적 잠재력을 알아차릴 수 있는 계기를 가질 수 있다(황은영 외, 2017). [그림 4-7]과 [그림 4-8]은 재창조 연주의 예시이다.

- 타악기를 소개한 후 탐색하는 시간을 갖게 한다.
- 악기를 나눠 주고 치료사의 지시에 맞춰 연주하게 한다.
- 치료사 혹은 그룹원과 악기를 바꾼 후 연주한다.

그림 4-7 재창조 연주의 예시 1

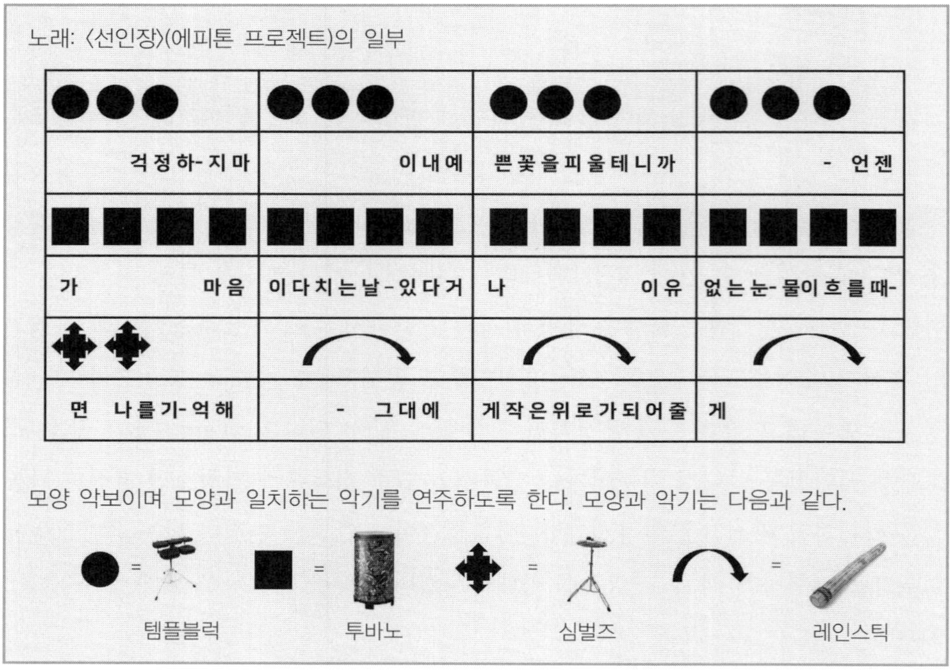

그림 4-8 재창조 연주의 예시 2

② 즉흥연주

즉흥연주란 내담자가 치료사나 다른 그룹원과 함께 즉흥적으로 음악을 만들어 가는 과정을 말한다. 기존에 있는 음악을 사용하는 재창조 연주와는 다르게 즉흥적으로 음악을 만드는 것을 의미한다. 이러한 즉흥연주에는 주제가 있는 관련적 즉흥연주와 주제를 정하지 않고 하는 비관련적 즉흥연주로 구분된다. 관련적 즉흥연주는 우리가 바다로 놀러 가서 무엇을 할지처럼 주제를 가지고 연주하는 것을 의미한다. 반면, 비관련적 즉흥연주는 주제 없이 다양한 악기로 감정을 표현하는 것이다.

음악치료 기법으로써 즉흥연주는 보편적으로 임상 즉흥연주(clinical improvisation)라 불린다. 이는 전문 연주자에 의한 즉흥공연과 유사해 보이지만 그 의미와 방법에는 차이가 있다. 임상적 목표의 달성을 위해 시행되는 즉흥연주는 듣기 좋은 음악을 만드는 것이 아닌 음악적 기술에 제한받지 않고 과정을 중요시하여 자유롭게 음악을 만들고 표현하면서 타인과의 관계를 형성하는 것이다(Wigram, 2004/2006).

음악치료사는 내담자의 참여 동기를 고려하여 단계적으로 가장 낮은 연주 수준에서부터 높은 연주 수준까지 구성할 수 있으며, 집단구성원과 함께 능동적으로 음악을 만들며 악기연주, 노래 또는 자신의 몸이나 물건으로 소리를 내는 과정을 포함한다(Bruscia, 2014). 즉흥적인 음악창작은 내담자가 신체움직임을 체계화하며 새로운 아이디어를 만들고 여러 감정을 인식 및 탐구하거나 심미적 경험을 하도록 돕는다(Bruscia, 2014; Nordolff & Robbins, 2007; Wigram, 2004/2006). 이러한 즉흥연주의 목표에는 신체리듬의 활성화, 정서표현, 전달하고자 하는 소통의지, 집단의 역동성과 성취감 등이 있다(Bruscia, 2014). 또한 즉흥연주를 하는 동안 자신의 감정을 촉진하여 타인의 평가를 최소화한다(Wigram, 2004/2006). 치료사는 위기청소년의 음악에 나타난 표현된 정서를 읽어 낼 수 있는 음악적 귀(ear)를 지녀야 한다(정현주, 2011).

즉흥으로 이루어지는 타악기 연주 형태를 통해 내담자의 감정 스펙트럼을 진단할 수 있다. 방어적 두려움에 관한 연주 시에는 악기를 강하게 연주하여 악기 손상률이 높을 수 있고, 느리고 불길한 심벌즈 연주는 죄책감을 표현한 것일 수 있으며, 크레센도와 민감한 연주를 통한 평화 표현 등 내담자의 개별적인 감정 표현을 엿볼 수 있다(Priestley, 1994/2006). 선행연구에서 타악기 즉흥연주는 일상생활에서 얻지 못하는 특별한 종류의 해방감과 자유를 경험하도록 도왔고(Bruscia, 2014), 다양한 타악기를 연주하는 과정에서 분노와 상처의 감정을 표현하고 함께 참여한 구성원과의 관계에서 자기개방 및 수용의 방법을 배우며 자신의 감정 상태를 나타내었다(Davis, Gfeller, & Thaut, 1999/2002). 즉, 즉흥연주에서 선택되는 악기는 상징적 의미를 지니며 악기연주를 통해 연주자의 심리 상태와 내면적인 문제를 알 수 있다(Bruscia, 1987).

시설보호 청소년을 대상으로 콰이어 차임을 이용한 타악기 즉흥연주 활동은 대인관계기술 향상을 통해 자립생활에 긍정적인 영향을 주었다(이민지, 양은아, 2020). 타악기 연주와 합주 활동으로 과잉행동이나 공격행동이 감소되었고(김상철 외, 2007; 양은정, 2008), 타인과의 교류 능력 및 자기통제력의 향상으로 학교 부적응 행동이 감소되었다(김다솜, 2013; 김현정, 2010). 송명훈(2021)의 연구에서도 타악기 즉흥연주 중심의 음악상담 프로그램을 적용한 결과 학교 부적응 청소년의 대인관계 능력, 문제해결 능력, 자기조절 능력 향상을 포함한 적응유연성 향상에 효과가 있음을 밝히고 있다. [그림 4-9]는 즉흥연주의 예시이다.

관련적 즉흥연주

- 제주도에 가서 하고 싶은 것들을 나눠 본다.
- 치료사가 악기를 소개한 후 탐색하게 한다.
- 마음에 드는 악기를 하나씩 선택한다.
- 다함께 제주도에 가서 하고 싶은 일들을 악기로 표현한다.
- 연주 후 소감을 언어적으로 표현한다.

〈다양한 악기〉

그림 4-9 즉흥연주의 예시

(4) 창작활동

① 치료적 노래 만들기

치료적 노래 만들기는 내담자의 심리적 건강을 목적으로 치료적 관계 내에서 가사 및 선율을 창작하는 활동으로 자신의 느낌, 정서, 생각 등을 노래구조 안에서 능동적이고 자유롭게 표현하도록 하는 것이다(Baker & Wigram, 2005/2008). 위기청소년은 치료적 노래 만들기를 통해 평소 말하기 어려웠던 자신의 감정을 가사에 반영할 수도 있고, 혹은 멜로디, 화성, 리듬, 박자 등을 만들어 볼 수도 있는데, 이를 통해 자신의 감정을 공감받고 지지받는 경험을 할 수도 있다. 또한 치료사가 의도적으로 위기청소년이 자신의 생각이나 가치관 등을 사고할 수 있도록 가사를 만드는 구조를 제공할 수도 있다. 이러한 노래 만들기 과정을 통해 자신에게 집중하고 긍정적으로 사고할 수 있는 기회를 제공할 수 있다. 국내 연구를 살펴보면, 노래 만들기를 통해 위기청소년들의 유능감이 증가되었으며(신아름, 2014), 회복탄력성이 증가하고(박지영, 2016), 가해학생과 피해학생의 관계 회복을 도모하였다는 연구 결과가 있다(김기헌 외, 2015).

[그림 4-10]은 치료적 노래 만들기 기법 중 원곡의 가사 중 일부를 내담자의 언어로 채우는 송라이팅(song writing) 기법을 적용한 예이다. 지코의 〈아무노래〉라는 노래 중 "왜들 그리 다운돼 있어? 뭐가 문제야 say something 분위기가 겁나 싸해"라고 되어 있는 부분의 가사를 바꿔 보는 것이다. 위기청소년의 문제를 자연스럽게 표현할 수 있는 가사구조를 활용하여 현재의 기분을 확인할 수 있다. "학교에 가기 싫어."라는 창작활동으로 이어지면서 내담자의 감정을 언어로 표현해 보는 기회를 가

질 수 있게 된다. 단순하고 간단한 활동일지라도 내담자의 마음을 인지하고 표현할 수 있는 음악치료 활동이라고 할 수 있다. 내담자가 단순하게 단어를 바꾸는 활동에 익숙해지면 마디수를 점차적으로 늘려 전체 가사 바꿔 보기까지 적용이 가능하다([그림 4-10] 참조).

> 왜들 그리 다운돼 있어? 뭐가 문제야 say something
> 분위기가 겁나 싸해
>
> [〈아무노래〉(지코) 중에서]
>
> **[가사 바꾸기]**
>
> 왜들 그리 다운돼 있어? 뭐가 문제야 say something
> (학교에 가기 싫어)
>
> • 치료사와 함께 노래를 부른다.
> • (   )에 넣을 가사를 내담자가 만들어 보게 한다.
> • 치료사와 함께 가사를 다듬는다.
> • 완성된 가사를 넣어서 함께 불러본다.

그림 4-10 치료적 노래 만들기 예시 1: 가사 바꾸기

[그림 4-11]은 치료적 노래 만들기 기법 중 멜로디와 가사를 만들어 보는 활동이다.

> • 내담자가 만들고자 하는 음악의 방향성을 치료사와 함께 의논한다.
> • 기본박을 정하고 마디를 나눈 후 치료사는 화성 진행을 돕는다.
> • 멜로디와 가사를 만들어 보고 음악에 대해 토의한다.
> • 노래를 만든 후 파일을 공유하여 소장하게 한다.
> • 소감을 나눈다.

그림 4-11 치료적 노래 만들기 예시 2: 노래 만들기

② 음악극 만들기

음악극(music drama)은 음악과 스토리가 있으며, '발단-전개-절정-위기-결말'의 글 순서처럼 음악의 요소에 변화를 주어 더욱 극적으로 표현을 이끌어 갈 수 있다. 청소년들은 음악극을 통해 참여하는 그룹원들과 정서적으로 만나 사회기술을 향상시킬 수 있으며, 이야기 구조 안에서 함께 참여가 가능하고 음악극의 등장인물에 자신을 투시하기도 한다. 정현주와 김동민(2005)은 음악극을 통하여 자신의 감정을 탐색하고 발견하며 그 감정을 표현하는 것이 가능하다고 하였다. 음악치료를 위한 음악극은 치료적인 주제를 다루고 있기 때문에 음악극의 주인공은 해결해야 하는 심리적인 이슈를 가지게 될 가능성이 많다. 따라서 음악극을 참여하는 대상자들로 하여금 주인공의 심리적인 이슈를 공감하게 하며, 더 나아가 자신을 주인공과 동일시하게 된다. 이야기 전개에 따라 자신의 감정은 음악을 통하여 더 적극적으로 표현이 가능해진다. 예를 들어, 주인공의 충동적인 감정은 강한 비트와 빠른 템포를 가진 음악으로 표현하고 안타깝고 후회하는 마음은 단조의 느린 템포의 음악으로 표현함으로써 감정 표현을 더 극대화시킬 수 있다.

음악극을 통해 만들어진 노래는 세션 종결 후에도 지속적으로 자신의 감정과 행동을 인지적으로 통제시키는 데 용이하다. 블랙우드(Blackwood, 1970)가 주장한 언어적인 자기통제 기술이란 자신의 잘못한 행동과 대안에 대해 반복적으로 말하게 함으로써 자기통제력을 향상시키는 훈련을 말하는데, 이 훈련은 대상자들로 하여금 자발적으로 자신의 잘못을 반복해서 말하게 하는 것이 관건이다. 이러한 점에 있어서 노래는 직접 말하는 것에 대한 심리적인 부담을 줄여 주고 기계적인 반복에서 오는 싫증을 줄일 수 있기 때문에(용경희, 2008) 언어보다 자발적으로 반복할 가능성이 높다. 또한 일정한 기간을 두고 반복하여 인지하는 것은 곧 장기기억에 영향을 미치게 되므로 문제행동 청소년으로 하여금 장기적으로 스스로의 행동을 조절하게 하는 데 도움을 줄 수 있다.

또한 각 대상을 선택하여 대사와 노래, 악기를 연주하여 함께 극을 완성해 가는 음악극은 성취감과 만족감을 통하여 자긍심에 긍정적인 영향을 주는 것으로 나타났으며(박이랑, 2015; Nordoff & Robbins, 1971), 청소년 시설(청소년쉼터)에 입소한 4명의 문제행동 청소년을 대상으로 음악극 만들기 및 연주활동을 실시한 조현진(2009)의 연구에서도 집중력 향상 및 충동성 감소와 같은 자기통제력에서 긍정적인 영향을 주었다. 등장인물들의 대사, 내레이션, 악보로 이루어진 역할극을 통해 청소년들은 다양한 역할을 하는 타인과의 만남을 확장하고 사회적인 교류를 할 수 있다. 또한 긍정적인 스토리로 이루어진 음악극을 완성해 가는 과정에서 긍정적인 정서를 경험하며 청소년들의 역량을 강화시킬 수 있다.

〈악보 1〉은 음악극 악보의 일부이다.

〈악보 1〉 음악극의 예시

제1막

'어른이 되었다'고 생각했어

주인공 & 내레이션

1번 곡

Nar.

내 나이 열여섯.
어른이 되었다고 생각했어.

너무 일찍 철들어야 했던,
평범하지 않은 내 얘기…
한번 들어 볼래?

작사 남진이
작곡 남진이

3) 고려사항

위기청소년을 대상으로 하는 음악치료사는 다음의 사항을 고려해야 한다. 첫째, 위기청소년의 특성에 대한 이해가 필요하다. 일반적으로 청소년기는 신체적 · 정서적으로 변화가 많은 시기이다. 이 시기에는 인지적으로 아직 완성되지 않은 상태임에도 자신의 주관과 결정에 따라 행동하려는 경향이 강하여 이로 인해 주변의 시선보다는 스스로의 욕구에 따라 행동하려는 경향이 있다. 또한 정서적으로도 불안정하고 민감하며 수줍어하고 감정기복이 심한 시기이기도 하다. 더욱이 위기청소년은 가족적 요인, 교육적 요인, 사회적 요인, 개인적 요인 등에서 위기적인 요인에 노출되어 있기 때문에 다양한 관점에서 이들의 상황을 이해하는 것이 더욱 필요하다.

음악활동 중 음악치료사는 청소년이 무엇인가를 선택하거나 토의 등을 할 때 충분히 기다려 줄 수 있어야 한다. 즉각적인 답변을 강요하기보다는 활동의 내용을 함께 논의하면서 참여를 유도하는 것이 필요하다. 또한 직접적인 질문보다는 위기청소년이 처한 여러 가지 위험요인과 보호요인을 이해하고 그들과 관련 있는 내용에 대해 질문하는 것도 필요하다. 따라서 음악치료사는 이러한 특성을 고려하여 음악활동을 구성하고 접근하는 것이 필요하다.

둘째, 청소년의 문화에 대한 이해가 필요하다. 청소년은 성인과 차별된 자신만의 문화를 구축하기 위한 다양한 시도를 한다. 즉, 기존의 형태 및 질서 등을 부정하는 청소년만의 문화를 형성하려고 한다. 청소년 문화에 대해 다양한 연구자의 의견이 있지만, 이를 정리하면 게임 문화, 사이버 문화, 성 문화, 소비 문화, 소통 문화, 여가 문화, 음식 문화, 패션 문화, 팬덤 문화의 총 9개로 도출하고 있다. 최근에는 모바일 문화, 온라인 문화 등 오프라인과 온라인의 경계가 모호해지면서 일상에서의 청소년 문화도 변화되고 있다(송원일, 2022). 따라서 음악치료사는 의사소통이나 교육 등에서 기존의 방식과는 다른 접근으로 청소년에게 다가가는 것이 필요하다.

셋째, 청소년의 음악에 대한 이해가 필요하다. 청소년에게 음악은 자신을 표현하는 도구이며 관계를 형성하는 매체가 될 수 있다. 최근 K-pop 등 한국의 대중가요에 대한 관심과 선호가 높은 사회적 상황에서 이들이 선호하는 음악을 알고 이해하는 것이 필요하다. 청소년의 음악 선호에 미치는 영향은 사회적 요인, 개인적 요인, 상황적 요인이 있으므로(나재용, 2009), 선호하는 음악에 대한 이해는 궁극적으로 청소년의 사회적·개인적·상황적 배경을 이해할 수 있기 때문에 음악치료사는 이들이 선호하는 음악에 대한 수용과 인정이 필요하다.

넷째, 음악활동 적용에 대한 전략이 필요하다. 음악치료는 다양한 음악 경험을 통해 개별적인 목적을 달성하는 전문 영역이다. 따라서 위기청소년에게 다양한 음악활동을 적용하기 위해서는 기술과 전략이 필요하다.

와이어트(Wyatt, 2002)는 다음의 열 가지 가이드라인을 제시하였다.

① 다양한 음악 중재를 사용하여 위기청소년의 집중과 동기부여를 유지하여야 한다. 음악활동 중에서 능동적인 활동과 수용적인 활동을 함께 통합할 수 있는데, 예를 들면 감상을 하며 가사 분석을 할 때에 드럼연주 같은 적극적인 활동을 함께 할 수도 있다. 이러한 이유는 청소년에게 동일한 중재를 계속 진행할 경우 다소 지루해 할 수도 있으며 이로 인해 효과가 감소될 수도 있기 때문이다. 음악치료사는 치료 상황에서 위기청소년에게 도움이 될 수 있도록 임상적인 판단을 하여 중재를 적용하여야 한다.

② 활동 중에 음악감상을 통합하는 것이 좋다. 음악감상은 청소년이 가장 선호하

는 활동이며(Fitzgerald et al., 1995), 또한 중요한 활동이다(Wooten, 1992). 위기청소년에게 중요한 음악을 사용하여 음악치료사는 청소년이 치료에 적극적으로 참여할 수 있는 가능성을 높여야 한다. 음악치료사는 구조적인 음악감상을 할 수 있는데, 첫째, 바람직한 행동에 대해 토의 등을 할 때 긍정적인 강화를 위해 음악을 사용할 수도 있다. 둘째, 보상의 의미로 청소년들이 그룹원들과 마지막에 함께 감상할 음악을 선택할 기회를 제공할 수도 있다. 셋째, 활동의 시작과 마지막에 감상을 할 수도 있는데 이것은 청소년들에게 다양한 스타일의 음악감상 경험을 제공할 수 있다. 넷째, 가사 분석 같은 중재를 위해 음악을 선택할 수도 있다.

③ 녹음음악을 선택할 때는 신중해야 한다. 위기청소년들이 선호하는 몇 가지 음악의 가사는 음악치료의 목적에 반대되는 주제가 있을 수도 있다. 활동 전에 정확하게 어떤 노래인지, 혹은 친숙하지 않은 노래라면 가사 등에 대해 먼저 의사소통을 하는 것이 좋다. 가벼운 음악감상(casual listening)과 유도된 중요한 감상(guided critical listening)을 위한 음악은 다르다. 가사 분석을 할 때 맥락에서 적절하지 않은 논란이 있는 음악은 음악치료사의 안내 없이 연주되면 그룹 상황의 위기청소년들에게 부작용이 있을 수 있다.

④ 그룹의 위기청소년을 보호하기 위한 행동에 한계를 설정해야 한다. 많은 위기청소년들은 활동 중에 문제를 일으킬 수도 있다. 청소년들은 자기조절을 배우는 것이 중요하며 이를 위해 음악활동에서 새로운 기술을 연습할 수 있는 기회를 제공하는 것도 좋은데, 그룹원들을 위해 기대되는 행동을 분명하게 말하고 시작하는 것이 필요하다. 예를 들어, 그룹의 청소년들이 서로 지켜야 할 규칙이나 활동 중 하지 말아야 할 행동을 논의해서 정하는 것이 좋다. 그룹원들이 이러한 규칙을 위반하면 다른 방법으로 음악치료사는 개입하여야 한다.

⑤ 행동 전환을 위한 적절한 중재를 사용하여야 한다. 예를 들면, 첫 시간에 청소년이 저속한 말을 한다면 이에 대해 적절한 행동을 취할 수 있음을 기억하도록 해야 한다. 예를 들어, 다음에 동일한 행동을 다시 반복할 경우 짧은 시간 동안의 타임아웃(time out)[4)]을 할 수 있고 다시 동일한 행동을 반복할 경우 연장된

4) 타임아웃은 행동수정의 한 방법으로 일정 시간동안 접근을 차단하는 것이다. 즉, 음악활동 중 잠시 음악활동에 참여하지 못하도록 하여 부적절한 행동을 감소하도록 하는 방법이다.

타임아웃을 실시하고 왜 규칙에 필요한가에 대해 스스로 생각해 보도록 한다. 위기청소년의 부적절한 행동에 대해 음악치료사는 단호하게 대처하여야 한다.

⑥ 가능한 한 청소년들이 선호하는 타악기를 사용하는 것이 좋다. 청소년은 일반적으로 적극적인 음악 만들기를 선호한다. 예를 들어, 랩음악을 선호하는 청소년은 강한 리듬을 기본으로 음악 만들기를 선호할 수 있다. 청소년이 자신의 박자에 맞춰 즉흥연주를 하는 것은 즉각적인 성취감과 즐거움의 기회를 제공받을 수 있다. 창조적이고 비언어적 예술로서 즉흥연주는 위기청소년이 언어로 표현하기 어렵거나 두려움 등의 감정을 안전하고 적절하게 표현할 수 있도록 도와준다.

⑦ 음악치료과정에서 위기청소년과 함께할 때 가능한 한 부정적인 언쟁은 삼가는 것이 좋다. 위기청소년은 권위적인 어른과 대면할 때 반감을 가지기도 한다. 음악치료사는 위기청소년이 반응하고 의사소통하는 과정에서 숨겨진 메시지를 듣기 위해 주의해야 한다. 음악치료사가 위기청소년과 관계가 형성된 맥락이나 혹은 적절한 타이밍에 사용된다면 이런 상황에서 유머(humor)가 도움이 될 수 있다.

⑧ 힘의 다툼을 피하는 것이 좋다. 청소년과 특정 치료 목적을 결정할 때 조심스럽게 타협을 선택해야 한다. 음악치료사와의 타협은 갈등해결을 위한 것이며, 청소년에게 이러한 기술을 모델로 제시할 수 있는 기회가 된다. 음악치료사는 청소년의 감정과 의견에 대해 신중함을 보여야 하며, 청소년은 또한 상호 존중과 이해를 반영하여 성인과 상호작용을 배울 수 있다.

⑨ 필요하다면 구조를 제공한다. 위기청소년은 막연한 방향성, 예를 들면 "너 자신의 멜로디를 만들어라."라는 지시를 따를 때 혼란스러울 수 있다. 이러한 문제의 해결은 청소년이 선호하는 노래를 연주하면서 여기에 참여하도록 하는 것이다. 때로는 음악을 만드는 것이 위기청소년에게 부담이 될 수도 있는데, 음악활동과정을 촉진하기 위해 리듬 혹은 음정에 따라 과제를 세분화할 수도 있다. 예를 들면, 2개의 대조되는 5개음 음으로 구성된 음정관계(장조와 단조 등)를 메탈로폰으로 연주하고 청소년에게 어떤 소리가 더 좋은지 질문할 수도 있다. 다음에 5개 음을 제외한 메탈로폰의 음정 바(bar)를 제거한다. 이렇게 선택이 줄어들면 과제는 쉬워질 수 있다. 음악치료사는 청소년의 반응을 기본으로

구조를 느슨하게 시작할 수도 있다.

⑩ 솔직하여야 한다. 솔직하지 못한 것은 음악치료과정에서 치료적인 진보를 위해 우선적으로 형성되어야 하는 기본적인 신뢰를 방해하기 때문에 이후 치료관계 발달에 방해가 될 수 있다. 음악치료사는 위기청소년이 자신의 감정, 생각, 의견을 표현할 수 있는 안전한 공간을 제공하여야 한다. 이렇게 함으로써 음악치료사와 위기청소년 사이의 개방된 의사소통을 촉진하고 치료적인 경험의 의미와 질을 향상시킬 수 있다.

2. 기타 예술적 접근방법

청소년을 대상으로 하는 치료에는 음악이 매개체가 되는 것 외에 미술치료, 연극치료, 무용동작치료 등의 예술치료가 있다. 청소년이 심리적으로 민감한 시기이기 때문에 예술 같은 유연한 도구가 치료에 효과적이다.

1) 미술치료[5)]

미술치료는 개인의 성장과 통찰, 변화를 위해 미술의 음성적 언어를 사용하는 방법이며, 생각, 감정, 지각 같은 우리의 내면세계를 외부의 현실세계 및 인생 경험과 연결시키는 수단이다. 미술작품을 만드는 창조적 과정이 치료효과가 있으며 삶의 질을 향상시키고 효과적인 의사소통 양식이 된다. 치료로서의 미술활동을 통해 압도적인 감정이나 위기, 정신적 외상으로부터 위안을 얻고 자신에 대한 통찰력을 갖게 된다(Malchiodi, 2007/2008). 나움버그(Naumburg)는 정신분석적 미술치료가 말로 하기 힘든 내적 경험을 그림을 통해 직접 표현할 수 있고, 무의식의 내용을 그림으로 투사하는 것은 언어로 표현할 때보다 쉽게 검열을 피하게 되고, 치료과정이 빨라질 수 있다고 했다. 또한 스스로 자신의 작품을 해석할 때 자율성이 더욱 촉진된다고 했다(Rubin, 1987/2008). 이러한 미술치료의 장점은 청소년 내담자의 특성에 맞게 적용

---

5) 미술치료를 소개한 조지연 미술치료사는 건국대학교 대학원 예술치료 전공 박사 수료하고 도심형 대안학교 색채 및 미술치료사였으며, 현재 명지병원 예술치유센터 미술치료사로 활동하고 있다.

될 수 있다는 것이다.

미술치료실에 오는 청소년은 다양하고 복잡한 사회적 · 교육적 · 가족적 · 개인적 어려움을 안고 있다. 무엇이 자신을 힘들고 혼란스럽게 하는지 구체화하지 못하고 언어로 표현하는 것은 더욱 힘들어한다. 이럴 때 미술매체는 감각적 · 조작적 방법으로 본질적으로 즐거움을 주기 때문에 친화관계 설정에 더욱 유용하다(전순영, 2011). 또한 미술작품을 통해 자신을 객관화하고 대상화할 수 있다. 스스로를 어떻게 생각하고 느끼며, 무엇을 원하고 어떤 갈등이 있는지가 작품에 녹아서 표현되므로 자신의 작품을 통해 자기 모습을 바라볼 때 더욱 대상화해서 거리를 보고 두게 된다(주리애, 2010).

미술치료는 치료와 평가를 포함하며, 미술치료사는 치료하고 있는 청소년 내담자의 문제를 이해하고 발달하고 변하도록 돕고 이해하기 위하여 미술이 도울 수 있는 넓은 범위의 방법들을 알고 적용한다(Rubin, 1999/2006). 청소년 미술치료에서 프로그램과 미술 재료들은 ETC(Expressive Therapy Continuum)의 발달적 위계에 따라 평가하고 적용한다. ETC는 매체의 상호작용을 단순한 것에서부터 복잡한 것에 이르기까지 정보처리과정과 이미지 형성의 발달적 순서를 동적-감각적 수준, 지각적-정서적 수준, 인지적-상징적 수준, 창조적 수준의 네 가지 수준으로 조직화한 것이다. 창조적 수준은 어느 수준이든 또는 모든 수준에 존재할 수 있다. 예를 들면, 핑거페인팅은 개인이 내적 평온을 찾는 데 도움이 되도록 부드럽고 감각적인 방식으로 사용될 수 있으며 단순한 이 경험은 창조적이기 때문에 핑거페인팅의 감각적 사용의 결과, 대상에게 이완 상태가 되고 평온한 느낌을 주며 외부 이미지 형성 없이도 창조될 수 있고, 매체 경험 그 자체만으로도 평온함을 이끌어 낼 수 있다(Hinz, 2009/2016). ETC의 발달적 위계에 따라 가족관계를 다룰 때는 청소년이 인지적-정서적 수준에 있다면 '동물 가족화'로 표현하는 프로그램을 진행하고, 동적-감각적 수준에 있다면 색깔 찰흙(color clay)를 이용하여 가족을 색이나 형태로 표현하도록 진행하여 내담자가 가족에 대해 느끼고 있는 것을 표현할 수 있다. 청소년 내담자가 보이는 특정 미술매체에 대한 반응은 현재의 정서 상태를 파악하는 요소가 된다([그림 4-12] 참조).

미술치료를 하다 보면, 감정을 표현하라고 요구하지 않아도 자연스럽게 감정이 표현될 때가 많다. 하지만 때로 애써서 감정을 무시하거나 꾹꾹 눌러 넣고 사는 경우에는 감정을 표현하도록 물꼬를 터 주는 것이 필요하다. 예를 들면, 그림의 주제로 "감

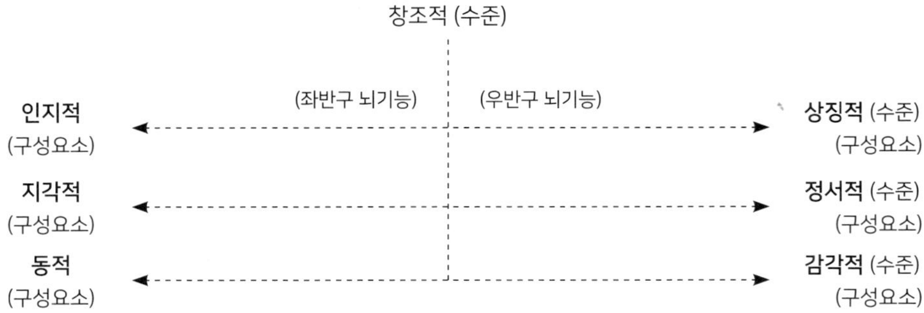

그림 4-12 ETC 발달적 위계에 따른 네 가지 수준

정을 표현해 보세요."라고 말하는 것이 도움이 된다. 청소년 내담자가 잘 이해하지 못하겠다는 듯이 반응하면, 색깔을 선택할 때 자기감정을 잘 나타내 주는 색이라고 느껴지는 것을 선택하거나, 재료를 선택할 때 감정을 잘 표현해 줄 것 같은 재료를 선택해 보라고 설명해 준다(주리애, 윤수현, 2014). 미술치료사는 치료 진행에 따라 청소년 내담자가 느끼는 감정을 그대로 따라가기도 하고 치료적 촉진을 위해 아직 인식되지 않는 부분에 있어서는 내담자가 수용할 수 있는 범위 내에서 미술작업에서 표현된 상징을 통한 해석을 통해 치료적 도움을 준다. 예를 들어, '인생 그래프'를 표현하여 지금 힘들어하는 감정이 어디에서 비롯되는지, 어느 정도 힘든지, 긍정적 감정과 부정적 감정의 상황을 미술 작품을 보면서 구체화하고 억압되어 있던 감정을 표출하거나 같은 상황에서 다른 방법을 시도하여 이전의 나와 지금이 나는 다른 선택을 할 수 있는 선택의 여지를 갖도록 돕는다([그림 4-13] 참조).

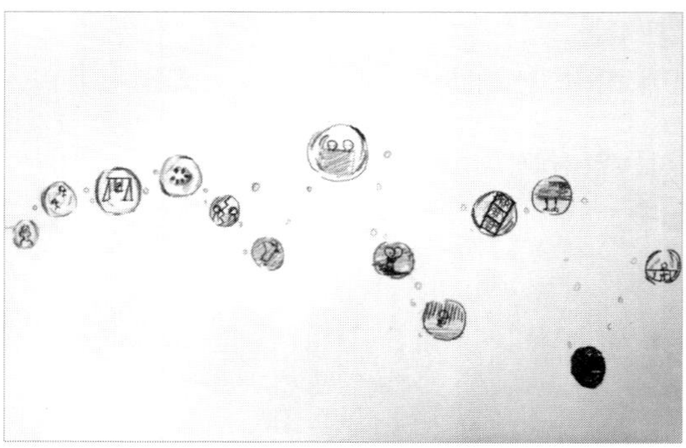

그림을 통해 자신을 객관화하여 조망할 수 있다.

그림 4-13 중학교 3학년 학생의 인생 그래프

2) 연극치료[6)]

극적 현실(dramatic reality)은 일상 현실(everyday reality)을 조율하는 리허설의 공간이다. 연극치료에서 극적 현실은 ① 극적 만남, ② 극적 표현, ③ 극적 발견, ④ 극적 변형의 진행과정을 가지고 있다. 첫째, 극적 만남은 어려움을 고백하는 관계적 공간으로 참여자에게 안전함을 제공한다. 극적 만남은 치료적 관계를 맺으며 참여자의 이야기를 할 수 있도록 해 주는 준비하는 단계이다. 둘째, 극적 표현은 감정을 담아내는 정서적 공간으로 참여자의 감정을 공감하게 한다. 극적 표현은 참여자를 있는 그대로 비추는 거울의 역할과 담아주기의 역할을 하여 참여자가 스스로 어려움을 개방할 수 있게 도와주는 탐색하는 단계이다. 셋째, 극적 발견은 역할을 통해 문제적 상황을 대면하고 조율하는 과정이다. 극적 발견은 고착화된 인식의 패턴을 신체 지각을 통해 통찰하는 단계이다. 넷째, 극적 변형은 새로운 신념을 창조하는 공간으로 치료적 공명을 만드는 과정이다. 극적 변형은 새로운 시도와 도전으로 삶에 적용하는 실행 단계이다(이태승, 2021). 이러한 연극치료의 과정에서 '역할 입기'는 위기청소년에게 긍정적 자아상을 형성하고 대인관계 기술을 향상하는 데 도움을 줄 것이다.

극적 현실에서 역할 입기의 과정은 다음과 같다. 첫째, 참여자는 신체 움직임이나 그림에서 자유롭게 역할을 불러낸다. 이때 사람, 동물, 사물 등 어떤 것도 역할이 될 수 있다. 둘째, 참여자는 불러낸 역할에 이름을 붙인다. 이는 역할의 독립된 정체성을 부여하고 역할을 구체화한다. 구체화된 역할은 일상 현실을 벗어나 창조적인 공간에서 극적 경험을 하게 한다. 셋째, 역할 연기의 장면 만들기는 역할의 고유한 특성과 양식을 탐구한다. 넷째, 참여자는 한 역할 안에 병존하는 반대 역할의 특질과 유형을 탐구하여 자신의 성격을 더욱 깊게 탐색한다. 다섯째, 참여자는 장면에서 벗어나 역할에서 발견된 상징성의 의미를 분석한다. 상징과 은유의 해석은 안전한 심리적 거리를 제공한다. 여섯째, 참여자는 허구의 역할과 일상의 삶을 연결하여 극적 현실에서 경험한 역할 탐구로 치료적 공간에서 실제 삶을 반추한다. 일곱째, 참여자

6) 연극치료를 소개한 이태승 연극치료사는 로햄튼 대학교(Roehampton University) 연극치료 석사, 용인대학교 예술치료학 박사를 받고 현재 동덕여자대학교 통합예술치료학과 겸임교수이다. 연극치료센터 대표를 역임하고 있으며, 영국 국가공인 연극치료사, 연극심리상담사 1급 및 슈퍼바이저(한국연극치료협회)로 활동하고 있다.

는 부정적 역할과 긍정적 역할의 체계를 재창조하여 병존된 역할 모두가 중요함을 인식한다. 여덟째, 참여자는 역할의 사회적 모델을 탐색하고 주어진 역할이 타인과 어떤 영향을 미치고 있는지 발견한다(Landy, 1994/2002). 더 나아가, 극적 현실에서 즉흥적인 역할 입기는 즉흥적으로 변형되는 현상학적 몸의 형태로 신체적 움직임과 소리, 언어의 확장을 제공한다. 즉흥적인 극적 변형에서 참여자는 자발성, 현실을 넘나드는 능력, 역할 레퍼토리 수행, 장면을 조직화, 극적 내용의 패턴, 연기에 대한 태도, 다양한 역할연기의 스타일을 경험함으로 사회적 관계의 역할을 인식한다(Landy, 2008/2012). 역할을 설정하는 과정에서 참여자는 공간, 관계, 정체성 등 미적 거리두기를 통해 경계를 세우게 된다. 역할 입기와 역할 벗기의 경험은 위기청소년에게 필요한 자기인식과 타인과의 경계 설정에 도움이 된다.

3) 무용동작치료[7)]

청소년기는 신체적으로나 인지 · 정서적으로 성숙되는 과도기적 시기로 인생관이나 세계관을 형성해 나가는 단계이다. 이 시기는 신경학적으로도 생각과 행동을 탐색하고 조직하는 전전두엽의 발달이 진행 중인 시기이므로 청소년은 비합리적이고 자기중심적인 태도를 보이는 경향이 있다(이수연, 2020). 인지적 통제와 관련된 뇌발달과 보상체계에 대한 민감성의 부조화 현상(Steinberg, 2010)은 청소년기가 쉽게 부적응적인 행동을 야기할 수 있고 심신의 긴장 상태로 스트레스가 높을 수밖에 없는 불안정한 시기임을 암시한다.

위기란 직면한 상황에 적절하게 대처하지 못하는 상태인데(김춘경 외, 2016), 이러한 위기를 촉발하는 요인은 다양하다. 위기 촉발요인들은 크게 빈곤이나 부모의 이혼, 학대와 같은 가족적 위기요인, 학업과 관련된 교육적 위기요인, 폭력이나 범죄피해 등의 사회적 위기요인, 자살, 가출, 성경험, 폭력가해, 흡연과 관련된 개인적 위기요인으로 나눠 살펴볼 수 있다(윤철경 외, 2006). 이러한 위험환경에 노출된 청소년은 자신의 감정이나 생각을 적절하게 표현할 기회를 갖지 못하거나 감정과 욕구를 자각하지 못한 채 욕구 좌절로 인한 고통을 무마하기 위해 대체적인 만족을 찾게 된

7) 무용동작치료를 소개한 이정미 동작치료사는 전주대학교 예술치료학과 박사과정을 수료한 미국 라반/바르테니예프 동작분석가이며, 현재 명지병원 예술치유센터 무용동작치료사 활동하고 있다.

다. 특히 자기인식과 조절력이 발달과정 중인 청소년에게 이러한 패턴이 반복되어 습관이 형성되면 쉽게 끊어 내기 어려운 문제행동으로 발전할 수 있다.

심리적인 부적응이나 문제를 해결하는 데 있어 자신과 환경 및 타인을 이해하는 능력과 신체감각 인식 및 감정과 같은 자기조절 능력은 청소년에게 매우 중요하다(Caldwell, 2004). 청소년이 자신의 경험을 있는 그대로 목격하도록 돕기 위해서는 신체적인 감각 회복이 무엇보다 선행되어야 한다. 왜냐하면 감각, 호흡, 움직임을 통해 몸을 각성하는 것은 감정과 욕구에 대한 자각으로 이어져 자신을 인식하고 조절하는 데 기초가 되기 때문이다(Caldwell, 1996).

신체가 활성화되면 의식적 수준에서 감정과 생각 및 억압된 정서들이 떠오르는데, 이때 청소년은 동반되는 신체적 반응과 더불어 자신을 통합적으로 인식하게 된다(왕인순, 2007). 청소년이 내면을 움직임으로 드러내는 가운데 억제된 욕구나 분노 등을 안전하게 표현할 수 있도록 치료사가 개입하면 심리갈등적인 요소와 부정적 감정이 수반하는 두려움을 경감시킬 수 있다(Chaiklin, 2009). 이러한 개입은 위기청소년의 방어적인 태도를 탐색적인 태도로 전환시키고 긍정적 자기경험을 통해 자기인식 증진과 자존감 향상에 도움을 준다.

무용동작치료는 비언어적인 신체 움직임을 즉흥적이고 창의적으로 표현함으로써 감정과 지각을 재구조화하고(Meekums, 2002), 개인의 태도와 관계 패턴을 변화시키는 실험의 장을 제공한다. 무용/동작치료의 집단세션에서 청소년은 자신의 충동과 욕구 표현뿐만 아니라 집단의 춤을 통해 크고 작은 역할을 수행한다. 함께 춤을 추는 경험은 공동체와 연결되는 느낌을 제공하고 자신만의 움직임에서 고유한 개인의 문제를 인식할 수 있다(Chaiklin, 2009).

자아존중감이나 자기효능감뿐만 아니라 자기통제력과 대처 능력 등과 같은 개인적인 요인 외에도 가족, 또래관계, 교사 등의 지지는 위기의 환경에서도 청소년들의 발달을 촉진하는 보호요인으로 작용한다(황순길 외, 2016). 청소년에게 있어서 집단 내에서 자신의 이야기를 지지받고 타인의 이야기를 지지하는 경험은 신경학적으로 보상이 일어날 뿐만 아니라(Cozolino, 2014) 심리적으로도 자신을 지지하는 자원이 된다. 집단의 움직임 안에서 자전적 경험이 현재의 삶에 어떤 형태로 영향을 미치는지에 대한 탐색과정은 청소년에게 근감각적인 자기인식을 사회적 관계로 확장하는 데 중요한 자원이 될 것이다.

무용동작치료에서 비언어적인 움직임 표현을 의식화하는 데 언어화는 통찰을 견인하는 주요 과정 중 하나이다. 그러나 애착관계가 취약할 수 있는 위기청소년은 맥락적인 자기이해가 부족한 경향이 있기 때문에 추상적인 움직임의 상징성이나 현실과의 연결성에 대해 말하는 것을 어려워할 수 있다. 이때 빈칸 넣기나 이야기의 초점을 제시하는 등 구체적인 구조를 제공하여 언어 표현을 좀 더 쉽게 할 수 있도록 개입하거나 신체적인 감각을 먼저 찾아볼 수 있도록 안내하는 것도 도움이 될 수 있다.

신나지 않은 잔치나 모임에서 춤을 춰 본 적이 있는가? 무용동작치료는 신체의 움직임을 매체로 하는 만큼 발달 초기의 원초적인 경험을 할 수 있어 강력한 심리적 체험을 할 수 있는 장점이 있다(김진숙, 2010). 그러나 이러한 심리적인 원초성은 퇴행적인 소지가 많고 침투적이여서 강한 자의식과 회피적 · 방어적 특성을 가진 청소년에게 자칫 부담스러울 수 있다. 그래서 움직임 표현 이전에 투사적인 매체를 사용하거나 구체적인 움직임 과업을 제공하는 것이 참여를 독려하는 안전한 탐색의 시작이 될 수 있다. 또한 세션 초반에 지나치게 자기노출이 되는 작업보다는 충분히 안전감을 느끼며 놀이성이 풍부한 움직임 구조를 제공하는 것이 도움이 된다.

어떠한 매체로 접근하든 위기청소년을 만나는 데 치료사에게 중요한 것은 공감을 바탕으로 그들이 선택한 행동을 존중하는 것이다. 가끔 치료사의 성급함으로 위기청소년의 일탈행동이나 문제행동에 포커스를 두고 개선시키려는 의도가 먼저 표현될 때 청소년들은 방어하게 된다. 그들의 움직임이 흘러 넘칠 수 있도록 기다려 주자.

3. 국내외 사례와 연구

1) 국내 예술치료 활동 지원

2021년 여성가족부는 '위기청소년 지원체계 강화 방안'을 발표하였다(여성가족부, 2021). 추진 배경으로는 전체 학령이 인구 감소에도 불구하고 가족적 · 경제적 문제, 그리고 CDVID-19로 인해 심리적 · 정서적 문제를 호소하는 위기청소년이 증가 추세를 보이고 있다는 것이다. 또한 청소년 상담건수의 증가에도 불구하고 10대, 20대의 자살 사망자 수가 증가하고 있으며 학교 밖 청소년의 발생건수 역시 연간 2만 명을 유지하는 등 점점 더 증가하고 있다. 이러한 사회적 분위기를 반영하여 위기청소년을 지원하기 위한 지방자치단체 중심의 청소년 안전망 운영체계로 개편하려는 움직임을 시도하고 있다. 구체적인 위기청소년 지원 방안으로는 생활비, 학업, 자립, 건강을 위한 경제적인 지원과 함께 이들이 사회 및 학업에 복귀할 수 있도록 심리적·정서적 안정을 돕기 위한 다양한 프로그램을 활성화한다는 것이다. 문화예술을 통해 위기청소년의 심리지원을 위한 국내 프로그램도 많은 관심을 받고 있는데 이 중 몇 가지를 소개하고자 한다.

(1) 청소년 문화예술 돌봄 프로젝트

청소년 문화예술 돌봄 프로젝트는 한국문화예술교육진흥원(www.arte.or.kr)의 지원사업으로 지원정책의 사각지대에 놓인 새로운 수혜대상 발굴, 지원을 통한 지원사업의 전체적인 효과성을 제고하고자 기획된 것이다. 또한 위기청소년과 가족을 대상으로 문화예술교육 프로그램 운영을 통해 개인의 치유를 넘어 사회구성원으로서 관계 회복을 기대하기 위한 사업이다(정경은, 조영미, 2015).

돌봄 프로젝트는 2012년 위기청소년 관련 기관과 협력하여 사전 수요 조사를 통해 수혜시설 선정을 확정한 지정 공모 18개 시설(청소년상담복지센터 7개, 청소년쉼터 11개)과 공모 신청 단체에서 직접 수혜시설을 매칭하여 사업에 응모하는 형태의 일반 공모 14개 시설을 포함하여 총 32개 시설에서 문화예술교육 지원사업을 실시하였다. 이 프로젝트는 총 32개 시설에서 음악, 미술, 연극, 문학, 무용, 통합예술 등 문화예술 교육을 진행하였으며, 돌봄 프로젝트 진행 결과 청소년들은 정서적 안정, 소통, 행동의 변화 등을 경험하였다. 이러한 예술적 경험을 통해 자신의 감정을 표현할 수 있었고 자신감을 회복하였으며 미래의 꿈을 탐색하고 구체화하는 시간이 되었음을 보고하였다. 몇 가지 기관 및 대상별 활동 목표를 소개하면 〈표 4-3〉과 같다.

표 4-3 기관 및 대상별 목표의 예

기관/대상	목표의 예
청소년 상담복지센터	• 악기연주를 통한 자기표현 및 사회성 향상
보호관찰	• 노래를 통한 자신감 회복과 관계성 회복
일반쉼터	• 미디어, 소리 교감을 통한 청소년의 청체성 확립
청소년쉼터 청소년상담센터	• 감정과 소통하는 예술적 과정을 통한 자신의 모습 찾기, 긍정적 관계성 확립
청소년상담복지센터 (학교폭력피해경험이 있는 중 · 고등학생 청소년)	• 학교폭력피해학생 치유, 문제해결, 재발예방 공동체 의식 함양과 건전한 여가문화 형성
학업중도포기 청소년	• 소통, 협동심, 나눔의식, 자존감 향상
학업중단청소년	• 현악기 제작을 통한 인내, 도전의식 향상
교육지원센터	• 위기청소년의 자긍심과 자존감, 공동체 구성원으로서의 참여의식 향상
청소년쉼터	• 자존감, 자신감, 감수성, 돌봄의식 고취, 지역사회 소통, 건강한 자아개념, 또래문화 형성 • 정서적 안정, 스트레스 해소, 자기표현력 향상, 긍정적 사고 증진
자립학교, 자립생활센터	• 현실에 대한 새로운 이해, 자신의 미래에 대한 자신감, 성취감, 자기치유, 자존감, 심리안정, 타인에 대한 이해 향상
위탁형대안학교	• 의사소통 능력, 리더십 향상, 공동체의식 향상
대안학교	• 자존감 고취, 지역 공동체와의 소통 능력 향상
학교밖청소년배움터	• 사회적 관계 능력 향상, 미래 비전, 직업 능력 향상

(2) 문화예술교육 지원사업

문화예술교육 지원사업은 한국문화예술교육진흥원이 다양한 부처 간 협력 체계 구축을 통해 문화예술 향유, 참여 기회가 부족한 문화취약계층을 대상으로 문화예술 프로그램을 지원하는 것이다. 이 중 특수 취약계층 중심 문화예술교육 지원사업은 소년원, 청소년쉼터, 청소년 회복시설 지원 등의 청소년들을 지원하고 있다. 먼저, 소년원 학생 문화예술교육 지원사업은 소년원 학생들을 대상으로 수용생활에서 오는 스트레스 해소, 문화예술교육을 통한 사회 복귀를 목적으로 예술 프로그램을 지원한다. 다음으로 청소년 지원센터, 쉼터, 청소년 회복지원 시설 이용 청소년들에게는 문화예술교육 지원을 통해 건강한 사회구성원으로서의 성장을 돕고 사회성 회복 및 자존감 향상을 위한 프로그램을 제공하고 있다. 이 사업은 매년 공모를 통해 진행하며, 국내 많은 문화예술 단체가 참여하여 사업을 진행하고 있다.

(3) 꿈의 오케스트라 운영사업

꿈의 오케스트라 운영사업은 한국문화예술교육진흥원이 지역사회의 아동 · 청소년의 건강한 성장을 통해 사회통합에 기여하는 것을 목표로 하는 것이다. 구체적으로 꿈의 오케스트라는 취약계층과 일반계층의 아동 · 청소년이 음악활동을 통해 서로 소통하고 협력하여 개인의 변화와 성장을 목표로 하고, 더 나아가 긍정적 변화와 사회적 공유를 통해 가족과 지역사회의 변화, 건강한 사회적 통합과 성장을 추구하고자 시작되었다. 2010년 시범사업을 시작으로 꾸준히 성장하여 2022년 전국 51개 거점에서 운영되고 있다. 이 활동을 통해 아동 · 청소년들은 음악적 성장과 함께 개인적으로 자존감, 의사소통 능력, 미래전망 수준이 향상되었으며, 관계적으로 타인 수용도, 배려, 협동이 증가하였다. 사회경제적 영역에서는 사회적 신뢰, 소속감 및 유대감, 공동체 참여 행동 수준이 향상되었다(임영식 외, 2020).

2) 국외 예술치료 활동 지원

국외 위기청소년을 대상으로 하는 문화예술교육 지원활동은 다음과 같은 것이 있다.

(1) 커밍업 톨러

1994년 클린턴 정부는 '예술과 인문학 분야의 대통령 위원회(President's Committee on the Arts and the Humanities)'를 통해 예술과 인문학적 훈련이 삶의 기술을 확장시키고 희망을 제공할 수 있다는 강한 믿음 아래 문화예술활동을 수행하였다. 특히 위기에 처한 아동들이 회화, 음악, 조각, 작문, 새로운 아이디어 구상 등을 통해 좌절, 무기력 등을 표현함으로써 이들에게 예술 프로그램들을 통해 삶의 기술 향상과 희망을 제공하고자 하였다. 클린턴 정부의 '커밍업 톨러(Coming Up Taller)' 프로그램 구성은 위기 아동 · 청소년이 예술과 인문학을 통해 새로운 삶으로 전환할 수 있도록 새로운 관점과 기술의 강화, 건강한 발달을 위한 기본 원칙, 좋은 또래관계, 성인과의 상호작용, 성취감 형성 기회를 제공하고 있다(임영식 외, 2012; Weitz, 1996; [그림 4-14] 참조).

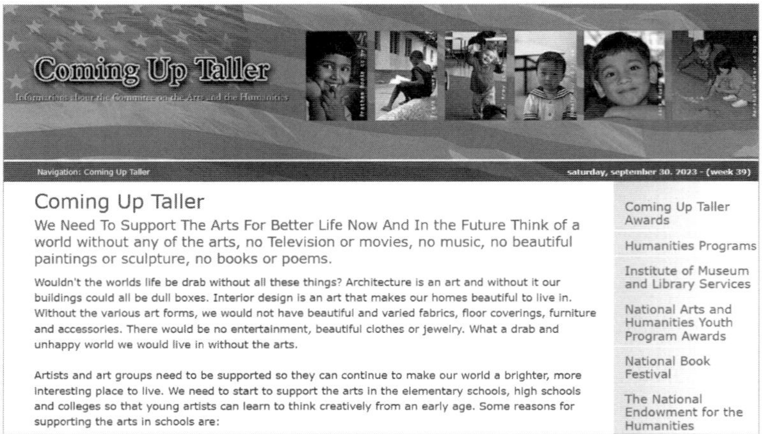

그림 4-14 커밍업 톨러 웹사이트 중

출처: http://www.cominguptaller.org

(2) 예술과 범죄자를 위한 유닛

미국 사법부는 비행 예방을 위한 중재 전략으로서 예술과 공연 활동을 적극적으로 권장하고 있으며(Klink & Crawford, 1998), 다양한 예술 프로그램이 청소년의 비행 예방과 사회 재적응에 효과가 크다는 종단적 · 횡단적 연구 결과들을 보고하였다(박중길 외, 2006; 임영식 외, 2012; Emerson & Shelton, 2001). 2002년 후반 '예술과 범죄자를 위한 유닛(The Unit for the Arts and Offernder)'에 의해 설립된 '예술 및 형사 사법 싱크탱크 연구(the Research into Arts and Criminal Justice Think Tank: REACTT)'는 보고서를 발표하였다. REACTT의 목적은, 첫째, 사법부에서 예술연구에 대한 협력관계를 확립하고, 둘째, 사법부에서 예술중재를 통한 수준 높은 연구 근거를 만들어 내기 위한 연구 프로그램을 개발하고, 마지막으로 사법부에서 예술활동을 위한 평가 틀을 개발하여 연구 결과에 대한 피드백을 제시하고자 하는 것이다. 이러한 목적으로 연구 결과를 검토하여 총 4장으로 구성된 보고서를 발간하였다. 이 보고서의 제1장은 수집된 연구를 요약하고 사용된 방법 등을 포함하여 연구의 결과를 소개하고, 제2장은 사법부 관련 영역에서 예방적 중재로서 예술의 효과성과 관련된 증거를 제시하였다. 제3장은 사법부 예술연구를 위한 결론과 제언을 이끌어 내었다(Huges, 2005).

(3) 빅소우트

빅소우트(BigThought)는 1987년 미국의 미치 제리코(Mitch Jericho)와 이디스 오도넬(Edith O'Donnell)이 미국 북부 텍사스(North Texas)에 지부를 설립하면서 시작되었다. 25년 동안 빅소우트는 아동이 가능성을 품고 학습 능력을 향상하고 그들이 지역사회에 기여할 수 있도록 창의적 학습 프로그램을 제공해 왔다. '상상력의 일상화'라는 미션에 따라 빅소우트는 교실의 목표와 전통 교수방법을 예술, 문화, 창의적 학습에 결합시킴으로써 학업적 성취와 청소년의 발달을 이루는 프로그램을 개발하였다. 1996년 가족 프로그램인 라이브러리 라이브(Library Live)를 시작하였는데, 현재 댈러스(Dallas)의 26개 도서관에서 8,000명이 넘는 아동과 가족들에게 양방향 문화 프로그램을 제공하고 있으며, 1998년에는 보다 많은 아동에게 예술체험의 기회를 제공하기 위해 델라스 아츠 파트너스(Dallas Arts Partners)를 시작하였다. 2008년에는 댈러스 자치구 및 100개 이상의 예술, 문화, 지역사회 조직의 협력 프로그램인 트라이빙 마인즈 방과후 프로그램(Thriving Minds After School)을 시작하였다.

빅소우트 프로그램 중 크리에이티브 솔루션즈(Creative Solutions)는 공연 및 시각 예술을 이용하여 13~18세의 위기청소년(약물 중독, 폭력 가담 등 보호관찰하에 있는)들에게 이후 사회생활을 위해 필요한 팀워크, 의사결정력, 문제해결력, 창의적 사고 및 의사소통 기술 습득을 돕는 예술 프로그램이다([그림 4-15] 참조).

그림 4-15 빅소우트 웹사이트 중

출처: https://www.bigthought.org

(4) 음악으로 연결하기

미국의 '음악으로 연결하기(Musical Connections)'는 문화복지 차원에서 다양한 범주의 참여자를 적극 개발하여 소외계층 청소년들이 예술을 통해 삶의 긍정적 변화를 경험할 수 있도록 하는 것을 목적으로 하는 문화기반시설 문화예술교육 프로그램이다. 주요 내용은 위기청소년, 미혼모 대상 맞춤형 문화예술 프로그램을 운영하며, 전 지역사회에서 긍정적으로 작용하는 협력적 방안 구축에 민간 재단의 재정지원을 받아 기업과 문화예술 분야 기관의 사회적 책임실천이라는 특징을 가지고 있다([그림 4-16] 참조).

그림 4-16 음악으로 연결하기 웹사이트 중

출처: https://www.carnegiehall.org/Education/For-Partners

(5) 미술교육터 '떠해'

떠해는 소외된 아동 · 청소년에게 예술적 경험과 창의적 교육을 제공하기 위해 2006년 베트남에서 설립된 사회적 기업이다. 장애아동, 자폐아동, 고아 및 도서벽지 거주 아동 · 청소년들을 위한 3단계 프로그램(기초미술교실, 심화지도교실, 직업훈련 프로그램)을 운영하며, 아동 · 청소년의 작품으로 만들어진 제품의 판매 수익 중 일부는 제작 아동에게 지급된다. 이처럼 이곳에서 아동 · 청소년은 창작을 통해 순수한 즐거움뿐만 아니라 실질적인 혜택을 받고 있다. 떠해는 소외계층 아동 · 청소년을 포용하는 미술교육과 교육의 범위를 교실 밖으로 확장시켜 경제적 혜택을 실현하도록 돕고, 더 나아가 사회적인 변화를 도모하고자 한다. 그러므로 아동 · 청소년은 미술교육 프로그램을 통해 상상력을 자유롭게 탐구하고 여러 기법을 실험해 보면서 발달을 돕는다. 또한 직업교육을 통해 자립할 수 있는 능력과 자신감을 향상시킬 수 있다(강

그림 4-17 떠해 웹사이트 중

출처: https://titoay.vn

리나, 2013; [그림 4-17] 참조).

(6) 엘 시스테마

엘 시스테마(El sistema)[8]는 베네수엘라 경제학자이자 음악가인 호세 안토이노 아브레오(Jose Antonio Abreu)가 1975년 빈민가 아동들을 위한 음악교육을 위해 설립한 것이다. 엘 시스테마는 기존의 음악교육과 달리 사회적 변화를 추구하는데, 즉 가난, 폭력, 마약과 범죄에 노출되어 있는 빈곤지역 거주 아동들에게 오케스트라 교육을 통해 스스로 변화하게 하여 삶을 변화시키고 있는 대표적인 사회문화예술교육이다(조민지, 김동언, 2015; [그림 4-18] 참조).

그림 4-18 엘 시스테마 웹사이트

출처: https://elsistema.org.ve/estructura-academica/programas

8) 엘 시스테마는 '시스템'이라는 의미의 스페인어이며, 베네수엘라의 빈민층 아동들을 대상으로 한 무상 음악교육 프로그램을 말한다.

3) 국내외 관련 연구

(1) 국내 연구

위기청소년을 대상으로 한 음악치료 국내 연구의 효과를 메타분석[9]을 통해 종합적으로 보여 준 이지은(2019)은 2000~2018년까지 국내에서 발표된 25편의 연구를 대상으로 하였다. 이 연구 결과, 위기청소년들을 대상으로 하는 음악치료의 전체 효과크기는 1.22로 높은 수준을 보였는데, 이 중 학교 부적응 청소년을 대상으로 하는 음악치료 연구들이 가장 큰 효과크기를 보였으며, 다음으로 시설에 머물고 있는 청소년, 정서 및 행동 문제를 가진 청소년, 저소득 가정 청소년, 비행청소년, 다문화 및 탈북 청소년 순으로 효과크기가 나타났다.

이를 위기의 유형별로 살펴보면, 먼저 사회적 위기로 인한 위기청소년들을 위한 연구는 다음과 같다. 소년보호시설 청소년들을 대상으로 한 밴드음악활동을 통해 회복된 음악 경험이 이들에게 어떤 의미를 가지고 있는지를 알아본 최경희와 심교린(2020)은 6명의 청소년을 대상으로 심층면담을 진행하였다. 연구 결과, 위기청소년들에게 음악 경험은 다음과 같다. 첫째, 재미와 즐거움을 주며 몰입하게 하고 억압된 감정을 쏟아내는 카타르시스적 경험을 제공하는 음악의 심미성이 있다. 둘째, 자기를 표현하며 말하기 어려운 것들을 안전하게 표현하고 표현을 통해 자신을 탐색할 수 있는 기회가 되며, 경험과 도전을 통해 성취감 및 자신감을 갖게 되고, 음악활동 그 자체로 행복이 되고 삶을 풍성하게 만들어 주어 만족스러운 삶을 살게 되었다는 음악 경험의 인지적 의미가 있다. 셋째, 타인과 소통하고 함께 연습하고 연주하는 과정을 통해 소속감과 유대감을 형성하며 서로 응원하고 지지하는 사회적 수용의 경험을 제공하는 음악 경험의 사회적 의미가 있는 것으로 나타났다.

또한 윤주리와 정현주(2019)는 조건부 기소유예 및 보호관찰 처분을 받은 청소년 25명을 대상으로 자원지향 노래심리치료 총 8회기를 수행하였다. 프로그램 종결 이후 10명의 참여자들을 대상으로 이들의 경험을 면담을 통해 질적으로 분석한 결과, 9개의 심리적 자원 유형이 도출되었다. 9개의 심리적 자원은 소망/원함, 도전, 인내, 성취감, 유능감, 자부심, 참자기와의 만남, 용기, 내적 평가 소재이다. 즉, 음악활동

9) 메타분석이란 개별적인 양적 연구 결과들을 종합하여 분석하는 통계적 방법이다.

참여 이후 마음속의 욕구와 하고 싶은 것을 표현할 수 있고, 새로운 것에 도전하며, 어렵고 힘든 순간도 참고 견딜 수 있으며, 목적의식을 가지고 노력한 결과에 대해 스스로 만족감을 느낀다고 하였다. 또한 어떤 일을 수행할 때 스스로 할 수 있다는 유능감을 느끼고, 자신의 능력과 가치를 믿고 자부심을 느끼며, 자기 내면을 투사하고 어려움을 극복하고 도전하는 데 필요한 동기와 정서를 갖게 되었다. 그리고 자기 경험에 대한 가치부여와 평가 기준이 자기 내면에 기인하는 심리적·정서적인 자원을 갖게 되었다.

이와 함께 정현주 등(2020)은 조건부 기소유예 및 보호관찰 청소년 중 심리정서 지원 프로그램에 참여한 124명을 대상으로 만족도를 조사한 결과, 심리정서 지원 프로그램은 위기청소년의 교화 및 선도를 위한 실제적인 프로그램이며 내면의 심리적·정서적 문제를 개선할 수 있음을 보고하였다.

다음으로, 교육적 위기로 인한 위기청소년들 대상 연구는 다음과 같다. 전민영(2020)은 2000~2019년까지 발간된 학교 부적응 청소년을 대상으로 실시한 총 29편의 연구를 대상으로 연구 동향을 분석하였다. 연구 결과, 학교 부적응 청소년 대상으로 한 음악치료 연구는 2015년과 2019년에 활발하게 진행되었으며 이후 꾸준히 증가하고 있음을 보고하였다. 구체적으로 연구를 살펴보면, 강경선(2014)은 학교 부적응 청소년 10명을 대상으로 무드조절 기반 음악치료를 실시한 결과 학교 적응과 부정적 정서 조절에 효과적임을 보여 주었다. 김지원(2018)은 학교 부적응 청소년 4명을 대상으로 8회의 지지적 노래 만들기 프로그램을 실시한 결과 적응유연성이 향상되었음을 보고하였다.

개인적 위기로 인한 위기청소년 대상 연구는 다음과 같다. 백승영(2021b)은 정서적 문제를 보이는 위기청소년들을 대상으로 음악치료의 연구들을 분석한 결과 8~10회기의 프로그램, 노래 부르기 및 악기연주 활동이 가장 많았으며, 다음으로 통합음악활동, 송라이팅, 음악합주, 음악감상 순이라고 보고하였다. 또한 고은진과 이진형(2018)은 정서행동 문제를 보이는 청소년 음악중재 연구분석을 통해 핵심변인을 분석하였는데, 치료변인의 비중은 탄력성, 유능감, 관계성, 정체성 순으로 나타났다. 유능감 관련 음악중재의 경우 행동주의적 접근을 기반으로 연주 경험을 통한 성공 경험에 목표를 둔 구조화된 연주활동을 진행하였으며, 관계성 관련 중재의 경우 사회적 관계를 중시하는 생태학적 접근을 기반으로 타인과 협력하여 결과물을 만드는 데 목적을 둔 노래 만들기 활동을 진행하였음을 보고하였다.

마지막으로, 사회적 위기로 인한 위기청소년들 대상 연구는 다음과 같다. 백승영(2021a)은 2010~2021년까지 다문화 아동, 청소년의 사회성 및 자존감 향상을 위해 수행한 음악치료 연구 8편을 메타분석하였다. 연구 결과, 효과크기는 1.71로 큰 효과크기를 보여 음악활동이 사회성 향상에 효과적임을 보고하였다. 또한 홍민주와 순진이(2017)는 외국인 학교를 재학 중인 청소년 10명을 대상으로 톤차임을 사용하여 영화음악 주제곡, 클래식 연주곡 등 청소년에게 친숙한 선율연주 및 화음연주를 실시한 후 그 자료를 분석한 결과, 청소년의 자아존중감과 대인관계가 긍정적으로 변화되었음을 보고하였다. 그리고 이지영(2019)은 대안학교 재학 중에 9명의 탈북배경 청소년을 대상으로 12회기 노래 만들기 음악활동을 진행한 결과 회복탄력성 향상에 긍정적인 영향을 미쳤음을 보고하였다.

(2) 국외 연구

위기청소년을 대상으로 하는 국외 연구를 내용별로 살펴보면 다음과 같다. 먼저, 조사연구로 맥아서와 로(McArthur & Law, 1996)는 'The Arts Prosocial Impact Study: A review of Current Programs and Literature'에서 위기청소년들에게 진행된 예술적 중재가 긍정적인 사회적 행동 등에 영향을 미치었는지에 대해 알아보았다. 문헌을 검토하고 예술 중재 프로그램의 데이터베이스를 수집하였고, 연구 결과 위기청소년들에게 예술교육이 긍정적 결과를 미친 것으로 보고했다.

음악치료는 위기청소년들의 부적절한 행동 감소에 효과적임을 보고하는데, 뮤카히(Mucahy, 1996)는 위기청소년들이 지역사회 문화예술교육에 참여한 후 학업 중단, 약물 남용, 십대 임신 등의 문제행동이 감소되었으며, 리오와 테니(Rio & Tenney, 2002) 역시 음악치료 이후 시설에 거주하는 위기청소년들의 적대적 · 공격적 행동은 감소되고 상호작용, 자기표현, 자긍심 등이 향상되었음을 보고하였다. 이들은 음악활동에서 애착을 형성할 수 있는 기회를 제공하기 위해 치료과정을 5단계로 하였다. 즉, 초점화(focus), 신뢰감(trust), 리더십과 정체성(leadership & identity), 집단 응집력(group cohesion), 마무리(closure) 과정으로 진행하였다. 이러한 의미 있는 음악 경험은 이전에 애착을 경험하지 못했던 청소년들에게 상호적인 관계를 향상시킬 수 있었다.

행동뿐만 아니라 문화와 예술을 활용한 교육 프로그램은 복합적으로 풍부한 감각 자극을 촉발하여 청소년의 뇌의 중추신경계의 활성화를 촉진하여 스트레스 및 정서적 치유에 도움을 준다(Bamford, 2006). 즉, 다양한 예술 활동은 정신적 외상으로 혼란 속에 있는 아이들에게 '보호적 환경(protected environment)'을 제공해 주며, 그들에게 낙관적 시각을 갖게 하여 치료에 긍정적 효과가 있음을 보여 주었다(Penelope, 2007).

카멜리(Camilleri, 2002)는 드럼서클(drum circle)[10]이 위기청소년들에게 유익한 중재임을 보고하였다. 낮은 자긍심을 보이거나 혹은 자신의 감정을 표현하지 못하는 청소년들에게 드럼활동은 그들에게 목소리가 되어 주며 분노와 같은 감정을 확대할 수 있었다. 이때 사용된 기법은 다음과 같다. 먼저, 아동들이 드럼활동에 편안함을 느낄 수 있도록 드럼으로 자신을 소개하고, 다음으로, 한 사람의 드럼 연주를 듣고 모방하는 활동을 진행하였다. 이후 에코게임을 진행하였는데, 이것은 한 사람이 드럼을 연주하면 그 리듬을 똑같이 따라 하는 것이다. 도전게임(challenging game)은 그룹의 청소년들이 원으로 리듬을 전달하고 그 시간을 재는 것이다.

인지적 측면에서도 긍정적인 효과를 보여 주는데, 마일스(Miles, 2004)는 예술교육이 비행청소년들의 문해 능력과 수리 능력 향상, 개인적 · 사회적 생활기술 발달, 교육과 직업 기회의 제공 등의 측면에서 기여할 수 있다고 하였다. 즉, 영국에서 실시된 예술교육 프로그램의 효과와 관련된 선행연구물을 분석한 결과, 예술교육은 비행예방, 교육에 대한 태도 개선, 비행행동 변화, 개인적 · 사회적 발달, 사회 재적응에 효과가 있다고 보고하였다. 창의성과 관련하여 뱀포드(Bamford, 2006)는 예술교육이 비행청소년의 창의성을 향상시키고 청소년들이 스스로에 대하여 반성적 투영을 해 볼 기회를 제공하여 자아정체감을 형성하는 주요한 교육방법이라고 하였다.

마지막으로, 사회적 측면에서 포쉬와 토랜스(Fouché & Torrance, 2005)는 범죄 조직에 물들어 있는 청소년들을 대상으로 음악치료를 적용하였다. 남아프리카 케이프타운은 높은 실업률, 약물과 마약의 의존성, 가족의 해체, 인구가 밀집된 환경, 학교 무단결석과 폭력 등의 사회적 문제로 지역사회에 이러한 범죄조직활동을 하는 청소

10) 드럼서클은 개인으로 구성된 공동체가 원의 형태로 모여 여러 가지 타악기를 연주하며 음악을 만드는 과정이다. 목적은 악기를 연주하면서 자신에게 잠재된 음악성을 발견하고 창저적인 음악 만들기 과정을 체험하며 공동체 경험을 통한 성장을 도모하는 것이다(출처: 한국드럼서클연구회, https://www.kdrs.kr).

년들이 만연되어 있었다. 이곳의 청소년들을 대상으로 뮤직킹(musiking)[11]과 말하기로 구성된 주별 세션을 진행하였다. 비구조적인 즉흥연주는 서로 다른 구성원들에게 새로운 정체성과 음악을 만들면서 사회적인 역할 탐색을 가능하게 하였다. 음악은 그들에게 활력을 주고 움직이게 하고 목적을 갖도록 하게 하였으며, 음악치료는 청소년들에게 연결되고 창조하고 표현하는 방법을 탐색할 수 있도록 해 주었다. 말하기 시간에는 청소년들이 자신들의 이러한 조직에서의 삶에 대해 나누었다.

특별히 위기청소년의 예방차원에서 진행된 연구도 있다. 골드 등(Gold et al., 2017)은 그룹 음악치료가 정신건강 문제로 발전할 수 있는 위기청소년들을 위한 예방 차원에서 효과적인가를 알아보는 연구를 진행하였다. 총 100명의 위기청소년들을 대상으로 8주 동안 그룹 음악치료와 자기 스스로 지시적인 음악감상을 실시한 집단을 비교한 결과 두 집단 모두 예방 차원에서 효과적임을 알 수 있었다. 이처럼 선행연구 검토 결과 음악활동뿐만 아니라 다양한 예술적 접근은 위기청소년들의 부적절한 행동을 감소시키고 내면의 정서적인 상태와 연결되어 표현할 수 있도록 도와주며 사회적·인지적 측면에서도 긍정적인 영향을 보이는 것으로 보고되고 있다.

11) 뮤직킹은 1990년대 중반에 음악치료에서 음악이라는 명사를 동사로 사용하기 시작하였다. musicing이라는 철자를 사용하는 작가는 David Elliott(1995)이며, musicking라는 철자를 사용하는 작가는 Christophrt small(1998)이다. 음악하기는 인간이 하는 모든 음악활동을 포괄하는 의미로 사용된다.

제3부

위기청소년 사례

제3부에서는 위기청소년들을 위한 음악치료 사례를 소개하고 있다. 위기청소년 사례는 제1부 위기청소년의 범주에 따라 가족적 요인, 교육적 요인, 개인적 요인, 사회적 요인의 네 가지로 분류하였다.

제5장

가족적 요인

1. 아동학대 피해 청소년 사례

치료사 소개: 한옥돈(마음치유프로덕션 오늘하루)

숙명여자대학교 음악치료 대학원에서 임상음악치료 석사를 전공하였으며, 졸업 후 재활병원과 금천아이존 등에서 근무하였고, 이후 다양한 심리정서지원 프로젝트에 협업하였다. 현재 마음치유프로덕션 오늘하루의 센터장이며, 서울서남아동보호전문기관과 양천구정신건강복지센터와 협업하여 지역사회와 함께 다양한 내담자의 삶에 동행하고 있다.

제목: 그래도 걸어가는 걸음

개요

이 사례는 아동학대 피해자인 10대 후반 A양의 억압된 분노를 표현하기 위한 음악적 작업을 주요 치료과정으로 다루고 있다. 내담자는 초반에 성인에 대한 신뢰 및 자신을 표현하는 것에 어려움이 있어 음악에 따른 정서 표현 및 애플리케이션을 이용하여 글쓰기, 음원 만들기 등을 탐색하고 구조화하였고, 스스로 확인할 수 있도록 과제지를 제공하기도 했으며, 내담자의 음악적 선호를 고려할 뿐 아니라 A가 본 활동을 충분히 안전하다고 인식하고 느낄 수 있도록 지원하고자 노력하였다. A는 종결 회기에서 제공된 포트폴리오에서 자신의 음악의 제목을 '걸음'으로 정하며 앞을 향해 나아가고자 하는 미래 조망을 나타내었다.

내담자 정보

A는 친모의 지속적인 가정폭력으로 인해 친부와 함께 신체적 · 언어적 · 정서적 폭력을 경험하였다. A의 친부는 친모로부터 A를 보호하기보다는 학대를 묵인하거나 친모의 편에서 아동을 비난하는 자세를 취했다고 한다. A는 초등학교 저학년 때까지는 문제의식이 없었으나 고학년이 되면서 이러한 문제에 대해 의식하게 되었고, 중학생 때는 이를 개선하고자 가출을 하거나 경찰에 신고 후 쉼터에서 지내기도 하였으나 적응하는 데에 어려움이 있었다고 한다. 이후 친부가 A를 양육할 의사를 보였고 A 역시 친부와의 거주를 희망하였으나 친부의 직장 문제로 인해 친척집에서 거주하며 학교를 다녔으며 학교생활과 친척들과의 갈등, 적응의 어려움이 발생하였다. 담임교사와 위 클래스(Wee class)[1] 담당 교사의 심리치료 추천이 있었으며, A가 상담을 수락하며 방과 후 위 클래스 개별실에서 개인치료를 진행하게 되었다.

진행과정

A는 30회기 중 단 한 차례도 지각이나 결석이 없었으며 고등학생의 특성상 시험 기간에는 쉬어도 된다고 안내하였음에도 시험 기간이면 시간을 당겨서 해 줄 것을 요청할 뿐 상담을 지속하기를 원하였다. A는 초반 상담시간에는 대부분의 대답을 "네." "아니요."라는 단순한 답변만 할 뿐이었으며 열린 질문에는 침묵하거나 "모르겠다."고 대답하는 경우가 대부분이었다. 이에 치료사가 먼저 자신의 청소년기의 이야기를 꺼내면서부터 조금씩 A와 라포를 형성할 수 있었다. 이후 A는 자신의 이야기를 풀어 나가기 시작하였으며, A가 조금씩 마음을 열며 치료 동맹을 형성한 이후부터 치료사와 신뢰를 바탕으로 상담을 이어 나갈 수 있었다.

---

1) 위 클래스(Wee class)는 학교, 교육청, 지역사회가 연계하여 학생의 건강하고 즐거운 학교생활을 지원하는 다중의 통합지원 서비스인 위 프로젝트(Wee project)의 1차 안전망이다. 학생이 재학하고 있는 소속 학교의 상담실을 통해 친구관계나 진로 등 다양한 고민을 전문상담교사와 함께 나눌 수 있는 소통 및 상담 공간이며, 학교 적응 및 심리적 · 정서적 안정을 위한 개인상담, 자존감 향상 및 사회성 증진을 위한 상담 · 교육 프로그램을 운영하고 있다.

상담은 초반에는 치료사 주도로 시작되었지만 중반부터는 A의 주도로 상담이 진행이 되었다. 중반부터는 매 회기 일정하게 A의 한 주간의 생활에 대한 이야기와 생활 개선 등에 대해 10~20분은 이야기를 나누며(예: 아침에 지각을 자주 한다고 하여 일어나기 위한 계획 세우기, 학습에 대한 계획을 시간으로 할 것인지 혹은 책의 분량으로 할 것인지, 오늘의 계획이 수행되지 못했을 때 대처 방안 등등의 세세한 일상 계획에 대한 것들) 시작하였고, 30~40분은 A의 감정에 대한 이야기와 생각한 것을 음악에 담아 표현하는 작업을 하였다. 그리고 마지막 5~10분은 한 주간의 계획이나 해야 할 것들에 대한 목록을 작업하는 것으로 일정하게 반복하였다.

상담 회기가 지나갈수록 A와의 상담에서 생활 개선에 대해 다루는 시간은 줄어들고 정서적 지원을 위한 시간이 늘어났으며, 종결 회기 5회기 정도는 특별한 일이 없으면 음악 작업으로 진행하였다. A와 상담이 안정적으로 진행될 때쯤 친모에 대한 판결이 나왔는데 A가 생각한 것보다 낮은 수위의 처벌로 인해 복잡한 마음을 나타내며 흔들리는 모습을 보이면서 치료적 음악 만들기 작업이 중단될 때도 있었지만, A가 먼저 다시 음악 작업을 하고 싶다고 요청하여 자연스럽게 스스로 풀어 내는 모습을 보이기도 하였다.

주요 방법

K-pop을 좋아하고 찬양팀에서 보컬 경험이 있는 A는 음악에 대한 관심과 선호가 있었다. A는 악보를 읽거나 악기를 연주하는 등의 기술은 부족한 상태였으므로 특별한 음악적 기술이 없이도 음악 작업을 할 수 있도록 지원할 수 있는 활동으로 하였다. 초반에는 음악감상과 토의하기 등을 하였고, 중반부 이후에는 애플리케이션을 활용하여 송라이팅(songwriting)[2)]과 음원 만들기, 사운드 클라우드(sound cloud)[3)]에 업로드 하는 등의 다양한 음악활동에 참여할 수 있도록 지원하였다.

A는 오랜 기간 학습과 생활지도를 받지 못한 채 성장하여 일상생활과 학교 적응에 어려움이 있었다. 이로 인해 자신에 대한 부정적 신념이 높은 상태로 쉽게 포기하거

2) 송라이팅(songwriting)이란 노래를 만드는 활동으로 단순히 일정 부분의 단어를 바꾸는 활동에서 가사, 멜로디를 만드는 활동까지 다양하게 적용될 수 있다.

3) 사운드 클라우드(sound cloud)는 자신이 만든 음원을 업로도 하고 서로 자유롭게 공유할 수 있는 음원 스트리밍 업체이다.

나 시도조차 하지 않는 부분이 관찰되어 심리적 접근 이에도 일상적인 생활 개선이 필요하였다. 이를 위하여 생각 정리를 위한 브레인스토밍(brainstorming),[4] 생활 수행을 위해 해야 할 일 목록(to do list) 작성하기. 시험계획 짜기, 계획 수정하기, 해야 할 일을 구조화하기 등 A가 자신의 삶을 스스로 계획하고 수행하는 과정을 통해 자신에 대한 부정적 신념을 수정할 수 있도록 도왔다.

내용

회기 초반 A는 무기력한 모습으로 착석하였으며, 치료사의 질문에 '네' '아니요' 정도의 대답을 하는 정도의 참여를 보였다. 담당교사는 'A가 K-pop을 즐겨 듣는다'고 하였으나 A는 "좋아하는 노래나 가수가 없다."라고 대답하였다. 상담을 요청한 이유에 대해서도 A는 "하면 좋을 것 같다고 해서요."라고 하면서도 자신의 스토리를 말하기는 어려워하는 모습이었다. A에게 치료사의 플레이리스트를 공유하고 치료사가 각 음악을 좋아하는 이유와 노래에 담긴 스토리 치료사의 경험들을 하나씩 풀어내기 시작하였으며, A에게 비슷한 경험이 있는지 물었고 A는 있는 것 같다며 조금씩 치료사에게 대화를 시작하였으며 서로의 플레이리스트를 나누며 관계를 형성하기 시작하였다(〈표 5-1〉 참조).

A는 고등학생으로 학업에 대한 걱정과 염려가 있었음에도 스스로에 대한 평가로 '망한 인생'이라고 하였다. 자신은 "공부를 해 본 적도 없고 할 수도 없다."고 하며 학교에 지각과 결석하는 것에 대한 문제의식이 없었으며 A의 이러한 모습으로 또래관계에서도 갈등이 생겨나고 있었다. 또한 친척집에 거주하면서 청소나 화장실 사용 등의 일상적인 규칙을 지키지 않아 사촌들과의 갈등도 심해지고 있는 상황인 것으로 파악되어 치료동맹을 맺은 후 치료사는 A의 치료계획을 크게 인지행동적 과정을 통해 일상생활의 적응력을 높이는 것과 A가 느꼈을 정서적 어려움을 적절하게 인식하고 표현하는 것으로 구성하고 매 회기 두 가지의 목표를 가지고 접근하였다.[5]

---

4) 브레인스토밍(brainstorming)이란 일정한 주제에 대해 서로 자유롭게 의견을 내놓으며 진행하는 회의 방식이다.

5) 개러지 밴드(Garage Band)는 애플(Apple)에서 제작한 음악 만들기 앱으로서 다양한 악기를 탑재하고 있어 쉽게 음악을 만들고 연주할 수 있는 애플리케이션이다.

표 5-1 음악치료 진행과정

시기	목적	과정	반응 및 결과
초기 (1~5회기)	지금 나의 마음 나누기	• 음악을 듣고 소감 나누기 • 음악이 필요한 순간 나누기 • 공감되거나 반대하는 가사 나누기	• 조금씩 자신의 이야기를 하기 시작함
중기 (6~25회기)	생활 개선 프로젝트	• 목표에 대한 브레인스토밍 • 우선순위 따라 계획 작성 • 수정 · 보안 등 대처 기술 습득 • 해야 할 일 목록(to do List) 작성	• 친구들을 사귀기 시작함 • 거주지 내 생활안정
	감정을 이해하고 수용하기	• 감정카드 활용한 감정일기 • 3줄 일기 애플 사용 • 생각과 감정 분리하기	• 자신과 타인의 감정을 이해함
	나의 마음 표현하기	• 일상을 시로 만들어 가사 작업 • 개러지 밴드(garage band)[5] 활용한 노래 만들기 및 음원 만들기	• 적절하게 감정을 표현함
말기 (26~30회기)	의미 담기	• 음원표지와 작업 • 고마운 분(thanks to) 적어 보기 • 사운드 클라우드 업로드	• 지금까지 활동의 의미를 스스로 확인함

첫째, 생활 개선을 위해서는 A 자신이 현재 취하고 있는 행동을 확인하고 이러한 행동과 관련된 생각과 감정을 나열하게 하고 이에 따른 대처방법도 나열하여 자신이 스스로 할 수 있고 긍정적인 결과가 오는 것을 선택하여 실행하도록 지원하였다. A는 이러한 과정을 통해 스스로 대안을 찾아가는 모습이 나타났다. 예를 들어, 자신의 행동(샤워 후 머리카락을 정리하지 않음)이 만들어 내는 결과(잔소리 듣기)와 자신의 기분(짜증)을 나열하고 이로 인해 생기는 문제점('사촌의 기분도 나빠지며 집안 분위기가 좋지 않아 내가 고립되는 기분이 든다.')이 있음을 글로 적어 스스로 확인한 후, 자신의 욕구('사촌들과 잘 지내고 싶다.')를 충족하기 위한 행동(욕실 사용하고 난 후 정리하기)을 설정하였다. 이 행동을 하기 어려운 이유('자꾸 깜빡한다.')를 찾고 이를 해결하기 위한 방법들(화장실 문 안쪽에 포스트잇 붙이기, 샤워 시작 전 알람 맞추기)을 나열하고, 하나씩 수행해 보며 자신에게 적절한 방법(샤워 시작전 알람 맞추기)을 찾아 수행하기 시작하였다. A의 보고에 따르면, 몇 번 해 보니 까먹지 않고 할 수 있었다고 하였으며 이후 자신의 기분('나도 할 수 있는 게 있다.')을 확인할 수 있도록 지원하였다([그림 5-1] 참조).

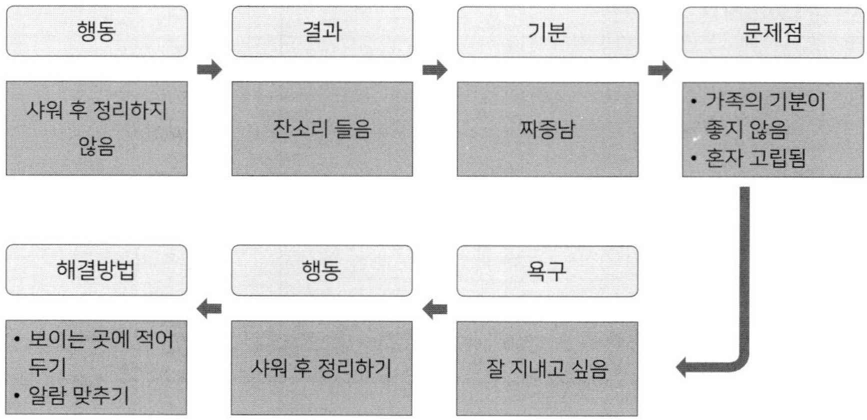

그림 5-1 **생활 개선을 위한 활동과정**

둘째, 정서 표현을 위해서는 감정카드를 사용하였다. A에게 감정 표현이란 주로 웃거나 짜증내는 것으로 인식되어 있었으며, 극단의 감정을 이해할 뿐 세부적인 감정에 대해서는 감정의 명사에 대해서 알고 있다고 하나 적절하게 설명하지 못하는 모습이었다. 자신은 "감정을 잘 느끼지 않는 편인 것 같다."며 크게 화가 나거나 속상한 일도 별로 없다고 보고하였다. 치료사는 A에게 감정카드를 통해 감정의 다양함을 안내하고 감정게임이나 치료사의 감정을 맞춰 보기, 함께 음악을 들으며 주인공이 느꼈을 감정을 골라 설명하기 등의 활동을 통해 감정의 보편성과 특수성 등에 대해 이해할 수 있도록 하였다. 이러한 과정에서 A는 치료사에게 궁금한 것이 있다며 술을 마신 엄마를 피해 아빠와 함께 집을 나와서 찜질방에 있었는데 엄마가 찜질방에 찾아와 자신은 붙잡혔고 아빠는 자신을 두고 도망을 가던 모습이 기억이 난다고 하였다. 그때 상황과 사건의 기억은 있는데 기분이 어땠는지는 기억이 나지 않는다며 이야기를 꺼냈다. 치료사가 지금은 기분이 어떠냐고 묻자, "뿌연 느낌"이라고 대답하였다. 치료사가 감정 카드에서 골라볼 것을 제안하자, A는 눈물을 흘리며 "엄마가 무서웠고 아빠가 미웠고 이대로 집에 혼자 끌려가서 죽는 게 아닐까 두려웠고 원망스러웠던 것 같아요."라고 하며 구체적인 자신의 감정을 말로 표현하였다.

본격적으로 A와 함께 치료적 음악 만들기 작업을 진행하며 A에게 3줄 감정일기를 매일 적도록 지원하였다. A가 앱에 감정일기를 일주일간 적어 오면 그 감정들을 함께 읽고 자신의 생각이나 감정을 시로 표현할 수 있도록 지원하면서 완성된 최종

4편의 시 중에 한 편을 골라 가사 작업을 하기로 하였다. 개러지 밴드 앱을 이용하며 리듬패턴과 코드 진행을 선택할 수 있게 하였으며, 절과 후렴의 구조를 잡은 후 A가 멜로디를 흥얼거리면 치료사가 이를 적용하여 라인을 만들어 수정하는 과정으로 진행하였다. 가사의 내용이 다소 부정적인 부분이 있었으나 치료사는 지켜보며 함께 있는 역할을 하였다. 완성부를 위한 후반 작업을 하고자 할 때 A가 "선생님 지금까지 만든 것을 과거로 놓고 이제 꿈을 향해 가는 것을 넣을 수는 없겠죠?"라고 물어 치료사는 브리지(bridge)[6]의 개념을 설명한 후 공간을 만들어 주자 A는 더 이상 뒤를 돌아보지 않고 꿈을 향해 가겠다는 내용의 가사를 추가하여 곡을 완성하였다.

A는 자신의 곡 작업을 마무리하고 직접 노래를 불러 음원을 완성하였다. 치료사가 이를 음원으로 저장하여 CD 작업화를 하고, A에게 스스로 표지를 만들어 볼 것을 제안하자, A는 자신의 앨범의 이름을 '용기'라고 지었다. 이어 "이전에는 나를 이렇게 만든 사람들에 대해 복수하고 싶다는 생각이 커서 나는 어떻게 되든 복수할 생각뿐이었으나 이 앨범을 만들며 그들이 어떻게 살아가든 내가 나답게 살고 싶다는 마음이 들었어요."라며 자신은 이 마음의 이름을 용기라고 하고 싶다고 하였다.

맺음말

학대 피해 아동을 상담하며 지켜본 많은 아이에게서 정서적 문제뿐 아니라 생활의 문제, 학습의 문제, 또래관계의 문제, 학교 적응의 문제 등 다각적인 문제를 지니는 것을 볼 수 있었다. 학대 피해 아동들은 인지적 자원이 있음에도 불구하고 이를 억압당했으며 위축되어 사용하기 어려운 경우, 또는 적절한 지원을 받아 향상시켰어야 할 부분이 오히려 부모의 방임과 폭력의 공포 속에 미성숙하게 다듬어지지 않은 경우 등 자신이 가지고 있는 자원을 사용하지 못하게 되면서 이러한 결핍을 채우고자 여러 부적절한 행동과 결부되는 사례도 많았다. A는 자신의 생활을 개선하고 나아가고자 하는 욕구가 있었고, A를 지지해 주는 담임교사와 위 클래스 교사가 있었으며 A의 변화를 기다려 준 친척들과 반 친구들도 있었다. A는 앨범의 고마운 분(thanks to)에 이들에 대한 감사를 전하였으며, 이는 A가 스스로 긍정적 자기 지지기반을 찾는 과정이 되었다. '그래도 걸어가는 걸음'. A의 용기를 찾는 여정에, 음악과

6) 브리지(bridge)는 노래에서 도입부와 후렴부를 연결시켜 주는 것으로 분위기를 전환하거나 고조시킬 때 사용된다.

함께 걸어가는 걸음이었다.

2. 한부모 가정 청소년 사례

치료사 소개: 한옥돈(마음치유프로덕션 오늘하루)

숙명여자대학교 음악치료 대학원에서 임상음악치료 석사를 전공하였으며, 졸업 후 재활병원과 금천아이존 등에서 근무하였고, 이후 다양한 심리정서지원 프로젝트에 협업하였다. 현재 마음치유프로덕션 오늘하루의 센터장이며 서울서남아동보호전문기관과 양천구정신건강복지센터와 협업하여 지역사회와 함께 다양한 내담자의 삶에 동행하고 있다.

제목: 나는 ○○○

개요

부모의 이혼 후 친모와 거주 중인 B는 10대 중반의 남학생으로 무기력과 우울감, 자살사고 등의 어려움으로 상담 의뢰되었다. B는 어릴 적부터 심리상담을 많이 받았다며 심리상담은 거부하였고, 음악치료에 대한 호기심을 보인다고 하였다.

내담자 정보

B는 부모의 이혼으로 친모와 두 명의 누나와 함께 거주하고 있으며 자살사고와 무기력으로 인해 상담 의뢰되었다. 친모는 이혼 사유에 대해 친부의 외도와 음주 후 거친 행동과 폭언이 반복되어 잦은 부부싸움이 있었으며 자녀들에게 악영향을 끼친다고 판단하여 소송을 진행하여 이혼하였다고 하였다. 친부는 이혼 후에도 양육비 미지급 등으로 갈등을 유발하고 있는 상황이었으며, 친모는 이러한 모든 과정을 자녀들과 공유한다고 하였다. 친모의 보고에 따르면, B는 성품이 온화하고 공격적인 부분은 없으며 잘 참는데, 유독 둘째 누나와만 싸우는 편이라고 하였다. 또한 어릴 적부터 내성적이고 또래관계에서 소극적인 부분이 있어 심리상담을 몇 번 받았던 적이

있어 심리상담을 거부하는 상황이었으나 음악치료에 대해서는 호기심을 보인다고 하였다. 초기 면접에서 B는 금전적인 어려움과 또래관계에 대해서는 자발적으로 이야기하는 모습이나, 가족에 대한 질문에는 "잘 모르겠다." "기억나지 않는다."는 반응을 보였다. 친모에 대해서는 "친절하지만 뭐라고 하는지 모르겠다." "불쌍하다."라고 보고하였고, 친부에 대해서는 "잠을 많이 자는 사람"이라고 대답하였다. B는 터울이 큰 첫째 누나와는 비교적 친밀하게 지냈으나 3살 터울인 둘째 누나에게는 극단적 적대를 보였고, 둘째 누나 역시 다른 기관에서 상담을 받고 있는 상황이었다. B의 종합심리검사 결과를 보면, 한국판 웩슬러 아동 지능검사(K-WISC-Ⅴ)에서 전체 지능지수(full scale IQ) 86으로[평균하 수준(Low Average Level)]에 해당하였으며 지각 및 사고의 비논리성은 관찰되지 않았으나 모호하고 추상적인 자극에 대한 자발적인 연상이 매우 저조한 것으로 나타났으며, 정서 영역에서 불안과 높은 수준의 우울 등 임상 추정이 있었다. 또한 부모평가 영역에서 친모에게 높은 스트레스와 낮은 양육 효능감이 나타나서 부모교육도 권유되었다.

진행과정

B와의 시간은 6개월간 주 1회씩 총 19회기로 진행되었으며, B의 심리치료와 함께 부모교육에 대한 회기가 지원되어 B의 상담 후 진행되는 10분간의 부모면담 외에도 한 달에 1회기씩 총 5회기의 부모교육이 진행되었다. B의 주요 치료 목적은 자기이해를 높이고 정서표현을 증가시키는 것으로 설정하였다.

주요 방법

B와의 음악치료 시간은 주로 기존 음악을 듣고 자신의 생각 등을 나누는 송 커뮤니케이션(song communication)과 동화를 활용하여 연관된 노래를 스스로 찾거나 치료사의 제시한 곡의 일부를 개사하는 송 패러디(song parody) 혹은 노래 만들기(song writing)을 활용한 주제곡 만들기로 진행되었다. 이는 B가 자신의 가족에 대한 직접적인 언급에 대한 불편감을 해소하고 가상의 인물이나 상황에 대해 먼저 비교적 가볍게 접근하고 점차 자신의 이야기로 향하게 하고자 하는 목적에 준하여, 초반에는 동화의 주제로 시작하여 중반부 이후 자신의 주제로 옮겨 올 수 있도록 지원하였다. 이때 사용된 동화는 『깊은 밤 마법열차』, 『네 기분은 어떤 색깔이니』, 『이게 정말 나

일까?』였으며, 유투브(youtube)와 미디(MIDI) 건반의 가상악기를 활용하였다.

내용

B는 언어적 표현이 적었으며 자발적인 대화가 거의 관찰되지 않았다. B는 평소 유튜브를 통해 음악을 듣는다고 하였으며, 특히 누나와의 갈등이 있을 때는 헤드셋을 끼고 큰 소리로 음악을 들으며 감정을 해소한다고 하였다. 초반 관계 형성을 위한 회기에서 B의 플레이리스트를 치료사에게 소개하도록 지원하였으며, 이때 B의 자발적인 대화가 가장 활발하게 일어나는 모습이었다. 3회기 이후에 B는 함께 듣고 싶은 곡을 미리 준비해 오기도 하는 모습이었고, 치료사가 모르는 곡이나 치료사가 유독 좋아하는 모습이 보이면 함께 웃고 반응하며 치료사의 생각을 묻거나 치료사의 선호 등에 대해서도 관심을 보였다. 중기부터는 감상과 동화를 활용한 음악치료를 한 회기에 함께 제공하였다(〈표 5-2〉 참조).

표 5-2 음악치료 진행과정

시기	목적	과정	반응 및 결과
초기 (1~3회기)	관계 형성	• 음악을 듣고 소감 나누기 • 음악이 필요한 순간 나누기 • 공감되거나 반대하는 가사 나누기	• 자발적인 표현이 증가함.
중기 (4~17회기)	자신의 감정을 선곡으로 표현	• B가 음악을 선곡하기 • 함께 음악 듣기 • 음악에 대한 생각 나누기	• 선곡의 방향성이 생기는 모습이며, 이후 미래 조망의 형식을 띠는 모습임
중기 (4~17회기)	동화 장면에 배경음악 선곡	〈깊은 밤 마법열차〉 • 선곡하기(〈해리포터〉 테마곡) • 곡에 어울리는 가상악기 탐색하여 연주하고 녹음하기 〈네 기분은 어떤 색깔이니〉 • 감정카드 활용하여 색깔과 감정 매칭 후 이름 정하기 • 각 색깔과 어울리는 음악 선곡하기 • 음악동화 완성하기 〈이게 정말 나일까〉 • 책을 기반으로 한 활동지 작성하기 • 자신에 대한 책 만들기	• 추상적인 장면에도 자신의 의미를 넣어 인식하고 표현할 수 있었음 • 자신의 생각을 조리 있게 말로 표현함

말기 (18~19회기)	미래 조망	• 전체 과정 확인하기 • 주제곡 만들기(내 이름은 ○○○)	• 자신의 생각을 선곡에서 시작하여 곡을 만드는 작업까지 무리 없이 수행하며 높은 만족도를 표현함

B는 음악 선곡을 통해 자신의 이야기를 하는 듯한 모습을 보였는데, 인상 깊었던 곡을 몇 곡 소개하고자 한다. 2회기 중 B는 자신의 인생곡이라며 영화 〈조커〉의 삽입곡인 BoyWithUke의 〈Toxic〉을 선곡하였다. 이 곡에 대해 B는 가장 마음에 드는 구간은 없고 이 곡의 전체가 자신의 마음을 대변한다고 하였다. 이 곡의 내용은 자신의 친구들이 답도 없고 꿈도 없으며 부정적이라는 것, 새로운 친구를 사귀기 쉽지 않으며 차라리 혼자가 나을 것 같다는 것, 그러나 혼자 있는 것의 어려움과 도움을 호소하는 것 등 관계의 어려움에 대해 표현하고 있다. 치료사가 곡을 듣고 B와 뮤직비디오를 함께 보며 이야기를 나눴으며, 가사를 출력하여 마음에 닿는 한 구절을 메시지 카드에 적어 볼 것을 권하였다. 그러나 B는 전체가 자신의 이야기인 것 같다며 다 적기에는 종이도 시간도 부족할 것 같다며 거부하였다. 치료사는 'You took my pride away, but You cannot take my life'에 밑줄을 치며 "어쩌면 이 가사가 메인이지 않을까? 딱 이 가사만 내용이 다른 것 같아."라고 하자, B는 웃으며 "선생님이 그럴 줄 알았어요."라고 하며 자신도 생각했던 부분이라고 하였다.

7회기 때 B는 치료사에게 Eninem의 〈Stan〉을 들려주며 들어 본 적이 있는지 물었고, 치료사가 후크(hook)[7] 부분이 친숙하여 알고 있으나 정확하게는 모른다고 하자 한글 번역 가사가 있는 유튜브 영상을 틀었다. 노래의 가사는 한 열혈팬이 가수에게 편지를 보내다 답장이 오지 않자 극단적인 선택을 하는 내용이었으며, 곡의 가사 일부는 다음과 같다.

> See, I'm just like you in a way, I never knew my father neither
> (봐요, 어떤 점에선 난 당신과 닮았어요, 저도 제 아버지를 몰랐거든요)
> He used to always cheat on my mom and beat her
> (그는 항상 바람을 피우고 어머니를 때렸어요)

7) 후크(hook)는 반복되는 후렴구를 말한다.

I can relate to what you're saying in your songs
(당신이 노래 속 했던 이야기가 제 이야기 같아요)

B는 이 곡에 대해서 팬이 아니라 아버지한테 보낸 편지였을 것 같다고 하였다. 그렇게 생각한 이유에 대해 치료사가 묻자 B는 곡 중 주인공이 자신이 극단적인 선택을 하는 것을 알려 주고 싶은 사람이 있었다면 좋아하는 가수한테는 아닐 것 같고 아버지한테 그랬을 것 같다고 하였으며, 이유에 대해서는 "아빠가 힘들고 속상하라고…." 라고 대답하였다. 후반부 10회기에 B는 치료사에게 함께 듣고 싶은 노래가 있다며 켈리 클락슨(Kelly Clarkson)의 〈Because of you〉를 감상하고자 제안하였으며, 치료사가 많이 들어본 곡이라고 하자 이 곡에 사연이 있다며 켈리 크락슨이 부모의 이혼에 대한 이슈라고 하며 직접 뮤직비디오를 플레이하는 모습이었다. 마지막 장면에 아이를 안아 주는 장면이 자신에겐 없었던 것 같기도 하다며 딴청을 피우듯 이야기하였다.

해당 곡은 동화 음악 작업(네 기분은 어떤 색깔이니) 중에 다시금 곡을 사용하여 표현하였는데, 빨강을 표현하는 곡으로 〈Because of you〉를 선곡하였다. 이에 대해, 동화책에 삽입된 장면의 빨강으로는 충분하지 않은 검붉은 빨강이라고 하며 자신의 동화를 검붉은 빨강으로 수정하는 모습을 보였다. B의 플레이리스트는 유튜브에서 우울할 때 듣는 팝송 등을 검색하여 들었고 이후에는 알고리즘으로 곡이 추천되었던 것으로 보였다. 특히 B가 불우한 어린 시절과 연관된 음악을 찾아서 감상하며 자신을 투사하거나 일부 동일시하며 불편하고 엉킨 감정을 처리하고 있는 것으로 보였다. 치료사는 자신의 추천곡도 들어 볼 것을 제안하며, 치료사는 조용하고 아기자기한 곡을 좋아한다며 양희은의 〈참좋다〉를 플레이하자 B는 "제 스타일은 아닌데 곡은 좋은 것 같기도 하고, 저도 들어 볼게요."라고 하였으며 자신의 유튜브에 저장하였다.

14회기에 B는 착석을 하기도 전에 자신이 기가 막힌 곡을 찾았다며 AJR의 〈Karma〉를 감상하였다. 가사의 내용은 자신은 착하게 열심히 살았는데 인생이 힘들다고 하소연하는 상담장면을 묘사한 것으로, B는 상담 시간이 다 되었을 때 초초하고 급하게 말하고 싶은 마음이 공감되었다며, 이전보다 구체적으로 자신의 감정을 정리하여 보고하고 노래의 분위기 역시 한결 가벼워지는 추세를 보이는 것으로 확인되었다. B는 자신의 선곡에 대해서 가사 혹은 리듬 도입부 등 자신이 선곡한 이유에 대해서 "제가 이렇게 생각하고 있었나 봐요."라며 자신을 돌아보는 작업을 하기도 하였다. 치료사는 B의 생각에 필요할 경우 추가 질문을 하였다.

"조금 더 자세하게 말해 줄래?"
"이 부분은 어땠어?"

전반적으로 B가 스스로 작업할 수 있도록 그대로 존중하였으며, 회기가 진행되며 B는 선곡을 통해 스스로를 탐색하고 정리해가는 모습을 보였다.

동화를 활용한 음악치료는 단회기로 진행한 적도 있으며 7회기의 장기로 진행된 것도 있었으며, 내용은 다음과 같다.

깊은 밤 마법열차

B는 책을 읽고 하늘을 나는 기차를 보며 해리포터가 떠올랐다고 하였으며 스토리보다 그림에 집중하는 모습이었다. 장면 중 한 장면을 골라 〈해리포터〉의 테마곡에 맞춰 미디 건반으로 다양한 가상악기를 추가하였는데, 이를 위하여 초반 가상악기 탐색의 시간이 있었다. 가상악기 작업이 처음인 B의 부담감을 줄여 주기 위해 치료사는 아주 기초적인 것에서부터 탐색하여, B가 스스로 할 수 있을 때까지 도움을 주었다.

네 기분은 어떤 색깔이니

가장 장기간에 걸친 작업으로 책을 읽고 소감에 대한 이야기를 할 때 B는 "잘 모르겠다."고 대답하였다. 이를 위하여 감정 카드에 대한 소개와 감정 카드를 활용한 놀이 서로의 상황에 대한 감정 맞추기 등을 오리엔테이션으로 제공하였으며 감정에 적절한 음악을 선곡하였다. B는 감상을 위한 선곡과는 다르게 한국 가요를 자주 선택했으며, 가사 전달이 명확한 곡을 선곡하는 모습이었다.

이게 정말 나일까

책을 기반으로 제공한 활동지는 첫 장에는 신상명세서 형식으로 이름과 주소, 생일, 혈액형 등에 대한 질문이 있었으며, 이후 잘하는 것과 못하는 것, 상황에 따른 성격, 각기 다른 사람들이 나를 볼 때 생각할 것 같은 자신의 모습, 진짜 자신이 되고 싶은 자신, 처음의 기억과 특별한 기억까지 다양하게 자신을 탐색할 수 있도록 하였다. 이를 바탕으로 자신을 표현하는 송라이팅을 통해 자신에 대한 랩을 포함한 곡을 만들었는데, B는 자신의 과거의 모습뿐 아니라 미래 조망의 내용을 담았으며 자신의 이름을 가사에 포함하였고, 마지막 작업을 하면서도 노래 제목을 자신의 이름을 포함하여 완성하였다.

맺음말

B는 자신의 상담에 대한 만족도 있었으나 친모의 부모상담에 대한 만족감을 표현하는 경우가 종종 있었는데, 부모상담을 통해 자신에 대한 친모의 행동이 변한 것과 더불어 친모가 자신을 위해 노력하고 있다는 것을 인식하는 계기가 된 것으로 보였다. 상담과정에서 B가 죄책감을 표현하는 것이 관찰되기도 하였다. 회기를 정리하며 인사를 나누는 과정에서 B는 치료사에게 "가끔 내가 없었으면 아빠가 그렇게까지는 하지 않았을 것 같다는 생각이 들어요."라고 하며 자신이 친모가 친부에 대한 불만사항을 이야기했을 때 친모의 말에 동조하였던 것, 자신에게 친부가 말을 걸었는데 자신이 외면했던 일화 등을 이야기하거나 지나가듯 자신이 돈이 많았으면 이렇게 되지 않았다는 내용의 이야기를 하는 경우가 있었다.

B는 부모님의 갈등과 이혼, 그리고 그로 인한 경제적 어려움 등 세밀한 부분까지 모두 다 인지하고 있어 이에 대해 많은 혼란을 경험하고 있는 것으로 보이는 부분이 있었다. 치료사는 B와 친모 모두에게 부부의 이혼은 부부가 결정하는 사항이나 부모의 역할에서 달라지는 부분이 없어야 함에 대한 설명과 특히 친모의 감정을 자녀들이 동일시하지 않도록 친모의 개인 심리치료가 이뤄져야 함을 제안하였다. 극단적인 부부싸움은 아동학대에 해당되기도 할 정도로 아동·청소년의 심리적 상흔을 깊게 남기기에 충분한 부분이므로 부모 모두 건강하게 자녀들을 공동 양육할 수 있는 준비가 필요하다는 것을 마지막으로 강조하고 싶다.

제6장

교육적 요인

1. 학교 부적응 청소년 사례

치료사 소개: 제이크루 음악 커뮤니티(고윤정, 권수지, 정대산 치료사)

제이크루 음악 커뮤니티는 음악의 힘을 통해 개개인이 정서적으로 풍요로운 삶을 사는 사회가 되기를 꿈꾸는 단체이다. 이 단체는 음악의 언어로 시간을 뛰어넘고, 나이와 직업 등 사회적으로 갖고 있는 모든 것의 경계를 뛰어넘어 소통하는 것을 추구하고 있다. 제이크루 음악 커뮤니티는 음악성과 심리학적 전문성을 동시에 지닌 음악치료사로 이루어져 있으며, 어린아이부터 연세가 지긋한 어르신까지 모두가 참여할 수 있는, 즐길 수 있는, 하나가 될 수 있는 음악을 실현하고자 다양한 주제의 예술치유 및 교육 프로그램을 기획하여 사람들과 만나고 있다.

제목: 뮤직메이트, 음악 친구 마음 친구

개요

이 사례는 학교 부적응을 경험하고 있는 초등학생(1~6학년생) 30명을 대상으로 한 음악치료 프로그램의 과정을 다루고 있다. 내담자들은 환경적 변화로 인한 스트레스, 저하된 자신감, 충동적인 행동, 사회성의 부족 등의 문제를 겪고 있었다. 프로그램 내에서 해당 주제들을 다루면서 자신감을 회복하고 적응적 행동을 강화시켜 나갔다. 주요 방법은 음악과 놀이, 스포츠를 융합한 게임(음악 올림픽) 및 재창조 연주[1]와 송라이팅(songwriting)[2]이며 그 외 다양한 예술적 체험을 병행하였다. 내담자들은 음악치료를 통해 심리적 · 정서적 안정감이 회복되고 자기효능감이 향상되었다.

내담자 정보

내담자들은 경기도 소재 H 초등학교의 1～6학년 학생들이며, 다양한 내적 · 외적 문제로 학교 적응에 어려움을 느끼던 중 해당 학교 상담교사의 권유, 본인과 학부모의 동의를 통해 이 프로그램에 참여하게 되었다. 내담자들 중 대표적인 사례로 C는 수업 중 착석을 유지하지 못하고 이동하는 등 충동적인 행동을 보이며 친구들이 본인을 좋아하지 않는다고 호소하였다. D는 상담교사와의 상담 시 부모의 이혼 사실을 인지하지 못한 상태로 부모가 단순 별거 중인 것으로 인지하며 변화된 상황에 대해 괴로움을 표현하였다. K는 낯가림이 심하여 친구들에게 말을 잘 걸지 못하고 친구들의 말에 상처를 받는 일이 잦다고 진술하였다. O는 주의력 결핍 과잉행동장애(ADHD) 진단을 받은 이후로 언어치료를 받고 있었으며, 사회성 향상에 대한 욕구를 나타내었다. J는 등교를 거부하고 학급에서 매우 수동적이고 소극적인 모습을 보여 위 클래스(Wee class)를 이용하고 있었으며, 담임교사의 추천으로 음악치료에 참여하게 되었다. 이 외에도 다수의 내담자가 친구관계를 형성하고 유지하는 데에 어려움을 보이는 등 심리적 · 정서적 문제를 호소하고 있었다.

---

1) 재창조 연주는 기존의 악보를 보면서 다양한 악기로 연주하는 음악활동이다.

2) 송라이팅(songwriting)은 노래를 만드는 활동으로 단순히 일정 부분의 단어를 바꾸는 활동에서 가사, 멜로디를 만드는 활동까지 다양하게 적용될 수 있다.

진행과정

이 음악치료는 10회기의 집단치료로 이루어졌다. 연령대별로 총 3개의 분반(1~2학년, 3~4학년, 5~6학년)으로 나누어 구성하였다. 기간은 2023년 5~7월까지였으며, 주 1회(120분) 진행하였다. 대부분의 회기는 내담자들의 근황을 확인하고 심리적 · 정서적 문제를 확인하는 것으로 시작되었다. 이후 회기 내 전반부에는 주로 송라이팅 또는 그에 준하는 활동을 하도록 하였다. 회기 내 후반부에는 주로 음악 올림픽 게임 및 재창조 연주 위주로 진행하였다.

주요 방법

내담자들을 위한 음악치료 중 가장 중요하게 사용된 것은 음악 올림픽(음악 게임)이었다. 음악 올림픽은 음악과 스포츠, 놀이를 결합한 게임 형식의 그룹 활동으로 협동심과 사회성을 높이는 데 매우 효과적이었다. 음악 올림픽 게임은 10회기 중 총 4회기에 걸쳐 진행되었으며, 회기별로 에그 셰이커를 활용한 이어 달리기, 악기 그림 퍼즐 맞추기 스케이트, 붐웨이커 볼링, 맬럿 골프 등으로 구성되어 있었다. 내담자들은 올림픽 선서를 통해 집단에서 지켜야 할 규칙을 인지하게 되며 본인의 차례를 기다렸다가 경기에 직접 참여하는 과정을 반복하면서 질서를 지키고 충동을 조절하도록 유도되었다. 집단을 둘로 나눠서 경쟁하게 하는 방식보다 분반 전체가 한 팀을 이루어 공통의 목표(예: 3분 내에 6개의 에그 셰이커 전달하기 등)를 위해 협동하게 하고, 다른 내담자들을 응원하도록 함으로써 사회성 향상을 유도하였다. 종결 회기에는 음악 올림픽 참여에 대하여 금메달(초콜릿)과 상장을 수여함으로써 충동 조절, 질서 준수, 사회적 행동에 대해 강화하였다.

송라이팅은 총 5회기에 걸쳐 진행되었다. 회기별로 본격적인 작사를 준비하기 위한 빈칸 채우기 활동, 기존 곡에 가사 붙이기 활동, 스토리텔링을 통한 본격적인 작사, 완성된 노래 녹음, 완성된 음원 감상 및 음원에 맞춰 노래하기의 단계로 구성되었다. 노래 중 가사(verse)와 내레이션 부분에서는 본인이 겪고 있는 문제를 기술함으로써 공감을 통한 심리적 · 정서적 지지를 경험하도록 하고, 합창(chorus) 부분에서는 가사에서 제시된 문제를 해결할 수 있는 방법을 기술함으로써 자기효능감 향상을 위한 내적 자원을 확보하도록 하였다. 반복되는 멜로디와 흥미를 유발하는 반주 음원을 통해 가사의 내용을 반복하여 상기함으로써 자기효능감 향상을 위해 확보한 내적 자원을 원활하게 기억하도록 하였다.

내용

- **1회기**: '뮤직메이트'의 프로그램의 목적, 즉 음악을 온몸으로 느끼고, 상상하고, 뛰어놀면서 긍정적 내적 자원을 쌓을 수 있도록 기획한 것에 대해서 내담자들이 이해할 수 있는 수준의 언어로 소개하였다. OHP 필름 위로 다른 내담자들의 얼굴을 관찰하며 그림을 그리는 활동을 통해 라포를 형성하도록 하였다. A, C, E, P, Q 등의 경우 착석을 오래 유지하지 못하고 지정된 자리에서 멀게는 약 3m 정도의 거리까지 떨어지는 등 주의집중을 유지하고 집단 내에서 질서를 준수하는 데에 어려움을 보였다([그림 6-1] 참조).

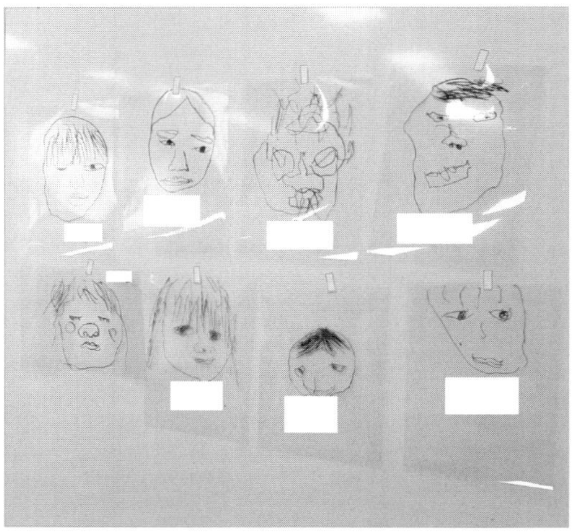

그림 6-1 OHP 필름으로 그린 얼굴

- **2~4회기**: 다양한 타악기, 붐웨이커, 톤차임을 이용한 재창조 연주를 통해 순서 지키기 등 사회적 행동을 강화하고 간접적으로 학습하는 음악적 환경을 제공하였다. A, C, P, Q 등의 경우, 본인의 연주 차례와 무관하게 계속해서 악기를 연주하는 행동을 보였으나 반복되는 기악 재창조 연주를 통해 집중력과 규칙을 준수하는 적응적 행동이 증가되는 모습을 볼 수 있었다([그림 6-2] 참조).

그림 6-2 붐웨커 재창조 연주

- **5회기:** 행복 주제 음악 〈Happy Things〉를 감상한 후, 행복할 때 자신의 표정과 나를 행복하게 만드는 것들을 그림으로 표현하도록 하였다. 이 회기에 D는 엄마를 만나고 싶은데 만나지 못하고 있는 상황에 대해서 치료사에게 공유하며, 엄마를 만나 즐거운 시간을 보내고 있는 자신의 모습을 그림으로 표현하였다([그림 6-3] 참조).

그림 6-3 나를 행복하게 하는 것들

- **6회기:** 송라이팅 첫 번째 회기로 옥상달빛의 〈선물할게〉를 함께 노래한 후, 소중한 사람들에게 선물하고 싶은 것들을 그림으로 그려 보며 심리적 · 정서적 지지를 위한 사회적 자원을 확보하도록 하였다. 이후 8회기의 송라이팅 시 내담자들이 직접 작사하도록 하기 위한 준비 작업으로서 쉽게 할 수 있는 단어로 빈칸 채우기 활동을 실시하였다. S의 경우, 돈 때문에 힘들어하는 엄마에게 금을 선물하고 싶다며 금을 그리고, 엄마를 힘들게 하는 사람들을 막기 위한 총을 그리기도 하였다([그림 6-4] 참조).

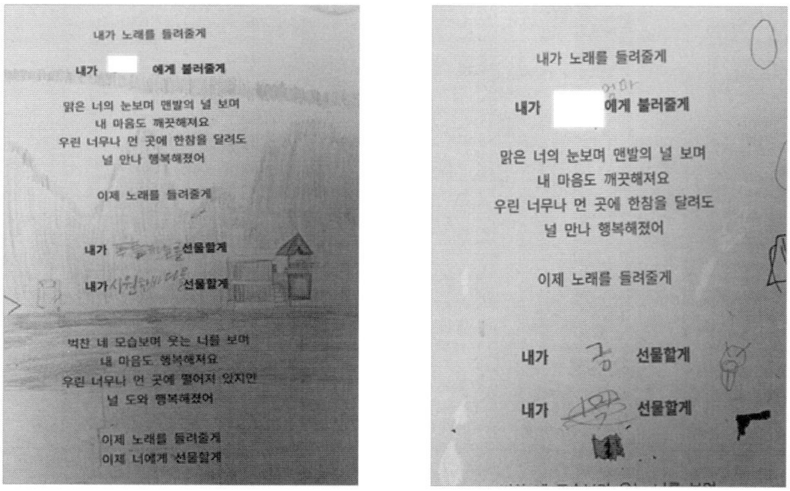

그림 6-4 선물할게

- **7회기:** ① 송라이팅 두 번째 회기로 본인이 좋아하는 것들을 소재로 하여 〈젓가락 행진곡〉의 각 음에 한 음절씩 가사를 붙여 노래를 불러보았다. 대부분의 참여자가 좋아하는 음식, 동물, 곤충 등으로 가사를 완성하였다. R의 경우, 송라이팅 활동 도중에 치료사에게 다가와 귓속말로 현재의 엄마가 새엄마라고 말하였다. 이에 치료사는 음악 올림픽을 위해 집단이 흩어져 있는 동안 개인적으로 다가가 용기 내어 해당 사실을 공유해 준 데 대하여 고마움을 표현하고 이후 활동이 끝난 후 개인적으로 이야기를 더 해 보자고 미리 말하였다([그림 6-5] 참조).

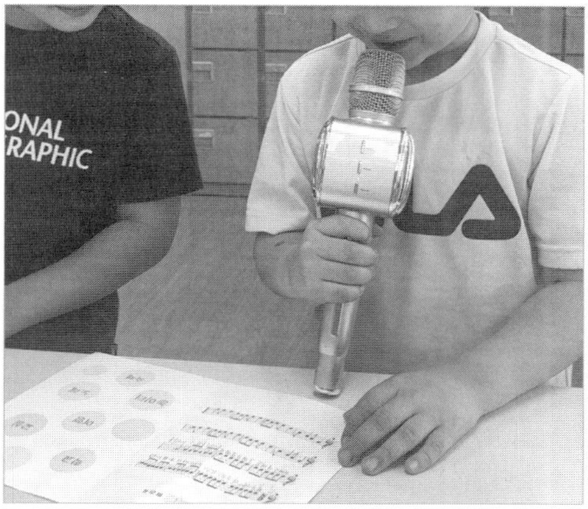

그림 6-5 개사 노래하기

② 음악 올림픽 첫 번째 회기로 올림픽 선서를 통해 집단에서 지켜야 할 규칙을 인지하게 하며 본인의 차례를 기다렸다가 경기에 직접 참여하는 과정을 반복하면서 질서를 지키고 충동을 조절하도록 유도하였다. 집단을 둘로 나눠서 경쟁하게 하지 않고 분반 전체가 한 팀을 이루어 공통의 목표, 예를 들면 3분 내에 6개의 에그 셰이커 전달하기 등을 위해 협동하게 함으로써 사회성 향상을 유도하였다. 내담자들은 치료사들이 만든 구조 안에서 별도로 지시하지 않아도 목표 달성을 위한 전략에 대해 상호간 토의를 하는 모습을 보이며 협동하는 모습을 보여 주었다. 또한 목표 달성 시에는 모두가 환호하는 모습 또한 관찰되었다. 낯가림이 심하여 치료사의 질문에 오랫동안 생각하며 결국 대답을 하지 못하는 행동이 자주 보이던 K는 음악 올림픽의 배경음악에 맞춰서 자발적으로 춤을 추고 친구들을 응원하기 시작하였다. J의 경우, 해당 회기에 소속 학급의 담임교사가 동석하였는데, 담임교사는 J가 평소 학급 내에서 거의 말이 없고 무기력한 모습인 데 비해 뮤직메이트 활동에는 적극적인 모습을 보여 이에 감동받았다는 말을 남기기도 하였다([그림 6-6] 참조).

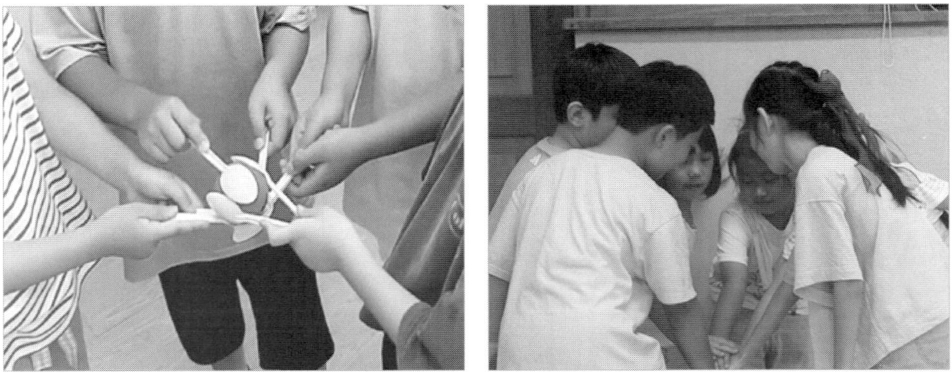

그림 6-6 음악 올림픽-뮤직 메이트

- 8회기: ① 송라이팅 세 번째 회기로 본격적인 작사 활동, 자연스러운 맥락에서 작사 행위를 유도할 수 있도록 그림책『걱정 상자』중 세 장면을 보여 준 후 등장인물들의 생각이나 대사를 상상하여 이야기를 완성해 보도록 하는 방식을 사용하였다. 내담자들은 치료사들이 별도로 유도하지 않아도 등장인물들에 관한 이야기에 자신의 상황과 생각을 투영하여 이야기를 완성하며 작사 활동에 참여하였다. B의 경우, 친구들이 놀아 주지 않아서 외로운 상황을 등장인물의 '걱정거리'로서 제시하였고, U의 경우 학교에 가고 싶지 않고 집에서 TV만 보며 있고 싶은 마음을 표현하였다.
  ② 음악 올림픽 두 번째 회기로 종이 접시를 활용한 스케이트를 타고 레일 위를 달리면서 악기 그림의 퍼즐을 완성하는 활동을 실시하였다. 내담자들은 종이 접시 스케이트 없이 달리면 안 되는 규칙과 차례를 지켜 앞선 주자와 교대해야 하는 규칙을 정확하게 준수하려고 노력하는 모습을 보여 주었다. 차례를 기다리는 도중에 현재 주자가 어떤 퍼즐을 선택해야 공동의 목표 수행에 유리한지 조언하며 참여하며 치료사들의 유도에 따라 다른 내담자들의 이름을 연호하며 응원하였다. 다소 자신감이 없던 B는 C의 영향을 받아 외향적인 C의 행동을 따라하며 큰 목소리로 말하거나 웃는 모습이 관찰되었다([그림 6-7] 참조).

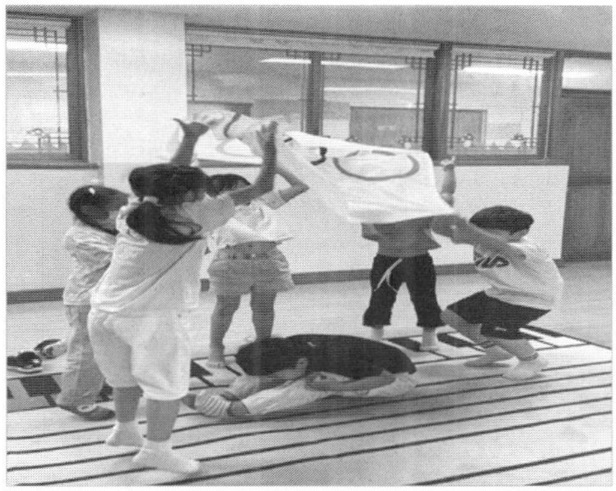

그림 6-7 음악 올림픽-악기 그림 퍼즐 완성하기

- **9회기**: ① 송라이팅 네 번째 회기로 6~8회기의 송라이팅 활동을 통해 완성된 노래를 치료사가 만든 반주 음원에 맞춰 녹음하였다. 내담자들은 마이크, 헤드폰, 오디오 인터페이스 등 녹음 장비에 호기심을 보이며 참여하였다. 실제 노래 녹음 시에는 다소 긴장한 듯 자신감이 저하된 모습을 보이기도 하나 치료사들의 독려로 녹음을 마치고 난 후에는 녹음된 본인들의 목소리를 감상하며 뿌듯한 듯 미소를 보였다. K의 경우, 치료사의 질문에는 여전히 바로 대답하지 못하나 치료사들과 B의 도움으로 함께 노래를 녹음하는 데에 성공하였다([그림 6-8] 참조).

그림 6-8 녹음 사진

② 음악 올림픽 세 번째 회기로 바닥에 세워진 붐웨이커들을 공 또는 다른 붐웨이커를 굴려 쓰러뜨리는 볼링 종목을 실시하였다. 내담자들은 차례를 지켜 공을 굴려 보내며, 공을 굴리기 위한 스틱을 휘두를 때 상호 간 부딪히지 않도록 주의를 주었다. 내담자들은 주어진 올림픽 게임의 규칙을 정확하게 인지하며 함께 협력하여 참여하는 긍정적인 모습을 보여 주고 있었다.

- **10회기:** ① 종결 회기이자 송라이팅 다섯 번째 회기로 6~9회기 동안 함께 만들

〈악보 1〉 우리들의 세상(송라이팅)

고 녹음한 노래의 완성본을 감상하고 음원에 맞춰 함께 노래하며 축하하고 종결 회기를 기념하였다. A 등 일부 내담자의 경우, 녹음된 본인의 목소리가 마음에 들지 않는 듯 "지우고 싶어요." "이상해요."라고 말하기도 하나 지난 회기보다 익숙해진 노래를 비교적 큰 음량으로 노래하였다.

② 음악 올림픽 네 번째 회기로 7회기의 올림픽 선서에 따라 규칙을 준수하고 협동을 통해 공동의 목표를 성공적으로 수행한 데 대하여 각 내담자들에게 금메달 모양의 초콜릿 간식을 시상하였다. 이에 참여자들은 국가대표 선수들처럼 금메달을 입에 물고 사진을 찍어 달라고 요청하는 등 성취감을 보였다. 추가적으로, 서로에게 수여할 상장의 내용을 직접 선택하는 활동 시, 다수의 참여자가 진지하게 고심하며 선택하였다. 수여된 상장에 대해서도 내담자들은 만족감을 표현하였다. ADHD 치료를 받는 중인 K는 "선생님 저 상장 처음 받아 봐요. 너무 기뻐요."라고 이야기하며 눈물을 글썽거리기도 하였다([그림 6-9] 참조).

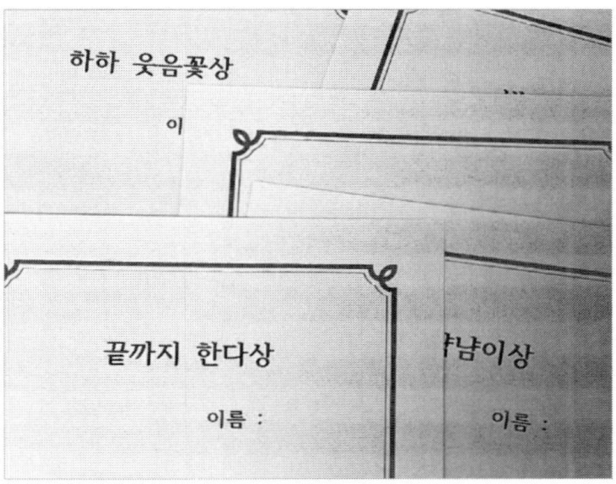

그림 6-9 음악 올림픽-상장 수여

맺음말

내담자들은 이 프로그램을 통해 부모의 별거, 이혼, 재혼이나 투자 실패 등의 가정사로 인한 스트레스를 공유하고 그에 대해 정서적 공감과 지지를 받는 기회를 가지게 되었다. 또한 충동적 행동으로 사회적 관계에 다소 어려움을 보이던 내담자의 경우 여전히 착석에 어려움을 보였지만 자리에 앉아 있는 시간이 증가하고 자리를 이탈하는 시간은 감소하는 경향을 보이게 되었다. 회기 내 치료사들의 언어적 지시와 음악 올림픽 등을 거치며 내담자들의 규칙을 준수하는 적응적 행동의 빈도가 증가하였다. 치료사들을 챙기거나 다른 내담자들의 행동을 모방하는 등의 사회적 행동의 빈도 또한 증가하였다. 말이 거의 없고 내성적이기만 하던 내담자들의 경우, 발화행동이나 자신감 있는 태도 등이 증가한 것으로 관찰되었다. 개인적인 가정사 이슈에 대해 표현하고자 다루어지기를 바라는 욕구가 있는 내담자들이 발견되는 경우가 있으므로 좀 더 심도 있거나 개인 프로그램으로의 연장 또는 연결이 가능할 경우 더욱 효율적인 치료가 이루어질 수 있을 것으로 판단된다.

2. 학교폭력 청소년 사례

치료사 소개: 김지현(안양과천교육지원청 특별교육 강사, 서대문 장애인 종합복지관 음악치료사)

음악치료사 김지현은 만나는 내담자들을 소중하게 생각하는 음악치료사이다. 내담자들과의 만남이 우연이 아님을 생각하며 매 순간 진심으로 최선을 다한다. 내담자들의 이야기를 귀 기울여 들어 주고, 진정성 있는 공감을 통해 내담자가 한 걸음 더 성장할 수 있도록 용기를 주고자 하는 마음으로 임상에 임하고 있다. 숙명여자대학교 음악치료대학원에서 음악치료를 전공하고 임상음악전문가 1급, 랩음악심리지도사 2급, 1급 우쿨렐레지도사 자격을 보유하고 있다. 현재 안양과천교육지원청 특별교육 강사, 초·중·고등학교 위 클래스 음악치료 강사, 서대문 장애인 종합복지관 음악치료사로, 주어진 만남에 감사하며 많은 청소년, 장애아동과 함께 소중한 시간을 만들어 가고 있다.

제목: 일탈

개요

이 사례는 학교폭력 5호 처분[3])을 받은 L과 K가 음악 특별교육(단회기)으로 송라이팅(Songwriting)[4]) 활동을 통해 자신을 표현하는 과정을 다루고 있다.

내담자 정보

L은 고3 남학생으로 학교폭력 5호 처분을 받아 특별교육으로 음악치료에 참여하게 되었다. 억울하게 학폭 가해자가 된 자신의 처지를 비관하며 자신의 말을 들어주지 않는 교사들과 성인들에 대한 부정적 감정을 솔직하게 이야기하는 모습을 보인다.

K는 고3 남학생으로 L과 함께 학교폭력 5호 처분을 받아 특별교육으로 음악치료에 참여하게 되었다. 생각지 못한 일에 휘말려 사건과 관계없는 개인적인 일들까지 알려지게 되었지만, 적극적으로 해명하거나 감정을 표현하지 못하고 체념한 모습을 보인다.

진행과정

L과 K와 함께한 음악치료는 단회기 특별교육으로 총 3시간 동안 이루어졌다. 회기 시작은 가벼운 주제의 스몰 토킹과 음악 게임을 통해 긴장을 이완하고 치료사와 라포를 형성할 수 있도록 하였다. 이후 본 활동으로 송라이팅을 진행하고 만든 음악을 녹음하고 활동 참여에 대한 소감을 나누며 마무리하였다. 송라이팅 활동에서는 자신의 감정을 표현할 수 있도록 내담자가 좋아하는 장르 및 노래에 대해 함께 이야기를 나누고 각자 통찰하게 된 내용을 바탕으로 리듬, 가사 등을 직접 선택하여 자신만의 음악을 만들었다.

주요 방법

L과 K를 위한 음악치료 세션에서 사용된 방법은 송라이팅이다. 송라이팅은 치료

3) 학교폭력 5호 처분은 학교폭력 심의위원회 위원들이 피해학생과 가해학생의 주장을 검토한 후 결정하게 되는 징계수위로 '학내외 전문가에 의한 특별교육 이수 또는 심리치료'를 받는 경우를 말한다. 총 1~9호의 처분이 있다.

4) 송라이팅(songwriting)이란 노래를 만드는 과정으로, 이 사례에서는 기존에 익숙한 곡에 강약, 빠르기, 가사 등을 내담자 나름대로 변화시켜 내담자 입장에서 곡을 변형하는 활동으로 진행하였다.

적인 목적으로 치료사와 내담자가 함께 혹은 내담자 혼자서 노래를 만들어 가는 과정을 말한다. 주로 자기개념 발달, 자기표현기술 발달, 문제해결기술 향상, 대처기술 향상, 다른 사람과의 관계 발달 및 관심을 증진, 집단 응집력, 자긍심 향상, 대인관계 의사소통, 인지, 감정, 의지 회복, 개인 이슈를 통찰하는 목적으로 진행한다.

내용

특별교육 시간이 시작되자 L과 K는 무표정으로 들어왔다. 치료사가 웃으며 인사를 하자 약간 어색한 모습으로 서로 마주 보고 살짝 인사를 하였다. 치료사는 긴장한 L과 K에게 안정감을 제공하기 위해 내담자가 편안하고 쉽게 대답할 수 있는 오늘 점심 메뉴는 무엇이었는지, 주말에 무엇을 했는지 등 간단하게 스몰 토크를 시작했고, 내담자들은 굳은 표정이 살짝 풀어지면서 조금씩 답변을 하였다. 10분 정도 이어진 스몰 토크가 끝나고 본격적인 활동에 앞서 웜업(warm-up) 활동으로 음악 퀴즈를 진행하였다. 진행 방식은 다양한 장르의 음악 30곡을 제시하고 곡의 제목을 많이 맞추는 사람이 승리하는 방식이었다. 드라마 혹은 영화의 OST, 가요가 나올 때는 L이 우세하게 정답을 맞히며 K를 약올리다가, 클래식과 동요가 나오자 K가 정답을 말하면서 둘의 점수가 비슷하게 되었다. 13대 12로 L이 앞서고 있는 상황에서 민요가 제시되자 둘은 모르는 노래인 듯 굉장히 당황한 모습을 보였다. 치료사가 그들에게 가사에 답이 나오니 집중해서 잘 들어보라고 하자, 〈나무노래〉를 "나무 돌림노래"로, 〈고사리 꺾자〉를 "고사 지내자." "나물 꺾자."로 말하는 등 어색함이 조금 풀리고 재미있는 답을 하기 시작하였다. 그들은 서로의 답을 들으며 웃었고, 결국 K의 승리로 음악 장학 퀴즈가 마무리되었다. 이 활동으로 초반의 어색함은 사라지고 이제 본 활동을 시작할 수 있는 준비가 되었다고 치료사는 판단하였다.

치료사는 내담자들이 자신의 생각이나 감정을 자연스럽게 표현하고 정서를 조절하는 것이 필요하다고 판단하였다. 따라서 선호하는 노래를 통해 자신이 가지고 있는 이슈를 통찰하고 이를 노래 가사로 만들어 표현하는 송라이팅 활동을 진행하였다. 이러한 활동에서는 내담자들의 선호도가 매우 중요하므로 치료사는 먼저 L과 K에게 좋아하는 음악 장르에 대한 이야기로 시작을 하였다. 좋아하는 음악이 무엇인지 묻자 둘은 약속한 듯이 동시에 "힙합이요."라고 하였다. 그 둘은 〈쇼미더머니

(Show Me The Money)〉[5]를 계속 보았고, 코노(코인노래방)[6]에서도 랩만 부른다고 했다. 이어서 가장 좋아하는, 혹은 즐겨 듣는 곡을 한 곡씩 소개한 후 왜 그 노래가 좋은지 이야기를 나누는 시간을 가졌다. L은 Jazzyfact의 〈Always Awake〉를 좋아하며 그 이유는 래퍼의 목소리 톤과 비트가 마음에 든다고 하였다. K는 강한 랩보다 싱잉랩(Sing Rap)[7]을 좋아해서 BIG Naughty의 〈Vancouver〉를 자주 듣는다고 하였다. 이야기를 나눈 것을 바탕으로 자신이 좋아하는 스타일의 비트를 찾아보도록 하였고, 내담자들은 싱잉랩, 트랩(Trap),[8] 붐뱁(BoomBap),[9] 하우스(House)[10] 등의 다양한 비트를 찾아서 들어보며 자신이 원하는 비트를 찾기에 집중하는 모습을 보였다. 15분의 시간이 지나 마음에 드는 비트를 찾은 내담자들에게, 치료사는 자신이 직접 고른 비트를 들어보며 떠오르는 감정이나 이미지 등에 대해 정해진 틀은 없으니 자유롭게 써 보도록 하였다. L은 자신이 고른 트랩 비트를 들으며 자신의 불안한 미래가 싫어 일탈하고 싶다고 하며 바로 가사를 써 내려갔지만, K는 떠오르는 것도 없고, 어떻게 시작해야 할지 모르겠다고 답하였다. 치료사는 K의 옆에 앉아 K가 고른 싱잉랩 비트를 함께 들으며 자연스럽게 이야기를 나누었다.

치료사: "지금 제일 하고 싶은 것이 있어?"

내담자 K: "(잠시 망설이며) 아무도 없는 곳으로 떠나고 싶어요."

치료사: "왜 떠나고 싶니?"

내담자 K: "지루하게 반복되는 일상이 싫어서요."

치료사는 K의 말로 첫 소절을 적어 보여 주었고, K는 살짝 웃음을 보였다.

---

5) 쇼미더머니(Show Me The Money)는 매년 기수별로 엠넷에서 열리는 힙합 오디션으로, 토너먼트 방식으로 진행되며 최종 우승자에게는 상금과 무료로 개인 음원 발매, 대형 힙합 콘서트 및 특별 공연 등의 혜택이 주어진다.

6) 코노는 코인노래방을 줄인 말로 동전이나 지폐를 넣어 그 금액에 해당하는 만큼 노래를 부르도록 장치를 해 놓은 곳이며 청소년들이 매우 선호하는 곳이다.

7) 싱잉랩(singing Rap)은 말 그대로 랩 가사에 멜로디를 얹어 흥얼흥얼 노래하듯 랩을 하는 것으로, 2010년대 중·후반 대세로 떠오른 랩 창법이다.

8) 트랩 비트(Trap Beat)는 대중음악계에서 가장 큰 유행을 불러일으킨 비트 장르 중 하나로, 어두운 분위기와 라이프스타일에 어울리는 스타일의 강한 랩 비트이다.

9) 붐뱁 비트(BoomBap Beat)는 드럼 소리를 의성어로 표현한 비트 음악으로, 드럼 비트가 유독 강조된다.

10) 하우스 음악(House Music)은 1980년 중반부터 시작된 여러 전자 댄스 음악 스타일이다.

치료사: "그럼 어디로 떠나고 싶어? 짧아도 좋으니까 우리가 지금 나눈 이야기를 잘 생각해 봐."

내담자 K: "알겠어요."

치료사와 이야기를 나눈 후, K는 창밖을 바라보며 생각에 잠기는 듯하더니, 이내 종이에 글씨를 적어 나가기 시작했다.

옆에서 물끄러미 지켜보던 L이 자신은 이미 다 끝났다며 치료사에게 봐 달라고 하였다. 휘갈겨 놓은 글씨로 A4용지의 반을 채워 놓은 L은 랩을 좋아한다고 하더니 야무지게 라임을 맞추어 가사를 적어 놨다.

치료사: "이열, 좀 치네?(청소년들의 언어로 좀 잘한다는 의미)"

내담자 L: "제가 좀 해요."

치료사가 라임에 대해 칭찬하자 L은 웃으며 말하였다. 치료사는 L에게 가사가 익숙해질 수 있도록 비트를 틀어놓고 반복할 수 있는 시간을 주자, 한쪽 구석에서 웅얼웅얼하며 연습하는 모습을 보였다. L이 연습할 동안 K가 적은 가사를 보기 위해 치료사가 가까이 다가가자, "더 이상은 못 쓰겠어요."라고 말하며 지금까지 적은 가사를 치료사에게 보여 주었다. 작은 글씨로 A4용지 한쪽 구석에 가사 4줄이 적혀 있었다.

치료사: "비트에 맞춰서 한 번 해 볼 수 있을까?"

내담자 K: "(고개를 끄덕이며) 싱잉랩은 좋아하는데, 제가 노래를 못해서 그냥 랩으로 할게요."

K는 비트에 맞추어 작은 소리로 랩을 한다.

10분 정도 연습을 통해 가사가 익숙해지도록 한 후, L부터 본격적인 녹음에 들어갔다. 녹음을 하는 목적은 자신의 목소리를 객관적인 관찰자의 입장에서 들어보면서 자신의 모습에 실린 감정 등을 객관화하면서 자신에 대해 이해하고 생각하는 데 도움을 줄 수 있는 방법이다. L은 녹음하는 것이 처음인데다, 자신의 목소리를 직접 들으니 어색하고 쑥스럽다며 작은 소리로 랩을 하였다. 이때 치료사는 L에게 잘하고 있으니 조금 더 힘을 실어서 해 보도록 격려해 주었으며 L는 다시 한번 해 보겠다며 의지를 다졌다. 그렇게 5회 정도 녹음을 하는 동안 L은 할 때마다 부족한 부분을 체크하여 보완하려고 노력하는 모습을 보였다. 녹음이 더 필요하냐는 치료사의 물음에 이 정도면 충분한 것 같다며 약간은 즐겁고 상기된 감정으로 K를 데려왔다.

K에게 마찬가지로 전주에 대해 이야기해 주려고 하는데, 녹음하고 싶은 부분이 따로 있다며 치료사에게 시작할 부분을 들려주었다. 초반에는 소극적인 K의 모습과는 달리 음악을 만들면서 적극적으로 참여하는 K의 모습에 치료사는 아낌없는 칭찬과 응원을 해 주었다. 녹음이 시작되자 K는 치료사가 있으면 창피할 것 같다며 치료사 없이 혼자 녹음을 진행하고자 하였다. 치료사가 녹음실을 나오고 10여 분 후 L은 녹음이 다 되었다며 얼굴이 벌게진 채로 방에서 나왔다.

치료사는 서로 녹음한 곡을 함께 들어볼 수 있는지 의견을 묻자 둘 다 격하게 손사래를 치며 그건 안 된다고 하였다. 치료사가 이유를 묻자, L은 "제 얘기니까 저만 듣고 싶어요."라고 하였고, K는 "너무 부끄러워서 안 돼요."라고 했다. 치료사는 내담자들의 의견을 존중하고 그럼 직접 작사한 가사만 한번 읽어 줄 수 있겠냐고 물으니 그건 괜찮다고 말하며 K부터 가사를 읽었다.

활동 이후 치료사는 오늘 활동에 대한 소감을 물었다. L은 정해진 틀 안에서 갇혀 지내는 것이 답답했는데 잠시나마 좋아하는 음악으로 하고 싶은 말을 할 수 있어서 좋았고, 요즘 자기 말을 들어주는 어른이 없는데 이야기를 들어주셔서 감사하다고 했다. K는 새로운 경험을 해서 너무 즐거웠고, 힘들지만 수능을 끝내고 나면 아르바이트를 해서 정말 여행을 가 보고 싶다고 했다. 그리고 응원해 주시고 격려해 주셔서 감사하다고 했다. 활동에 진심으로 참여해 준 L과 K에게 고마움과 응원의 메시지를 표현하며 회기를 마무리하였다.

맺음말

L과 K는 송라이팅 활동을 통해 제대로 생각해 본 적도, 시도해 본 적도 없는 일탈에 대한 노래를 만들어 억울한 심정과 답답한 마음을 잠깐이나마 해소할 수 있는 특별한 경험의 기회를 가지게 되었다. 수동적인 삶을 살았던 내담자들이 자신들의 속마음을 들여다보고, 직접 선택한 비트에 직접 작사한 가사를 넣어 녹음까지 해 보면

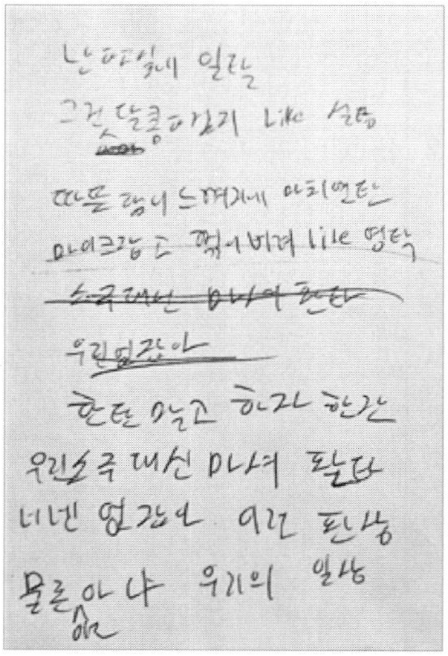

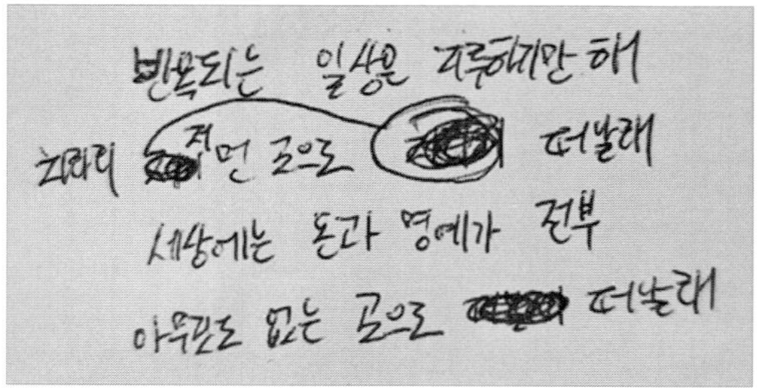

그림 6-10 가사 만들기

서 능동적으로 참여하는 기회를 갖게 되었다. 가해자가 된 자신들의 이야기에 귀 기울여 들어주거나 긍정적으로 대해 주는 어른이 없어 답답하고 억울했을 내담자들에게 자신의 생각과 이야기들로 음악을 만들어 보는 활동을 통해 삶의 주체가 되어 새로운 미래로 한 걸음 나아가는 계기가 되었길 바란다. 짧은 시간이었지만 마음 문을 열고 최선을 다해 임해준 L과 K에게 감사한 마음을 전하며 글을 마무리하고자 한다([그림 6-10] 참조).

- L의 사용 음원: https://www.youtube.com/watch?v=jtvNZ42snuw
- K의 사용 음원: https://www.youtube.com/watch?v=OiV4KX0UbWY
- 녹음 사용 프로그램: 밴드랩(https://www.bandlab.com)

제 7 장

개인적 요인

1. 게임 과몰입 청소년 사례

치료사 소개: 노인규(마음력연구소 선임연구원, 성신여자대학교 음악대학 출강)

음악치료사 노인규는 연세대학교에서 성악을 전공하고 오페라 전문 가수로 활동하던 중 성신여자대학교 대학원에서 음악치료를 전공하였다. 졸업 이후 GIM심상음악치료(Level 3)와 성악심리치료(AVPT) 훈련을 받아 자격을 갖추었다. 현재 성신여자대학교 음악대학에서 음악치료학을 강의하고, 동 대학원에서 음악치료 슈퍼바이저를 하고 있다. 온담예술심리연구소 소장을 역임했으며, 현재는 마음력연구소에서 다양한 파트의 전문가들과 협력하며 헬스케어 디바이스 컨텐츠를 제작하고 환자들의 정신건강을 위한 예술치료와 상담을 제공하고 있다.

- 인스타그램: https://www.instagram.com/ingyurho/

제목: 게임이 내 전부인 줄 알았어요

개요

본 사례는 가정과 학교에서 갈등을 경험하고 그 도피처로 게임을 선택한 사춘기 남학생 S의 치료과정을 다루고 있다. 치료는 총 20회기로 3년 동안 진행되었다. 초기 10회기는 매주 진행하였고, 이후 후속 상담[1]은 두 달에 한 번씩 진행하였다.

주요 치료 기법으로 심상음악치료,[2] 성악심리치료,[3] 음악 자서전,[4] 언어상담 회기를 병행하였다. 이를 통해 S는 자기 내면의 상처를 발견하였고 자신이 게임 속에 빠져서 생활하는 이유를 깨닫게 되었다. 치료 후반부에는 내담자가 자신의 속마음을 부모에게 고백하고 부모는 아들의 마음을 이해함으로써 서로 오해하고 단정지었던 감정의 응어리를 해결할 수 있었다. 최근 내담자는 스스로 게임을 줄이기 위해 노력하고 있다. 또한 학교에 정상적으로 등교하고 부모와 편안하게 소통하는 중이다. 그리고 자신의 미래에 대해 고민하며 이를 구체적으로 실현할 수 있는 방법들을 치료사와 함께 이야기하고 있다.

S의 부모는 최근 아들이 시험 기간에 공부하는 모습을 보게 되어 기쁘다고 하였다. 서로 눈물을 흘리며 사과하고 안아 주었던 경험 후, 아들에 대한 오해와 부정적 감정이 해소되었다고 전했다. 이 같은 변화와 감정의 정리 후, 아들과의 대화에서 아이를 바라보는 자신의 시선이 달라졌으며 아이를 수용할 때 훨씬 편안해졌다고 한다.

내담자 정보

S에게는 장애 진단을 받은 네 살 아래의 동생이 있다. 동생에게 신경 쓰는 부모를 보면서 S는 상대적으로 사랑을 박탈당했다고 생각했다. 겉으로는 부모와 동생을 이해할 수 있다고 했지만, 지속적으로 미움과 외로움을 느꼈고 이러한 양가감정 속에서 괴로워하였다. 무엇보다 학업에 대한 심한 압박감을 느끼는 가운데 학교와 학원에서 왕따를 당하게 되었다. 하지만 부모가 자신을 챙겨 주지 못한다는 생각과 함께 분노와 단절감을 경험하였다. 이에 내담자는 현실 감정에서 회피하기 위해 게임

---

1) 후속 상담이란 정기 상담이 끝나고 한 달에 한 번 또는 두 달에 한 번씩 상담자와 일상을 확인하는 상담으로 '추적 상담'이라고도 한다. 이러한 상담은 이전 상담의 진행 및 결과를 확인하고, 클라이언트의 현재 상태 및 필요에 따른 지원을 계속해서 제공하기 위해 수행된다.

2) GIM 심상음악치료는 음악을 들으며 이미지를 떠올리는 과정을 통해 내면의 문제를 해결하고자 하는 음악심리치료방법이다. 구체적인 내용은 본문의 '내용'에 설명되어 있다.

3) 성악심리치료는 심층심리학을 바탕에 두고 무의식의 영역을 노래로 표현하면서 내면의 문제를 해결하고자 하는 음악심리치료방법이다. 구체적인 내용은 본문의 '내용'에 설명되어 있다.

4) 음악 자서전은 자신의 삶에 의미 있던 사건들을 음악으로 찾아보는 것으로 자신의 인생을 회고하거나 과거를 탐색할 때 사용하는 방법이다. 구체적인 내용은 본문의 '내용'에 설명되어 있다.

을 선택하였고 점차 등교와 학업에 소홀하게 되었다. 부모는 S의 일상이 흔들리는 것을 인지하고 다양한 방법으로 훈육을 시도했지만 오히려 갈등을 초래하였다. 부모는 S의 상태와 상황이 변하기까지 동생의 존재가 영향을 미쳤을 것으로 예상하고 미안함과 죄책감을 갖고 있었다. 그래서 S를 강하게 훈육하거나 통제할 수가 없었다고 했다.

이러한 가족의 역기능은 S가 온라인 게임에서 한 달에 100만 원 가까이 지출함에도 통제와 훈육이 되지 못하는 상황을 만들었다. 이에 평소 음악을 좋아하던 아들의 특성을 고려하여 온담예술심리연구소를 운영 중이던 치료사에게 상담을 의뢰하였다.

진행과정

총 20회기에 걸쳐 S와 함께 치료 세션을 진행하였고 현재까지 진행 중이다. 초기 세션은 매주 진행하였고, 이후에는 한 달 또는 두 달에 한 번씩 대면과 비대면으로 번갈아 가며 음악치료가 이루어졌다. 방학 중에는 내담자가 온담예술심리연구소로 방문하여 진행하였으며, 학기 중에는 온라인(zoom)을 이용하였다. 치료의 진행과정은 〈표 7-1〉과 같다.

표 7-1 음악치료 진행과정

회기	목적	활동내용	반응 및 결과
1~3 회기	탐색 및 통찰	심상음악치료 1	부모님과 다투는 과거 장면 회상 • 부모님과 갈등을 직면
		심상음악치료 2	어딘지 모르는 곳을 계속 뛰는 장면 • 어딘가 안주하지 못하고 계속 돌아다니는 자신을 발견 • 움직이면서 오히려 편안함을 느끼는 자신을 발견 → 이러한 장면은 추후 세션에서 걷기와 자전거 타기 활동의 근거가 됨
		이전 세션에 대한 토의, 언어상담	내가 왜 이렇게 어디론가 도망가는지 • 자신의 상태를 자신의 언어로 타인에게 정리해서 이야기함
4~5 회기	관계 형성	함께 걷기와 언어상담	게임 외 건강한 활동으로 산책, 관계 경험 • 훈련으로서의 상담, 학교 이야기, 친구들 이야기 등 내가 좋아하는 것들을 치료사와 걸으면서 편안하게 대화

		게임을 활용한 관계 형성	**오버워치,[5] 롤 게임 같이 하기** • 치료사는 잘하지 못하지만 자기에게 배우면서까지 자기를 이해하려는 치료사의 노력에 내담자는 긍정적 반응을 보임
6~8 회기	직면	심상음악치료 3	**양팔이 절단된 나** • 왕따 경험 재인식
		심상음악치료 4	**울고 있는 아이** • 사실 집에 돌아가고 싶은 나
		심상음악치료 5	**도망가는 나** • 고통 속에서 회피하는 나
9 회기	관계 형성	함께 자전거 타기와 상담	**같이 땀 흘리고 편의점에서 음료수를 마시며 자신의 이야기를 편안하게 함** • 치료사 및 타인과의 신뢰 경험과 게임에서 벗어난 건강한 활동으로서의 상담
10~12 회기	내 목소리 찾기	성악심리치료 1	**목소리 탐색** • 세션 초기에는 목소리 내는 것을 어려워하다가 후반부로 갈수록 점점 목소리가 커짐
	회복	심상음악치료 6	**나를 보듬어 주기** • 위로해 주기
	목소리와 이슈 연결	성악심리치료 2	**자신의 감정단어 표현하기** • "짜증 나"란 단어로 자신의 감정 표현
13 회기	관계 형성	걷기와 상담	**치료사와 걸으면서 학교에서 있었던 이야기** • 게임에서 만났던 친구, 킥보드 타는 재미 등 변화된 자신의 신변에 관한 이야기를 편안하게 함
14~15 회기	내 감정으로 노래하기 및 삶의 이슈 인식, 변화 감지	성악심리치료 3	**모음노래 부르기를 하던 중 자신의 감정이 들어간 단어(욕)을 사용하며 표현** • 자신의 감정과 강하게 연결된 표현
		언어상담	**아버지와 갈등 이슈 확인** • 아버지와 왜 불편한지 상황과 사례
16~17 회기	탐색	음악 자서전 1	• One Pubiic의 〈Run〉 • BoyWithUke의 〈Toxic〉
		음악 자서전 2	• X Ambassadors의 〈Hey Child〉 • AJR의 〈Don't Throw Out My Legos〉

5) 오버워치는 팀 기반 게임이다.

18~20 회기	동기부여	상담	• 학교에서의 내 모습 통찰
	위로	음악 자서전 3	• Coldplay & Chainsmokers의 〈Something Just Like This〉 • Cadmium의 〈No Friends〉
	동기부여	상담 및 정리	• 인생의 목표, 내가 하고 싶은 것, 진짜 내가 하고 싶은 것을 확인

주요 방법

S를 위해 사용된 주요 음악치료 기법은 심상음악치료, 성악심리치료, 음악 자서전이다. 내담자가 자신의 이야기를 할 수 있는 충분한 시간을 제공하고, 음악활동 후의 자신의 변화를 감지하고 통찰하기 위해 언어상담 시간을 제공하였다. 또 S가 게임이라는 시공간에서 벗어난 건강한 활동을 경험하고 치료사와의 친밀한 관계를 형성하기 위해 치료실 밖에서 함께 걷고 자전거를 타거나 게임을 함께하는 것을 치료적 활동으로 회기에 포함하였다. 특히 청소년 치료에서는 음악 외에 상담 및 활동 등 다양한 방법이 사용된다.

심상음악치료는 내담자의 이슈와 에너지 상태에 따라 음악 프로그램을 선택하고 침대에 누워 음악을 감상하는 기법이다. 이 안에서 내담자는 그동안 의식하지 못한 감정과 기억들을 떠올리고 자신의 상태를 돌아볼 수 있다.

성악심리치료는 2개의 반복되는 화성[6] 안에서 즉흥적으로 목소리를 내는 가운데 자신의 감정에 따라 단어들로써 내담자의 감정을 표현하게 도와준다. 이 작업을 통해 내담자는 보다 적극적으로 자신의 감정을 탐색하고 표현할 수 있는 기회를 갖게 된다.

음악 자서전은 평소 즐겨듣는 음악을 치료사에게 소개하고 그 음악과 연결된 감정과 경험들을 이야기한다. 치료사는 그 경험들을 내담자와 함께 경험의 중요도와 시간의 순서대로 재 정렬하고 내담자로 하여금 자신의 삶을 전지적으로 조명할 수 있게 도와준다.

치료 세션에서 운동 프로그램을 통합하여 제공하면 신체적 · 정서적으로 긍정적인 효과를 볼 수 있다. S는 사춘기 남학생으로 신체 에너지가 높으며 음악과 심상에

6) 화성(harmony)이란 여러 음의 동시 발생을 나타내는 중요한 요소이다. 화성은 음악의 멜로디와 함께 사용되어 음악을 보다 풍부하고 다양하게 만들어 준다.

서 걷거나 이동하는 장면을 자주 떠올렸다. 이에 치료사는 내담자의 취미활동을 참고하여 함께 걷기와 자전거 타기를 진행하였다. 치료사와의 이러한 경험을 통하여 S는 더 자연스럽게 자신의 이야기를 할 수 있었다.

앞에 언급한 방법은 내담자의 상태와 상황에 맞추어 매 회기 때마다 단일 방법 또는 복수의 방법을 사용하였다.

내용

① 심상음악치료

- **부모로부터 소속감을 잃어버린 아이:** S는 한창 게임 중에 엄마가 자기 방에 들어와 컴퓨터 전원을 꺼 버렸던 과거의 장면을 떠올렸다. S는 자신의 엄마가 고집이 세고 이야기를 잘 들어주지 않기 때문에 속상하다고 말했다. 세상에서 가장 미운 사람이 엄마이며, 세상 모든 것을 다 부숴 버리고 싶다고 하였다. 치료사는 S의 심상과 반응을 통해 부모와의 애착관계에서 문제가 발생했음을 발견하였다. 가장 근본적인 관계인 애착에 관한 이론은 수많은 학자와 임상가들이 반복적으로 강조하고 있다. 특히 부모에 대한 신뢰가 없는 상태에서 성장하게 되면 청소년은 자신의 존재 자체에 대해 부정적인 인식을 갖게 된다. S는 엄마에 대해서 미움과 원망을 가지고 있었으며, 아빠에 대해서는 두려움과 공포를 느끼고 있었다. 동성인 아빠에게 자신의 감정과 이야기를 하는 것을 극도로 부담스러워하고 결국 외롭고 힘든 마음을 그 어디에도 풀어 놓을 수 없는 상태임을 인식하게 되었다.
- **걷고 뛰면서 이완되는 아이:** S는 심상 경험 가운데 종종 '걷거나 뛰는 장면'을 자주 떠올렸다. 가슴이 꽉 막히는 기분이 들면 걷거나 뛰는 장면으로 돌아갔고 이후 평안함과 안정감을 느꼈다. 이에 치료사는 S가 안정감과 평안함을 느끼고, 실제 청소년기 남성 S에게 몸을 쓰는 형태의 중재가 긍정적인 영향을 미칠 것이라는 판단 아래 후속 치료 단계로 산책하기와 자전거 타기를 병행하였다. 이 과정에서 S는 자신의 이야기를 더 깊게 이야기 하였다.
- **왕따-양팔이 절단된 아이:** S는 '양팔이 절단된 상태'에서 고통을 당하는 심상도 떠올렸다. 치료사는 일상에서 이와 비슷한 고통이 느낀 적이 있는지 질문하였다. S는 학교와 학원에서 왕따를 당했을 때라고 대답했다. 그리고 그 친구들에게 공

포감을 주고 괴롭힘으로써 복수하고 싶다고 말했다. 이러한 심상은 초기 세션에서 나타났다. 치료사는 이 내용을 부모에게 전달하였다. 부모는 이런 사실은 이미 인지하고 있었으며, 동생을 보살피느라 S에게 섬세하고 밀도 있는 대처와 보살핌을 제공할 수 없었다고 했다.

- **집으로 돌아가고 싶어 울고 있는 아이**: S의 심상에서 '울고 있는 아이'가 나타났다. S가 울고 있는 아이에게 왜 울고 있는지 물어봤고 그 아이는 "집에 가고 싶다."라고 울면서 대답했다. S는 그 아이를 집에 데려다주고 싶다고 했다. 아빠는 무섭고 엄마는 미워서 집이 싫다고 말하지만 결국 S의 마음속 깊은 곳에서는 집으로 돌아가고 싶어 한다는 것을 느낄 수 있었다. 이 심상은 초기 치료과정에서 나타났고 치료사에게 향후 세션의 방향을 알려 주는 중요한 실마리가 되었다.
- **이 세상 사람들과 떠나고 싶은 나**: S는 '이상한 동그란 형태의 큰 물체에서 이상한 사람들이 내리는 장면'을 떠올렸다. 그들은 이 세상 사람들이 아닌 것 같았다고 했다. 어딘가에 있을 보석을 찾으러 다니는 사람들인데 S에게 같이 떠나자고 제안했다고 한다. S는 "지금 너무 힘들어요. 같이 떠나고 싶어요."라고 대답했다. S의 심상에서 반복적으로 어디론가 떠나는 장면, 피하는 장면이 계속 나타났다. 결과적으로, 현실의 삶에서 고통을 지속적으로 표현하고 이것을 피해 어디론가 회피하고 싶다는 사실을 발견하였다. 그 회피의 장소는 바로 게임이었다. S는 게임이 단순하게 재미있고 자극적이기 때문에 하는 것이 아니라 가상의 세계 속에서 현실의 고통을 잊게 해 주는 도피처이기 때문에 하는 것임을 발견할 수 있었다.

② 성악심리치료

- **보컬홀딩**: S는 Dm 코드와 GM7 코드로 조합된 화성을 선택하였다. S는 치료사의 목소리를 모방하며 동음으로 노래를 부르다 서서히 음정이 나뉘었다. 처음에는 어색한 듯 음정의 움직임이 좁게 유지되었다. 치료사는 S의 흐름에 따라 피아노와 목소리로 지지하였다. 이에 S는 회기가 반복될수록 점점 익숙하게 자신의 목소리를 낼 수 있게 되었다.
- **자유연상가창**: 치료사는 고등학생이 된 S의 학업 스트레스를 반영한 중간중간 '나는 짜증 나'란 가사를 넣었다. S는 가사를 강하게 받아서 "짜증 나"라고 노래

했다. 치료사는 비속어가 포함된 감탄사를 함께 넣어 주며 S의 정서를 그대로 지지하였으며, S는 이런 자리에서 자신의 감정을 가사로 표현할 수 있어서 속이 시원하다고 하였다. 성악심리치료는 수용적인 음악활동에 비해 보다 적극적으로 S가 음악에 참여해야 했다. 비록 초기 시작에서 높은 저항을 보일 수 있지만 회기가 거듭될수록 S의 감정을 보다 적극적으로 표현할 수 있다는 장점이 있었다. S는 성악심리치료 이전과 이후의 마음과 기분의 변화에 대해 질문하면 매번 "시원한 것 같아요. 답답한 게 많이 풀렸어요."라고 대답하였다.

③ 음악 자서전

지방에 살고 있는 S를 위해 온라인(zoom)을 활용하여 세션을 진행하였다, 치료사는 음악 자서전 기법을 활용하여 S에게 의미 있는 음악을 함께 듣고, 음악에 따른 감정과 이야기들을 들으며 언어 중재 세션을 제공하였다.

다음은 S가 선곡한 노래들 중 현실의 자신과 상황을 적절하게 연결한 곡들이다.

표 7-2 음악 자서전 선곡 리스트

가수 및 곡 제목	선곡 이유
One Public의 〈Run〉	인생을 어렵게 살지 말고 편하고 단순하게 달려가도 된다는 가사가 S에게 의미 있게 들림
BuyWithUke의 〈Toxic〉	억압받는 것을 넘어서 억압받을 때의 비참함을 느끼는 것 같은 노래라고 설명함. 예전에 왕따를 당했을 때의 외로움이 느껴지는 곡
X Ambassadors의 〈Child〉	어렸을 때의 슬픈 기억을 생각나게 하는 음악
AJR의 〈don't Throw Out My Legos〉	어른이 되기 위해 집을 떠났지만 여전히 마음은 집에 있는 것 같은 가사가 마음에 든다고 함. S는 컴퓨터 앞에서 가장 자유로움을 느낌
Coldplay와 Chainsmokers의 〈Something Just Like This〉	신화 속 인물처럼 멋진 능력이 없어도 스스로 노력하면 무엇이든 될 수 있다는 느낌을 받는 곡
Cadmium의 〈No friends〉	노력하지 않아도 되고 잠시 쉬어 가도 된다는 가사가 좋았다고 함

S는 초등학교 때 학원에서 매를 맞으며 공부해야 하는 경험을 했고 이것이 자신에게 큰 아픔이 되었다고 했다. 또한 초등학교 4학년 때 성적이 좋지 않다는 이유로 한

겨울에 집에서 쫓겨나는 경험을 했는데, 이때 자살 충동도 느꼈다고 한다. 중학교 때 왕따를 당한 이야기, 그리고 결정적으로 이 어려움을 엄마에게 말했을 때 외면당했다고 느껴진 기분 등을 음악을 통해서 나눌 수 있었다. 음악 자서전은 S의 치료 세션의 초기에 시도되었고 2년이 지난 시점에 주로 진행되었다. 그 기간 동안 S는 치료사와 함께 급한 심리적 이슈들을 다루었고, 중학생이었던 S가 고등학생이 되면서 신체적 · 정신적 성장도 이루어졌다.

S는 음악 자서전 이후 자신의 상황을 보다 객관적으로 통찰하였고 자신의 솔직한 이야기를 부모에게 털어놓게 되었다. 이러한 변화는 S 부모와의 통화에서도 확인되었는데, 부모는 자신의 이야기를 솔직하게 전하는 아들에게 사과와 사랑을 표현하였고 S 역시 부모에게 우호적인 표현과 반응을 보였다고 전했다.

④ 부모상담: 아이와 함께 성장하는 부모

치료사는 S와 치료동맹[7]을 맺기 위해 S와 나눈 민감하고 중요한 내용을 바로 부모상담과 연결하지 않았다. 음악치료를 의뢰한 부모에게도 이 부분을 공지하고 특별히 부모의 개입이 필요한 부분에서만 내용을 전달하였다.

치료사는 삶의 모든 에너지와 역동을 S의 동생에게 쏟고 있는 엄마에게 보다 현실적인 조언과 정보를 제공하였고, 가장 중요한 부모의 삶의 질을 높이는 방안에 대해 함께 고민하였다. 이에 S의 엄마는 남편과 친정에 도움을 요청하고 개인적인 시간을 가지기 위해 노력하기로 했다. 양육에서 가장 중요한 부분은 '아이와 함께 성장하는 부모'임을 다시 한번 강조했다.

⑤ 함께 게임하기

S는 자기가 잘하는 게임인 블리자드의 오버워치를 치료사에게 알려 주며 게임에 필요한 스킬과 방법들을 알려 주었다. S는 오버워치와 브롤스타즈와 같은 롤 게임을 매우 잘했다. 치료사는 S와 브롤스타즈를 팀플레이로 함께 진행하였고, S에게 오버워치를 배우면서 관계를 형성해 나갔다. S 역시 자신이 가장 잘하는 것을 누군가에게 설명하는 경험에 대해 매우 긍정적인 반응을 보였다.

7) 치료동맹이란 내담자와 치료사가 신뢰감을 형성하여 긍정적으로 협력하는 관계를 말한다(Bordin, 1979).

⑥ 같이 운동하기[8)]

- **개별화**: 내담자의 능력과 선호도에 따라 개별화된 운동을 제안하였다.
- **대화 주제**: 운동을 하면서 대화가 자연스럽게 유지될 수 있도록 노력하였다. 대화 주제는 운동과 연결하고 운동에 대한 내담자의 감정, 생각, 경험을 자연스럽게 이야기할 수 있도록 유도하였다.
- **동기부여**: 내담자가 운동을 즐기고, 자발적으로 참여할 수 있도록 격려하고 지지하였다.
- **걷기**: 세션 당일 날씨가 좋으면 치료사는 치료실 근처에 있는 호수공원을 S와 함께 걸으며 언어상담을 진행하였다. 걷기 시작해서 돌아오는 시간과 거리는 대략 60분에 4km 정도였다. 걸으면서 진행하는 상담의 주제는 '그동안 있었던 일들에 대해 말하기'였고, S 스스로 내린 평가와 의미들을 듣는 시간이었다. 치료사는 S가 내린 평가와 의미에 대해 또 다른 견해나 시각이 있을 수 있음을 알려주었고, S는 그 내용에 대해 긍정적인 반응을 보이며 수용하였다.
- **자전거 타기**: S는 평소 자전거를 타면 기분이 좋고 몸이 개운하다고 했다. 치료사는 S와 함께 치료실 근처 공원에서 함께 10km 정도 자전거를 30분간 탔다. 자전거를 탄 후에는 편의점에서 같이 음료수를 먹으며 그동안 S에게 있었던 일들을 편안하게 나누었고, 치료사는 그 이야기들을 지지하며 경청했다.

맺음말

사춘기 남학생인 S에게 동생의 장애, 부모에 대한 불신, 미래에 대한 불안, 학업 스트레스, 왕따 같은 환경과 경험들은 가혹하고 견디기 힘든 현실이었다. 결국 S는 게임이라는 회피 공간을 선택하고 그 안에서 자신만의 세상을 만들고 있었다. S는 지금까지 부모에 의해 상담을 받아 왔지만, 자발적이지 않은 치료 프로그램은 S의 높은 저항 앞에서 무기력했다. 이에 비해 매체를 이용한 예술치료는 S의 호기심과 동기를 자극하는 데 매우 유용한 장치가 되었다.

S는 상담시간에 '누워서 음악을 듣는다'는 사실에 매우 큰 호기심을 보였다. 기존의 언어상담에서는 계속되는 질문에 적절한 대답을 찾기 위해 애를 써야 했지만 음

8) 같이 운동하기와 같이 치료 세션에서 운동을 도입하는 것은 청소년 내담자의 신체적 활동이나 정서적 안녕을 증진시킬 수 있는 효과적인 방법이다.

악치료에서는 그저 누워서 음악을 듣고 느낌을 말하는 것이 훨씬 편안했다고 고백했다.

S는 심상음악치료를 통해 자신의 과거를 회상하고 그때 느낀 감정과 상황들을 다시 재경험할 수 있었다. 그 결과, 어딘가로 회피하고 있는 자신의 모습과 상황을 더 생생하게 직면할 수 있었다. 하지만 아직 중학생이었던 S는 그 현실을 통합하고 스스로 뚫고 나가는 힘은 부족했다. 이에 치료사는 세션 기간을 길게 잡고 S가 성장할 수 있도록 만남을 지속하는 것이 중요하다고 판단하였다. 그래서 S와 함께 운동하고 게임하며 더욱 밀도 있는 관계 형성의 기회를 제공하였다. 그리고 성악심리치료와 음악 자서전을 통해 S에게 감정의 인식, 감정 표현 그리고 통찰과 통합의 기회를 지속적으로 제공하였다.

긴 음악치료 치료 기간 동안 S는 초·중학교 때 경험한 자신의 상처를 스스로 보듬기 시작하였고 내적인 통찰을 해 나갔다. 가장 의미 있는 치료 결과는 S 스스로 부모님에게 자신의 속마음을 고백하며 위로와 용서를 구하는 시간이었다. 부모 역시 그 순간에 많은 눈물을 흘리며 S를 품어 주었다. 이후 부모는 치료사에게 "이젠 아들과 대화할 때 편해졌어요."라고 하였다. 서로 말 못한 감정들을 풀어 낸 후 S와 부모 사이는 서서히 회복되었고, 그제야 S는 일반적인 사춘기 청소년의 고민을 시작하였다.

'어떤 일을 해야 하지?' '무슨 전공을 하면 좋을까?' '내가 하고 싶은 일을 이루기 위해 지금 나는 무엇을 해야 하지?'와 같은 고민을 치료사에게 풀어놓기 시작하였다. 이런 고민들은 어쩌면 너무나 평범하고 당연해 보이지만 결국 삶에서 중요한 지점이 채워져야 할 수 있는 물음들이다.

지금도 S는 여전히 게임을 좋아하고, 종종 학교에 지각하며, 동생과 싸우기도 한다. 하지만 이전과 분명히 성장한 지점은 그의 시선과 생각의 방향이 어두운 방 안에 스스로를 가두고 있는 것이 아니라는 사실이다. 자신이 좋아하는 게임을 더 많이 하고 싶고, 늑장을 부리다 학교에 지각하며, 장애가 있는 동생이라고 다 봐주지 않고 싸우는 평범한 사춘기 남학생이 되어 가는 모습, 바로 그 자체라고 할 수 있다. 스스로를 가둔 벽을 깨고 나와 준 S에게 고마움을 표하며 이 글을 마무리한다.

2. 우울 및 자살위험 청소년 사례

치료사 소개: 장문정(명지병원 예술치유센터, 숙명여자대학교 음악치료대학원 강사)

음악치료사 장문정은 온기를 가진 쉼터 같은 사람이 되고 싶은 사람이다. 우울과 부적응, 불안을 경험하는 청소년과 성인 내담자들이 마음을 쉴 수 있고 따뜻함을 느낄 수 있었으면 하는 바람으로 음악치료를 하고 있다. 사람에 대한 진심과 음악은 늘 좋은 것을 만든다는 믿음으로 임상의 자리를 지키고 있다. 숙명여자대학교에서 음악치료 전공 석사와 박사과정을 거쳐 임상음악전문가(1급), 심상음악치료사(FAMI), 성악심리치료사(AVPT), 임상심리사(2급), 명상지도전문가(T급) 등의 자격을 갖추고 있다. 현재 숙명여대 음악치료대학원 강사이며, 의료법인 명지병원 예술치유센터에서 정신과 전담 음악치료사로서 내담자들과 진한 삶의 순간을 나누고 있다.

제목: 음악 안에서 만나는 '살아 있음'

개요

이 사례는 우울 및 자살사고를 경험하고 있는 청소년 K와의 음악치료 과정을 담고 있다. K는 내성적인 성격과 잦은 전학으로 교우관계를 적절히 만들지 못하고, 학교에서 여러 억울한 상황이 있을 때마다 자기의 이야기를 솔직하게 말하지 못함으로 인해 자괴감을 느끼고 있었다. 중학교 2학년이 되면서부터는 부모님과의 관계도 좋지 않아 외로움이 커져갔다. 반복적인 관계의 실패로 인해 우울감이 커졌고 자살을 시도한 경험이 있으며 자살사고를 지속적으로 가지고 있었다. K를 돕기 위한 음악치료 과정에서 주요하게 사용한 방법은 감상과 심상음악치료, 성악심리치료 기법을 응용한 마인드풀 싱잉(Mindful singing),[9] 즉흥연주[10]이다. 음악치료 과정을 통해

9) 마인드풀 싱잉(mindful singing)이란 즉흥으로 노래를 부르되 노래하고 있는 순간의 기분과 생각을 알아차리며 노래하는 방식으로 치료사가 이름을 붙였다.

10) 즉흥연주(improvisation)는 악보에 의존하지 않고 자신의 느낌에 따라 음악을 표현하는 노래 및 악기 연주를 말한다.

K는 우울하고 불안한 자신의 모습을 수용하고 돌볼 수 있게 되었으며, 무엇보다 자신이 가진 본연의 모습을 발견하고 '살아 있음'의 느낌을 확인하면서 다시 활력이 생겼고 주변 환경이나 남들의 시선과 상관없이 자신을 괜찮게 여길 수 있게 되었다.

내담자 정보

K는 만 14세의 여학생으로 반복되는 우울 및 자살사고로 학업을 중단한 상태이며 집에서 대부분의 시간을 누워 있거나 자는 것으로 보내고 있었다. 깨어 있는 시간에는 가슴이 두근거리고 호흡이 불안정하게 느껴지며 손이 떨리는 공황 증상이 나타났고, 소리를 지르고 싶은 충동이 자주 올라온다고 했다. 만나고 있는 친구는 없으며 초등학교 때 사귄 친구 2명과 인스타그램을 통해 가끔 소통하는 것이 친구관계의 전부라고 할 수 있다. 가족으로는 아빠, 엄마, 남동생이 있으나 거의 대화를 하지 않으며, 엄마와는 꼭 필요한 대화만 나눈다고 하였다. 계속 죽고 싶다는 생각을 하며 고통 없이 죽는 방법을 모색하고 실제로 자살을 시도하기도 하여 로컬(local) 병원을 2개월간 다녔고 심리상담도 받았으나 우울감으로 인해 꾸준히 치료를 받지는 못하다가 지인의 소개로 음악치료를 시작하게 되었다. K가 깨어 있는 시간에 자신을 위해 사용하고 있는 유일한 대처기술은 음악을 듣는 것이었다. 피아노 연주곡을 듣거나 내용을 알아듣지 못하는 가사의 외국곡을 들으며 자신이 원하는 가사라고 생각을 하면서 마음을 달랬다고 한다. 또 노래를 크게 부르지는 않지만 흥얼흥얼 따라 부르고 나면 기분이 조금 나아졌다고 한다. K와의 음악치료는 총 22회기였으며, 종결 후 한 달 간격을 두어 총 3회기의 후속 세션도 가졌다.

진행과정

K와 함께 한 22회기 음악치료는 9개월간 개인치료로 진행되었다. 아이가 학교를 그만둔 초기에는 매주 자발적이고 성실하게 참여를 하였으나 가을이 지나는 시점에는 친구들로부터 멀어졌다는 생각에 방에서 안 나오려고 하여 한 달 정도 치료를 멈추기도 하였다. 이 기간에 치료사는 매주 SNS로 음악과제들을 보내 주어 아이를 관찰하고 있었으며, 이후 세션은 대부분 1~2주 간격으로 진행되었다. 치료 초반에는

라포(rapport)[11] 형성을 위한 음악적 선호를 나누는 것과 아이의 마음을 알아주기 위한 심상음악[12]을 주요하게 사용하였다. 라포 형성기가 지난 후부터는 알아차림에 기반한 노래 부르기를 적극적으로 적용하였다. K가 노래를 통해 우울감이 감소되고 자기 자신에 대해 긍정적인 모습을 재발견하게 되면서부터는 노래와 악기를 통한 즉흥 연주가 더 많은 비중을 차지하게 되었다. 기본적인 치료계획과 기법은 치료사에 의해 정해졌지만 그날의 주제, 연주에 대한 형식 등은 모두 K가 선택할 수 있도록 하였다(〈표 7-3〉 참조).

표 7-3 음악치료 진행과정

회기	목적	활동 내용	반응 및 결과
초기: 1~4 회기	정서적 지지 및 연결감	• '인생 띵곡'[13] 나누기 • 감상: 이완을 위한 음악, 감상과 토의(치료사와 번갈아가며 선곡) • 즉흥연주: 감상 후 느낌 연주, 자기탐색 과정으로 연주하기, 그날의 기분 표현하기	• 음악을 대처기술로 사용 • 치료사의 지지적인 반응에 안정감을 표현함 • 심상 안에서 자기 기분을 확인, 감정을 다룰 수 있게 됨 • 감정 탐색이 익숙해짐
중기: 5~17 회기	자기수용 및 자존감 향상	• 심상음악치료 • 음악과 이완: 마음챙김 호흡, 바디스캔 • 성악심리치료: 마인드풀 싱잉, 보컬홀딩	• 심상음악 속에서 부족하고 아픈 자신을 수용하고 용기를 내어 도움 • 이완음악과 마음챙김 • 명상 기법을 통해 과각을 줄이고, 호흡을 안정시켜 공황 증상 감소 • 성악심리치료 속에서 자신의 목소리를 용기 있게 표현하고 성취감을 얻음
후기: 18~22 회기	자기정체성 및 정서 지원	• 피아노 즉흥연주 • 타악기 즉흥연주 • 음악과 명상 기법	• 주어진 모티브 안에서 유연하게 연주하면서 자신감을 얻음 • 늘 무기력하고 활력이 부족하던 아이가 타악기 즉흥연주를 통해 에너지를 얻고 리듬을 창조해 가면서 살아있다는 것을 감사하게 생각하게 됨

11) 라포(rapport)란 의사소통, 특히 치료적 상황에서 상대방과 형성되는 친밀감 또는 신뢰관계를 말한다.
12) 심상음악은 심상을 떠올리고 내면을 탐색, 통찰하기 위해 사용하는 음악을 말한다.
13) '인생 띵곡'이라는 용어는 인생 명곡을 의미하는 것으로 소셜 네트워크 서비스에서 사용하는 신조어이다.

주요 방법

K와 함께한 음악치료방법은 크게는 감상(일반적인 음악감상,[14] 심상음악치료, 노래(생각과 기분을 알아차리는 노래, 자신을 관찰하는 노래, 자신을 위해 부르는 노래), 즉흥연주(구조 안에서의 즉흥연주, 자유로운 즉흥연주)였다.

감상은 일반적인 음악감상과 심상음악치료로 나누었다. K의 일상적인 기분을 위해서는 좋아하는 노래, 그날의 자신을 표현하는 노래, 서로 추천하고 싶은 노래, 여름을 위한 노래 등을 선곡하여 함께 듣고 이야기를 나누었다. 심리치료 형태로의 감상은 K의 내면을 다루기 위한 음악 안에서의 심상 관찰을 위한 심상음악치료가 적용되었다.

노래는 자신의 기분을 알아차리고 기분을 다루기 위한 '마인드풀 싱잉'으로 치료사가 이름을 붙여 본 것이다. 이는 '마음챙김(mindfulness)'의 원리를 노래에 적용한 것이다. 마음챙김이란 의도를 가지고 현재 순간의 경험에 비판단적으로 주의를 기울이며 알아차리는 과정으로 최근 심리치료에서 적극적으로 사용되고 있다. 마음챙김은 판단하지 않음, 인내심, 초심, 믿음, 너무 애쓰지 않음, 수용, 내려놓기 등의 7가지 태도를 제시하고 있다. 마음챙김에 기반한 치료방법들이 우울증과 같은 정서 및 인지 문제에 효과적이라는 것은 이미 수많은 연구를 통해 입증되었다. 따라서 치료사는 이 같은 마음챙김의 내용과 성악심리치료에서의 보컬홀딩[15] 및 자유연상가창[16]을 연결하였다. 노래를 하고 있는 순간의 기분을 알아차리고, 노래를 하고 있는 몸 상태를 알아차리도록 하였고 노래가 발전되도록 하였으며 올라오는 생각들과 기분을 알아차리고 수용할 수 있도록 하였다. 노래를 한 후에 알게 된 것 들을 토의하며 통찰을 얻은 것들을 다시 노래로 부르고, '자기자비(self compassion)'[17]의 일환으로 자신을 위해 주고 싶은 말도 노래할 수 있도록 하였다. 이는 전통적인 성악심리치료는 아니

14) 일반적 음악감상은 심상음악치료 및 내면 탐색을 목적으로 하지 않는 음악감상을 말하는 것으로, 이 사례에서는 일반적인 음악 듣기로 명명하였다.

15) 보컬홀딩(vocal holding)이란 2개의 화성을 사용하면서 목소리를 결합한 형태로 안전한 심리적 틀을 제공하며 노래하는 성악심리치료의 한 방법이다.

16) 자유연상가창(free association singing)이란 프로이트의 자유연상 기법과 유사하게 가사의 유무와 상관없이 의식의 통제를 중지하고 떠오르는 생각, 감정, 감각, 바람 등을 있는 그대로 노래하는 성악심리치료의 기법이다.

17) 자기자비(self-compassion)란 고통스러운 순간에 과도한 자기 비난에 빠져드는 대신에 너그럽게 스스로를 돌보고 이해하는 태도를 말한다.

지만 마음챙김을 적용한 것으로 여기서는 '마인드풀 싱잉'이라고 이름을 붙였다.

즉흥연주는 피아노와 타악기를 주로 사용하였으며 이 사례에서 언급하는 '반구조화된 즉흥연주'는 특정 모티브의 빈 부분을 즉흥연주하는 것이었다. 예를 들어, 〈Mo' better Blues〉의 모티브를 연주하다가 일정 구간에서 주제를 두고 내담자가 즉흥연주를 하고 다시 치료사와 합주를 하는 것을 반복하는 것을 의미한다. '비구조적인 즉흥연주'는 치료사들이 알고 있는 것처럼 주제나 구조를 미리 설명하지 않고 하는 자유즉흥연주의 형태로 적용했다.

내용

K와 함께 한 시간은 각 회기를 나열하기보다는 세션의 초기 · 중기 · 후기로 나누어 의미 있는 내용들을 중심으로 이해할 수 있도록 기술하였다.

① 음악이 매개가 되는 시간: 나와 세상, 나와 나의 연결

내가 최근 2년간 만난 내담자의 대부분은 청소년들이다. 음악치료뿐만 아니라 많은 심리치료사가 청소년 치료를 어렵다고 말하는 것은 대부분 치료를 받으러 오는 청소년들이 치료에 협조적이기 어렵기 때문이다. 사춘기에 접어든 청소년들은 반항을 하거나 치료방법들을 거부하기도 한다. 또 우울과 무기력이 반복되는 청소년들은 초기 회기를 '무반응'으로 일관하기도 한다. 그런 아이들이 나와 첫 회기부터 '사이좋게'가 되는 특효약 같은 것이 있다. 바로 '인생 떵곡'을 함께 나누는 것이다. 청소년들이 생각할 때 치료사를 소개하고, 치료에 대해 설명하는 것은 '어른들은 다 똑같아, 지루해.'라는 생각을 갖게 하기 쉽기 때문에 라포 형성에 큰 도움이 되지 않는다. 그래서 청소년들을 마음을 녹이기 위한 좋은 매개인 '음악'으로 친근감을 주기 위해 '인생 떵곡'을 나눈다. K와의 시간도 그랬다.

첫 세션에서 고개를 푹 숙이고 들어와 시선을 아래로 두며 한숨을 푹푹 쉬던 K에게 "K야, 네가 여기에 와서 앉아 있는 것만으로 기특하다. 오늘 너에게 뭘 막 시키진 않을 것이고, 이 시간은 다 네 마음대로야. 일단 첫 시간이니까 노래를 하나 들어 보자. 너의 '인생 떵곡' 하나 골라 볼까?"라고 하니 K는 숙이고 있던 고개를 살짝 들고 눈을 좌우로 움직이며 생각을 하는 듯 표정을 지었다. 그러고는 "사카모토 류이치? 류이치 사카모토? 〈아쿠아〉요."라고 말했다.

아이가 그렇게 말해 준 순간의 느낌을 나는 아직도 잊을 수 없다. 아이돌을 좋아할 나이의 아이가 좋아하기에는 너무나 다른 장르였고, 그 연주곡은 평안한 느낌보다는 조금 쓸쓸하고 어둡게 느껴질 수 있는 곡이었기 때문이었다. 아이의 선곡에서 K가 가진 우울의 무게를 느낄 수 있었다. 나도 하루 종일 너무 고단하고 힘들 때 찾아 듣기도 했던 곡이라 "우리 완전 의자에 편안하게 기대서 한번 들어보자."라고 하며 함께 음악을 들었다. 음악을 반쯤 듣고 있을 때 K에게 '음악을 듣고 있는 나'는 어떤지 알아차려 보라고 이야기했다. 음악이 끝나고 나서 이 곡이 왜 '띵곡'인지와 음악을 듣고 있는 K는 어땠는지에 대해 얘길 나누었다. K는 이 음악이 자신의 처지와 비슷하다고 했다. 무겁고 물에 오랫동안 빠져 있는 사람 같다고 했다. 음악을 들을 때는 자신이 빗속에서 우산 없이 비를 맞고 있는 사람 같아서 슬펐다고 했다. 아이가 가진 우울감이 어디로부터 왔든지, 지금 아이의 감정은 무겁고 도와줄 사람이 없는 상태임을 알 수 있었다. 비를 혼자 맞았으니 좀 말려 주겠노라 하고 K에게 레인스틱을 기울여 연주하면 내가 따뜻한 바람을 건반으로 연주하여 말려 주기로 했다. 쑥스러워하는 K에게 몸을 돌려도 좋다고 말했더니 대각선으로 살짝 돌리면서 레인스틱을 신기하게 보며 연주를 했다. 나는 사카모토 류이치가 된 것처럼 느리면서도 따뜻한 연주를 하려 노력했고, 건반의 가장 높은 부분에서 이따금씩 16분 음표를 연주하며 햇살에 비가 마르는 느낌을 주었다. K의 몸은 점점 내 쪽으로 돌아와 있었고 나쁘지 않았다는 표정으로 마무리를 지었다. 음악은 그렇게 매개가 되었다. 낯선 사람인 나와 연결을 해 주었고, K가 자신을 관찰할 수 있었고, K가 가진 우울하고 축축한 기분을 조금이나마 보송하게 만들어 줄 수 있었다. 내가 한 것이 아니라 그 아이가 말해 준 음악이 그렇게 했다.

그다음 주에는 나의 '인생 띵곡'을 나누었는데, 같은 곡을 각각 다른 버전으로 연주한 것을 1분 30초씩 들려주었다. K에게 어떤 버전이 가장 좋은지를 물으니 피아노 버전이 좋다고 했다. 그래서 피아노 버전으로 한 곡을 다 들은 후 공명 실로폰[18] F를 주고, 지금 함께 들은 곡을 치료사가 연주를 해 볼 테니 마음이 가는 타이밍에 공명 실로폰을 연주하도록 했다. Bb의 연주곡이라 5음인 F는 언제 연주해도 어울리기 때문이다. 처음 30초 정도는 듣고만 있더니 2, 3마디에 한 번 씩 공명 실로폰을 연주하

18) 공명 실로폰은 음마다 색깔로 분리가 되어 있어 이동이 편리하고 공명을 통해 울려나는 음색이 편안함을 주는 악기이다.

던 K는 어느새, 꽤, 자주 연주를 하고 있었다. 무거움이 차츰 가벼워지는 것을 느낄 수 있었다. 이렇게 3주 정도 세션 시간의 일부는 서로가 좋아하는 음악들이 오갔다. 음악이 서로를 이어주고, 서로가 나누는 음악이 서로에게 닿았다.

감상 외에 음악을 듣고 난 뒤의 느낌을 악기로 표현하거나 그날의 기분을 표현하는 시간을 가졌다. 내가 20년 동안 만났던 청소년의 대부분은 신기하게도 수많은 악기 중 레인스틱이나 에너지차임을 선택하는 경우가 많았다. 이유를 물어보면 한결같이 "소리가 신기하고요, 마음이 편안해지는 것 같아요."라고들 한다. K 역시 자신이 어떤지를 탐색하고, 기분을 표현할 때 레인스틱을 선택했는데 속상한 일이 많았을 때는 가로로 들고 흔들기도 하고, 많이 피곤하다고 하는 날에는 아주 천천히 기울여 연주했다. 그렇게 4회기 동안 음악을 매개로 K는 우울이라는 빗속의 공간으로부터 햇살이 드리우는 따뜻한 곳으로 조금씩 걸어 나올 수 있었던 것 같다.

② 괜찮은 '나'를 만나는 시간

청소년들과 함께할 때 청소년들이 가진 아프고 쓰린 기억들을 만나고 보듬는 작업을 많이 하지만 그것만큼 많이 하는 작업은 청소년들이 원래 가지고 있는 좋은 것들을 발견하고 확인하게 해 주는 것이다. 그래서 나는 그 작업을 위해 노래와 심상음악치료(MI, GIM 형태)[19]를 자주 사용한다.

앞부분에서 언급했듯이 K는 우울과 무기력을 가지고 있었기 때문에 자신의 우울감이 어느 정도인지를 확인하고 그런 자신을 스스로 도울 수 있도록 해 줄 필요가 있었다. 그러기 위한 첫 작업에서는 마음챙김 호흡[20]과 바디스캔[21]을 적용했다. K의 호흡은 주로 가슴에서 느껴졌다. 숨이 고르지 못했고 한 번씩 크게 숨을 쉬어 답답함을 해소하는 것으로 관찰되었다. 그래서 호흡이 가장 많이 느껴지는 가슴에 주의를 기울이고 호흡을 알아차리도록 했다. 호흡을 관찰하는 것만으로도 자신을 알아차리는 연습을 할 수 있었고 이어지는 바디스캔을 하면서는 몸이 어떤지를 알 수 있었다.

---

19) 심상음악치료(guided imagery & music)는 헬렌 보니(Helen Bonny)가 내면의 탐색을 위해 만든 심리치료의 방법으로 음악을 들으며 의식을 넘어선 깊이 있는 정신내적 수준까지 탐색하여 통찰을 얻도록 하는 음악치료를 말한다.

20) 마음챙김 호흡은 호흡명상이라고도 하며 호흡에 주의를 기울여 관찰하고 알아차리는 것이다.

21) 바디스캔(body scan)이란 머리부터 발끝까지 스캔하며 사진을 찍듯이 신체 부위마다 주의를 두어 몸 전체를 관찰하는 명상의 방법이다.

이것은 K가 정서적인 무게감으로 인해 머리, 어깨, 팔, 다리가 무겁게 느껴진다는 것을 알게 되는 시간이었다. 느낌이 어떤지를 묻는 치료사의 물음에 K는 자신의 몸에 '게으르다'고 이름을 붙였다. 움직일 수 있는데 움직이지 않으려고 한다는 의미라고 했다. 나는 먼저 아리야의 〈Beautiful mind〉를 들려주며 심상 속에서 걸음을 천천히 걷고 팔도 움직여 보도록 했다. 이 곡의 특성은 느린 음악이면서도 아르페지오로 연주되는 피아노가 작은 움직임을 준다. 중간에 쉬는 부분이 있어 에너지를 많이 내지 않아도 전반적으로 기분을 움직이게(move) 해 줄 수도 있다. 음악이 팔을 움직이고 걸음을 걷도록 도와줄 것이라는 말과 함께 심상음악치료가 시작되었다. 손가락을 움직이더니 사람들이 없는 조용한 밤길을 천천히 걷는다고 했다. 차갑지 않은 공기의 느낌을 느끼며 여기저기를 걸어 다니는 기분이 상쾌하고 편안하다고 했다. 아무도 보는 사람이 없는 그곳에서 원하는 것을 더 해 보라고 하니 손을 좌우로 움직였다가 손을 살펴보고 있다고 했다. 손이 실 뭉치처럼 동그랗게 되어 손가락이 없어진 것 같다고 했다. 그곳에 숨을 크게 쉬어 음악을 가져다주라고 하자 뭉치가 되었던 손에 손가락이 보이게 되었다. 손가락을 살펴보게 하자 피아노를 치고 싶다고 했다. 주변에 피아노가 있는지 살펴보라고 하자 피아노를 발견했고 아주 조용하게 피아노를 연주했다. 이렇게 심상음악치료의 작업은 다른 2곡이 지나는 동안 진행되었다. 심상을 마무리하고 이야기를 나눌 때에 K는 6개월 전까지도 이틀에 한 번은 피아노를 쳤다고 한다. 아주 잘 치지는 못했지만 답답할 때마다 연주를 했었다고 한다. '게으르다'라고 이름 붙여진 자신의 손에 다시 움직임을 주고 연주를 통해 답답함을 해소하고 썩 괜찮은 자신을 다시 만날 수 있었던 것이다.

자신을 만날 수 있는 기회는 노래를 통해서도 가질 수 있었다. 성향에 따라 다르겠지만 대부분 우울을 경험하고 있는 청소년들이 노래를 자발적으로 부르는 경우가 많지는 않다. 적극적인 참여를 필요로 하는 것에는 더 반감을 가질 수 있기 때문에 최소한의 참여 속에서 음악이 주는 반응을 이끌어 내는 것이 중요하다. 그래서 항상 노래를 주도적으로 하는 역할은 치료사가 하고 청소년들은 보조적으로 노래를 만들어 주는 사람이면 좋은 시작일 수 있다. K와의 노래는 6회기쯤 되었을 때부터 15회기 정도까지 지속했다. 예를 들어, 치료사가 보컬홀딩(vocal holding)기법으로 두 개의 코드를 연주하며 그날 K가 제시한 '필요 없는 사람'이라는 말을 노래할 때 K는 2마디마다 지정된 음을 하나 누르도록 했다. '사람'이라는 부분이 끝나면 건반 하나를 '띵'

하고 치는 것이다. 그것을 할 수 있겠는지를 물으니 그 정도는 할 수 있겠다고 하여 연주를 시작했는데, 한 음에서도 다이내믹(dynamic)을 다르게 표현하는 것을 알 수 있었다. 그리고는 내가 '사람'하고 부르며 시선을 주었더니 K가 자기도 모르게 작은 소리로 '사람'이라고 한 음으로 말하듯이 따라했다. 이때 과한 반응을 하면 민망해서 멈출 수도 있으므로 나는 그냥 모르는 척 자연스럽게 노래를 계속했고 K도 계속 '사람'을 노래했다. 어느 정도 발전이 되었을 때 '노래하는 너는 어떤 사람'이라고 질문하는 노래를 던졌더니 한참 만에 '부끄러운 사람(도도도도 미도)'이라고 음을 넣어 답을 했다. 나는 노래 질문을 이어 갔다. '피아노를 치는 너는 어떤 사람' '음악을 듣는 너는 어떤 사람' '음악 속에 있는 너는 어떤 사람' 등을 물었는데, 그때마다 잠복시간은 있었지만 음을 넣어 노래했다. 노래하는 K는 지금 어떤지를 잠시 살펴보도록 했는데 "살아 있다."라고 했다. 우리는 '살아 있어'로 한참을 노래했다. 이러한 방식은 성악심리치료의 보컬홀딩과 음악의 다이내믹 안에 있는 자신의 모습 혹은 기분을 알아차리도록 하는 마음챙김의 내용을 연결한 것으로 내가 '마인드풀 싱잉'이라고 이름을 붙여 자주 적용했다([그림 7-1] 참조).

그림 7-1 마인드풀 싱잉, 음악명상을 위한 세팅: 울림이 좋은 싱잉볼 사용

보컬홀딩과 마인드풀 싱잉을 하면서 K는 게으르고, 자신 없고, 무겁고, 쓸모없고, 억울한 자신을 만나기도 했다. 하지만 그런 자신을 알아차리고 음악 안에서 노래하는 과정을 통해 노래를 할 수 있고, 움직일 수 있고, 리듬을 탈 수 있고, 소중하고, 사랑받고, 힘도 있는 자신의 모습도 있다는 것을 발견하게 되었다. 이것은 만들어진 모

습이 아니라 K가 가진 진짜의 모습이었다. 우울에 침잠하기 전의 모습을 발견하고 여전히 밝은 모습을 가지고 있다는 것을 확인하게 되는 순간이 아닐 수 없었다. 그렇게 노래하면서 자신을 만나고 나면 마지막에는 꼭 2분 정도씩 호흡명상을 하며 호흡 안에 오래도록 마음을 머물도록 했다. 격정의 감정을 경험하고 난 뒤에 수렴과 안정을 위해 호흡 또는 이완 음악을 사용하는 것을 추천한다.

③ 나를 만들어 가는 시간

세션 후반부인 18회기부터 K는 이전보다 에너지가 가득했으나 기복은 있었다. 그래서 음악 안에서 본연의 모습을 발견해 가고 있던 통찰을 지속시키고 활력을 주기 위해 매 세션 즉흥연주를 하게 되었다. K가 피아노를 칠 수 있었고 악기 중에서는 피아노를 가장 좋아했기 때문에 세션 후반부의 즉흥연주는 피아노와 타악기를 번갈아 가며 연주하는 방식을 선택했다. 물론 그날 연주하는 음악의 모티브를 치료사인 내가 제안할 때가 많았으나 피아노를 연주할 것인지, 타악기를 연주할 것인지는 늘 K가 선택했다([그림 7-2] 참조).

그림 7-2 즉흥연주에 사용된 건반과 투바노, 젬베 등의 타악기

하루는 재즈인 〈Mo' better blues〉를 모티브로 반구조화된 즉흥연주를 했다. 내가 낮은 건반 쪽에서 모티브를 연주하고 F코드 안에서 어느 건반이든 연주하도록 했는데 재즈의 특성상 어떤 음을 연주하든, 리듬이 박에 맞든 아니든 꽤 멋지게 들리기 때문에 K는 내가 미리 붙여 둔 F, C, Bb를 탐색하고 이것저것 연주하다가 맘에 드는

고정패턴으로 반복해서 연주를 했다. 그다음에는 내가 한 번 솔로, K가 한 번 솔로를 연주하도록 했다. 리드미컬한 음표들이 서로를 오가며 한 공간을 채웠다. 다시 내가 모티브를 연주하면서 음을 넣어 노래했다. "연주를 하는-지금의 너는-어떤 ○○-한번 느껴 봐-"라고 했더니 모티브가 2바퀴쯤 돌았을 때 잠시 멈추고 느낌을 물어보니 "살아 있는 사람 같다."라고 답을 했다. 고작 중학교 3학년 나이의 청소년이 자신을 그렇게 표현한 것이 안쓰럽기도 하고 대견하기도 하여 뭉클했다. 살아 있는 느낌을 연주해 보자고 하니 K가 갑자기 빠르게 연주하며 건반의 범위를 넓게 쓰는 바람에 〈Mo' better blues〉의 패턴은 사라졌지만 그 자체로 좋았다. 반구조 안에서의 즉흥연주는 자유즉흥으로, 자유즉흥에서 자유연상가창으로 이어졌다. K는 "살아 있네, 언제는 죽었나" 등 생각나는 것들을 노래하며 웃었다. 시체처럼 누워 있던 사람이 살아난 것 같은 공포, 코미디 영화 같다는 말을 했던 K는 '살아 있는 사람'이 맞았다.

K는 친구들과의 관계에서 지속적인 억울함이 있었고, 전학도 여러 번 가야 했지만 유독 분노라는 감정을 억제하고 표현하고 싶어 하지 않았다. 타악기를 연주하면서 몇 번 분노의 감정에 대해 탐색했으나 K는 관계의 실패를 자신이 별로여서 그런 것이라고 생각했기 때문에 분노의 감정보다는 우울감을 더 많이 느꼈던 것이다. 치료사로서 고민했던 지점은 즉흥연주가 매우 효과적이지만 타악기가 주는 진동을 부정적인 감정을 해소(discharge)하는 데 쓰는 것만은 아니기 때문이다. 내담자에게 필요한 상호작용의 방법임에는 틀림없지만 자칫하다가는 불편한 감정을 다시 확인시킬 수 있다는 우려도 들었다. 그래서 K가 타악기를 선택한 날에는 K에게 중요한 '살아 있다, 힘이 있다, 나아갈 수 있다'는 말을 주제로 연주를 하는 것으로 치료 방향을 잡았다. 그 과정에 도움을 준 도입에 대한 아이디어는 후배 음악치료사가 만든 'Heart Beat'라는 즉흥연주 도입부를 사용하는 것이었다. 큰 투바노를 말렛으로 연주하되 심장의 비트를 가만히 관찰하며 그 비트를 연주하는 것으로 시작하였다. 심장은 생각보다 빠르게 뛰었고 북소리를 통해 심장박동을 확인할 수 있었다. 나는 K가 연주하는 심장박동을 네 번에 한 번씩 반영하여 지속적인 그라운딩(grounding)[22]을 주며 격려했다. 이런 작업은 투바노로 하기도 하고, 젬베나 개더링 드럼을 사용하기도 했다. 에너지를 좀 더 많이 필요로 하는 날에는 개더링 드럼을 사용해서 진동을 더 많이

22) 그라운딩(grounding)이란 음악치료에서는 안정감 및 지지감을 주거나 현재적인 지각을 위해 치료사가 노래나 연주로 함께 하는 것을 의미한다.

느낄 수 있도록 했다. C와 F를 반복하는 나의 반주에 펼쳐지는 K의 '살아 있음, 힘이 있음, 움직일 수 있음, 나아갈 수 있음'을 내 눈과 귀로 들으며 몰입에 몰입을 더했다.

음악과 함께하는 동안 K가 듣는 음악의 리스트에도 변화가 있었다. 잔잔하고 느리고 우울한 느낌의 피아노곡을 주로 듣던 K는 여느 아이들처럼 아이돌의 노래도 듣기 시작했고 잘생긴 배우들에 대한 관심도 생겼다. 치료를 종결하기 전 3회기 정도는 치료시간 중 10분 이상은 좋아하는 연예인 이야기를 하는 데 에너지를 쓰는 아이를 볼 수 있었다. 22회기라는 모든 시간을 마칠 때의 K는 정말 반짝였다. 더 이상 우울이 아이를 사로잡지 않았고 얼굴에는 생기가 있었다. 죽고 싶다는 마음보다는 즐거운 것에 대해 관심을 가지는 사랑스러운 여중생으로 바뀌어 있음을 한눈에 알 수 있었다.

맺음말

K는 우울감, 무기력, 자살사고 같은 단어로 점철된 자기의 모습에 늘 실망했고 다시는 학교로 돌아갈 수 없을 것이라고 생각했던 청소년이었다. 그래서 인생이 끝이 났다고 생각하고, 살고 싶은 생각을 포기하기까지 했었지만 K는 22회기를 종결할 즈음에는 진학을 했다. 이후 후속 세션에서 여전히 친구가 많지는 않다고 했으나 자신과 음악 성향이 비슷한 친구 두 명과 함께 일명 '덕후'가 되어 학교를 다니는 것이 싫지는 않다고 했다. '무엇이 이 아이를 다시 반짝이게 했을까?'라는 질문을 던져 보면 답은 두 가지였다. K 자신이 원래 빛나는 아이였다는 것과 그 빛을 찾아 준 것은 음악이었다는 것이다. 학교도 포기할 만큼 세상과 단절한 K를 세상과 다시 이어 준 것도 음악, 치료사와의 관계를 이어 준 것도 음악이었다. 노래하고, 움직이고, 웃을 수 있고, 에너지를 낼 수 있는 자신을 만나게 한 것도 음악, 그리고 살아 있는 사람으로 분명히 존재한다는 것을 알게 해 준 것도 음악이었다. 음악이 만병통치약은 아니겠지만 음악은 정말 치유적이다. 청소년이 다루기 어려운 대상인 것은 맞지만 그 변화는 매우 명확히 나타나기 때문에 청소년들과 함께하는 과정은 늘 뭉클하다. 그래서 나는 청소년들과의 음악치료 시간이 참 좋은 것 같다. 청소년들이 원하는 것에 맞추어 시작하는 음악의 부름을 잘 따라가다 보면 예상했던 것보다 더 큰 치료적 기쁨을 만날 수 있다. 청소년과 함께하는 음악치료사들이 좀 더 자신감을 갖고 청소년들이 가진 본연의 모습을 잘 발견하도록 도와준다면 그들을 만나고 있는 우리가 얼마나

행복한 치료사인지를 매 순간 느끼게 될 것이다. 이 글을 읽는 분들도 나와 같은 경험을 할 수 있기를 바란다. 마지막으로, 그 길에 함께 서 있는 청소년 대상 치료사 모두에게 '파이팅'을 외치며 부족한 글을 맺는다.

기타 자료

- 보컬홀딩: https://blog.naver.com/purejmj/223235961864
- 마음챙김 싱잉: https://blog.naver.com/purejmj/223235970643
- 반구조화 즉흥연주(피아노): https://blog.naver.com/purejmj/223235981437
- 타악기 즉흥연주(heart beat motive): https://blog.naver.com/purejmj/ 223235997153

(출처: 장문정의 음악치료이야기-음악치료 & 나누는 삶 블로그)

3. 약물 사용 청소년 사례[23)]

치료사 소개: 캐롤린 마샬(Carolyn Marshall, nee Williams, MMT, RP, MTA)

온타리오주 공인 심리치료사협회(CRPO) 공인 심리치료사이자 공인 음악치료사이다. 윈저 대학교(University of Windsor)에서 음악치료 학사학위를, 윌프리드 로리에 대학교(Wilfrid Laurier University)에서 음악치료 석사학위를 받았다. 캐롤린은 2012년 1월 온타리오주 토론토에 있는 소아과 병원인 SickKids에서 새롭게 구성된 창의적 예술치료 프로그램에서 풀타임 음악치료사로 책임을 맡게 되었다. 현재는 미국 인디애나주 포트웨인에 있는 퍼듀 대학교(Purdue University)에서 음악치료 전문 석사과정에서 가르치고 있다.

제목: 침묵의 소리-청소년을 대상으로 하는 음악치료

23) 본 사례는 해외 사례로 캐롤린 마샬의 사례를 한국어로 번역하였다.

개요

이 사례는 피해감소 트라우마 정보에 기반한 관점에서 내담자 중심(client-centered), 강점 기반 접근법(strengths-based approach)을 사용한 10대 여성의 음악치료 여정이다. 음악감상, 가사 분석, 작곡, 마음챙김과 같은 음악치료 중재를 통해 치료사는 내담자의 약물 사용을 감소시키는 치료목표를 지원하는 동시에 정신건강을 위한 건강한 대처 전략을 세울 수 있도록 돕고자 하였다.

청소년기의 약물 사용과 정신건강은 흔히 동시에 일어난다. 피해 감소(harm reduction)는 다음과 같이 정의할 수 있다. "억제를 요구하거나 장려하지 않고 약물 사용과 관련된 부정적인 건강적 · 사회적 · 경제적 영향을 감소시키는 것을 목표로 하는 증거 기반의 공중보건 접근법"[24]이다. 따라서 내담자는 이에 대처하기 위해 약물을 사용하는 이유를 탐색하고 처리할 수 있는 기회를 제공받음으로써 건강한 대처 전략을 확립하고 설명할 수 있으며, 이는 약물 사용을 감소시키고 가능하면 중단할 수 있도록 돕는 효과적인 방법이 될 수 있다.

내담자 정보

세이지(Sage)[25]는 16세 여학생으로 심각한 약물 사용, 우울증, 불안으로 어려움을 겪고 있었다. 학교를 무단으로 결석하고 자살 충동, 가출, 그리고 나이가 많고 문제가 있는 젊은 남녀와의 관계 등 여러 가지 위기의 행동으로 인해 외래환자 약물 남용 프로그램에 의뢰되었다. 세이지의 심리사회적 그리고 정신건강 병력에는 자동차 사고를 포함한 일련의 충격적인 경험이 포함되어 있었다.

부모, 언니, 남동생과 함께 살면서 세이지는 가족관계에서 많은 긴장을 경험했고 종종 어머니와 갈등을 겪었다. 세이지는 친한 친구가 몇 명 있고, 범성애자로 분류되었으며 로맨틱한 관계나 성적인 관계에 더 많이 연결되어 있는 것처럼 보였다. 그녀는 성적으로 적극적이며 여러명의 파트너가 있었고 피임을 하지 않는 경우가 많았다. 세이지는 의학적 · 신체적 문제로 인해 세이지가 좋아하는 스포츠에 참여하지

24) The Government of Canada website, November 2, 2023. https://www.canada.ca/en/health-canada/services/publications/healthy-living/canadian-drugs-substances-strategy-approach-related-harms-overdose-crisis.html

25) 가명

못했고 학교를 자주 결석하는 이유가 되었다. 이러한 어려움과 도전은 세이지의 우울과 불안을 증가시키는 원인이 되었다. 세이지가 사용하는 약물은 마리화나, 알코올, 니코틴, MDMA(몰리), 코카인 등이었다. 그녀는 자해 및 화상과 같은 자해행동의 병력이 있다.

의학적으로 세이지에게는 병원 입원이 필요한 생리적 · 신경학적 문제가 있었고 이로 인해 그녀와 그녀의 가족은 어려움을 겪었으며, 그녀의 치료를 관리하는 다른 치료팀과의 관계도 틀어지게 되었다. 소아과 병원을 통해 청소년 의학 클리닉에 연결되었을 때, 세이지는 약물 사용에 대한 지원이 필요했고 음악과 연결되어 있었기 때문에 음악치료에 의뢰되었다.

세이지의 의학적 · 정신적 건강 문제에도 불구하고 그녀는 종종 밝은 젊은 여성으로 보였지만 의사결정에 있어서는 미숙하고 충동적이었다. 예술적이고 창의적이었던 그녀는 노래, 기타 연주를 즐겼으며 록, 메탈, 그런지부터 인디팝, R&B, 힙합에 이르기까지 다양한 장르의 음악에 취향을 가지고 있었다.

진행과정

세이지는 시내 중심가에 있는 소아과 병원에 있는 약물 사용 외래환자 클리닉에 의뢰되었다. 이 클리닉에서는 개별 약물 사용 상담을 제공하고 청소년이 의료 및 심리사회적 전문가의 도움을 받을 수 있도록 지원하였다. 세이지는 청소년 의학팀에서 의뢰를 하였으며, 가족, 특히 어머니의 지원을 받았다. 약물 사용 클리닉에 대한 의뢰는 부모, 의사, 교사, 사회복지사가 할 수 있으며 청소년은 스스로 의뢰할 수 있다. 세이지의 세션은 60분 개별 세션으로 2년에 걸쳐 진행되었다. 이 세션에서는 음악치료와 언어적 상담 중재의 혼합방법 접근 방식을 사용하였다. 세이지가 18세가 되어 지속적인 의료 및 심리사회적 지원의 필요성이 분명해짐에 따라 전환계획이 치료계획에 통합되었다.

온타리오주에서는 대부분의 의료 서비스를 정부에서 보장하여 세이지는 병원 내에서 추가 비용 없이 의료 서비스 및 개별 음악치료를 받을 수 있었다. 그러나 병원 시스템에서 전환되어 지역사회 내에서 개별 상담 서비스를 받으려면 서비스별로 유료화되기도 한다.

주요 방법

세이지의 치료과정에서 사용된 음악치료 중재는 임상적 즉흥연주, 수용적 음악감상, 가사 분석 및 작곡/송라이팅 등이었다.

- **임상적 즉흥연주**: 세이지와 치료사가 피아노/키보드, 목소리, 기타, 타악기 등의 악기로 함께 음악과 소리를 만들어 내는 활동이다.
- **수용적 음악 듣기**: 세이지에게 의미 있는 녹음된 음악을 듣는 것을 통합하였다. 그녀는 종종 세션 중에서 자신의 기분을 반영하는 노래를 선택하거나 치료사와 공유하고 싶은 좋아하는 곡을 선택하였다.

가사 분석을 통해 세이지는 가사와 그 의미를 탐구하면서 자신이 선택한 노래에 대해 생각해 볼 수 있었다.

- **작곡/송라이팅**: 세이지가 치료과정에서 곡을 작곡하였다.
- **유도된 명상**: 하모니 핸드북 1권,[26] 청소년 및 성인 정신건강치료를 위한 리소스로부터 치료적 개입을 기반으로 한 마음챙김 중재

수용적 음악감상, 가사 분석, 송라이팅은 치료 세션 동안 표현하고 탐구할 수 있는 풍부한 콘텐츠를 제공했기 때문에 세이지의 음악치료 중재 중 가장 효과적인 것으로 입증되었다. 또한 유도된 명상의 중재는 불안을 감소시켜 감정을 더 잘 처리할 수 있도록 도와주었다.

내용

세이지의 첫 번째 세션은 어머니와 함께 대면으로 참석하였지만 이후에는 혼자 세션에 참석하였다. 첫 번째 세션 동안 전반적인 정신건강 문제와 약물 사용 이력을 파악하기 위해 GAIN-SS[27] 및 약물 사용 인벤토리 진단평가를 하였다.

26) https://harmonyresource.com/resources/

27) 이것은 GAIN-SS의 수정 버전이다. GAIN-SS에 대한 자세한 정보는 http://www.gaincc.org/instrunments/ 웹사이트 http://www.gaincc.org/ 또는 (309) 451-7900 GAINInfo@chestnut.org.에서 찾을 수 있다.

세이지는 치료사와 다른 관심사와 과거 사례에 대해 논의하면서 자신의 음악적 선호도를 공유하였다. 음악치료 진단평가에는 임상적 즉흥연주와 일반적인 음악/창작 예술 이력, 좋아하는 것/싫어하는 것, 현재 음악 참여에 대한 공유가 포함되었다. 세션은 매주 60분씩 대면으로 진행되었다. 처음에는 세이지가 세션에 참석하였지만 전반적으로 치료사와 함께 음악적으로 참여하는 데는 거의 관심을 보이지 않았다. 세이지는 종종 자신의 약물 사용과 지속적인 정신건강 문제에 대해 분노, 좌절감, 양가감정 또는 회피를 표현하였다.

때때로 피아노와 기타를 연주할 때 치료사는 키보드나 기타로 음악적 지원을 하면서 자유롭게 임상 즉흥연주를 하거나 유도된 즉흥연주를 하기도 하였다. 유도된 즉흥연주는 세이지와 관여되어 있는 감정이나 갈등 상황의 주제와 관련이 있었다. 세이지는 음악적 중재에 참석하는 데 동의했지만 치료적 중재로 인한 혜택에 대해 지속적으로 부인하였다. 세이지가 음악에 참여함으로써 건강하고 구조화된 대처 전략(예: 노래, 송라이팅)이 가능했지만 그러나 세이지가 치료 공간 밖에서 적용하기는 어려웠다. 몇 주 동안 세이지가 치료사에게 결석을 알리지 않고 세션에 오지 않았다. 몇 달이 지나면서 세이지의 치료 참여는 계속해서 밀물과 썰물처럼 반복되었는데 몇 주 동안 세이지가 치료실에 출석하고 참여하면서 자신의 생각과 감정을 언어적 또는 음악적으로 처리하고 몇 주 동안은 부재하는 일이 반복되었다. 그녀는 점점 더 사회적으로 고립되어 음악치료 세션에 참석할 때면 종종 기분이 가라앉곤 했다. 세이지가 음악치료 세션에 참석해도 치료사에게 거의 말을 하지 않고 후드가 달린 스웨터 셔츠로 머리를 가린 채 의자에 웅크리고 앉아 있을 때도 있었다.

1년간의 세션 후 세이지는 자신의 건강과 약물 사용을 다루기에 너무 벅차서 이를 다룰 더 큰 지원이 필요하다고 말했다. 그녀는 이러한 추가적인 도움을 제공하는 기숙 프로그램(residential program)에 자발적으로 참여하기로 결정하고 3~6주(약 1개월 반) 동안 그곳에 머물렀다. 이 기간 동안 세이지와 치료사 사이에는 기숙 프로그램의 요건으로 인해 연락을 할 수 없었다.

세이지는 기숙 프로그램에서 퇴원하자마자 치료사와 음악치료 세션을 다시 시작하고 자신의 경험을 치료사에게 공개적으로 공유하였다. 가사 분석과 함께 언어적 성찰과 수용적 음악감상이 많은 세션에서 필수적인 요소가 되었으며, 세이지가 세션에서 음악적으로 더 쉽게 참여하였다. 한 세션에서 세이지는 한 밴드의 노래를 들려

주었는데 그녀는 그 노래를 "내가 가장 힘들었을 때 나를 도와준 노래"라고 설명하였다. 가사를 보면 다음 문장들이 세이지에게 가장 큰 의미를 주었다.

The burning is so low it's concerning(타오름이 너무 낮아 걱정이 됩니다)
'Cause they know that when it goes out(그것이 사라질때를 알기 때문입니다)
It's a glorious gone(영광은 사라집니다)
It's only time before they show me(그들이 나에게 보여 주기까지 남은 것은 시간뿐입니다)
Why no one ever comes back with details from beyond(왜 아무도 저 너머에서 자세한 것들을 가져오지 않는지)
They know that it's almost(그들은 거의 다 된 것을 알고 있습니다)
They know that it's almost over(그들은 거의 끝난 것을 알고 있습니다)
They know that it's almost(그들은 거의 다 된 것을 알고 있습니다)
They know that it's almost over(그들은 거의 끝난 것을 알고 있습니다)
In time I will leave the city(때가 되면 도시를 떠날 것입니다)
For now, I will stay alive(지금은 살아 있을 것입니다)
In time I will leave the city(때가 되면 도시를 떠날 것입니다)
For now, I will stay alive(지금은 살아 있을 것입니다)

치료과정에서 세이지는 여러 가지 치료로 인해 신체적으로 움직임에 제한을 받았고 좌절감과 분노가 커지면서 물질에 대한 갈망과 자해행위가 증가하였다. 치료사는 세이지가 자신의 감정을 표현하고 탐색할 수 있도록 음악적 참여를 시도했지만 세이지가 종종 저항하며 적극적으로 음악 만들기에 참여하려고 하지 않았다. 음악이 도움이 되는 대처 전략으로 명명되었음에도 세이지의 고통과 약물 사용 욕구는 증가하였다. 이러한 고통의 증가는 고위험군으로 선택되어 추가적인 지원이 필요한 외상성 사건을 경험하게 되었다. 치료사는 세이지를 다른 병원의 다른 전문가와 연결될 수 있도록 그녀를 도와주었다. 많은 음악치료 세션에는 다른 의료진과의 협력적 접근 방식이 포함되었지만 몇 주 동안 세이지의 세션에는 음악이 거의 또는 전혀 사용되지 않았다. 음악이 없었지만 세이지는 치료사와 점점 더 많이 소통하였고 자신의 생각과 감정을 토론하고 반영하는 데 적극적으로 참여하였다.

시간이 지남에 따라 치료사는 하모니 핸드북에 있는 '좋아하는 노래 명상(favoriate song meditation)'과 같은 유도된 명상을 통합하여 세이지가 좋아하는 노래에 자신의 생각을 반영할 수 있도록 하였다. 이러한 중재를 통해 세이지는 건강한 대처 전략으로 더 많은 음악을 듣게 되었고 음악치료 세션에서 지속적인 성찰의 기회를 제공받았다. 세이지가 자신감을 되찾고 학교에 꾸준히 다니기 시작하면서 고등학교 졸업을 목표로 노력하고 있었다.

세이지의 18세 생일이 다가오면서 전환계획을 시작해야 했고, 치료사는 지속적인 상담 지원을 제공할 수 있는 지역사회 자원과의 협력관계를 구축하는 데 도움을 주었다. 음악치료를 종결하면서 치료사는 세이지에게 자신의 여정을 되돌아보고 노래로 표현해 보라고 권유했다. 세이지는 자신의 전반적인 과정을 담을 노래를 작곡할 수 있는 기회를 흔쾌히 받아들였다. 선호하는 아티스트의 미리 작곡된 곡을 사용하여 세이지가 음악치료를 받았던 2년간의 시간을 반영하여 가사를 다시 썼다. 세이지는 기타를 치료 자신이 쓴 가사를 부르고 치료사에게 하모니를 불러 달라고 하였다. 치료사는 세이지가 노래를 녹음하는 것을 도왔고 음악치료 과정의 추억과 마지막 마무리로 녹음본을 주었다. 다음은 세이지의 노래 중 일부이다.

Thank you, I am thankful(감사합니다. 감사합니다)
Thank you for being there even when I was ungrateful(내가 감사하지 못할 때조차도 그곳에 있어 줌에 감사합니다)
Thank you for giving me the tools to start a fire(나에게 불을 피울 도구를 주심에 감사합니다)
I lit my past and every day the flames burn higher(나는 과거에 매일 불을 붙였고 불길이 더 높게 타오르고 있습니다)
It created a light for me to inspire(나에게 영감을 주는 등대를 만들었습니다)
It is the beacon of my hope, and it burns brighte(그것은 내 희망이며 더 밝게 타오르고 있습니다)

맺음말

청소년기의 약물 사용은 많은 청소년이 정신건강에 도움이 되는 지원과 자원에 접근하지 못하기 때문에 여러 가지 문제를 야기한다. 음악치료는 많은 청소년이 쉽게 연결될 수 있는 비침습적이고 접근가능한 치료 방식으로, 이를 통해 많은 지원을 받을 수 있다. 세이지의 치료여정을 통해 역량의 선택과 통제가 가장 중요하다는 것을 알게 되었다. 청소년이 음악 작업에 적극적으로 참여하지 않는 것을 허용하고 심지어 격려하는 것이 결국에는 선택의 가치를 경험하면서 더 많은 참여를 유도할 수 있었다. 자율성과 독립성은 청소년기의 중요한 발달 기술이며 치료과정의 필수요소이다. 음악은 그 자체로 표현과 전달되는 메시지를 강조하기 위해 멈춤, 휴식, 침묵의 순간을 포함하므로 음악치료사로서 우리는 내담자의 치료과정에서 발생하는 '멈춤'이나 '침묵의 순간(몇 주 동안이라도)'을 존중하고 키워야 한다. 내담자가 능동적인 음악치료 중재를 선택하든 수용적인 음악치료 중재를 선택하든 그 과정은 내담자의 몫이며 우리는 그저 내담자를 지원하는 촉진자 또는 안내자일 뿐이다. 세션 중에 음악적으로, 언어적으로 또는 두 가지 방법으로 내담자의 말을 경청하고 기다리며 집중하는 것은 음악치료사로서 배우고 발전시키고 완성해야 할 귀중한 기술이다.

자료

- 하모니 핸드북(http://harmonyresource.com/resources/): 정신건강 치료에서 청소년 및 성인과 협력하기 위한 자료로 사용 가능함

참고문헌

Aletraris, L., Paino, M., Edmond, M. B., Roman, P. M., & Bride, B. E. (2014). The use of art and music therapy in substance abuse treatment programs. *Journal of Addictions Nursing*, *25*(4), 190-196. https://doi.org/10.1097/JAN.0000000000000048

Chakrabarti, T. (2021). Therapeutic songwriting in adolescent inpatient mental health care: A program intervention research to address psychosocial strengths and needs. Doctoral dissertation, Concordia University.

Freitas, C., Fernández-Company, J. F., Pita, M. F., & Garcia-Rodriguez, M. (2022). Music therapy for adolescents with psychiatric disorders: An overview. *Clinical*

Child Psychology and Psychiatry, *27*(3), 895-910. https://doi.org/10.1177/13591045221079161

Ghetti, C., Chen, X. J., Brenner, A. K., Hakvoort, L. G., Lien, L., Fachner, J., & Gold, C. (2020). Music therapy for people with substance use disorders. *Cochrane Database of Systematic Reviews*, (5). https://doi.org/10.1002/14651858.CD012576.pub2

Ko, D. (2014). Lyric analysis of popular and original music with adolescents. *Journal of Poetry Therapy*, *27*(4), 183-192. https://doi.org/10.1080/08893675.2014.949518

MacDonald, R. A., & Wilson, G. B. (2014). Musical improvisation and health: A review. *Psychology of Well-being*, *4*(1), 1-18.https://doi.org/10.1186/S13612-014-0020-9

Silverman, M. J. (2009). The use of lyric analysis interventions in contemporary psychiatric music therapy: Descriptive results of songs and objectives for clinical practice. *Music Therapy Perspectives*, *27*(1), 55-61. https://doi.org/10.1093/MTP/27.1.55

제8장

사회적 요인

1. 범죄 피해 청소년 사례

치료사 소개: 유영희(유영희음악심리상담연구소, 서울힐링앙상블)

음악치료사 유영희는 음악치료 작업 안에서 함께하는 모든 사람을 사랑하고, 한 사람 한 사람의 가치를 소중히 여기는 치료사이다. 편안하고 따뜻한 음악 공간 안에서 서로의 상처를 보듬고 안아 주며, 음악을 통해 내담자 스스로 내면의 힘을 기를 수 있도록 돕고 있다. 숙명여자대학교 음악치료대학원에서 임상음악치료를 전공하였으며, 이탈리아 Gaspare Spontini 시립음악원에서 전문음악예술(지휘) 박사학위를 취득하였다. 임상음악전문가 1급, 회복 심리사 1급 자격을 가지고 있으며, 심상음악치료(GIM) 전 과정을 수료하였다. 현재 서울 서대문구 신촌에 위치한 개인 연구소에서 음악치료를 진행하고 있으며, 숙명여자대학교 음악치료대학원 강사로 재직 중이다.

- 블로그: https://blog.naver.com/dbdudgml2000
- 인스타그램: https://www.instagram.com/yuyounghee2/

치료사 소개: 장지현(서울힐링앙상블대표, 소리맘삼성아동발달센터)

음악치료사 장지현은 음악활동을 통해 만나는 내담자들과 어머니들의 아픔을 공감해 주고 음악활동 안에서 본인의 소중함과 잘할 수 있는 것들이 무엇이 있는지 찾아 주어 자신의 생각과 태도를 변화시켜 줄 수 있도록 음악을 사용하는 음악치료사이다. 숙명여자대학교 성악과, 숙명여자대학교 음악치료대학원에서 임상음악치료를 전공하였다. 임상음악전문가 1급, 가족심리상담사 1급 자격을 가지고 있으며, 현재 서울힐링앙상블의 대표이며 소리맘삼성아동발달센터 주임음악치료사, 소꿈노리합창단 지휘자로 활동하고 있다.

- 블로그: https://blog.naver.com/seoulhealing888

제목: 온라인 힐링 음악극 〈알사탕〉

개요

이 사례는 범죄 피해자 가족을 대상으로 하는 집단치료 프로그램으로 주로 가정폭력, 학대 피해 아동·청소년이 포함되어 있는 가족을 참여 대상으로 모집하여 프로그램을 진행하였다. 범죄 피해자와 그 가족들은 범죄로 인한 1차적 피해 이외에 범죄 피해로 인한 2차, 3차 피해로 심리적인 어려움을 감당하고 있는 경우가 많다. 이로 인해 가족 간에 갈등이 깊어지기도 하고 사회에 적응하는 데 어려움을 겪고 있어, 이를 극복하기 위해서는 전문적인 돌봄이 필요하다. 이번 집단음악치료 프로그램에서는 위기 아동·청소년이 포함되어 있는 범죄 피해자 가족들에게 심리적 지원과 더불어 가족이 함께 즐길 수 있는 음악활동을 통해 범죄 피해로 인한 트라우마를 회복하기 위한 목적으로 프로그램이 진행되었다. 특히 COVID-19로 인한 정부의 사회적 거리두기 원칙을 적용하여 비대면으로 진행하는 온라인 음악치료 콘텐츠를 개발하고, 최종 회기에서는 대면 음악극 공연을 통해 성과 공유회를 진행하였다.

내담자 정보

A 가정은 가정폭력 피해 가정으로 어머니와 자녀 2명(중학교 2학년 남자, 초등학교 6학년 여자)이 함께 참여하였다. 한부모 가정으로 현재는 가해자인 부와 분리되어 살

고 있으나 가정폭력에 대한 트라우마가 여전히 남아 있으며, 집단음악치료 프로그램을 통해 현재 힘든 상황을 극복하고자 참여하게 되었다.

B 가정은 가정폭력 및 학교폭력 피해자 가정으로 어머니와 자녀 2명(중학교 2학년 여자, 초등학교 4학년 여자)이 참여하였다. 가정불화로 인해 어머님은 우울증을 앓고 있으며, 프로그램에는 참여하지 않은 18세 아들의 학교폭력 피해 등으로 가족 모두 힘든 시기를 보내고 있는 상황이다. COVID-19로 인해 가족이 함께 집에 있는 상황이 점점 더 심리적으로 힘들어지고 있는 실정으로, 온라인으로나마 집단음악치료 프로그램에 참여하여 두 자녀들과 정서적으로 치유되는 시간이 되길 희망하였다.

진행과정

음악치료 진행과정은 〈표 8-1〉과 같다.

표 8-1 음악치료 진행과정

회기	진행 방법	목적	활동 내용	반응 및 결과
1	• 수업 형태 안내 • 온라인 형태 수업 및 기기 사용법 설명	• 가정방문 1회 • 수업 전에 필요한 사항 및 비대면 수업에 따른 주의할 점	1. 사전 검사 2. 설문지 조사 3. 비대면 프로그램 앱 설명 및 테스트 진행 4. 수업에 필요한 악보 및 악기 전달 5. 초기 상담 진행(비대면으로 진행할 경우 전화를 통해 온라인 형태 수업 관련 설명한 후 화상으로 연결하여 초기상담을 진행하고 악보 및 악기 등은 택배로 보내도록 한다.)	• 비대면으로 수업을 진행하기 전 가정 방문을 통해 치료사와 내담자가 라포를 형성할 수 있었고, 가정의 환경 및 분위기를 미리 파악하여 내담자를 좀 더 깊이 있게 이해할 수 있었다. • 비대면 프로그램을 미리 설치하고, 전자기기 등을 잘 다룰 수 있도록 교육하여 치료의 효과성을 증대시킬 수 있었다.
2	• 라포 형성	• 알로하!(온라인을 통한 첫 만남) • 악기 소개 및 연주	1. 프로그램에 대한 간략한 소개 2. 〈모두 다 꽃이야〉 노래 부르기, 가사에 내담자 이름을 넣어 부르기 3. 온라인으로 소통하며 연주가 가능한 우쿨렐레 악기 소개 4. 음악극 〈알사탕〉 소개 5. 활동에 대해 나누며 마무리하기 6. 비대면 수업에 필요한 영상 제작 및 편집	• 친숙한 노래 부르기 활동을 통해 온라인으로 처음 만난 내담자 가족들이 자연스럽게 어색한 감정에서 환기되어 긍정적으로 활동에 참여하였다. • 평소에 접하지 못했던 다양한 음악치료 악기를 소개하고, 우쿨렐레 악기를 자유롭게 연주하는 활동을 통해 앞으로 진행될 활동에 대한 긍정적인 기대감을 가질 수 있었다.

3	• 악기연주 • songwriting • song discussion	• 나의 이야기: 자신의 마음을 표현하고 발표하는 시간	1. 〈모두 다 꽃이야〉 음악감상하며 자신을 표현하는 꽃 그림 그리기 2. 우쿨렐레 합주(〈비행기〉, 〈나비야〉 등) 가족과 함께 멜로디 연주하기 3. 음악극 〈알사탕〉의 공유된 ppt 화면을 보며 다양한 역할을 경험하고, 작곡된 노래를 들으며 연기하기 4. 마치는 노래 〈이젠 안녕〉을 부르며 활동을 정리하기	• 음악을 감상하며 자신을 꽃으로 그림을 그리는 활동을 통해 자연스럽게 자신을 인식하고, 표현할 수 있었다. • 음악극 〈알사탕〉 구조에서 각자가 집에 있는 소파가 되어 생각해 보는 시간을 통해 공감, 이해하는 마음, 배려심 등을 경험하였다.
4	• 악기연주 • songwriting • song discussion	• 유리 가족과 주변의 이야기들: 사물을 의인화시켜 마음을 알아보는 시간	1. 악기합주: 터치벨, 공명실로폰, 칼림바, 우쿨렐레 등 2. 음악극 〈알사탕〉 주제곡 노래 부르기 3. 음악극 〈알사탕〉의 등장인물 역할에 따라 대사를 연기하기	• 그룹 악기합주를 통해 다른 가족들과 음악을 통해 하나가 되는 경험을 하였다. • 알사탕을 먹으면 상대의 마음과 생각을 들을 수 있는 능력이 생기는 주인공 동동이의 역할을 연기하며 타인과 사물의 마음을 헤아려 볼 수 있었다.
5	• 악기연주 • songwriting • song discussion	• 가족의 유대감 증진 • 악기연주를 통한 자기표현 증진	1. 악기합주: 공명실로폰, 슬라이드 휘슬, 에그 셰이커 2. 음악극 〈알사탕〉 주제곡 부르기(〈개타령〉, 〈엄마의 잔소리〉) 3. 칼림바, 우쿨렐레 악기연주하기: 〈고향의 봄〉	• 다양한 리듬악기를 다 함께 연주하며 맞춰가는 능력이 향상되었으며, 비대면 교육으로 속도는 느리지만 우쿨렐레와 칼림바의 멜로디를 연주함으로써 성취감을 경험하였다. • 음악극 〈알사탕〉에서 작곡된 노래의 가사를 직접 만들어 보는 과정 안에서 우리 주변의 사물과 가족에 대해 생각하고 이해하는 마음을 표현하였다.
6	• 악기연주 • songwriting • song discussion	• 자녀에 대한 감정을 표현하며 부모와 자녀 간의 관계 회복	1. 음악극 〈알사탕〉 구조 안에서 작업한 주제곡, 〈소파송〉, 〈개타령〉, 〈엄마의 잔소리〉 등을 리듬악기와 함께 연주 2. 악기합주: 칼림바, 우쿨렐레 3. '〈사랑송〉 구조 안에서 자녀와 스킨십하며 감정을 노래와 대사로 표현하기	• 〈엄마의 잔소리〉 음악 구조 안에서 각 가정마다 자녀와의 대화를 시도하는 기회를 제공하였다. • 〈사랑송〉에서는 부모가 자녀에 대한 사랑의 감정을 표현함으로써 자녀들이 처음에는 어색해했지만 오랜만에 행복한 감정을 경험하였다.

7	• 악기연주 • songwriting • song discussion	온라인 콘텐츠 음악극 〈알사탕〉 연주	1. 음악극 구조 안에서 다양한 악기 합주 2. 음악극 〈알사탕〉에서 〈할머니의 노래〉 연주 3. 〈알사탕〉 전체 합주	• 음악극 〈알사탕〉에서 〈할머니의 노래〉를 연주하며 타인의 마음을 이해하고 공감하는 능력을 향상할 수 있었다. • 돌아가신 할머니의 마음을 깊이 알아가는 시간을 경험하며, 다른 내담자 가족과도 적극적으로 소통하고 표현하게 되었다.
8	• 악기연주 • songwriting • song discussion	악기 독주 및 합주 발표를 통해 자신감, 자기표현능력 향상	1. 가족별로 우쿨렐레 합주 발표 2. 음악극의 정해진 역할을 수행하며 전체 합주	• 한 주 동안 가족들이 함께 악기를 합주하고 연습해 오는 미션을 통해 가족 간에 대화 및 감정을 소통하는 기회가 마련되었다. • 온라인이지만, 가족별로 악기합주를 발표하는 시간을 통해 내담자들은 활동에 더욱 적극적으로 참여하였으며, 표정이 밝아지고 자신감 있게 발표하는 모습이 관찰되었다.
9	• 리허설	음악극 〈알사탕〉 결과 공유회 리허설	1. 결과 공유회를 위한 장비(보면대, 의자, 마이크, 음향, 빔프로젝트) 확인 2. 음악극 〈알사탕〉 공연 리허설	• 내담자들이 점차 비대면 영상 프로그램에 익숙해지면서 스스로 마이크 조절 및 비디오 화면 전환등을 능숙하게 다루며 리허설에 적절하게 참여하였다.
10	• 성과 공유회	온라인 힐링 음악극 〈알사탕〉	1. 하우스 영상 감상 2. 〈알사탕〉 공연 대면으로 진행 (반주: 국악단체 악단 광칠[1]	• 가정폭력 및 아동학대로 위축된 자녀와 부모들이 각자가 주인공으로 참여한 음악극 공연을 통해 자신감을 회복하고, 지금의 어려운현실 상황들을 극복할 수 있는 내면의 힘을 키울 수 있는 계기가 되었다.

1) 악단 광칠은 2023년 대한민국 문화유산유공자상(대통령표창) 수상한 국악단체로, 활발한 공연활동을 하고 있을 뿐만 아니라 모 단체인 정가악회부터 장애인을 위한 국악음악치료 개발을 시작으로 최근까지 음악치료 공연 프로그램 개발 및 음악치료 음악 제작 등 국악 음악치료 분야에서 활동을 하고 있다.

COVID-19로 인한 비대면 온라인 콘텐츠 개발 연구과정 계획에 대한 사항은 다음과 같이 진행되었다. 비대면 수업을 위해 온라인 콘텐츠를 개발하여 내담자들이 비대면이지만 안정적으로 활동에 참여할 수 있도록 프로그램을 개발한다. 향후 또 다른 바이러스로 인해 사회적 거리두기가 실시될 경우 개발된 콘텐츠를 지속적으로 발전하여 사용하는 것을 목표로 콘텐츠를 개발하였다(〈표 8-2〉 참조).

표 8-2 비대면 음악치료 진행과정

회차	목표	세부 진행 내용
1	스토리 작업	• 온라인 음악치료 활동에서 진행된 피해자 가족들의 이야기를 중심으로 중심 스토리 만들기 • 스토리에 맞는 음악에 대한 회의 • 비대면 수업 시 영상이나 음원 송출 기술에 대한 연구(라이브 채널 만들기 등)
2	스토리 작업과 주제곡 개발	• 온라인 음악치료 활동에서 나온 이야기, 영상들, 악기연주 모습 등을 통해 스토리 확장 • 주제곡을 온라인 영상으로 만들어 공유할 수 있는 방법 연구
3	스토리 작업과 주제곡, 테마 1, 테마 2 개발	• 음악치료 활동에서 나온 이야기, 영상들, 악기연주 모습 등을 통해 스토리 확장 • 주제곡과 테마 곡을 온라인 영상으로 만들어 공유할 수 있는 방법 연구
4	스토리 작업과 주제곡, 테마 1, 테마 2 개발	• 3주 동안 개발한 온라인 음악극을 연주 및 실시간 방송 및 영상 송출, 비대면으로 참여할 시 일어날 수 있는 문제 사항 파악한 후 수정 작업
5	콘텐츠 안에 참여 공간 만들기	• 비대면으로 참여 가능한 활동 개발, 음악극 안에서 참여 공간 만들기
6	콘텐츠 안에 참여 공간 만들기	• 비대면으로 참여 가능한 활동 개발 및 개발자들이 직접 비대면 접속하여 실연
7	콘텐츠 MR 제작	• 개발된 온라인 콘텐츠 활성화를 위한 MR 제작
8	콘텐츠 음악극 실황연주 및 내담자들과 공유	• 온라인 콘텐츠 실연: 내담자들과 실시간으로 접속하여 테스트를 진행한 후 문제점 보완
9	콘텐츠 음악극 실황연주 및 내담자들과 공유	• 온라인 콘텐츠 실연: 실 연주를 내담자들과 실시간으로 접속하여 테스트 진행한 후 문제점 보완
10	콘텐츠 영상 만들기	• 그동안의 모든 결과물을 수집하여 온라인 콘텐츠 영상을 제작한다. 온라인 콘텐츠 제작 과정, 비대면 음악활동 과정에 대한 영상 만들기

온라인 비대면 수업과 온라인 콘텐츠 프로그램은 함께 공유되며, 비대면 상황이지만 온라인을 통해 내담자, 음악치료사, 예술가, 보조 스태프들이 하나로 연결될 수 있는 시스템을 고안하여 프로그램을 개발하였다. 실시간으로 음악치료 수업에서 나온 스토리와 음악으로 내담자만의 음악을 새롭게 탄생시켜 하나의 콘텐츠로 만들어 나가는 과정을 의미한다. COVID-19 시대에 적합한 프로그램이 되기 위해 기존의 예산에 산정되었던 수업 장소 대여비와 대면 행사 진행비 등을 온라인 콘텐츠 개발 비용으로 전환하여 사업을 진행하였다.

이 프로그램은 2020년 8월부터 11월까지 총 10회기로 진행되었다. COVID-19로 인해 대면으로 집단치료를 진행하는 데 많은 제약이 있었던 시기(사회적 거리두기 2단계)로 2020년 5월~7월 동안 비대면 온라인 음악치료 콘텐츠를 개발하여 비대면 집단음악치료 프로그램을 진행하였다. 1회기는 참여 가정을 직접 방문하여 사전 검사로 외상 후 위기 체크리스트(Posttrauma Risk Checklist: PRC), 악기 키트 전달, 비대면 회의 프로그램에 사용될 전자기기 점검 및 테스트, 초기 상담을 진행하였다. 2~9회기까지는 비대면(webex meeting)으로 주 1회 3시간씩 집단치료로 진행하였으며, 주 강사 2명은 세션 전후 1시간씩 세션 영상 분석 및 다음 회기 진행 방향성에 대한 회의를 진행하였다.

총 8회기의 비대면 집단치료에서는 노래 부르기, 악기연주, 음악극 만들기 등의 활동을 통해 가족 간의 긍정적인 교류를 향상시키고, 즐거운 음악적 경험 안에서 소극적이고 위축된 내담자들이 자연스럽게 타인을 긍정적으로 인식하고 자신을 표현할 수 있는 기회가 마련되었다. 마지막 10회기는 공연장에서 대면으로 만나서 함께 만든 음악극을 연주하는 성과 공유회 형식의 음악회로 집단치료를 종결하였다.

10회기 종결 이후 사후검사로 외상 후 위기 체크리스트, 프로그램 만족도 조사, 질적 평가를 위한 개인 인터뷰를 진행하여 다각적인 사후 검증으로 집단치료의 효과성을 연구하였다([그림 8-1] 참조).

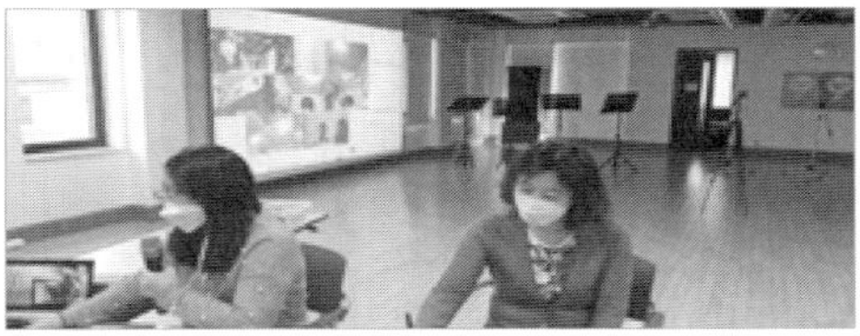

온라인 음악치료 세션 중
서울힐링앙상블 대표 장지현 음악치료사와 함께

온라인 음악치료를 위해 여러 장비를 세팅하는 중

그림 8-1 비대면 음악극 〈알사탕〉 관련 활동 사진

주요 방법

범죄 피해자 청소년 가족을 위한 집단 음악치료 프로그램에 사용된 주요 치료 기법으로는 음악극[2)]의 경험과 그룹 악기합주[3)]이다. 음악극은 음악을 주 매개체로 하여 이야기 중심으로 전개됨으로 음악과 이야기가 엮어 내는 구조 내에서 주어진 역할을 수행함으로써 긍정적인 경험을 갖도록 한다(정현주, 김동민, 2005). 특히 온라인 비대면으로 진행되는 집단음악치료에서 음악극의 안정적인 스토리 구조를 통해 내담자가 음악활동에 집중할 수 있었으며, 자연스럽게 참여를 이끌어 낼 수 있었다. 즉, 짧은 시간 안에 자신의 깊은 이야기를 꺼내서 이야기하는 것이 힘들지만 음악극에 나오는 주인공이 되어 자연스럽게 주인공의 감정을 이야기를 하는 과정을 통해 가족 안에서의 문제, 타인과의 관계에서 어려웠던 부분들을 더 쉽게 표현할 수 있는 시간을 갖게 되었다. 음악극 구조 안에서 내담자가 좋아하는 것이나 하고 싶은 것들을 주인공의 삶을 통해 투영시키는 방법으로 이야기할 수 있는 의미 있는 경험을 할 수 있었다.

2) 음악극이란 스토리가 있는 이야기와 음악을 주 매개로 하여 이루어지는 활동으로 내담자들은 각각의 역할을 맡아 노래 부르기, 대사 연기, 내레이션, 악기연주 등으로 이야기를 만들어 가는 활동이다.

3) 그룹 악기합주는 2명 이상의 인원으로 구성된 집단에서 동일한 곡(음악극 〈알사탕〉)을 각자 맡은 다양한 악기를 연주하는 활동이다. 음악의 다양한 형식(론도, ABA, solo & tutti)의 구조 안에서 연주될 수 있다.

온라인에서 진행되는 악기합주에서는 칼림바, 우쿨렐레, 다양한 리듬악기(에그 셰이커, 슬라이드 휘슬, 마라카스, 드럼류) 연주 활동이 진행되었다. 비대면 집단치료 활동 안에서 새로운 악기를 배우고 가족과 함께, 또 다른 가족과 함께 확대해서 연주하는 활동을 통해 가족 간의 긍정적인 관계를 증진하고, 타인과도 적극적으로 상호 교류할 수 있는 기회를 제공하였다([그림 8-2] 참조).

그림 8-2 온라인 악기합주에 사용한 다양한 리듬악기

내용

다양한 악기연주를 경험하고, 가족과 함께 합주하는 경험 안에서 내담자들은 COVID-19 시기에 집에서도 새로운 음악적 경험을 통해 우울한 감정들이 환기되어 긍정적인 감정들로 전환되었다. 극심한 불안 및 우울감 등으로 틱 증상을 보였던 청소년 내담자들은 비대면 집단음악치료에서 악기를 연주하는 동안 틱 증상이 현저하게 감소하는 모습이었으며, 집단치료 1개월 후 진행된 인터뷰에서도 감소된 모습이 유지되었다. 가족이 함께 악기를 합주하는 과정 속에서 자연스럽게 긍정적인 대화를 이어나갈 수 있었으며, 이를 통해 청소년 내담자들은 '엄마도 나에게 관심을 많이 가지고 있다.'는 것을 깨달을 수 있었던 점이 의미 있는 작업이었다.

비대면으로 다 함께 합주를 하게 되면서 기술적으로 겪게 되는 시간차 등 다양한 어려움이 있었지만, 내담자와 가족들은 오히려 온라인 상황에서 타인을 충분히 기다려 주는 경험을 할 수 있었다. 음악치료사들은 내담자와의 합주 시 시간차를 인식하고, 처음 박에 들어가는 지휘의 박에 맞춰 1초씩 늦어지는 내담자의 박을 인식하며 내담자들이 최대한 대면에서 음악치료를 받았을 때와 비슷하게 반주하도록 진행하는 훈련을 충분히 진행하였다.

범죄 피해 가정들은 1차 범죄 피해에 이어 2차적으로 경제적 어려움, 극심한 우울과 두려움 등의 양상을 보였는데, 집중할 수 있는 음악극 구조를 통해 현재의 다양한 힘든 상황들을 이겨 낼 수 있었다. A 내담자는 세션 진행 중 집에 비가 새고 전기가 끊어지는 상황들이 빈번하게 일어나고, 갑자기 이사를 가야 하는 등의 여러 가지 크고 작은 현실적인 문제 상황에 놓여 있어 비대면으로 집단치료를 시작할 때는 매우 심란한 마음이었다. 하지만 음악극 구조 안에서 스토리와 음악에 몰입하는 과정에서 여러 가지 걱정 근심과 고민을 잊어버리고 가족과 함께 무언가를 그 힘든 시기에 같이 해 나간다는 것 자체가 큰 힘이 되었으며, 지나고 보니 그 힘든 상황을 음악으로 이겨 낼 수 있었다고 답하였다. 내담자는 음악이라는 세계에서 등장인물의 역할을 통해 복잡하고 힘든 부분들에서 벗어나서, 절망적인 생각들을 다른 관점으로 보게 되고, 여러 가지 대안에 대해 달리 생각해 볼 수 있는 시각이 생기기 시작하였다. 특히 가족 내에서 집단치료를 신청하지 않았던 형제들도 비대면 집단치료를 간접적으로 경험하게 되면서, 형제들과의 갈등 상황들의 시간이 감소하게 되었다. 특히 동생인 내담자가 연주하는 악기 등에 관심을 가지게 되면서 서로에게 무관심했던 관계가 긍정적인 관심으로 전환되는 효과가 나타났다. 음악회를 준비하는 과정에서 서로가 서로를 응원해 주고, 열심히 하라는 격려를 해 주는 등 가족 안에서 긍정적이고 적극적인 표현이 점차 향상되는 모습이었다.

이러한 대화의 확장을 통해 위기청소년 가족은 서로 힘든 점들에 대해서 진솔하게 이야기하기 시작했으며, 엄마의 힘듦을 공감하고 집안일을 분배해서 하는 등 가족이 함께 도울 수 있는 것들에 대해 실천하기 시작했다. 이는 가족의 사랑을 다룬 음악극 〈알사탕〉의 구조 안에서 등장인물의 노래, 대사 등을 경험하는 과정 속에서 자연스럽게 내면의 감정을 표현하는 방법을 터득하기 시작하였으며, 현실 세계에서도 일반화되는 과정으로 전개되었다. 특히 엄마의 잔소리에 대해 랩으로 표현하는 활동에서는 평소 내담자들이 마음속에 있었지만 할 수 없었던 이야기들을 안전한 음악극 구조 안에서 자연스럽게 표출하게 되면서, 가족끼리 서로의 힘듦을 알고 공감해 주는 계기를 마련해 줄 수 있었다.

맺음말

청소년 내담자 중 한 명은 비대면이라는 제약 속에서 끝까지 프로그램에 참여하게 된 이유에 대해 묻자 "음악"이라고 대답하였다. 음악은 조용하면서도 사람들을 행복하게 해 주며, 지금 음악으로 인해 행복했던 마음들이 자신이 힘들고 우울할 때 힘든 마음을 이겨 낼 수 있는 힘을 준다고 표현하였다.

범죄 피해 아동 · 청소년들은 불안정한 가정환경 등으로 적극적으로 외부로 나가서 치료를 받고 활동을 하는 것이 제한적인 현실이다. 비대면 집단치료에서 사용된 음악극 및 악기 합주 활동 등은 이들이 쉽게 가정에서 참여할 수 있는 프로그램으로 이번 집단치료를 필두로 범죄 피해아동 · 청소년을 위한 다양한 비대면과 대면을 혼합한 프로그램들이 개발되길 바라며 글을 마무리하고자 한다.

기타 자료

- 알사탕: 국악단체 '악단광칠'과 창작곡으로 작업하였음. https://adg7.modoo.at
- 우쿨렐레 연주
  - 〈고향의 봄〉 https://youtu.be/XXwwwI76hTc?si=210bNe6osRRkVJet
  - 〈비행기〉 https://youtu.be/zYCHIjaear0?si=868YHmYZ_gsrO1-W
  - 〈합창교향곡〉 https://youtu.be/3fvM8nkiUcg?si=GTRBRFYzJIvDFUp1
- 칼림바 연주
  - 〈에델바이스〉 https://youtu.be/dkwr9rdR7wA?si=a7VaJvN9Z0pt3rHe
  - 〈옹달샘〉 https://youtu.be/8buwgq8iQ8I?si=CVCNobwVcQfPNRJX

〈악보 1〉 음악극 〈알사탕〉 중에서

사랑해요

악단광칠

2. 이주배경 청소년 사례

치료사 소개: 이원지

음악치료사 이원지는 숙명여자대학교 원격대학원에서 음악치료를 공부하고, 한국체류난민에 대한 연구를 진행하였다. 사회복지사로 난민지원단체 NGO[4]에서 근무하던 중, 한 분야에 깊은 전문성을 지니고 싶어 오랜 기간을 고민하던 어느 날, 흩어져 있던 음악과 치료라는 단어가 마음과 머리에서 마법처럼 합쳐지며 음악치료를 시작하게 되었다. 숙명여자대학교 음악치료대학원 교내 센터에서 발달장애 아동 · 청소년 합창단을 맡아 1년간 이끌었고, 심상음악치료 수료과정 중에 있으며, 현재는 이태원에서 난민 아동 · 청소년과 함께 음악수업을 진행하고 있다. 음악과 사람을 사랑하기에 음악치료를 '내가 좋아하고 잘 할 수 있는 일'이라 믿으며 오늘도 감사와 기대를 담아 음악과 사람을 만나러 간다.

- 인스타그램: https://www.instagram.com/wonjee_lee/
- 브런치: https://brunch.co.kr/@wonjeelee

제목: 모두 다 꽃이야

개요

아직은 우리에게 크게 친숙하지 않을 수 있지만, 우리나라에 체류하는 국내 난민들은 1994년 이후 계속해서 증가하고 있다. 난민이란 인종, 종교, 국적, 특정 사회집단의 구성원인 신분 또는 정치적 견해를 이유로 박해를 받을 수 있음을 인정할 충분한 근거가 있는 공포로 인하여 국적국의 보호를 받을 수 없거나 보호받기를 원하지 아니하는 외국인 또는 그러한 공포로 인하여 대한민국에 입국하기 전에 거주한 국가로 돌아갈 수 없거나 돌아가기를 원하지 않는 무국적자 외국인을 말한다.

4) NGO(Non-Governmental Organization)는 비정부기구로 권력이나 이윤을 추구하지 않고 인간의 가치를 옹호하며 시민사회의 공공성을 지향, 활동하는 시민사회단체를 말한다.

각지에서 우리나라로 유입된 난민 신청자들은 난민 지위를 획득하기 위해 우리나라 정부와 길고 외로운 싸움을 시작한다. 일반적으로 난민 신청자들은 19세 이상의 성인이 대부분이지만, 본국에서 자녀와 같이 한국으로 들어오기도 하고, 우리나라에서 가정을 이루어 자녀를 낳기도 한다. 난민 신청자의 신분으로 우리나라에서 가정을 이루어 살아가는 것은 경제적 어려움 등의 현실적 문제뿐 아니라 정서적 · 심리적인 부분에서도 취약하며, 자녀들의 교육과 관련해서도 열악한 환경일 수밖에 없다.

내담자 정보

'사단법인 피난처'는 박해와 전쟁을 피해 타국으로 피난한 국제 난민들에게 피난처를 제공함으로써 난민들이 힘과 도움을 얻어 어려움을 이기고 다른 사람을 도울 수 있도록 지원하는 NGO로서, 국내외 난민 구호, 재난 및 분쟁 방지와 국제 협력, 국제 평화와 인권 증진 및 안전보호 사업을 수행하는 법무부 등록의 비영리법인이다. 파난처는 난민 보호와 난민쉘터 운영, 생활지원, Job mentoring 등 많은 사업이 이루어지고 있으며, 교육이나 의료 등 기본권의 사각지대에 방치되어 위기상황에 놓인 난민 아동 · 청소년을 위해 '열국아이학교'를 마련하여 돌봄과 교육을 제공하여 자립을 돕고 있다. 방과 후에 학업을 보충하며 신체적 · 정서적으로 건강한 아동 · 청소년으로 성장하도록 하기 위해 여러 수업을 운영하고 있으며, 그 일환으로 음악수업 또한 이루어지고 있다.

이곳에서 만나는 아동 · 청소년은 대부분 아프리카계이며, 우리나라에서 가정을 이룬 부모에게서 태어난 경우가 많다. 한국어로 대화가 가능하며, 영어와 본국 언어까지 사용 가능한 친구들이지만, 한국어를 읽고 쓰는 데 기초 지식이 부족한 경우 또한 적지 않다. 대다수의 난민 아동은 출생신고에 의한 국적 취득이나 확인 절차를 거치지 못하여 사실상 무국적 아동으로 의료보험이 없어 아파도 병원에 갈 수 없고, 취학통지서가 나오지 않아 학교 가는 때를 놓치는 경우도 허다하다.

진행과정과 주요 방법

치료사가 난민 아동 · 청소년과 음악수업을 시작한 지 약 40회기 정도가 되어 간다. 난민지원센터에서는 이전부터 '열국아이학교'라는 이름으로 단기로 혹은 일회성의 교실을 열었고, 공식적으로는 2022년 3월부터 이태원에 사무실을 오픈하여 난민 아동・청소년이 매일 드나들 수 있는 '열국아이학교'를 출범하였다. 체육, 음악, 한글 등 다양한 수업이 진행되었고, 음악수업은 난타[5]와 리코더 등을 중심으로 이루어졌다. 활동가 기반으로 수업이 진행되다 보니 난타 수업과 리코더 수업을 거친 음악수업은 더 이상 활동가가 없어 주춤하게 되었고, 센터와 직간접적으로 이어져 있던 치료사에게 의뢰가 들어오게 되었다.

치료사와 난민 아동・청소년이 함께한 음악수업은 2022년 10월에 시작되었으며 주 1회 50분의 수업, 8~10명과 함께 진행되고 있다. 첫 수업을 앞두고 어떤 방향으로 수업을 이끌어 나갈지 고민하던 중, 악기수업을 제안하였으나 센터의 재정적인 어려움으로 다른 방향을 생각해야 했다. 활동가의 잦은 교체로 원하지 않는 이별을 빈번히 경험하는 아이들이었기에 이 수업을 조금은 길게 가져 가고 싶었다. 치료사도 쉽게 지치지 않고 아이들도 늘 흥미로울 수 있는 주제, '노래'를 떠올렸다. '헬로우송' '굿바이송'[6]을 준비하고, 계절과 상황에 따른 곡들을 선곡했다. 때로는 주제(예: 환경과 지구 보호 등)를 정하여 여러 곡을 1개월 이상 같은 주제로 다양한 방식을 통해 이어가기도 하였다. 기본적으로 수업을 이끌어 가는 큰 방향성은 '노래'이지만, 노래 안에 다양한 치료적 음악활동을 삽입하여 난민 아동・청소년이 음악적 흥미와 즐거움을 느낌과 동시에 집단치료적인 다양한 효과를 경험할 수 있도록 하였다. 난민 아동・청소년과 함께하고 있는 음악 경험은 감상과 재창조, 즉흥연주와 작곡, 음악치료를 모두 직간접적으로 제공할 수 있도록 하면서, 이 중에서도 이들과의 주된 활동은 재창조 경험으로 이끌어 갔다.

재창조에서 내담자는 미리 작곡한 성악 또는 악곡을 배우거나 모델로 삼아 일종의 음악 형태를 재생해 간다. 기악 재창조, 발성적 재창작, 음악적 재생, 지휘 등 다양한 재창조 형태 중, 난민 아동・청소년과 함께하는 음악수업에서는 발성적 재창조를 주된 경험으로 가져갈 수 있었다. 발성적 재창작에서 내담자는 발성을 연습하고, 노래를 부르며, 성가곡이나 합창 연습을 하게 된다. 선정한 곡을 아이들에게 들려주며 감상을 하고, 함께 곡을 연습하면서 기본 발성 연습과 노래 부르기를 진행하였다.

---

5) 난타는 다양한 생활 잡화 등을 악기 대신 활용하여 비트 위주의 퍼포먼스를 펼치는 공연예술 형태를 말한다.

6) 헬로우송이란 인사노래의 의미로 음악치료 세션을 시작하면서 부르는 노래를 말하며, 굿바이송은 마치는 노래로 음악치료 세션을 마무리하면서 부르는 노래를 말한다.

이 과정에서 아이들은 가사에 맞춰 율동을 직접 만들어 내기도 하고, 원곡의 리듬에 그루브한 소울을 실어 변주하기도 하였으며, 화성을 쌓아 새로운 분위기의 곡을 재창조하기도 하였다.

치료사와 함께하는 아이들은 대부분 아프리카계 난민인데, 회기를 거듭할수록 이들 안에 내재되어 있는 음악성과 리듬감에 놀라게 된다. 아이들이 출생한 곳이 대한민국이기에 아프리카 땅을 단 한 번 밟아 본 적이 없음에도, 역사와 문화, 피 속에 흐르는 음악적 능력이 실로 존재하는 것임을 알게 되었다. 이러한 이들의 선천적 음악성을 따라 자연스럽게 치료사는 즉흥적 경험을 제공할 수 있었다.

즉흥적 경험이란 내담자가 멜로디, 리듬, 노래나 악곡을 즉각적으로 만들면서 연주 또는 노래로 음악을 만드는 것을 말하는데, 음악성이 뛰어난 난민 아동 · 청소년들에게 먼저 헬로우송을 토대로 이름을 소개하는 노래를 만드는 것을 제안했다. 치료사가 베이스 라인[7]을 건반으로 연주하면 아이들이 즉흥적으로 가사와 선율을 만들어 노래를 부르고, 건반에 내장된 드럼 비트를 틀어 주면 어느새 랩을 만들기도 했다. 모든 과정은 연습 없이 그야말로 즉흥적으로 진행되는데, 아이들 스스로 본인의 이름뿐 아니라 기분, 상태까지 가사 안에 삽입할 때는 놀라움에 겨워 치료사가 흡사 고래 소리를 내지르며 기뻐하기도 한다.

주제별 노래로 회기가 진행될 때는 헬로우송으로 시작된 즉흥적 경험을 더욱 확장하여 진행 중인 주제를 제시하기도 하였는데, 역시나 짤막한 베이스 라인에 맞추어 나름의 줄거리를 담아 가사와 음정을 만들어 내는 것을 확인하였다. 오랜 시간 Jam 연주[8]가 가능했던 재즈[9] 역사에 흑인들이 등장하는 것을 떠올리면, 난민 아동 · 청소년에게 즉흥적 경험은 어려운 무언가가 아니라 자신을 마음껏 발산할 수 있는 흥겨운 기회임에 틀림없는 듯하다.

---

7) 베이스 라인은 낮은 음역대의 노트 패턴이다.

8) Jam 연주란 간단한 코드 진행을 바탕으로 즉흥으로 합주하는 것이다.

9) 재즈(Jazz)는 9세기 말부터 20세기 초에 걸쳐 미국 흑인 음악에 클래식, 행진곡 등의 요소가 가미되어 발달한 대중음악의 한 장르이다.

내용

난민 아동 · 청소년과 일주일에 한 번씩 만나며 우리의 기쁜 소리들이 더욱 커지는 중, 숙명여자대학교 음악치료대학원 교수진을 통해 용산구청이 주최하는 녹사평역 힐링음악회 재학생 참여에 대한 소식을 접하게 되었다. 회의나 연주, 노래 등에 함께할 수 있는 감사한 제안을 받으면서 '아이디어' 회의에 참여하게 된 것이다. 아이디어라는 단어를 접했을 때 치료사에게 떠오른 단 하나의 아이디어는 '열국아이학교'였다. 무대 경험이 전무한 아이들에게 무대에 설 수 있는 기회를 제공하고 싶었고, 힐링음악회에 참여하는 시민들에게는 아이들의 노래로 치유를 선사하고 싶었다.

숙명여자대학교 교수진이 흔쾌히 제안을 받아주었으나, 센터와 난민아동의 부모 등 동의를 구해야 할 곳은 많았다. 난민의 특성상, 외부로의 신분 노출을 꺼릴 수 있기 때문에, 한 명 한 명의 부모에게 동의를 구해야 했다. 노출을 부담스러워하는 부모의 몇몇 아동들을 제외하고 7명의 난민 아동 · 청소년들이 모였다. 음악회까지는 몇 주 남지 않은 상황, 1주에 한 번 연습할 수 있는 것을 감안하면 우리의 곡은 익히 알고 있는 곡이어야 했다. 그리고 뇌리에 스친, 아이들 모두가 크고 자신 있게 불렀던 곡 〈모두 다 꽃이야〉가 떠올랐다. 다음은 〈모두 다 꽃이야〉의 가사이다([그림 8-3] 참조).

"산에 피어도 꽃이고 들에 피어도 꽃이고 길가에 피어도 꽃이고 모두 다 꽃이야.
봄에 피어도 꽃이고 여름에 피어도 꽃이고 몰래 피어도 꽃이고 모두가 꽃이야.
아무데나 피어도 생긴 대로 피어도 이름 없이 피어도 모두 다 꽃이야."

그림 8-3 〈모두 다 꽃이야〉 연주 및 활동 사진

주어진 시간 동안 한 목적을 향하여 함께 연습하며, 복장의 컬러를 맞추고, 손수건으로 목에 포인트도 주면서 정말이지 합창단 못지않게 각을 내었다. 그리고 무대에 서는 날, 아이들은 충분한 기쁨으로 꽃처럼 환하게 꽃을 노래했다. 무대의 경험이 전무한 아이들이었음에도, 무대 매너와 태도가 진지했으며, 노래 소리의 합 또한 정갈하고 아름다웠다. 노래하는 아이들도, 지휘하는 치료사도 서로의 눈을 바라보며 미소로 노래하였다. 무대가 끝난 뒤, 본인의 무대가 마음에 들었던 한 난민 아동은 객석을 향해 오른손을 들며 마이크에 대고 "Thank you!"를 외쳤다. 무대 경험이 많은 여가수의 마무리 인사처럼 여유 있는 모습이었다. 노래가 끝나고 무대 뒤 대기실로 걸어 들어가는 아이들의 어깨에서는 스스로를 기뻐하며 뿌듯하게 여기고 있는 마음이 느껴졌다.

그저 길을 걷다 들려오는 노래를 청취하는 어딘가 마음이 뚫려 있을지 모르는 시민도, 우리나라에 체류하며 힘든 길을 걷지만 환하게 노래를 부르는 난민 아동·청소년도, 듣는 이와 부르는 이가 치유 속으로 함께 들어갈 수 있는 가사와 선율이었다. 아무데나 피어도, 생긴 대로 피어도, 이름없이 피어도 모두가 꽃이라는 노래를 함께할 수 있어 감사하고 행복했다.

맺음말

'열국아이학교'의 난민 아동·청소년들은 사실상 무국적자로 의료나 교육 등의 기본권을 보장받지 못하여 위기상황에 놓여 있으며, 민감한 시기에 한국인과 다른 피부색을 가지고 경제적·정서적으로 어렵게 살아가고 있다. 그러나 전쟁터에서도 아이들은 뛰어노는 것처럼, '열국아이학교'의 난민 아동·청소년 또한 밝고 천진한 모습으로 입에 사탕을 물고 공을 차면서 센터에 들어온다.

여러 음악 경험, 특히 재창조와 즉흥연주를 통해 아이들 안에 흐르는 선천적 음악성을 그들이 스스로 발견하도록 돕고, 치료사로서 최선을 다해 긍정적 피드백을 제공하는 것은 그들에게 자아존중감과 자신을 사랑하는 법을 차근히 심어 주는 것이라 믿는다. 음악수업 때마다 꽃처럼 환하게 웃으며 진심으로 음악을 즐거워하며 치료사를 참 좋아해 주는 난민 아동·청소년에게 고마움을 전하며 글을 마친다.

기타 자료

- 법무부 출입국 · 외국인 정책본부: https://www.immigration.go.kr/immigration/index.do
- 국가인권위원회: https://www.humanrights.go.kr
- 사단법인 난민지원단체 피난처: http://www.pnan.org
- 난민인권센터: https://nancen.org
- 용산구청 [이태원 다시, 봄] 녹사평역 음악회: https://www.youtube.com/watch?v=qJE6TB_RtcM

부록

1. 청소년 치료에 참고가 되는 서적들
2. 청소년 음악치료 Q&A
3. 도움이 필요한 청소년을 위한 기관 및 사이트

1. 청소년 치료에 참고가 되는 서적들

책 제목	저자 및 역자	출판사	출판년도
교사를 위한 미술치료: 청소년 편	김소울 외 공저	학지사	2023
교실 속 자존감	조세핀 김 저	비전과 리더십	2014
나는 왜 자꾸 짜증이 날까? 중학생을 위한 스트레스 처방전	얼 힙 저	뜨인돌	2023
나는 왜 진짜 친구가 없을까	애니 폭스 저, 최설희 역	뜨인돌	2015
라포	마이크 아길레라 저	스노우폭스북스	2017
무기력의 비밀	김현수 저	에듀니티	2016
미치도록 시끄러운 정적에 관하여	사라 데센 저, 박수현 역	바람의 아이들	2023
변화로 가는 길: 다루기 어려운 청소년을 위한 단기치료	Matthew D. Selekman 저, 김유순 역	박학사	2015
부모가 하지 말아야 할 21가지 말	이성호 저	이너북스	2011
사춘기 마음을 통역해 드립니다	김현수 저	미르책방	2023
상담자가 알아야 할 40가지 상담기법	Bradley T. Erford 저, 김은하 역	학지사	2021
소아청소년 트라우마 회복수업: 기본 개입(CIDER) 및 예술치료 (CIDER-Arts)와 함께하는 8주간의 치유 여정	방수영 외 공저	군자출판사	2023
아동 · 청소년을 위한 근거기반 심리치료	John R. Weisz, Alan E. Kazdin 편, 오경자 외 공역	시그마프레스	2019
아동 · 청소년을 위한 예술치료의 이해와 실제	홍은주 외 공역	학지사	2017
아동 · 청소년 트라우마 치료 전문가가 알아야 할 18가지 치료법	Markus A. Landol 외 공저, 배승민 역	군자출판사	2022
아동 · 청소년 성격장애 치료	Efrain Bleiberg 저, 이문희 외 공역	학지사	2018
아동 · 청소년을 위한 반사회적 행동의 다중체계치료	Scott W.Henggeler 외 공저, 김윤희 외 공역	학지사	2020
아이들과 부모를 위한 스트레스 이완명상: 교사 · 아동 · 청소년 상담사 · 명상캠프 지도자 · 부모를 위한 지침서(위기의 청소년을 돕는 워크북 6)	Lawrence E. Shapiro 저, 인경스님 역	명상상담연구원	2012

아이들에게로 열린 창: 아동 및 청소년을 위한 게슈탈트 예술치료	Violet Oakander 저, 김정규 역	학지사	2006
어린이와 청소년을 위한 마음을 치유하는 101가지 이야기	George W. Burns 저, 김춘경 역	학지사	2009
어쩌다 중학생 같은 걸 하고 있을까	쿠로노 신이치 저, 장은선 역	뜨인돌	2021
여자아이 사춘기는 다르다	라사 다무르 저, 고상숙 역	시공사	2016
여학생이 사는 세계	김미연	에듀니티	2022
올댓 청소년 음악치료	황은영 외 공저	학지사	2017
요즘 아이들 마음고생의 비밀	김현수 저	해내출판사	2019
우울과 자살 위기의 청소년 치료	David A. Brent 외 공저, 지승희 역	학지사	2016
우울한 사람 곁에서 무너지지 않게 도움을 주는 법	수전 J. 누난 저, 문희경 역	아날로그	2022
우정이 맘대로 되나요	문지현, 박현경 공저	글담출판사	2017
위기와 기회 사이: 뇌과학에서 찾은 청소년기의 비밀	로렌스 스타일버그 저, 김영민 외 공역	프로방스	2022
위기청소년을 위한 집단 상담 프로그램	천성문 외 공저	학지사	2016
이주배경 청소년을 위한 미술 이야기 융합치료의 이해	김영순 외 공저	북코리아	2021
0.1%의 비밀	조세핀 김, 김경일 공저	EBS BOOKS	2020
재난대응 위기상담	한국아동청소년상담학회 편	학지사	2017
중2병이 아니라 우울증입니다	제이컵 타워리 저, 최설희 역	뜨인돌	2020
중2병의 비밀	김현수 저	덴스토리	2015
정체성: 청소년과 위기	에릭 에릭슨 저, 윤초희 외 공역	교육과학사	2022
청소년과 함께 하는 상호작용 독서치료	김현희 외 공저	학지사	2020
청소년 복지의 이해	노혁 저	학지사	2020
청소년을 위한 이야기 상담과 치료	김번영 외 공저	학지사	2013
청소년을 위한 DBT 다이어렉티컬 행동치료: 감정조절장애와 경계선 성격장애 치료를 위한 매뉴얼	Jill H. Rathus, Allec L. Miller 공저, 조용범 역	더트리그룹	2017
청소년을 위한 분노조절 & 분노치료	류창현	교육과학사	2014

청소년 이해를 위한 심리학	Pierce J. Howard 외 공저, 김동일 역	학지사	2018
청소년 자살행동 치료프로그램 매뉴얼	함경애 외 공저	학지사	2015
초보상담자를 위한 청소년 상담사례의 이해와 실제	천성문 외 공저	학지사	2020
케이팝의 시간	태양비 저	지노	2023
코로나가 아이들에게 남긴 상처들	김현수 저	해냄출판사	2022
학교폭력 예방과 청소년 비행, 위기상담	이철웅, 전혜경 공저	서현사	2018
BTS덕분에 시작하는 청소년 심리학 수업	김현경 저	명진서가	2020
POD 학교폭력과 학교 밖 청소년의 이해와 대안	海東 김용수 저	부크크	2020

2. 청소년 음악치료 Q&A

다음의 내용은 청소년 임상을 준비하고 있는 음악치료 전공생 및 음악치료사, 심리치료사, 청소년 치료에 관심을 가진 분들의 질문에 청소년 임상 전문 음악치료사들이 답변한 내용을 수록한 것이다. 치료사들의 철학 및 적용방법에 따라 의견이 다를 수 있으니 정답이라고 생각하기보다는 임상적 적용을 위한 내용으로 참고한다면 청소년 음악치료 임상에 도움이 될 것이다.

Q1 아이가 치료실에 왔는데 아무것도 안 하려고 해서 당황스러운 때가 많습니다. 이럴 때는 어떻게 하는 것이 좋을까요?

청소년은 다른 대상군보다 '자발성'이 매우 중요한 대상입니다. 부모 때문에 억지로 오는 경우가 많거나 사춘기 절정일 때에는 아무것도 안 하려고 할 때가 많습니다. 그럴 때는 아이들의 그런 마음을 먼저 알아주고, 아이들이 적극적으로 참여해야 하는 악기연주 대신 수용적인 형태의 음악을 사용하는 것이 좋겠습니다. 예를 들면, 아이에게 '인생 띵곡(나에게 의미 있는 노래, 최근에 듣고 있는 노래 등)'을 물어봐서 같이 듣다

보면 아이에 대한 정보를 얻을 수도 있고 아이들의 마음이 풀리기도 합니다. 그것도 싫다고 하면 치료사가 제안하는 음악을 듣게 하거나 치료사가 연주하는 음악을 듣도록 해 보세요. 그렇게 위로의 음악을 듣는 것만으로도 청소년의 언 마음이 녹을 수 있을 것입니다.

Q2 아이들과 함께하는 음악을 선곡할 때 아이들이 아이돌 음악만 들으려 하고 치료사가 제안하는 클래식 등은 들으려 하지 않습니다. 계속 아이돌 노래만 사용해도 될까요?

얼마든지 가능하다고 생각됩니다. 특히 세션 초반에는 라포 형성이 치료의 성패를 가른다고 할 정도로 중요하기 때문에 아이들이 좋아하는 음악을 전적으로 수용해 주는 것이 좋습니다. 아이가 음악치료 안에서 치료사를 신뢰하고 다양한 방법에 익숙해지다 보면 다른 음악의 장르도 곧 수용하게 될 것입니다.

Q3 아이가 듣고 싶다고 제안한 음악이 19세 금지 가사의 팝송인데 함께 들어도 될까요?

치료사마다 의견이 다소 다르겠지만 임상 경험에 비추어 말씀드리면 들어도 된다고 생각합니다. '19금'인데 함께 듣는다는 윤리적인 문제에 너무 갇히지 않았으면 좋겠습니다. 듣지 말자고 하면 아마도 음악치료 선생님도 다른 어른들과 똑같다고 생각하고 마음을 닫을지도 모릅니다. 학생들이 나쁜 가사를 알아들어 일부러 듣기보다는 그런 종류의 음악으로 자신의 감정을 분출하기 위해 듣거나 친구들이 들어서 듣는 경우도 많습니다. 그러니 왜 그런 노래를 듣고 있는지를 이해할 수 있는 치료적 정보가 될 수도 있습니다. 물론 매번 그런 노래만 듣거나 아이가 가진 행동문제(충동장애이거나 분노조절이 안 되거나)와 연결되어 있는 경우에는 제한적으로 듣고 다른 치료진의 치료 방향을 살펴볼 필요도 있겠습니다.

Q4 **아이와 즉흥연주를 하는데 아이가 4회기 내내 '레인 스틱'만 골라서 연주합니다. 하기 싫어서 그런 것일까요?**

아이가 한 악기만 고르는 데는 이유가 있겠지요. 너무 눈치 보지 마시고 직접 이유를 물어보시기 바랍니다. 생각보다 솔직하게 답을 해 줄 것입니다. 청소년들에게 마음에 드는 소리의 악기를 선택해 보라고 하면 정말 많은 수가 '레인 스틱'이나 '에너지 차임' 같은 작은 소리의 악기를 선택하곤 합니다. 이유를 물어보면 소리가 특이한데 편안함이 느껴진다는 것이었습니다. 청소년이 역동적이고 사운드가 큰 음악을 좋아할 것 같아도 정작 마음에 필요한 것은 '안정감, 평안'일 수 있다는 것을 알 수 있는 부분입니다.

Q5 **초보 음악치료사입니다. 음악치료를 하는데 아이들이 60분 중 얘기를 30분 이상 하거나 관심 있는 영상을 보고 싶어 하거나 MBTI나 에니어그램을 하자고 합니다. 음악치료로 비용을 받는데 이렇게 다른 것을 해도 될까요?**

브루샤의 『음악치료』(Bruscia, 2003) 17장을 보면 치료의 영역과 수준이 정의되어 있습니다. 임상 영역은 일차적인 치료의 초점이 무엇인가, 또는 내담자, 치료사, 기관의 주된 관심이 무엇인가에 따라 정의됩니다. 또 실행 수준도 보조적 수준, 보충적 수준, 집중적 수준, 일차적 수준으로 나누고 있습니다. 임상 영역이 무엇에 초점하는지, 수준이 어느 정도에서 실행되는지의 차이는 있으나 모두 '음악치료'이며 환자의 치유와 회복을 목적으로 하는 것이지요. 그러니 음악치료로 비용을 받았는데 음악의 비중이 낮은 것에 대한 불편함을 갖지 않으셔도 됩니다. 실행 수준은 언제든 바뀔 수 있습니다. 치료적인 견지에서 여러 가지를 잘 활용하신 후 음악적인 것으로 연결하면 좋을 것 같습니다.

Q6 **저는 음악치료사이지만 피아노를 아주 잘 치지는 못합니다. 어느 날 아이와 함께하는 즉흥연주에서 아이가 정말 좋아하고 변화를 보였습니다. 그렇지만 아이의 연주에 충분히 반응해 주지 못할 것 같아 자신이 없습니다. 어떻게 해야 할까요?**

음악치료사가 내담자의 연주에 대해 즉각적으로 반응하고 확장하고 통찰을 줄 수 있을 만큼 음악 기술이 좋다면 더할 나위 없이 좋겠지요. 즉흥연주를 시도해서 좋은 변화를 느낄 만큼의 기술이 있으시니 꾸준히 연습하시면 분명 원하는 수준의 음악 기술을 가지실 수 있을 거예요. 단, 그렇게 되기까지는 피아노 기술 외에 선생님의 음악적 강점을 충분히 활용하시면 좋을 것 같습니다.

Q7 **요즘 청소년들이 자주 호소하는 것은 숨이 잘 안 쉬어지거나 심장박동이 너무 빨라지는 때가 있다는 것입니다. 공황 증상인 것 같은데 음악으로 어떻게 도울 수 있을까요?**

요즘 청소년들의 불안 및 공황 증상이 매우 빈번히 나타난다는 뉴스 보도가 있을 정도입니다. 감정 확인 및 처리가 어렵다 보니 신체적인 증상으로 나타나는 경우가 많아지고 있다고 합니다. 그럴 때 중요한 것은 공황에 대한 이해를 갖는 것이지만 청소년은 정보의 취사 선택이 쉽지 않기 때문에 호흡과 관련된 이완훈련을 함께 해 주시는 것이 좋습니다. '마음챙김 호흡법'이나 '4-7-8 호흡법' 등을 편안한 음악과 함께 매 세션에 해 보시는 것을 추천해 드립니다.

Q8 **재난을 경험한 청소년이 의뢰되어, 일단 호흡을 진정할 수 있도록 하고 음악을 들으며 신체 각 부분을 이완시켰습니다. 아이가 경험한 끔찍한 일들을 다루어야 할 텐데 제가 이렇게 한 것이 잘한 것일까요?**

잘하신 것으로 보입니다. 심리적 응급처치 5단계에 따르면, 신체적 안전을 확보하는 신체적 안전감 단계, 호흡 및 여러 감각을 안정감과 연결하여 마음이 안정을 주는 심리적 안정감 단계, 문제를 도와주어도 될지를 묻고 경청하며 내담자와 소통하는 연결감 단계, 내담자의 필요와 요구를 알아차리도록 하고 스스로 돕도록 격려하는 효능감 단계, 유사한 상황이 되었을 때 스스로 도울 수 있다는 마음을 줄 수 있는 희망감 단계가 필요하다고 합니다. 선생님은 초기에 필요한 1, 2단계를 잘 쓰신 것으로 보입니다. 청소년의 반응을 살피시면서 따뜻한 음악으로 함께해 주시면 좋을 것 같습니다.

Q9 **중학교 3학년 청소년 음악치료를 의뢰받았는데 아이들의 진로를 함께 탐색해주면 좋겠다는 기관의 요청이 있었습니다. 음악활동을 통해서 무엇을 좋아하고 잘 할 수 있는지 탐색하는 것으로도 충분할까요?**

단회기 치료라면 선생님이 말씀하신 대로 음악 심상을 통해 정말 하고 싶은 것을 알아보거나 악기연주를 통해 표현을 해 보게 하는 것도 좋겠습니다. 만약 여러 회기를 진행하는 것이라면 홀랜드(Holland) 진로카드를 사용해 볼 수 있습니다. 표준화되고 검증된 것으로 문장 선택식이 아니라 카드를 보고 분류하는 것이기 때문에 아동·청소년이 재미있게 선택해 볼 수 있습니다. 그런 후에 주된 두 가지 진로 성향에 대해 음악 안에서 살펴보고 표현하게 하면 목적에 맞는 세션이 될 수 있을 것 같습니다.

Q10 **심상음악치료(GIM) 훈련을 받지는 않았지만 MI 형태를 사용하고 있으며 만다라(mandala)를 그리도록 하고 있는데요, 만다라 내용의 해석이 쉽지 않습니다. 어떻게 하면 좋을까요?**

만다라는 목적에 따라 다르게 적용될 수 있으나 음악과 심상에서는 경험한 것을 기록하거나 심리적인 측면이 투사되어 나타나는 측면이 있습니다. 따라서 GIM 훈련 과정에서도 매우 중요하게 별도의 프로그램 및 과정으로 교육을 하고 있기도 합니다. 보이는 그대로 혹은 치료사의 주관으로 해석하는 것은 위험할 수 있습니다. 만약 청소년이 매번 만다라 그리는 것을 좋아한다면 그것을 그리는 그 자체가 치료적으로 느껴지는 경우일 수 있으니 해석에 의미를 두기보다 치료의 과정으로 만다라 그리기를 사용하시면 좋을 것 같습니다.

Q11 **감정의 기복이 많은 청소년을 치료하고 있는데 최근 들어 환청이 들리거나 할 때가 있고, 이야기의 맥락이 이상할 때가 있습니다. 혹시 조현병이 아닐까 하는 의심이 드는데 아이는 이러한 증상을 부모님께 말하지 말아 달라고 합니다. 말을 해야 할까요, 말하지 말아야 할까요?**

치료에서 비밀유지를 하는 것은 매우 중요하지만 그것이 내담자의 안전과 관련되어 있고, 미성년자인 경우에는 보호자 또는 의료진에게 공유하는 것이 필요합니다. 단, 의사가 아닌 치료사가 조현병을 진단하기보다는 여러 음악치료 세션 동안 사고가 조직적인지, 언어 사용이 지리멸렬하지는 않은지, 환청이 스트레스를 받는 특정 상황에서만 나타나는지 일상적으로 나타나는지를 확인을 해 보시면 좋겠습니다. 그렇게 해서 병리적으로 보이는 증상이 지속이 된다면 보호자에게 알리고 의사에게 진료를 보도록 권해 드릴 수 있겠습니다.

Q12 청소년이 음악치료 시간에 솔직하게 자기 이야기를 해 주는 것이 고맙지만 때로는 다소 위험한 이야기들은 부모님께 말씀을 드려야 하는 것이 아닐까 하는 고민이 듭니다. 이러한 것에 대한 기준이 있을까요?

물론 비밀유지가 정말 중요합니다. 비밀유지 한계의 기준을 넘지 않는다면 무엇이든 비밀을 유지해 주는 것이 필요합니다. '한국음악치료학회'를 비롯해 대부분의 상담 관련 학회에서는 비밀유지에 대한 윤리강령과 기준을 가지고 있습니다. 그만큼 치료자에게 비밀유지 의무는 중요한 것이지요. 단, 비밀을 지키는 것이 더 위험한 경우, 즉 비밀유지 한계에 대한 기준도 마련이 되어 있습니다. 내담자 자신과 사회의 안전을 위협하는 경우, 내담자가 치명적인 전염 및 질병(에이즈 등)을 가지게 된 경우, 범죄와 연루되어 법원의 명령이 있는 경우, 아동학대나 방치와 관련된 경우, 동의받은 상담자의 연구나 출판, 미성년자 대상의 학교장면에서의 상담은 비밀보장의 원칙 한계로 기준을 두고 있습니다. 이러한 기준을 보시고 판단해 보시면 좋을 것 같습니다.

Q13 처음으로 청소년과 1:1 음악치료를 하게 되었습니다. 서로 어색한 것을 피하기 위해 테이블을 하나 두고 앉는 것이 좋을지, 선을 긋는 느낌이 있을 수 있으니 의자만 놓으면 좋을지 의견 부탁드립니다.

청소년뿐만 아니라 내담자와 적절한 거리를 두는 것이 부담을 줄일 수 있고 안정감을 주기도 합니다. 처음 청소년 치료를 하시는 것이라 긴장이 되실 수 있으니 작은 테이블을 하나 놓으시는 것이 선생님의 긴장도를 줄이고 학생에게도 편안함을 줄 것 같습니다.

Q14 **청소년과 개별음악치료를 한 지 6회기 째인데 그동안 아이가 말을 엄청 많이 하다가 지난주부터 갑자기 말을 잘 안 하려고 합니다. 선택적 함묵은 아닌데 말을 잘 안 하려고 하니 어떻게 해야 할지 잘 모르겠습니다.**

음악은 '비언어적 커뮤니케이션'이 될 수 있다는 장점이 있습니다. 말로 할 수 없는 것을 음악은 표현해 줄 수 있으니 간단한 즉흥연주를 하셔도 좋고, 재창조 연주를 할 때의 태도를 살펴보셔도 좋고, 감정의 방향을 따라갈 수 있는 음악과 심상을 사용하시면 아이가 자연스럽게 감정을 나타낼 수 있을 것입니다. 그런 후 그것에 대해 반영해 주고 공감을 해 주면 어느새 다시 자기의 이야기를 할 수 있지 않을까 합니다.

Q15 **교육부 기금을 받아 치료 의뢰된 청소년을 음악치료 하고 있는데요. 여러 학생에게 기회를 주어야 하는 원칙 때문에 모두 단회기로만 하고 있습니다. 단회기로 '치료적'이기는 너무 어렵다 보니 피상적인 활동만 하고 있는 것 같아 고민이 됩니다.**

선생님의 고민처럼 치료라는 것이 한 회기 만에 이루어지기는 어렵습니다. 그런데 교육행정상 여러 청소년에게 기회를 주어야 하니 1~2회기, 길어야 3회기 지원에 그치는 경우가 너무 많습니다. 그럴 때는 단회기 치료에서는 치료적 활동을 '진단'으로 사용할 수 있습니다. 먼저 음악활동(감상이나 즉흥연주)을 통해서 청소년의 필요를 신속하게 발견하는 데에 중점을 둡니다. 그런 후에 해당 기관에 보고를 통해 치료 방향을 제언해 주시면 좋을 것 같습니다.

Q16 **위 클래스(Wee class) 의뢰를 받아 청소년 집단치료를 하게 되었습니다. 미리 계획서를 작성해야 하는데 아이들이 확정된 상태를 아니라고 합니다. 어떤 목적에 맞추어 작성하는 것이 좋을까요?**

위 클래스에서의 음악치료는 크게 교육복지로서의 음악치료, 위기청소년에 대한 중재로서의 음악치료로 의뢰되고 있는 것으로 알고 있습니다. 교육복지로서의 음악치료인 경우에는 예방적 차원이라고 생각하시면 좋을 것 같습니다. 위기청소년에 대한 중재로서의 음악치료인 경우에는 문제가 되는 심리적 · 행동적 문제에 초점을 잡으시면 될 것 같습니다. 또는 의뢰한 기관이나 담당 교사에게 현재 모집하고 있는 대상에게 필요한 목적을 직접 물어보셔도 좋습니다.

Q17 사춘기 아이들을 음악치료 하고 있습니다. 매시간 아이는 부모님을 비난하고, 부모님은 상담 때에 아이를 계속 비난합니다. 누구의 편을 들어야 할지 잘 모르겠습니다.

누구의 편이어야 하는지가 중요하다면 저는 청소년의 편이 되어야 한다고 생각합니다. 부모와 교사, 친구들과의 관계에서 많은 갈등이 생긴 아이에게 온전히 자기 편인 어른이 있다는 것은 매우 중요합니다. 그래서 저는 아이의 편이 되는 것이 중요하다고 생각합니다. 음악치료 안에서라도 부모에 대한 분노, 갈등, 서운함 같은 감정을 표출하는 것이 청소년기의 기분 조절에 매우 필요한 과정이 될 것입니다. 음악 안에서 한편이 되어 주다 보면 어느새 아이들이 분노를 거두고 자신을 돌아볼 수 있을 것으로 기대합니다.

Q18 아동치료를 중심으로 하다가 중학생들을 만난 지 6개월쯤 된 음악치료사입니다. 청소년들이 이랬다저랬다 하는 것은 알고 있지만 너무 변덕이 심하고 치료 참여에 대한 성실성도 떨어집니다. 치료계획을 어떻게 세워야 할지 난감합니다.

청소년의 부모나 치료사에게 가장 요구되는 지속적인 태도는 '인내와 수용'이라는 말이 맞는 것 같습니다. 변덕스러운 기분과 행동도 인내를 해 주는 것이 필요한 시기가 청소년기인 것 같습니다. 아이들의 뇌가 변화되고 성숙하는 과정으로 이해해 주시고 기꺼이 수용해 주시면 좋을 것 같습니다. 치료적 맥락에서의 계획은 세우시되 아이들의 반응에 따라 기법을 다르게 사용하실 수 있을 것 같습니다.

Q19 **또래관계의 문제로 오는 청소년이 있습니다. 친구를 만들기 위한 다양한 방법을 알려 주고 시도해 보도록 하는데, 아이가 전혀 시도를 못하고 있습니다. 음악치료 안에서 도울 수 있는 방법은 없을까요?**

청소년기의 또래관계는 생각 이상으로 매우 중요합니다. 급식을 같이 먹으러 갈 친구를 만들지 못해 학업을 중단하는 사례까지 있을 정도입니다. 특히 여자아이들의 경우에는 초기에 친한 그룹이 형성되다 보니 중간에 낀다는 것은 정말 어려운 일이라고 합니다. 그럴 때 가장 먼저 해야 하는 것은 음악으로 아이의 마음을 위로하고 지지하는 것입니다. 아이가 또래 문제로 인해 외로움, 좌절, 소외감을 느끼고 있는 그 마음을 온전히 음악으로 알아 주면 좋겠습니다. 그리고 선생님이 다양한 방법을 제안해 주시는 것도 좋지만 그것을 시도하기 위한 '용기'는 생각보다 많은 시간 준비를 해야 합니다. 음악치료 안에서 꾸준히 연습을 하고 시도해 볼 있도록 준비를 해 주시면 좋을 것 같습니다.

Q20 **우울증 청소년 음악치료를 위해 참고해야 내용이 있으면 부탁드립니다.**

정신건강 전문의들은 우울증 환자를 둔 가족에게 감정을 수용해 주고 안정적인 분위기를 만들어 주는 것이 중요하다고 말합니다. 음악치료에서 역시 청소년의 무기력한 모습 그대로를 수용해 주는 것이 시작이 아닐까 합니다. 특히 청소년 우울은 짜증과 초조감, 불안과 연결하여 나타나기 때문에 안정감을 주는 것은 매우 중요해 보입니다. 우울한데 안정감을 주면 더 우울해지는 것은 아닐까 생각할 수 있겠지만 우울과 안정감은 매우 다릅니다. 우울증을 경험하는 청소년은 때에 따라서는 한 학기를 쉬거나, 학교에 오전만 나가거나, 아예 1년을 휴학하는 경우가 있을 수도 있습니다. 따라서 아이가 학교를 쉬는 동안 너무 무기력하게 있지 않도록 매일 정해진 시간에 해야 하는 음악 과제를 주기도 하면서 다시 적응을 준비하게 하면 좋겠습니다.

Q21 **음악치료를 잘하고 있다가 갑자기 아이가 치료를 거부하고 안 오겠다고 합니다. 설득해서 오게 해야 할까요, 기다려 주어야 할까요? 그만두는 것을 받아들여야 할까요?**

청소년의 경우 치료를 받고 있는 자기 자신이 실패한 인생 같고 정상이 아니라는 것이 지각되면서 치료를 거부하는 경우가 많이 있습니다. 그럴 때는 한 인간으로 존중하는 마음을 보여 주시고 종결을 하더라도 마지막 1번은 만나서 정리를 하자고 제안할 수 있습니다. 그러다 보면 다시 치료 안에 들어올 수 있습니다. 또한 여러 가지 선택지를 줄 수도 있습니다. 오고 싶지 않은 마음을 받아들여 주시고 3주 후에 무조건 한 번 만나자, 또는 한 달에 한 번 만나 보자 등의 선택지를 주어 치료를 유지할 수 있도록 제안할 수 있습니다.

Q22 **제가 맡고 있는 청소년이 우울 및 불안으로 약 처방을 받았는데 음악이 약이라면서 음악치료는 꾸준히 오고 약 복용은 거부하고 있습니다. 어떻게 말해 주면 좋을까요?**

향정신성 의약품에 대한 편견과 걱정은 청소년뿐만 아니라 모든 환자가 공통적으로 가지고 있는 것 같습니다. 약의 빛과 그림자를 함께 설명해 주셔서 자연스럽게 받아들이도록 지지해 주시면 좋을 것 같습니다.

Q23 **청소년과 피아노 즉흥연주를 하고 싶은데 조금 쉽게 할 수 있는 방법은 없을까요?**

도리안(dorian) 모드 즉흥연주를 추천합니다. 우리가 흔히 알고 있는 음계 도, 레, 미, 파, 솔 ,라, 시, 도는 도(C)를 기준으로 배열된 아이오니안(ionian) 모드입니다. 도리안 모드는 D를 기준으로 배열이 되었기 때문에 쉽게 설명하면 레(D), 미, 파, 솔, 라, 시, 도, 레 로 구성되어 있습니다. 피아노에서 그 스케일 중 어떤 음이라도 좋으니 원하는 대로 연주해 보도록 하면 마이너 음계 같기도 하고 어떤 때에는 해결감도 있으면서 신기한 느낌으로 쉽게 즉흥연주를 할 수 있습니다.

Q24 청소년 집단치료를 의뢰받았는데 기관에서는 결과물을 내기를 바랍니다. 이런 방향으로 치료해도 좋을까요?

결과물을 전제한 음악치료를 얼마든지 해도 좋습니다. 물론 음악치료사의 치료적인 방향이 있고 최종 판단이 중요하겠지만 기관의 입장에서는 가시적인 효과를 나타내는 방법이 결과물이기 때문에 그러한 요구를 할 수 밖에 없는 것 같습니다. 우리가 음악치료에서 흔하게 사용하는 음악극도 있고, 최근에는 아이들이 UCC 영상 만드는 것을 좋아하기도 하고, 좋아하는 가수의 노래에 대한 뮤직비디오, 또는 아이들에게 가사를 만들게 하고 치료사가 곡을 붙여 함께 음원으로 녹음을 해 보는 등 다양한 음악적 결과물을 낼 수 있고 그 과정은 매우 치료적이라고 생각합니다.

Q25 청소년 음악치료를 위한 추천 음악이 있을까요?

이미 알고 계시겠지만, 내담자가 선호하는 음악이 가장 치료에 도움이 되는 음악이 됩니다. 유행하는 차트 100 등을 참고하셔도 좋고 아이에게 직접 물어서 리스트를 작성하셔도 좋을 것 같습니다. 『올댓 청소년 음악치료』(황은영 외, 2017) 제7장에 청소년을 위한 추천 음악과 음악극 부분을 참고해 보셔도 좋겠습니다.

Q26 다문화 가정 청소년 음악치료를 맡게 되었습니다. 집단치료인데 3개 국가가 섞여 있어서 음악을 선택하는 데에 어려움이 있습니다. 어떤 음악들을 선곡해야 할까요?

외국 청소년이라고 하여 꼭 그 나라의 곡을 사용해야 하는 것은 아닙니다. 외국 출신이지만 우리나라에 적응하는 것이 중요한 우리나라의 주민이기도 하니까요. 특히 청소년들의 경우는 '나만 다르다'를 매우 경계하는 경향이 있습니다. 따라서 우리나라 청소년들이 좋아하는 음악을 사용하고 익숙하게 해 주는 것이 더 좋을 수 있습니다. 단, 아이들에게 지지감을 주기 위해 그 나라에서 가장 대표되는 곡을 함께 듣고 나누는 시간을 가져 봐도 좋을 것 같습니다.

Q27 또래관계 문제로 의뢰되어 온 청소년이 너무 우울해 보이는데 병리적인 우울증인 것 같은 생각이 듭니다. 의료진에게 의뢰해야 할까요?

먼저 간단히 할 수 있는 BDI[1] 우울척도로 확인하여 몇 점인지를 확인해 볼 수 있을 것 같습니다. 14점 이상이면 가벼운 우울감이 있으니 관찰을 하면서 기분전환을 할 수 있는 음악들로 중재를 해 보고, 20점 이상이면 진료를 받아 보도록 하는 게 좋을 것 같습니다. 또한 우울을 진단할 수 있는 기준에 부합하는지를 한번 살펴보는 것도 필요합니다. DSM-5의 진단기준을 함께 참고하여 그런 양상이 분명하다면 진료 의뢰를 하는 것이 필요하겠습니다.

Q28 집단 음악치료를 하고 있는데 적대적 반항장애로 진단을 받은 아이 한 명이 매번 말을 잘 듣지 않고 분위기를 해치고 있어 어려움이 많습니다. 이 아이를 어떻게 대하는 것이 좋을까요?

먼저 아이의 연령을 고려할 때 사춘기로 보이는 정상적인 반항의 기준에서 어느 정도 벗어나는지를 관찰해 보시고 뭔가를 파괴하지는 않고 화를 내고 반항하는 정도라면 오히려 더 강화를 사용해 보시기를 권해 드립니다. 예전 심리치료에서는 정적 강화 대신 소거나 처벌을 많이 했었다면, 요즘은 정적 강화를 더 많이 하는 것이 치료에 효과적이라는 것이 여러 임상과 연구를 통해 나타나고 있습니다. 늘 야단을 맞는 청소년은 처벌을 받거나 야단맞는 것을 두려워하지 않기 때문에 처벌은 큰 효과가 없습니다. 또 학교에서와 비슷한 교육 방식을 음악치료에서도 쓴다면 아마 음악치료를 불신할 수 있을 것입니다. 그래서 학교와는 다르게 음악치료사 선생님이 더 관심을 가지고 애정을 주고 칭찬해 주고 그룹에서 좋은 역할을 맡기면 어느새 협조적인 태도를 습득

1) BDI 우울척도는 Beck Depression Inventory로 총 21문항으로 우울 정도를 측정하는 척도이다.

하게 되고, 다른 친구들에게 수용을 받으면서 자연스럽게 적대적 행동이 줄어드는 경우가 많습니다. 또 아이가 약을 처방대로 복용하고 있는지의 여부를 확인하는 것도 필요해 보입니다.

Q29 청소년과 즉흥연주를 하는데 청소년이 타악기를 거의 부술 듯이 치는 것에 대해 너무 화가 나고 자꾸 신경이 쓰입니다. 치료 내내 제가 신경을 쓰고 있는 것 같습니다.

아이가 품행장애, 충동장애, 적대적 반항장애, 간헐적 폭발장애 등으로 진단받은 것이 아니라면 악기를 파괴하려는 의도는 아닐 것입니다. 실제로 그렇게 하여 악기를 망가뜨렸다면 단호하게 안내를 해야겠지만 그런 경우가 아니라면 혹시 역전이가 일어나는 것은 아닌지 생각해 보시는 것도 필요합니다. 아이의 태도에 대한 강한 정서적 반응은 역전이인 경우가 많으니 효과적인 치료를 위해 그날의 치료적 내용, 반응(언어적 · 비언어적 반응)을 자세히 써 보시면서 이것이 정상적 반응인지 역전이인지를 살펴 보시고, 필요하시다면 슈퍼비전도 받아 보시기를 권해 드립니다.

Q30 음악치료 세션에서 매회 보고서를 쓰고 있고 최종 평가도 제출해야 하는데 이 보고서가 실비보험사에 제공된다고 합니다. 어느 선까지 내용을 적어야 할지 매우 고민이 됩니다.

심리 및 정신장애 관련하여 보험사의 보험금 사정 시 내담자에게 최소화하여 적용하려는 경향도 있습니다. 그래서 때로는 치료사의 내용은 내담자에게 불리하게 사용하는 사례도 있었습니다. 따라서 보고서를 쓰실 때에 이것이 보험사에 제출된다는 것을 미리 아시는 경우에는 조금 더 조심해서 쓰시고 상세한 기술보다는 활동과 치료 효과 중심으로 기술하시면 좋을 것 같습니다.

3. 도움이 필요한 청소년을 위한 기관 및 사이트

청소년 일반 및 위기상담

국립중앙청소년디딤센터(정서행동치료 및 교육): http://www.nyhc.or.kr/IndexServlet

다들어줄개 모바일상담: 어플(다들어줄개), 문자 1661-5004, 카카오톡 '다들어줄개'

마음이음1080(자살위기상담): http://www.suicide.or.kr, 1577-0199

자살예방상담: https://www.129.go.kr/1393, 국번없이 1393

청소년꿈키움센터(비행예방센터): https://www.cppb.go.kr

청소년사이버상담센터: https://www.cyber1388.kr

청소년신문고: http://www.ymca1020.or.kr

한국청소년정신건강협회: https://blog.naver.com/youth10000

헬프콜 청소년 통합 상담전화: 1388, 문자 #00001388, 카카오톡 '청소년상담1388'

학교폭력 상담

도란도란 학교폭력 예방교육: https://doran.edunet.net

상다미쌤(학교폭력 피 · 가해학생 심리치료 지원): http://bit.ly/상다미쌤, 카카오톡 상담

Wee프로젝트: https://www.wee.go.kr, 043-530-9182

재) 자녀안심하고 학교보내기 운동 국민재단: 02-3453-5226, https://www.xn-3e0bn6ensbu5sxvistd02etg.kr

푸른나무재단(청소년폭력예방재단): https://btf.or.kr, 02-585-0098

학교폭력신고센터: 국번 없이 117, 문자 #0117로 신고

학교폭력 SOS지원단 전국학교폭력상담전화: 1588-9128

청소년 진로 및 일자리 상담

일하는1318 알자알자: http://minwon.moel.go.kr

청소년 진로진학정보센터: http://www.jinhak.or.kr

청소년참여포탈: https://www.youth.go.kr

청소년 활동 진흥원: http://www.kywa.or.kr

청소년 활동정보 서비스: https://www.youth.go.kr/youth

하자센터: http://www.haja.net

학교밖 청소년 지원센터 꿈드림: https://www.kdream.or.kr:446/user/index.asp

한국 진로상담연구원: http://www.kcci.ne.kr, 031-796-0617

한국청소년단체협의회: https://ncyok.or.kr, 02-2667-0471

학대 및 성폭력 상담

십대여성인권센터(성매매피해 상담): http://www.teen-up.com, 02-6348-1318

아하서울시립청소년성문화센터: http://ahacenter.kr

안전Dream(학교폭력, 청소년 유해환경): https://www.safe182.go.kr, 국번없이 182

여성가족부 여성 긴급전화: 1366

여성폭력사이버상담: https://women1366.kr

푸른아우성: https://aoosung.com, 02-332-9978

탁틴내일: https://www.tacteen.net, 02-338-7480

한국여성상담센터: http://www.iffeminist.or.kr, 02-953-1503

한국여성인권진흥원: https://www.stop.or.kr, 02-735-1050

해바라기센터: https://www.help0365.or.kr, 02-3672-0365

해바라기아동센터: https://www.child1375.or.kr, 02-3274-1375

가정 및 다문화 가정 지원 및 상담

가족, 교육, 돌봄, 위기가족지원 건강가정센터 대표전화: 1577-9337

이주배경청소년지원재단 무지개청소년센터: https://www.rainbowyouth.or.kr

폭력피해 이주여성 긴급전화: 1577-1366

한국 건강가정 진흥원: https://www.kihf.or.kr, 02-3479-7600

한부모 상담전화: 1644-6621

가출 및 쉼터 지원

서울특별시립 청소년이동쉼터: https://www.foxstar.or.kr

청소년 가출 상담 및 지원 한국청소년쉼터협의회: http://www.jikimi.or.kr

청소년쉼터: https://www.kyci.or.kr

인터넷 및 중독 상담

경찰청 사이버 안전 지킴이: https://www.police.go.kr/www/security/cyber.jsp

서울시 인터넷중독 예방상담센터 아이윌센터: http://www.iwill.or.kr

스마트쉼 센터(인터넷중독): https://www.iapc.or.kr, 1599-0075

KISA 개인정보침해 신고센터: https://privacy.kisa.or.kr

법률지원

아동 및 여성, 장애인 경찰지원센터: https://www.safe182.go.kr

한국가정법률상담소: http://lawhome.or.kr, 1644-7077

대한법률구조공단: https://www.klac.or.kr, 054-810-0132

각 시 · 도 청소년상담센터

서울시 청소년 상담복지센터: https://www.teen1318.or.kr, 02-2285-1318

부산광역시 청소년상담복지센터: http://www.cando.or.kr, 051-804-5001

대구광역시 청소년상담복지센터: https://1388.daeguyouth.net, 053-659-6200

인천광역시 청소년상담복지센터: https://www.inyouth.or.kr, 032)721-2300

광주광역시 청소년상담지원센터: http://www.gj1388.or.kr, 062-226-8181

경기도 청소년상담복지센터: https://www.hi1318.or.kr, 031-248-1318

강원도 특별자치도 청소년상담복지센터: http://www.gycc.org, 033-256-2000

충청북도 청소년 종합진흥원: http://www.cbyouth.net, 043-1388

충청남도 청소년상담복지센터: https://www.cnyouth.or.kr, 041-554-2130

대전광역시 청소년상담복지센터: https://dj1388.or.kr, 042-257-2000

전라북도 청소년 활동진흥센터: https://www.jb0479.or.kr, 063-232-0479

경상북도 청소년상담복지센터: https://gb1388.or.kr, 054-1388

경상남도 청소년지원재단: https://gnyouth.net, 055-711-1305

제주특별자치도 청소년상담복지센터: http://www.jeju1388.or.kr, 064-759-9951

참고문헌

제1장

강도태(2022). COVID-19 전 · 후의 주요 정신건강질환 외래 이용 변화 연구. 차의과대학교 대학원 박사학위논문.

강명희, 이수연(2013). 청소년의 학업스트레스와 심리적 안녕감의 관계에서 희망 및 자아탄력성의 매개효과. 청소년학연구, 20(6), 265-293.

권석만(2013). 현대 이상심리학. 학지사.

김교헌, 권선중, 심미영(2005). 초등학생의 시험스트레스와 신체화 증상: 자아탄력성의 중재효과. 한국심리학회지: 건강, 10(1), 113-126.

김명식(2008). 일 도시의 남녀 중학생 우울증 유병율과 우울증이 학교적응에 미치는 영향. 상담학연구, 9(2), 645-658.

김연화(2010). 아동청소년의 일상 스트레스 및 자아탄력성과 행복감과의 관계. 청소년학연구, 17(12), 287-307.

김정민, 지혜(2011). 발달적 차이에 따른 신체화 증상 관련 변인 연구 -정서적, 인지적 및 사회적 요인을 중심으로. 상담학연구, 12(4), 1109-1130.

박경애, 김혜원, 주영아(2019). 청소년 심리 및 상담. 공동체.

박선영(2015). 생애주기에 따른 해외 아동 · 청소년 · 청년 연령구분 실태와 방향. 한국청소년정책연구원 전문가워크숍자료집(미간행): 아동, 청소년, 청년 연령기준 실태 및 방향, 13-24.

박지선, 박진희(2018). 청소년 심리와 상담. 동문사.

박진규, 윤여숭, 최용환, 최희선, 하중래(2019). 청소년문화. 학지사.

박진우, 허민숙(2021). NARS 현안 분석: 아동 · 청소년의 정신건강 현황, 지원제도 및 개선방향. 국회입법조사처.

방기연(2021). 청소년 심리와 상담. 공동체.

배승민, 신동원, 이수정(2009). 주의력결핍 과잉행동장애 아동에서 감정인식능력 및 충동성이 공격성에 미치는 영향. 소아청소년정신의학, 20(1), 17-22.

법제처(2023). 국가법령정보센터. https://www.law.go.kr

신현균(2002). 청소년의 학업부담감, 부정적 정서, 감정표현불능증 및 지각된 부모양육행동과 신체화 증상과의 관계. 한국심리학회지: 임상, 21(1), 171-187.

심민영(2020). 코로나바이러스감염증-19와 관련된 정신건강 문제. 대한내과학회지, 95(6), 360-363.

여성가족부(2022). 위기청소년 지원기관 이용자 생활실태조사. 여성가족부.

여성가족부(2023). 2022 청소년백서. 여성가족부.

오윤선, 황인숙(2016). 청소년 문화론. 양서원.

이미숙, 최영, 유지숙(2000). 청소년의 신체증상과 자아존중감에 관한 연구. 신경정신의학, 39(2), 323-333.

장성화, 구승신, 정옥희, 이주연, 신성철(2012). 청소년 심리 및 상담. 정민사.

장휘숙(2007). 전생애 발달심리학(제4판). 박영사.

정규석, 김영미, 김지연(2013). 청소년복지의 이해. 학지사.

질병관리청(2023). 2022년 학생 건강검사 및 청소년건강행태조사 결과 발표. https://www.kdca.go.kr/board/board.es?mid=a20501010000&bid=0015&act=view&list_no=722281

최정원, 문호영, 전진아, 박용천(2021). 연구보고 21-R03 10대 청소년의 정신건강 실태조사. 한국청소년정책연구원.

한국트라우마스트레스학회(2021). 2021년 4분기 코로나19 국민 정신건강 실태조사. http://kstss.kr/?p=2700

한국트라우마스트레스학회(2022). 2022년 4분기 코로나19 국민 정신건강 실태조사. http://kstss.kr/?p=2932

홍다솜(2021). COVID-19로 인한 간접외상이 우울, 불안에 미치는 영향: 핵심신념 붕괴와 침습적 반추의 이중매개효과. 가톨릭대학교 대학원 석사학위논문.

황양순(2015). ADHD 경향성이 학교폭력가해에 미치는 구조적 경로 분석: 학교폭력피해와 인터넷 중독 매개효과에 대한 초등학생과 중학생 간 비교를 중심으로. 학교사회복지, 31, 165-193.

황종원(2019). 재난피해자의 외상 후 스트레스 중재효과에 대한 메타분석. 인제대학교 대학원 박사학위논문.

American Psychiatric Association, DSM-5 Task Force. (2015). 정신질환의 진단 및 통계 편람 제5판(권준수 외 공역). 학지사. (원저 2013년 출판).

Adams, G. R., Gullotta, T., & Ramos, J. M. (2005). *Handbook of adolescent behavioral problems: Evidence-based approaches to prevention and treatment*. Springer.

Ambler, G. (2013). Normal physical development and growth at puberty. In K. Steinbeck

& M. Kohn (Eds.), *A clinical handbook in adolescent medicine* (pp. 1-13). World Scientific Publishing.

Anderson, S. E., Dallal, G. E., & Must, A. (2003). Relative weight and race influence average age at menarche: Results from two nationally representative surveys of US girls studied 25 years apart. *Pediatrics, 111*(4), 844-850.

Arseth, A. K., Kroger, J., Martinussen, M., & Marcia, J. E. (2009). Meta-analytic studies of identity status and the relational issues of attachment and intimacy. *Identity: An International Journal of Theory and Research, 9*(1), 1-32.

Bailen, N. H., Green, L. M., & Thompson, R. J. (2019). Understanding emotion in adolescents: A review of emotional frequency, intensity, instability, and clarity. *Emotion Review, 11*(1), 63-73.

Bhatia, S. C., & Bhatia, S. C. (2007). Childhood and adolescent depression. *American Family Physician, 75*(1), 73-80.

Belsky, J. (2012). The development of human reproductive strategies: Progress and prospects. *Current Directions in Psychological Science, 21*(5), 310-316.

Benoit, A., Lacourse, E., & Claes, M. (2013). Pubertal timing and depressive symptoms in late adolescence: The moderating role of individual, peer, and parental factors. *Development and Psychopathology, 25*(2), 455-471.

Benthin, A., Slovic, P., Moran, P., Severson, H., Mertz, C. K., & Gerrard, M. (1995). Adolescent health-threatening and health-enhancing behaviors: A study of word association and imagery. *Journal of Adolescent Health, 17*(3), 143-152.

Berger, K. S. (2005). *The developing person: Through childhood and adolescence.* Worth publishers.

Berk, L. E. (2009). *Child Development* (8th ed.). Allyn & Bacon/Pearson.

Berzonsky, M. D. (2011). A social-cognitive perspective on identity construction. In S. J. Schwartz, K. Luyckz, & V. L. Vignoles (Eds.), *Handbook of identity theory and research* (pp. 55-76). Springer.

Berzonsky, M. D., Cieciuch, J., Duriez, B., & Soenens, B. (2011). The how and what of identity formation: Associations between identity styles and value orientations. *Personality and Individual Differences, 50*(2), 295-299.

Campo, J. V., & Fritsch, S. L. (1994). Somatization in children and adolescents. *Journal of the American Academy of Child & Adolescent Psychiatry, 33*(9), 1223-1235.

Cauffman, E., & Steinberg, L. (1995). The cognitive and affective influences on adolescent decision-making. *Temple Law Review, 68*, 1763-1789.

Chiang, J. J., Lam, P. H., Chen, E., & Miller, G. E. (2022). Psychological stress during childhood and adolescence and its association with inflammation across the lifespan: A critical review and meta-analysis. *Psychological Bulletin, 148*(1-2), 27-66.

Christakou, A., Murphy, C. M., Chantiluke, K., Cubillo, A. I., Smith, A. B., Giampietro, V., Daly, E., Ecker, C., Robertson, D., Murphy, D. G., & Rubia, K. (2013). Disorder-specific functional abnormalities during sustained attention in youth with attention deficit hyperactivity disorder (ADHD) and with autism. *Molecular Psychiatry, 18*(2), 236-244.

Copeland, W., Shanahan, L., Miller, S., Costello, E. J., Angold, A., & Maughan, B. (2010). Do the negative effects of early pubertal timing on adolescent girls continue into young adulthood?. *The American Journal of Psychiatry, 167*(10), 1218-1225.

Crocetti, E., Erentaitė, R., & Žukauskienė, R. (2014). Identity styles, positive youth development, and civic engagement in adolescence. *Journal of Youth and Adolescence, 43*(11), 1818-1828.

De Gucht, V., & Maes, S. (2006). Explaining medically unexplained symptoms: Toward a multidimensional, theory-based approach to somatization. *Journal of Psychosomatic Research, 60*(4), 349-352.

Diamond, L. M., Bonner, S. B., & Dickenson, J. (2015). The development of sexuality. In M. E. Lamb (Ed.), *Handbook of child psychology and developmental science: Vol. 3 Socioemotional processes* (7th ed., pp. 888-931). Wiley.

Didden, R., Scholte, R. H. J., Korzilius, H., De Moor, J. M. H., Vermeulen, A., O'Reilly, M., Lang, R., & Lancioni, G. E. (2009). Cyberbullying among students with intellectual and developmental disability in special education settings. *Developmental Neurorehabilitation, 12*(3), 146-151.

Du Bois, D. L., Felner, R. D., Brand, S., & George, G. R. (1999). Profiles of self-esteem in early adolescence: Identification and investigation of adaptive correlates. *American Journal of Community Psychology, 27*(6), 899-932.

Elkind, D. (1985). Cognitive development and adolescent disabilities. *Journal of Adolescent Health Care, 6*(2), 84-89.

Eminson, D. M. (2007). Medically unexplained symptoms in children and adolescents. *Clinical Psychology Review 27*(7), 855-871.

Erikson, E. H. (1993). *Childhood and Society.* W. W. Norton & Company.

Erol, R. Y., & Orth, U. (2011). Self-esteem development from age 14 to 30 years: A longitudinal study. *Journal of Personality and Social Psychology, 101*(3), 607-619.

Feldman, S. S., & Eliot, G. R. (Eds.). (1990). *At the threshold: The developing adolescent.* Harvard University Press.

Frost, A., Hoyt, L. T., Chung, A. L., & Adam, E. K. (2015). Daily life with depressive symptoms: Gender differences in adolescents' everyday emotional experiences. *Journal of Adolescence*, *43*, 132-141.

Galanaki, E. P., & Christopoulos, A. (2011). The imaginary audience and the personal fable in relation to the separation-individuation process during adolescence. *Psychology: The Journal of the Hellenic Psychological Society*, *18*(1), 85-103.

Greene, K., Krcmar, M., Walters, L. H., Rubin, D. L., & Hale, L. (2000). Targeting adolescent risk-taking behaviors: The contributions of egocentrism and sensation-seeking. *Journal of Adolescence*, *23*(4), 439-461.

Greydanus, D. E., Omar, H., & Pratt, H. D. (2010). The adolescent female athlete: Current concepts and conundrums. *Pediatric Clinics*, *57*(3), 697-718.

Guan, K., Fox, K. R., & Prinstein, M. J. (2012). Nonsuicidal self-injury as a time-invariant predictor of adolescent suicide ideation and attempts in a diverse community sample. *Journal of Consulting and Clinical Psychology*, *80*(5), 842-849.

Hollenstein, T., & Lougheed, J. P. (2013). Beyond storm and stress: Typicality, transactions, timing, and temperament to account for adolescent change. *American Psychologist*, *68*(6), 444-454.

Holmbeck, G. N., & Shapera, W. E. (1999). Focus chapter : Research methods with adolescents. In P. C. Kendall, J. N. Butcher, & G. N. Holmbeck (Eds.), *Handbook of research methods in clinical psychology* (pp. 634-661). John Wiley & Sons, Inc.

Inhelder, B., & Piaget, J. (1958). *The Growth of logical thinking from childhood to adolescence*. Basic Books.

Jahanfar, S., Lye, M. S., & Krishnarajah, I. S. (2013). Genetic and environmental effects on age at menarche, and its relationship with reproductive health in twins. *Indian Journal of Human Genetics*, *19*(2), 245-250.

Kendall, P. C. (Ed.). (2011). **아동 · 청소년 심리치료, 인지행동적 접근**(신현균, 김정호, 최영미 공역). 학지사. (원저 2010년 출판).

Kowalski, R. M., & Fedina, C. (2011). Cyber bullying in ADHD and asperger syndrome populations. *Research in Autism Spectrum Disorders*, *5*(3), 1201-1208.

Kroger, J. (2012). The status of identity: Developments in identity status research. In P. K. Kerig, M. S. Schulz, & S. T. Hauser (Eds.), *Adolescence and beyond: Family processes and development* (pp. 64-83). Oxford University Press.

Lieb, R., Pfister, H., Mastaler, M., & Wittchen, H. U. (2000). Somatoform syndromes and disorders in a representative population sample of adolescents and young adults: prevalence, comorbidity and impairments. *Acta Psychiatrica Scandinavica*,

101(3), 194-208.

Lipowski, Z. J. (1988). Somatization: the concept and its clinical application. *The American Journal of Psychiatry, 145*(11), 1358-1368.

Loewenstein, G., & Lerner, J. S. (2003). The role of affect in decision making. In R. J. Davidson, K. R. Scherer, & H. H. Goldsmith (Eds.), *Handbook of affective sciences* (pp. 619-642). Oxford University Press.

Marcia, J. E. (1980). Identity in adolescence. In J. Adelson (Ed,), *Handbook of adolescent Psychology* (pp. 159-187). Wiley.

Marsh, H. W., Parada, R. H., & Ayotte, V. (2004). A multidimensional perspective of relations between self-concept (self description questionnaire II) and adolescent mental health (youth self-report). *Psychological Assessment, 16*(1), 27-41.

McKinney, C., Donnelly, R., & Renk, K. (2008). Perceived parenting, positive and negative perceptions of parents, and late adolescent emotional adjustment. *Child and Adolescent Mental Health, 13*(2), 66-73.

Mendle, J., Harden, K. P., Brooks-Gunn, J., & Graber, J. A. (2010). Development's tortoise and hare: Pubertal timing, pubertal tempo, and depressive symptoms in boys and girls. *Developmental Psychology, 46*(5), 1341-1353.

Mendle, J., Turkheimer, E., & Emery, R. E. (2007). Detrimental psychological outcomes associated with early pubertal timing in adolescent girls. *Developmental Review, 27*(2), 151-171.

Meeus, W., van de Schoot, R., Keijsers, L., & Branje, S. (2012). Identity statuses as developmental trajectories: A five-wave longitudinal study in early-to-middle and middle-to-late adolescents. *Journal of Youth and Adolescence, 41*(8), 1008-1021.

Nock, M. K. (2009). Why do people hurt themselves? new insights into the nature and functions of self-injury. *Current Directions in Psychological Science, 18*(2), 78-83.

Nock, M. K., & Favazza, A. R. (2009). Nonsuicidal self-injury: Definition and classification. In M. K. Nock (Ed.), *Understanding nonsuicidal self-injury: Origins, assessment, and treatment* (pp. 9-18). American Psychological Association.

Mordre, M., Groholt, B., Kjelsberg, E., Sandstad, B., & Myhre, A. M. (2011). The impact of ADHD and conduct disorder in childhood on adult delinquency: A 30 years follow-up study using official crime records. *BMC Psychiatry, 11*, Article 57.

Olson, D. H., Russel, C. S., & Sprenkle, D. H. (1980). Marital and family therapy: A decade review. *Journal of Marriage and the Family, 42*, 973-994.

Parent, A. S., Teilmann, G., Juul, A., Skakkebaek, N. E., Toppari, J., & Bourguignon, J. P. (2003). The timing of normal puberty and the age limits of sexual precocity: Variations around the world, secular trends, and changes after migration. *Endocrine Reviews*, *24*(5), 668-693.

Santrock, J. W. (1995). *Life-span development*. Brown & benchmark.

Selye, H. (1956). *The stress of life*. McGraw-Hill.

Shaffer, D. (1988). The epidemiology of teen suicide: An examination of risk factors. *Journal of Clinical Psychiatry*, *45*, 406-421.

Short, M. B., & Rosenthal, S. L. (2008). Psychosocial development and puberty. *Annals of the New York Academy of Sciences*, *1135*(1), 36-42.

Sibley, M. H., Pelham, W. E., Evans, S. W., Gnagy, E. M., Ross, J. M., & Greiner, A. R. (2011). An evaluation of a summer treatment program for adolescents with ADHD. *Cognitive and Behavioral Practice*, *18*(4), 530-544.

Sobesky, W. E. (1983). The effects of situational factors on moral judgments. *Child Development*, *54*(3), 575-584.

Spielberger, C. D. (1972). Current trends in theory and research on anxiety. In C. D. Spielberger (Ed.), *Anxiety: Current trends in theory and research* (pp. 3-9). Academic Press.

Spielberger, C. D., Gorsuch, R. L., & Lushene, R. E. (1970). *Manual for the state-trait anxiety inventory*. Consulting Psychologist.

Spirito, A., Esposito-Smythers, C., Weismoore, J., & Miller, A. (2012). Adolescent suicidal behavior. In P. C. Kendall (Ed.), *Child and adolescent therapy: Cognitive-behavioral procedures* (pp. 234-256). Guilford Press.

Steinberg, L. (2005). *Adolescence* (7th ed.). McGraw-Hill.

Styne, D. M. (2004). Puberty, obesity and ethnicity. *Trends in Endocrinology & Metabolism*, *15*(10), 472-478.

Thapar, A., Collishaw, S., Pine, D. S., & Thapar, A. K. (2012). Depression in Adolescence. *The Lancet*, *379*(6820), 1056-1067.

Trzesniewski, K. H., Donnellan, M. B., & Robins, R. W. (2013). Development of self-esteem. In V. Zeigler-Hill (Ed.), *Self-esteem* (pp. 60-79). Psychology Press.

Wehmeier, P. M., Schacht, A., & Barkley, R. A. (2010). Social and emotional impairment in children and adolescents with ADHD and the mpact on quality cf Life. *Journal of Adolescent Health*, *46*, 209-217.

Wu, C., Chen, X., Cai, Y., Zhou, X., Xu, S., Huang, H., Zhang, L., Zhou, X., Du, C., Zhang, Y., Song, J., Wang, S., Chao, Y., Yang, Z., Xu, J., Zhou, X., Chen, D., Xiong, W., ··· & Song, Y. (2020). Risk factors associated with acute respiratory distress syndrome and death in patients with coronavirus disease 2019 pneumonia in Wuhan, China. *JAMA Internal Medicine, 180*(7), 934-943.

Yang, T. T., Simmons, A. N., Matthews, S. C., Tapert, S. F., Frank, G. K., Max, J. E., Bischoff-Grethe, A., Lansing, A. E., Brown, G., Strigo, I. A., Wu, J., & Paulus, M. P. (2010). Adolescents with major depression demonstrate increased amygdala activation. *Journal of American Academy of Child and Adolescent Psychiatry, 49*(1), 42-51.

Zila, L. M., & Kiselica, M. S. (2001). Understanding and counseling self-mutilation in female adolescents and young adults. *Journal of Counseling & Development, 79*(1), 46-52.

제2장

가정폭력방지 및 피해자보호 등에 관한 법률. 법률 제19339호(2023). http://www.law.go.kr/법령/가정폭력방지및피해자보호등에관한법률

강석기(2005). 청소년의 대인관계태도, 자아존중감 조절 및 인터넷 중독 간 관계의 구조방정식모형 분석. **한국청소년연구**, 16(1), 165-194.

강희양, 손정락(2007). 인터넷 및 게임 중독 관련 변인에 대한 메타 분석. **한국심리학회지: 건강**, 12(4), 733-744.

고제원(2021). 소년 범죄자의 사회심리적 성격특성. **한국콘텐츠학회논문지**, 21(10), 702-711.

교육부(2021). **2021년 1차 학교폭력 실태조사 결과 발표**. https://www.moe.go.kr/boardCnts/viewRenew.do?boardID=294&boardSeq=88940&lev=0&searchType=null&statusYN=W&page=1&s=moe&m=020402&opType=N

교육부(2023a). **학업중단 위기학생 및 학교 밖 청소년 지원방안**. https://www.moe.go.kr/boardCnts/viewRenew.do?boardID=294&boardSeq=97203&lev=0&searchType=null&statusYN=W&page=8&s=moe&m=020402&opType=N

교육부(2023b). **2023년 1차 학교폭력 실태조사 결과 발표**. https://www.moe.go.kr/boardCnts/viewRenew.do?boardID=294&lev=0&statusYN=W&s=moe&m=020402&opType=N&boardSeq=97458

구본용, 금명자, 김동일, 김동민, 남상인, 안현의, 주영아, 한동우(2005). **위기(가능)청소년 지원모델 개발연구**. 청소년위원회.

구주영, 신은혜, 이진향(2020). 청소년의 지위비행 유형에 따른 영향요인 연구. **청소년문화포럼**, 62, 29-49.

국립국어원편찬 표준국어대사전. https://stdict.korean.go.kr/search/searchView.do

권윤희(2006). **청소년의 인터넷 게임중독 예측모형 구축**. 계명대학교 대학원 박사학위논문.

권재환, 이은희(2006). 남녀 청소년의 충동성, 부모의 양육태도, 개인의 통제력, 부모-자녀 의사소통이 문제행동에 미치는 영향. 한국청소년연구, 17(1), 325-351.

김성언(2000). 범죄에 대한 청소년의 가치관과 태도에 관한 연구. 한국형사·법무정책연구원 연구보고서.

김영춘(2022). 청소년의 개인, 부모, 학교 요인과 비행 경험과의 관계. 한국콘텐츠학회논문지, 22(7), 264-275.

김운삼, 구서연(2019). 한국 청소년 자살문제와 예방대책 연구. 산업진흥연구, 4(2), 39-52.

김준호, 박정선(1993). 청소년 가출 비행의 관계에 대한 연구. 형사정책연구원.

김춘경, 이수연, 이윤주, 정종진, 최웅용(2016). 상담학 사전. 학지사.

김현진, 정동철, 전인식, 김지연, 이승현, 류지웅(2018). 청소년 비행 예방 및 위기청소년 지원 종합대책 방안 연구. 경제·인문사회연구회.

남순현(2008). 청소년 모방 자살사고의 심리적 기제에 관한 탐색. 인문사회과학연구, 19, 51-87.

노충래(2001). 청소년 자녀 흡연에 대한 부모의 태도에 관한 연구. 한국아동복지학, 11, 33-60.

대검찰청(2022a). 마약류 범죄백서. https://www.spo.go.kr/site/spo/ex/board/List.do?cbIdx=1204

대검찰청(2022b). 범죄분석. https://www.spo.go.kr/site/spo/crimeAnalysis.do

대한민국 법원(2022). 사법연감. https://www.scourt.go.kr/portal/news/NewsListAction.work?gubun=719

문형란(2005). 청소년약물남용실태 및 대책에 관한 연구: 서울시 중 고등학생을 중심으로. 중앙대학교 대학원 석사학위논문.

민정숙(2013). 청소년의 부모자녀 의사소통, 또래관계가 인터넷 중독에 미치는 영향. 배재대학교 대학원 석사학위논문.

박성훈, 윤정숙, 성유리, 박영옥(2022). 전국범죄피해조사(XII): 아동·청소년 범죄 피해조사 2021. 한국형사·법무정책연구원.

박영신, 김의철, 정갑순, 이상미, 권혁호, 양계민(2000). 초, 중, 고등학생의 생활만족도 차이와 형성 및 영향. 한국심리학회지: 건강, 5(1), 94-118.

박영신, 김의철(2004). 청소년의 인간관계와 일탈행동: 부모자녀관계, 친구관계, 교사학생관계를 중심으로. 한국심리학회지: 사회문제, 10, 87-115.

박재연(2010). 청소년의 자살위기와 레질리언스. 이화여자대학교 대학원 박사학위논문.

서미정(2009). 초기 청소년의 외현적 공격성 변화와 비행, 우울/불안 및 학업성취감: 잠재성장 분석. 한국청소년연구, 20(2), 141-167.

서울신문(2023). "청소년 우울·불안·틱장애… 5년 새 정신질환 65% 늘어". https://www.seoul.co.kr/news/newsView.php?id=20231004004009

소년법. 법률 제17505호(2021). https://law.go.kr/법령/소년법

신현숙, 이경성, 이해경, 신경수(2004). 비행 청소년의 생활적응 문제에서 우울/불안 및 공격

성의 합병 효과와 성차. 한국심리학회지: 상담 및 심리치료, 16(3), 491-510.

신현옥, 윤상석, 이슬기, 김도혜, 이향규, 오수연(2012). 국회여성가족위원회 정책연구: 이주 배경 청소년의 유형별 실태와 정책과제. 국회여성가족위원회.

아동복지법. 법률 제19959호(2024). http://www.law.go.kr/법령/아동복지법

아동복지법 시행령. 대통령령 제34684호(2024). http://www.law.go.kr/법령/아동복지법시행령

아동 · 청소년의 성보호에 관한 법률. 법률 제20416호(2024). http://www.law.go.kr/법령/아동 · 청소년의성보호에관한법률

양계민, 장윤선, 임후남, 최유, 최지연, 권채리(2021). 이주배경 아동 · 청소년 현황통계 생성을 위한 행정자료 연계방안 연구. 한국청소년정책연구원.

여성가족부(2012). 2012년 청소년 유해환경 접촉 종합실태조사.

여성가족부(2020). 2019 가족폭력 실태조사. https://kosis.kr/statHtml/statHtml.do?orgId=154&tblId=DT_154011_001&vw_cd=MT_OTITLE&list_id=154_15411_D001_001&scrId=&seqNo=&lang_mode=ko&obj_var_id=&itm_id=&conn_path=K2&path=%252Fcommon%252Fmeta_onedepth.jsp

여성가족부(2021). 2020년 청소년 매체이용 및 유해환경 실태조사. https://www.mogef.go.kr/mp/pcd/mp_pcd_s001d.do?mid=plc502

여성가족부(2022). 2021년 위기청소년 지원기관 이용자 생활 실태조사. https://www.mogef.go.kr/nw/rpd/nw_rpd_s001d.do?mid=news407&bbtSn=708697

여성가족부(2023a). 2022년 청소년 매체이용 및 유해환경 실태조사 결과. https://www.mogef.go.kr/nw/enw/nw_enw_s001d.do?mid=mda700&bbtSn=711208

여성가족부(2023b). 2023 청소년 인터넷 · 스마트폰 이용습관 진단조사. http://www.mogef.go.kr/nw/enw/nw_enw_s001d.do?mid=mda700

여성가족부(2023c). 2022 청소년 백서. 여성가족부.

연합뉴스(2023). 학업 중단 · 학교 밖 청소년 규모 한눈에…내년부터 통계 구축. https://www.yna.co.kr/view/AKR20231127094400530

오수연(1999). 학교부적응 청소년을 위한 집단 사회사업의 효과성에 관한 연구: 과업중심모델을 적용하여. 한림대학교 대학원 석사학위논문.

오승근(2006). 청소년의 자살태도, 자살위험성 및 생명존중교육 참여 요구와의 관계. 고려대학교 대학원 박사학위논문.

유영덕, 한수정(1994). 학교생활부적응 아동의 부적응 요인 감소를 위한 학교사회사업 집단 프로그램 개발에 관한 연구. 태화임상사회사업연구.

유영준, 오윤수(2013). 청소년 위험요인이 위기결과에 미치는 영향. 지역사회연구, 21(4), 125-145.

윤철경, 이혜연, 서정아, 윤경원, 김영한, 백혜정, 이봉주, 양미진(2005). 위기청소년 지원시설과 지원정책 현황 및 사회안전망 구축을 위한 정책방안 연구. 한국청소년개발원.

윤철경, 조홍식, 김향초, 이규미, 우정자(2006). 위기청소년 지역사회 안전망 실태와 발전방안. 한국청소년개발원.

윤철경, 최인재, 김승경, 김성은, 김언주(2018). 2018 학교 밖 청소년 실태조사. 여성가족부.

이경은(1998). 학교생활부적응 유형과 요인에 따른 학교사회사업서비스 욕구에 관한 연구. 사회복지개발연구, 4(3), 276-305.

이경화, 손원경(2005). 아동의 학교부적응에 미치는 관련변인의 구조분석. 아동학회지, 26(4), 157-171.

이문영(2021). 청소년 자해행동, 자살생각 및 자살시도와 관련 요인: 개인특성, 가정환경, 학교환경을 중심으로. 인하대학교 대학원 박사학위논문.

이미옥(2010). 청소년의 약물남용에 대한 인식과 태도. 전북대학교 대학원 석사학위논문.

이봉주, 김동일, 정익중(2008). 위기청소년 개념정립 및 통계화 방안 연구. 국가청소년위원회.

이소우, 김용태, 김지숙, 반신환, 조성호(1997). 청소년 위기상담. 청소년대화의 광장.

이승지(2021). 학교 밖 청소년 지원센터에서의 음악치료 현황과 센터종사자들의 음악치료 관련 인식도 조사. 숙명여자대학교 대학원 석사학위논문.

이양훈(2013). 청소년의 약물남용에 미치는 사회적 요인에 관한 연구. 고려대학교 대학원 박사학위논문.

이유진, 박선영, 이상희(2015). 청소년 기업가정신 함양 및 창업 활성화 방안 연구 II. 한국청소년정책연구원 연구보고서.

이주배경청소년지원재단(2023). 정보 · 자료, 이주배경청소년 현황(총괄). https://www.rainbowyouth.or.kr/introduction/status.do

이준기(2011). 청소년 인터넷중독의 위험요인과 보호요인에 대한 연구. 대구대학교 대학원 박사학위논문.

이창호, 김영란, 김택호, 박재연, 유순덕, 은혁기, 정찬석, 천성문(2005). 위기청소년 통합지원체제 구축운영방안 연구. 국가청소년위원회.

장수한(2011). 청소년과 사회복지. 청목출판사.

전학열, 최중진, 김청송(2015). 청소년 위험행동의 보호요인과 위험요인의 다차원성 모형검증 연구. 한국심리학회지: 건강, 20(1), 307-327.

정슬기(2006). 청소년 약물남용 및 남용의 정도에 영향을 미치는 요인에 관한 연구. 한국알코올과학회 추계국제학술대회자료집.

정용래(2019). 비행 청소년의 주의력 결핍 과잉행동장애, 자살사고, 우울, 불안, 자존감 간의 관계. 단국대학교 대학원 석사학위논문.

조성연, 유진이, 박은미, 정철상, 도미향(2008). 청소년복지론. 창지사.

조종태(2012). 학교폭력에 대한 효율적 대처 방안. 범죄예방정책연구, 24, 9-1[illegible].

조춘범(2008). 가족기능이 청소년의 폭력비행에 미치는 영향과 인터넷 게임중독의 매개효과 검증. 연세대학교 대학원 박사학위논문.

주왕기, 김경빈, 이숙영, 맹영진(1996). 청소년 약물상담. 청소년대화의 광장.

지승희, 구본용, 배주미, 정익중, 이승연, 김은영, 김태성, 박재연, 허진석(2007). 청소년 자살 예방체제 구축방안 연구. 청소년상담연구, 134, 1-307.

지승희, 김명식, 오승근, 김은영, 이상석(2008). 청소년자살 예방프로그램 및 개입방안 개발. 한국청소년상담원.

지승희, 양미진, 이자영, 김태성(2006). 위기청소년 실태조사 연구. 한국청소년상담원.

천정웅, 이지민, 성윤숙(2013). 청소년 문제와 보호. 양서원.

청소년복지 지원법. 법률 제19761호(2024). http://www.law.go.kr/법령/청소년복지지원법

청소년복지 지원법 시행령. 대통령령 제34417호(2024). http://www.law.go.kr/법령/청소년복지지원법시행령

청소년 보호법. 법률 제20423호(2024). http://www.law.go.kr/법령/청소년보호법

청소년 보호법 시행령. 대통령령 제34373호(2024). http://www.law.go.kr/법령/청소년보호법시행령

탁수연, 박영신, 김의철(2004). 보호관찰 청소년과 일반 청소년의 도덕적 이탈, 신뢰, 자기효능감의 차이. 한국심리학회 2004년도 연차학술발표대회 논문집, 153-154.

표갑수(2010). 아동청소년복지론. 나남.

학교폭력예방 및 대책에 관한 법류. 법률 제19942호(2024). http://www.law.go.kr/법령/학교폭력예방및대책에관한법률

한국자살예방협회(편저). (2023). 자살예방의 모든 것: 이론과 정책. 학지사.

한부모가족지원법. 법률 제19340호(2023). http://www.law.go.kr/법령/한부모가족지원법

한상철(2008). 청소년 가출의 위험요인과 보호요인 탐색. 한국심리학회지: 사회문제, 14(1), 273-298.

허지인(2003). 알코올중독자 자녀(COA)의 일상생활 스트레스와 심리적 적응에 관한 연구-스트레스 대처양식의 매개효과를 중심으로. 이화여자대학교 대학원 석사학위논문.

홍봉선, 남미애(2000). 청소년복지론. 양서원.

홍봉선, 남미애, 원혜옥, 아영아, 전영주, 박명숙, 김민, 노혁, 오승환, 이용교(2010). 청소년문제론. 공동체.

황순길, 김동민, 강태훈, 손재환, 김화연, 김지혜(2016). 전국 청소년 위기 실태 및 위기 결과 분석. 청소년복지연구, 18(4), 47-70.

황여정, 이정민(2020). 위기청소년 현황 및 실태조사 기초연구. 한국청소년정책연구원.

황여정, 이정민, 김수혜(2020). 위기청소년 현황 및 실태조사 기초연구: 예비조사 데이터 분석보고서. 한국청소년정책연구원.

American Psychiatric Association. (2023). 정신질환의 진단 및 통계 편람(제5판) (권준수 외 공역). 학지사. (원저 2022년 출판).

Barnes, G. M., Welte, J. W., & Hoffman, J. H. (2002). Relationship of alcohol use to delinquency and illicit drug use in adolescents: Gender, age, and racial/ethnic differences. *The Journal of Drug Issues, 32*(1), 153-178.

Black, D. W., & Grant, J. E. (2018). DSM-5 가이드북(강진령 역). 학지사. (원저 2014년 출판).

Bronfenbrenner, U. (1979). *The ecology of human development: Experiments by nature and design*. Harvard University Press.

Brook, J. S., Brook, D. W., Arencibia-Mireles, O., Richter, L., Whiteman, M. (2001). Risk factors for adolescent marijuana use across culture and across time. *The Journal of Genetic psychology, 162*(3), 357-374.

Burt, M. R., Resnick, G., & Matheson, N. (1992). *Comprehensive service integration programs for at-risk youth: Final report*. Urban Institute.

Cantwell, D. P., & Baker, L. (1991). Association between attention deficit-hyperactivity disorder and learning disorders. *Journal of Learning Disabilities, 24*(2), 88-95.

Cummings, E. M. (1998). Children exposed to marital conflict and violence: Conceptual and theoretical directions. In G. W. Holden, R. A. Geffner, & E. N. Jourlies (Eds.), *Children exposed to marital violence: Theory, research, and applied issues* (pp. 55-93). American Psychological Association.

Dick, D. M., Aliev, F., Latendresse, S. J., Hickman, M., Heron, J., Macleod, J., … Kendler, K. S. (2013). Adolescent alcohol use is predicted by childhood temperament factors before age 5, with mediation through personality and peers. *Alcoholism: Clinical and Experimental Research, 37*, 2108-2117.

DiClemente, C. C., Marinilli, A. S., Singh, M., & Bellino, L. E. (2001). The role of feedback in the process of health behavior change. *American Journal of Health Behavior, 25*, 217-227.

Dodge, K. A., Godwin, J., & Gonduct Problems Prevention Research Group. (2013). Social-information-processing patterns mediate the impact of preventive intervention on adolescent antisocial behavior. *Psychological Science, 24*, 456-465.

Ennett, S. T., Bailey, S. L., & Federman, E. B. (1999). Social network characteristics associated with risky behaviors among runaway and homeless youth. *Journal of Health and Social Behavior, 40*(1), 63-78.

Ford, J. D., Racusin, R., Ellis, C. G., Daviss, W. B., Reiser, J., Fleischer, A., & Thomas, J. (2000). Child maltreatment, other trauma exposure, and posttraumatic symptomatology among children with oppositional defiant and attention deficit hyperactivity disorders. *Child Maltreatment, 5*(3), 205-217.

Gilliland, B. E., & James, R. K. (1997). *Crisis intervention strategies*(3rd ed.). Cole Publishing Company.

Glaser, K. (1981). Psychopathologic patterns in depressed adolescents. *American*

Journal of Psychotherapy, 35, 368-382.

Goldberg, I. (1996). ***Internet addiction disorder.*** [Online] Available at http://www.physics.wisc.edu /shalizi/internet_addiction_criteria.html

Graham-Bermann, S. A., & Levendosky, A. A. (1997). The social functioning of preschool-age children whose mothers are emotionally and physically abused. *Journal of Emotional Abuse, 1*(1), 59-84.

Griffiths, M. (1999). Internet Addiction. *The Psychologist, 12*(5), 246-250.

Grych, J. H., Fincham, F. D., Jouriles, E. N., & McDonald, R. (2000). Interparental conflict and child adjustment: Testing the mediational role of appraisals in the cognitive-contextual framework. *Child Development, 71*(6), 1648-1661.

Hennessy, K. D., Rabideau, G. J., Cicchetti, D., & Cummings, E. M. (1994). Responses of physically abused and nonabused children to different forms of interadult anger. *Child Development, 65*(3), 815-828.

Horowitz, F. D. (Ed.). (1987). *Exploring developmental theories: Toward a structural/behavioral model of development.* Lawrence Erlbaum Associates, Inc.

Hughes, H. M., & Graham-Bermann, S. A. (1999). Children of battered women: Impact of emotional abuse on adjustment and development. *Journal of Emotional Abuse, 1*(2), 23-50.

Hummel, A., Shelton, K. H., Heron, J., Moore, L., & van den Bree, M.D.M. (2013). A systematic review of the relationships between family functioning, pubertal timing and adolescent substance use. *Addiction, 108*, 487-496.

Jaffe, P., Wolfe, D., Wilson, S., & Zak, L. (1986). Similarities in behavioral and social maladjustment among child victims and witnesses to family violence. *American Journal of Orthopsychiatry, 56*(1), 142.

James, R. K., & Gilliland, B. E. (2008). 위기개입 (개정판) (한인영, 장수미, 최정숙 공역). 나눔의 집. (원저 2001년 출판).

Jenson, J. (1997). Risk & protective factors for alcohol and other drug use. in M. Fraser(Ed.), *Risk and resilience in childhood: An ecological perspective*(pp. 117-139). NASW Press.

Johnson, G. M. (1998). Teachers in the inner city: Experience-based ratings of factors that place students at risk. *Preventing School Failure: Alternative Education for Children and Youth, 42*(1), 19-26.

Jourlies, E. N., & Norwood, W. D. (1995). Physical aggression toward boys and girls in families characterized by the battering of women. *Journal of Family-Psychology, 9*, 69-78.

KBS 뉴스(2022). "위기청소년 절반 부모 폭력…가족 갈등이 가출 주원인". https://news.kbs.

co.kr/news/pc/view/view.do?ncd=5451451

Kerig, P. K. (1998). Gender and appraisals as mediators of adjustment in children exposed to interparental violence. *Journal of Family Violence, 13*, 345-363.

Kerig, P. K. (2001). Children's coping with interparental conflict. In J. H. Grych & F. D. Fincham (Eds.), *Interparental conflict and child development: Theory, research, and applications* (pp. 213-245). Cambridge University Press.

McCord, J. (1979). Some child-rearing antecedents of criminal behavior in adult men. *Journal of Personality and Social Psychology, 37*(9), 1477-1486.

McGee, R. A., Wolfe, D. A., & Wilson, S. K. (1997). Multiple maltreatment experiences and adolescent behavior problems: Adolescents' perspectives. *Development and Psychopathology, 9*(1), 131-149.

McWhirter, J. J., McWhirter, B. T., McWhirter, E. H., & McWhirter, R. J. (2004). *At-risk youth: A comprehensive response* (3rd ed.). Brooks/Cole.

Merlo, A. V., & Benekos, P. J. (2016). Maltreatment and delinquency: Breaking the cycle of offending. In M. D. McShane & M. Cavanaugh (Eds.), *Understanding juvenile justice and delinquency* (pp. 5-21). ABC-CLIO.

Morojele, N. K., & Brook, J. S. (2001). Adolescent precursors of intensity of marijuana and other illicit drug use among adult initiators. *The Journal of Genetic Psychology, 162*(4), 430-450.

Newcomb, M. D. (1995). Identifying high-risk youth: Prevalence and patterns of adolescent drug abuse. *NIDA Research Monograph, 156*, 7-38.

Osofsky, J. D., & Scheeringa, M. S. (1997). Community and domestic violence exposure: Effects on development and psychopathology. In D. Cicchetti & S. L. Toth (Eds.), *Developmental perspectives on trauma: Theory, research, and intervention* (pp. 155-180). University of Rochester Press.

Pollard, J. A., Hawkins, J. D., & Arthur, M. W. (1999). Risk and protection: Are both necessary to understand diverse behavioral out comes in adolescence?. *Social Work Research, 23*(3), 145-158.

Quay, H. C. (1987). *Handbook of juvenile delinquency*. John Wiley & Sons.

Reynolds, W. M. (1988). *Suicidal ideation questionnaire: Professional manual*. Psychological Assessment Resources.

Reynolds, W. M. (1995). Depression, in V. B. Van Hasselt & M. Hersen (eds.), *Handbook of adolescent psychology: A guide go diagnosis and treatment* (pp. 297-348). The Free Press.

Rossman, B. B. R., & Ho, J. (2000). Posttraumatic response and children exposed to parental violence. In R. Geffner, P. G. Jaffe, & M. Sudermann(Eds.), *Children exposed to domestic violence: Current issues in research, intervention, prevention, and policy development* (pp. 85-106). Haworth.

Rossman, B. R., & Rosenberg, M. S. (1992). Family stress and functioning in children: The moderating effects of children's beliefs about their control over parental conflict. *Journal of Child Psychology and Psychiatry, 33*(4), 699-715.

Shorey, R. C., Fite, P. J., Elkins, S. R., Frissell, K. C., Tortolero, S. R., Stuart, G. L., & Temple, J. R. (2013). The association between problematic parental substance use and adolescent substance use in an ethnically diverse sample of 9th and 10th graders. *Journal of Primary Prevention, 34*, 381-393.

Simons-Morton, B. G., & Chen, R. (2006). Over time relationships between early adolescent and peer substance use. *Addictive Behavior, 31*, 1211-1223.

Sullivan, P. M., & Knutson, J. F. (1998). The association between child maltreatment and disabilities in a hospital-based epidemiological study. *Child Abuse & Neglect, 22*(4), 271-288.

The Organisation for Economic Co-operation and Development. (2007). Education policies for students at risk and those with disabilities in South Eastern Europe. EDU/EDPC(2007)21. https://web-archive.oecd.org/2012-06-15/136968-38613229.pdf.

Watson, D., & Kendall, P. C. (1989). Understanding anxiety and depression: Their relation to negative and positive affective states. In P. C. Kendall & D. Watson (Eds.), *Anxiety and depression: Distinctive and overlapping features* (pp. 3-26). Academic Press.

White, J. G. (2007). EDITORIAL. *International Journal of Adolescent Medicine and Health, 19*(1), 1-2.

White, J. L. (1989). *The Troubled Adolescent. Pergamon Press.*

Wright, H. N. (1998). 위기상담학: 위기와 스트레스 극복을 위하여(전요섭. 황동현 공역). 쿰란출판사. (원저 1991년 출판).

Yates, T. M., Dodds, M. F., Sroufe, L. A., & Egeland, B. (2003). Exposure to partner violence and child behavior problems: A prospective study controlling for child physical abuse and neglect, child cognitive ability, socioeconomic status, and life stress. *Development and Psychopathology, 15*(1), 199-218.

제3장

강영자, 이재연(1996). 일상생활에서 스트레스원과 대처방안에 관한 일반 청소년과 비행 청소년의 비교 연구. *Family and Environment Research*, *34*(5), 307-326.

곽경희, 문소영(2021). 교육복지대상 청소년의 자기효능감을 위한 가상악기 중심음악 프로그램 사례연구. 음악심리재활연구, 2(1), 37-52.

곽금주(1995). KLSSA 검사에 의한 청소년기 삶의 만족도. 한국심리학회지: 사회문제, 2(1), 5-16.

김송하(2021). 포스트 코로나 시대 청소년의 음악감상 조사: 국내 고등학생을 중심으로. 이화여자대학교 대학원 석사학위논문.

김은정(2001). 친구없는 청소년에 대한 평가: 외톨이 질문지의 개발 및 타당화. 한국심리학회지: 임상, 20(3), 535-549.

김주환(2011). 회복탄력성: 시련을 행운으로 바꾸는 마음 유쾌한 비밀. 위즈덤하우스.

문용린(1996). 한국 학생들의 정서지능 측정연구-새로운 지능의 개념, 감성지능. 삼성생명 사회정신건강 연구소.

문용린(1997). 종합적성진로진단검사. 대교 교육정보연구소.

문혜신, 오경자(2002). 한국판 아동 청소년 사회불안 척도의 타당화 연구, 한국심리학회지:임상, 21(2), 429-443.

박지아, 유성경(2003). 적응유연성과 영적 안녕 및 부모애착 간의 관계. 한국심리학회지: t상담 및 심리치료, 15(4), 765-778.

박홍석, 이정미(2018). 한국판 상황적 자기인식척도(K-SSAS)의 타당화 연구. 한국심리학회산하학교심리학회, 15(2), 177-196.

서승미(2005). 청소년의 음악감상 행동에 관한 연구. 음악치료교육연구, 2(2), 1-14.

성소라(2022). 음악교육이 청소년들의 정서함양과 범죄예방에 미치는 영향어 관한 연구. 한국비즈니스연구, 6(1), 36-54.

신우열, 김민규, 김주환(2009). 회복탄력성 검사 지수의 개발 및 타당도 검증. 한국청소년연구, 20(4), 105-131.

윤소미, 이영호(2004), 한국판 무망감 우울증상 척도의 타당화 연구. 청소년 대상으로. 한국심리학회지: 임상, 23(4), 1051-1063.

이신숙(2013). 중학생의 회복탄력성과 학교적응성에 미치는 영향 연구. 조선대학교 대학원 박사학위논문.

이상규(2012). 도시주변부 청소년들의 임상에서 '음악듣기'의 의미. 한국방송학회 학술대회 논문집, 23-28.

이정실(2009). 근거이론에 위한 쉼터 청소년들의 정서에 따른 음악추구전략 연구. 청소년학연구, 16(3), 209-236.

이해강, 문지영(2022). 청소년 대상 국내 음악활동 효과 메타분석: 부정적 정서 조절을 중심으로. 한국음악치료학회지, 24(1), 81-105.

임혜숙(2022). 고등학생들과 대학생들의 음악적 정체성 비교. 음악교육연구, 51(1), 99-118.

장연경(2020). 창의적 음악치료 프로그램이 여성 청소년의 자아존중감, 회복탄력성, 진로성숙도에 미치는 효과. 순복음대학교 대학원 박사학위논문.

정순례, 양미진, 손재환(2022). 청소년 상담. 학지사.

정주연(2021). 음악적 정체성 관련 문헌탐색과 향후 국내 연구의 시사점. 미래음악교육연구, 6(1), 161-191.

한국정보화문화진흥원(2002). 인터넷 중독 상담 및 예방 프로그램 개발 연구. 한국정보화진흥원.

한국정보화문화진흥원(2007). 청소년 인터넷중독 자가진단 척도 고도화. 한국정보화진흥원.

한국정보화문화진흥원(2009). 인터넷중독 진단척도 2단계 고도화 연구 보고서. 한국정보화진흥원.

한국정보화문화진흥원(2011). 인터넷중독 진단척도 고도화(3차) 연구. 한국정보화진흥원.

한국지능정보사회진흥원(2023). 2022년 스마트폰 과의존 실태조사. 과학기술정보통신부.

홍은숙(2006). 탄력성(resilience)의 개념적 이해와 교육적 방안. 한국특수교육학회지, 29(1), 45-67.

황은영 (2012). 청소년 대상 그룹 음악치료 효과에 대한 메타분석. 음악치료교육연구, 9(2), 1-17.

황은영(2016). 청소년의 음악생활 및 음악선호도, 그리고 일상 스트레스와 음악사용전략연구: Pilot study. 예술심리치료연구, 12(4), 95-114.

황은영, 장문정, 고은진, 위아름, 박지선, 이은선(2019). 음악과 인간행동. 학지사.

American Music Therapy Association. (2013). What is music therapy?. www.musictherapy.org/about/quotes/

Bandura, A. (1977). Self-efficacy: Toward a unifying theory of behavioral change. *Psychological Review*, *84*(2), 191-215.

Baumeister, R. F., & Vohs, K. D. (2003). Self-regulation and the executive function of the self. *Handbook of self and identity*, *1*, 197-217.

Beidel, D., Turner, S. M., & Morris, T. L. (1995). A new inventory to assess childhood social anxiety inventory for children. *Psychological Assessment*, *7*, 73-79.

Bonneville-Roussy, A., Rentfrow, P. J., Xu, M. K., & Potter, J. (2013). Music through the ages: trends in musical engagement and preferences from adolescence through middle adulthood. *Journal of Personality and Social Psychology*, *105*(4), 703-717.

Brent, D. A., Poling, K. D., Goldstein, T. R. (2022). 우울과 자살위기의 청소년 치료(지승희, 김봉아 공역). 학지사. (원저 2011년 출판).

Bronfenbrenner, U. (2000). Ecological systems theory. In A. E. Kazdin (Ed.),

Encyclopedia of Psychology (Vol. 3, pp. 129–133). Oxford University Press.

Bronfenbrenner, U. (2005). *Making human beings human: Bioecological perspectives on human development*. SAGE Publications.

Brown, K. W., & Ryan, R. M. (2003). The benefits of being present: Mindfulness and its role in psychological well-being. Journal of Personality and Social Psychology, 84(4), 822–848.

Bruacia, K. E. (2014). *Defining music therapy* (2nd ed.). Barcelona.

Campbell, J. D., Trapnell, P. D., Heine, S. J., Katz, I. M., Lavallee, L. F., & Lehman, D. R. (1996). Self-concept clarity: Measurement, personality correlates, and cultural boundaries. *Journal of Personality and Social Psychology, 70*(1), 141–156.

DeNora, T. (2000). *Music's social powers*. In Music in Everyday Life (pp. 151–163). Cambridge University Press.

Duval, S., & Wicklund, R. A. (1973). Effects of objective self-awareness on attribution of causality. *Journal of Experimental Social Psychology, 9*(1), 17–31.

Erikson, E. H. (1968). *Identity, youth, and crisis*. Norton.

Fenigstein, A., Scheier, M. F., & Buss, A. H. (1975). Public and private self-consciousness: Assessment and theory. *Journal of Consulting and Clinical Psychology, 43*(4), 522.

Fiedler D., & Mullensiefen, D. (2015). Validation of the Gold-MSI questionnaire to measure musical sophistication of German students at secondary education schools. *Research in Music Education, 36*, 199–219.

Fiedler, D., & Spychiger, M. (2017). Measuring "musical self-concept" throughout the years of adolescence with MUSCI_youth: Validation and adjustment of the musical self-concept inquiry(MUSCI) by investigating samples of students at secondary education schools. *Psychomusicology: Music, Mind, and Brain, 27*(3), 167–179.

Firth, S. (1981). *Sound effects: Youth, leisure and the politics of Rock'n'Roll*. Pantheon.

Grant, A. M., Franklin, J., & Langford, P. (2002). The self-reflection and insight scale: A new measure of private self-consciousness. *Social Behavior and Personality, 30*(8), 821–835.

Giedd, J. N., Blumenthal, J., Jeffries, N. O., Rajapakse, J. C., Vaituzis, C., Hung, L., Berry, Y., Tobin, M., Nelson, J., & Castellanos, F. X. (1999). Development of the human corpus callosum during childhood and adolescence: A longitudinal MRI study. *Progress in Neuropsychopharmacology and Biological Psychiatry, 23*, 571–588.

Ginsburg, H. P., & Opper, S. (2006). **피아제의 인지발달이론**(김정민 역). 학지사. (원저 1988년 출판).

Govern, J. M., & Marsch, L. A. (2001). Development and validation of the Situational

Self-Awareness Scale. *Consciousness and Cognition: An International Journal, 10*(3), 366-378.

Hallam, S. (2017). *Musical Identity, learning, and teaching*. In Handbook of Musical Identities. Oxford University Press.

Hargreaves, D. J., & Lamont, A. (2017). *The psychology of musical development*. Cambridge University Press.

Hargreaves, D. J., MacDonald, R. A. R., & Miell, D. E. (2002). What are musical identities, and why are they important?. In R. A. R. MacDonald, D. J. Hargreaves, & D. E. Miell (Eds.), *Musical Identities* (pp. 1-20). Oxford University Press.

Hernandez, D. J. (1993). The historical transformation of childhood, children's statistics and social policy. *Norwegian university of science and technology, 1*(4), 187-201.

Huebner, E. S. (1994). Preliminary development and validation of a multidimensional life satisfaction scale for children. *Psychological Assessment, 6*(2), 149-158.

Jacobsen, S. L., Waldon, E. G., &, Gattino, G. (2020). 음악치료 진단평가 이론, 연구, 적용 (황은영, 배미현, 심교린 공역). 학지사. (원저 2019년 출판).

Kandel, J., Schwartz, J., & Jessel, T. (1991). *Principles of Neural Science*(3rd ed.). Elsevier.

LaGreca, A. M., & Stone, W. L. (1993). Social anxiety scale for children-revised. Factor structure and concurrent validation. *Journal of Clinical Child Psychology, 22*, 17-27.

McFerran, K. S. (2020). Adolescents and music therapy: Contextualized recommendations for research and practice. *Music Therapy Perspectives, 38*(1), 80-88.

Marcia, J. E. (1980). Identity in adolescence. In J. Adelson (Ed.), *Handbook of adolescent psychology* (pp. 159-187). Wiley.

Maslow, A. (1968). *Towards a Psychology of being*. Guilford Press.

Masten, A. S. (2001), Ordinary magic: Resilience process in development. *American Psychologist*, 56, 227-238.

Metalsky, G. L., & Joiner, T. E. (1997). The hopelessness depression symptom questionnaire. *Cognitive Therapy and Research, 21*, 359-384.

Moos, R. H. (1993). *Coping Response Inventory Youth Form-Professional Manual*. PAR Psychological Assessment Resources, Inc.

Morin, A. (2011). Self awareness part 1: Definition, measures, effects functions and antecedents. *Social and Personality Psychology Compass, 5*(10), 807-823.

Morin, A., Scalas, L. F., Vispoel, W., Marsh, H. W., & Wen, Z. (2016). The music self-perception inventory: Development of a short form. *Psychology of Music 44*(5),

530-549.

North, A. C., Hargreaves, D. J., & O'Neil, S. A. (2000). The important of music to adolescents. *British Journal of Music Education Psychology, 70*, 255-272.

North, A. C., & Hargreaves, D. J. (2007). Lifestyle correlates of musical preferences: 2. Media, leisure time and music. *Psychology of Music*, *35*(2), 179-200.

Oliver, M. B., & Raney, A. A. (2011). Entertainment as pleasurable and meaningful: Identifying hedonic and eudaimonic motivations for entertainment consumption. *Journal of Communication*, *61*(5), 984-1004.

O'lsson, C. A., Bond, L., Burns, J. M., Vella-Brodrick. D., & Sawyer, S. M., (2003). Adolescent resilience: A concept analysis. *Journal of Adolescence*, *26*, 1-11.

Pleux, D. (2012). 아이의 회복탄력성: 마음이 강하고 적극적인 아이로 키우는 힘(박주영 역). 글담출판사. (원저 2010년 출판).

Podder, V., Lew, V., & Ghassemzadeh, S. (2023, Aug 28). *SOAP Notes*. StatPearls. https://www.ncbi.nlm.nih.gov/books/NBK482263

Powell, M., Olsen, K. N., & Thompson, W. F. (2023). Music, Pleasure, and Meaning: The Hedonic and Eudaimonic Motivations for Music (HEMM) Scale. *International Journal of Environmental Research and Public Health*, *20*(6), 5157.

Radocy, R. E., & Boyle, J. D. (2003). *Psychological foundations of musical behavior* (4th ed.). Charles C Thomas.

Reivich, K., & Shatte, A. (2002). *The resilience factor*. Broadway Books.

Rentfrow, P., & Levitin, D. J. (2019). *Foundations in music psychology: Theory and research*. The MIT Press.

Resnick, M. D., Bearman,P. S., Blum, R. W., Bauman, K. E., Harris, K. M., Jones, J., Tabor, J., Beuhring, T., Sieving, R. E., Shew, M., Ireland, M., Bearinger, L. H., & Udry, J. R., (1997). Protecting adolescents from harm: Finding from the national longitudinal study on adolescent health. *Journal of the American Medical Association*, *278*(10), 832-832.

Richards, K. C., Campenni, C. E., & Muse-Burke, J. L. (2010). Self-care and well-being in mental heath professionals : The mediating effects of self-awareness and mindfulness. *Journal of Mental Health Counseling*, *32*(3), 247-264.

Roe, K. (1987). The school and music in adolescent socialization. In L. James (Ed.), *Popular music and communication* (pp. 212-230). Sage Publication.

Rosenberg, M. (1965). *Society and the adolescent self-image*. Princeton University Press.

Rudd, E. (1997). Music and identity. *Nordic Journal of Music Therapy*, *6*(1), 3-13.

Saarikallio, S., & Erkkilä, J. (2007). The role of music in adolescents' mood regulation. *Psychology of Music*, *35*(1), 88-109.

Saarikallio, S., Gold, C., & McFerran, K. (2015). Development and validation of the Healthy-Unhealthy Music Scale. *Child and Adolescent Mental Health*, *20*(4), 210-217.

Salovey, P., & Mayer, J. D. (1990). Emotional intelligence. *Imagination, Cognition & Personality*, *9*(3), 185-211.

Suvi, L. (2004). The Psychological functions of music in adolescent. *Nordic Journal of Music Therapy*, *13*(1), 47-63.

Trainor, L. J., Shahin, A. J., & Roberts, L. E. (2009). Understanding the benefits of musical training: effects on oscillatory brain activity. *Annals of the New York Academy of Sciences*, *1169*, 133-142.

World Federation of Music Therapy. (2011). What is music therapy?. https://www.wfmt.info/about.

제4장

강경선(2014). 무드조절 전략을 기반으로 한 음악치료가 학교부적응 청소년의 학교 적응과 부정적 무드조절에 미치는 영향. 예술심리치료연구, 10(4), 97-119.

강리나(2013). 모두를 위한 예술:베트남 미술교육의 실험과 변화. 해외문화예술교육 기획 리포트 5호.

고은진, 이진형(2018). 국내 청소년 대상 정서행동관련 핵심변인 중심 음악중재 연구분석. 한국예술치료학회지, 18(1), 1-18.

곽예빈(2023). 청소년 스트레에 관한 음악치료 동향 분석. 인문사회21, 14(3), 4397-4412.

권소현(2013). 음악치료가 청소년의 스트레스와 자기효능감에 미치는 영향: 국악을 중심으로. 부산대학교 대학원 석사학위논문.

권수지, 황은영(2017). 음악치료사의 주력 임상 대상에 따른 음악치료 목적과 중재 적용 현황 조사. 예술심리치료연구, 13(3), 63-81.

권용주, 강경선(2020). 청소년을 위한 랩(Rap) 음악치료 가사분석 연구. 한국음악치료학회지, 22(1), 25-42.

김기헌, 정현주, 윤주리(2015). 기소유예 청소년을 위한 회복적 사법 실천전략으로서 예술. 청소년학연구, 22(5), 275-300.

김다솜(2013). 학생오케스트라 활동이 중학생의 자아존중감과 자기 표현력에 미치는 영향. 이화여자대학교 대학원 석사학위논문.

김민애(2009). 중학생의 자살생각에 대한 인지행동적 음악치료 연구. 이화여자대학교 교육대학원 석사학위논문.

김상철, 김영숙, 이현림(2007). 집단 음악치료 프로그램이 청소년의 스트레스와 분노 감소에 미치는 효과. 상담학연구, 8(4), 1605-1622.
김선미(2005). 가출 청소년의 자기효능감 향상을 위한 음악치료활동 사례연구. 이화여자대학교 교육대학원 석사학위논문.
김성희(2002). 음악치료가 학교생활 부적응 초등학생의 적응과 사회성 향상에 미치는 영향. 숙명여자대학교 대학원 석사학위논문.
김정은(2003). 집단음악활동이 학교부적응 청소년의 자아존중감 향상과 우울감 감소에 미치는 영향. 숙명여자대학교 대학원 석사학위논문.
김지원(2018). 학교 부적응 청소년의 적응유연성 향상을 위한 지지적 노래만들기. 한국음악치료교육학회, 15(2), 41-67.
김진숙(2010). 샤머니즘과 예술치료. 학지사.
김춘경, 이수연, 이윤주, 정종진, 최웅용(2016). 상담학 사전. 학지사.
김현영(2014). 수용 음악치료가 청소년운동선수의 스트레스에 미치는 영향. 고신대학교 대학원 석사학위논문.
김현정(2010). 합주단 활동이 청소년 정서에 미치는 영향에 관한 연구: 울산지역을 중심으로. 계명대학교 대학원 석사학위논문.
김현정(2021). 청소년 우울에 대한 음악치료 임상연구 문헌 분석. 인문사회21, 12(5), 1667-1682.
나재용(2009). 청소년기의 대중음악 선호에 영향을 주는 제반 요인들에 관한 고찰. 낭만음악, 21(3), 5-34.
박이랑(2015). 음악치료 놀이극이 지적장애 청소년의 자아존중감에 미치는 영향. 인제대학교 대학원 석사학위논문.
박중길, 최영신, 김형숙, 민경훈, 김윤태(2006). 소년원생을 위한 문화예술 프로그램 연구. 문화관광부.
박지영(2016). 노래중심 음악치료가 저소득층 청소년의 회복탄력성에 미치는 효과. 통합치료연구, 8(1), 31-50.
백승영(2021a). 다문화 아동 청소년의 사회성 및 자존감 향상 연구 음악치료 메타분석. 인문사회 21, 12(4), 1375-1386.
백승영(2021b). 청소년 대상 정서, 행동문제에 관한 연구동향: 음악중재를 중심으로. 인문사회21, 12(5), 1533-1544.
성준모(2016). 청소년의 우울에 영향을 미치는 종단적 요인. 청소년복지연구, 18(4), 93-111.
송명훈(2021). 학교 부적응 청소년의 적응유연성 향상을 위한 학교 음악상담 프로그램 개발 및 효과: 타악기 즉흥연주를 중심으로. 단국대학교 대학원 박사학위논문.
송원일(2022). 청소년의 신(新)문화공간 사례연구: 메타버스 중 '제페토(Zepeto)'를 중심으로. 청소년 문화포럼, 71, 75-120.
신아름(2014). 노래 만들기를 통한 정서 행동 문제 청소년의 유능감 강화에 관한 연구. 이화여자대학교 교육대학원 석사학위논문.
양은정(2008). 치료적 유율타악기 합주가 가출 청소년의 사회기술에 미치는 영향. 명지대학교 대학원 석사학위논문.

용경희(2008). 학습기술의 기억증진을 위한 음악사용. 숙명여자대학교 대학원 석사학위논문.

여성가족부(2021. 9. 8.). 위기청소년 지원체계 강화 방안. https://www.mogef.go.kr/nw/rpd/nw_rpd_s001d.do?mid=news407

왕인순(2007). 신체자각을 통한 심리치유 경험에 대한 질적 연구: 여성 요가수련자를 중심으로. 한국심리학회지, 12(1), 219-239.

윤주리, 정현주(2019). 자원지향 노래심리치료를 통한 위기청소년의 심리적 자원 형성. 인간행동과 음악연구, 16(2), 1-25.

윤철경, 조홍식, 김향초, 이규미, 우정자, 윤진선(2006). 위기청소년 지역사회 안전망 실태와 발전방안. 한국청소년개발원.

이문수(2010). 소아청소년 우울증에서의 환경적 위험 인자들과 임상적 의미. 소아청소년정신의학, 21(3), 141-146.

이미나, 박경화, 김영환(2023). 청소년 심리 및 상담. 지식터.

이민지, 양은아(2020). 긍정심리학에 근거한 음악활동이 시설보호 청소년의 자아존중감과 자립생활준비에 미치는 영향. 한국음악치료학회지, 22(1), 101-124.

이수연(2020). 청소년 적응중재를 위한 뇌기반 상담의 탐색적 고찰. 미래청소년학회지, 17(1), 33-54.

이승지, 황은영(2022). 학교 밖 청소년 지원센터에서의 음악치료 현황과 센터 종사자들의 음악치료 관련 인식도 조사. 예술심리치료연구, 18(3), 187-207.

이인용(2006). 자살 충동 예방을 위한 음악치료적 접근. 인간행동과 음악연구, 3(2), 45-58.

이지영(2019). 치료적 노래만들기 활동이 탈북배경 청소년의 회복탄력성에 미치는 영향. 고신대학교 대학원 박사학위논문.

이지은(2019). 위기청소년을 대상으로 한 음악치료 연구 메타분석. 인제대학교 일반대학원 석사학위논문.

이태승(2021). 통합모델 연극치료 MEET-4c. 연극예술치료연구, 18, 1-16.

임연희(2012). 기타합주 중심의 음악치료가 비행청소년의 자기통제력에 미치는 영향. 고신대학교 대학원 석사학위논문.

임영식, 정경은, 임승희(2020). 꿈의 오케스트라 효과의 종단연구. 청소년문화포럼, 61, 95-123.

임영식, 유제민, 정경은, 김윤나, 양돈규(2012). 다문화 교육인력 양성사업 및 아카데미 CETA 연수 프로그램 평가 보고서. 한국문화예술교육 진흥원.

장문정, 황은영, 박지선(2012). 주력임상대상에 따른 음악치료 목적과 중재방법 비교 연구. 한국음악치료학회지, 12(3), 55-72.

전민영(2020). 학교 부적응 청소년을 대상으로 실시한 국내 음악치료 및 음악 프로그램 문헌연구: 2000년부터 2019년까지. 인문사회21, 11(6), 1605-1620.

전순영(2011). 미술치료의 치유요인과 매체. 하나의학사.

정경은, 조영미(2015). 청소년 문화예술 돌봄 프로젝트 효과 분석 연구. 청소년문화포럼, 43, 109-134.

정순례, 양미진, 손재환(2015). 청소년 상담. 학지사.

정태미(2010). 음악치료 활동이 다문화 가정 아동의 사회성 및 자아존중감에 미치는 영향. 한세대학교 대학원 석사학위논문.

정현주(2011). 인간행동과 음악. 학지사.

정현주, 김동민(2005). 아동들을 위한 음악치료놀이극. 학지사.

정현주, 김동민(2010). 음악심리치료. 학지사.

정현주, 김영신, 최미환, 조혜진, 노주희, 김동민 외(2006). 음악치료 기법과 모델. 학지사.

정현주, 윤주리, 강현정, 원혜경(2020). 위기청소년을 위한 음악정서지원 프로그램 만족도 평가: 조건부 기소유예 및 보호관찰 청소년을 대상으로. 교정담론, 14(1), 185-209.

조민지, 김동언(2015). 엘 시스테마 코리아 전략모형 개발에 관한 연구. 예슬경영연구, 36, 35-66.

조현진(2009). 시설청소년의 자기통제력을 위한 음악극 활동 사례연구: 문제행동을 중심으로. 이화여자대학교 대학원 석사학위논문.

주리애(2010). 미술치료학. 학지사.

주리애, 윤수현(2014). 청소년을 위한 미술치료. 아트북스.

최경희, 심교린(2020). 밴드 음악활동을 통해 회복된 위기청소년의 음악경험 연구: 소년 보호시설을 중심으로. 한국예술치료학회지, 20(1), 125-142.

최연식(2022). 청소년의 범불안 장애가 자살위험에 미치는 영향. 경북대학교 보건대학원 석사학위논문.

최정원, 문호영, 전진아, 박용천(2021). 10대 청소년의 정신건강 실태조사. 한국청소년정책 연구원.

최주희, 남현우(2017). 시설보호 청소년의 음악치료 경험에 대한 현상학적 질적 연구. 예술심리치료연구, 13(2), 181-202.

최현순(2014). 음악치료 활동이 청소년의 사회성 향상에 미치는 영향:중학생을 중심으로. 경기대학교 대학원 석사학위논문.

통계청(2022). 아동청소년 삶의 질 2022 보고서. https://kostat.go.kr/board.es?mid=a90106000000&bid=12316&tag=&act=view&list_no=425844&ref_bid=

홍민주, 순진이(2017). 톤챠임을 활용한 음악치료가 다문화 청소년의 자아존중감과 대인관계에 미치는 영향. 예술심리치료연구, 13(3), 133-155.

황순길, 김동민, 강태훈, 손재환, 김화연, 김지혜(2016). 2016년 전국 청소년 위기 실태조사. 한국청소년상담복지개발원.

황은영 (2012). 청소년 대상 그룹 음악치료 효과에 대한 메타분석. 음악치료교육연구, 9(2), 1-17.

황은영, 장문정, 이은선, 위아름, 박지선, 고은진(2017). 올 댓 청소년 음악치료. 학지사.

황은영, 장문정, 고은진, 위아름, 박지선, 이은선(2019). 음악과 인간행동. 학지사.

American Psychiatric Association, DSM-5 Task Force. (2015). 정신질환의 진단 및 통계 편람 제5판(권준수 외 공역). 학지사. (원저 2013년 출판).

Ashwin, G. (2023). Exploring the use of music therapy in the management of anxiety disorders, in adolescents. *Archives of Clinical Psychiatry, 50*(4), 53-59.

Austin, D. (2012). 성악심리치료의 이론과 실제: 자기에 대한 노래(한국성악심리치료사협회 역). 시그마프레스. (원저 2008년 출판).

Bamford, A. (2006). *The woe factor*. Waxmann Munster.

Baker, F., & Wigram, T. (2008). 치료적 노래 만들기: 음악치료의 임상 및 교육을 위한 지침서(최미환 역). 학지사. (원저 2005년 출판).

Belski, N., Abdul-Rahman, Z., Youn, E., Balasundaram, V., & Diep, D. (2022). The effectiveness of musical therapy in improving depression and anxiety symptoms among children and adolescents. *Mental Health, 27*(4), 369-377.

Blackwood, R. (1970). The Operant conditioning of verbally mediated self control in the classroom. *Journal of School Psychology, 8*, 251-258.

Boxill, E. H. (1985). *Music therapy for the developmentally disabled*. An Aspen Pulication.

Brent, D. A., Poling, K. D., Goldstein, T. R. (2022). 우울과 자살위기의 청소년 치료(지승희, 김봉아 공역). 학지사. (원저 2011년 출판).

Bruscia, K. (1987). *Improvisational models of music therapy*. Springfield, IL: Charles C Thomas Publishers.

Bruscia, K. E. (2006). 음악 심리치료의 역동성(최병철, 김영신 공역). 학지사. (원저 1998년 출판).

Bruscia, K. E. (2014). *Defining music Therapy* (2nd ed.). Barcelona.

Caldwell, C. (1996). *Getting our bodies back*. Shambahala.

Caldwell, C. (2004). The power of stillness, the glory of motion. *American Journal of Dance Therapy, 26*(1), 9-15.

Camilleri, V. (2002). Community building through drumming. *The arts in Psychotherapy, 29*(5), 261-264.

Chaiklin, S. (2009). We dance from the moment our feet touch the earth. In S. Chaiklin & H. Wengrower (Eds.), *The art and science of dance/movement therapy: Life is dance* (pp. 3-11). Routledge/Taylor & Francis Group.

Cheung, A. H., Zuckerbrot, R. A., Jensen, P. S., Laraque, D., Stein, R. E. K., & GLAD-PC STEERING GROUP (2018). Guidelines for Adolescent Depression in Primary Care (GLAD-PC): Part II. Treatment and Ongoing Management. *Pediatrics, 141*(3), e20174082. https://doi.org/10.1542/peds.2017-4082.

Cozolino, L. (2014). *The neuroscience of human relationships: Attachment and the developing social brain*(2nd ed). W. W. Norton & Company.

Davis, W. B., Gfeller, K. E., & Thaut, M. H. (2002). 음악치료학 개론: 이론과 실제(김수지, 고혜정, 권혜경 공역). 권혜경음악치료센터. (원저 1999년 출판).

Darrow, A. A. (2006). 음악치료 접근법(김영신 역). 학지사. (원저 2004년 출판).

Donahue, E. M., Robins, R. W., Roberts, B. W., & John, O. P. (1993). The divided self: concurrent and longitudinal effects of psychological adjustment and social roles on self-concept differentiation. *Journal of personality and social psychology*, *64*(5), 834-846.

de Witte, M., Knapen, A., Stams, G. J., Moonen, X., & van Hooren, S. (2022). Development of a music therapy micro-intervention for stress reduction. *Arts in Psychotherapy*, *77*, Article 101872.

Emersom, E., & Shelton, J. (2001). Using creative arts to build coping skills to reduce domestic violence in the lives of female juvenile offenders. *Issues in Mental Health Nursing*, *22*, 181-195.

Fitzgerald, M., Joseph, A. P., Hayes, M., & O'Regan, M. (1995). Leisure activities fo adolescent schoolchildren. *Journal of Adolescent*, *18*, 349-358.

Fouché, S., & Torrance, K. (2005). Lose yourself in the music, the moment, yo! music therapy with an adolescent group involved in gangsterism. *Voices: A World Forum for Music Therapy*, *5*(3).

Geipel, J., Koenig. J., Hillecke, T. K., & Resch, F. (2022). Short-term music therapy treatment for adolescents with depression-A pilot study. *The Arts in Psychotherapy*, *77*, Article 101874.

Gold, C., Saarikallio, S., Crooke, A. D., & McFerran, K. S. (2017). Group music therapy as a preventive intervention for young people at risk: Cluster-Randomized Trial. *Journal of Music Therapy*, *54*(2), 133-160.

Grocke, D., & Wigram, T. (2011). 음악치료 수용기법(문소영, 이윤진 공역). 학지사. (원저 2007년 출판).

Hinz, L. D. (2016). ETC 표현미술치료: 미술치료를 사용하기 위한 기본구조(전순영, 박윤희 공역). 하나의학사. (원저 2009년 출판).

Hipp, E. (2023). 나는 왜 짜증이 날까?(김선희 역). 뜨인돌. (원저 2008년 출판).

Huges, J. (2005). *Doing the arts justice: A review of research literature, practice and theory*. The Unite for the Arts and Offender. https://www.artsevidence.org.uk/media/uploads/evaluation-downloads/doing-the-arts-justice-2005.pdf

Kaser, V. A. (1993). Musical expressions of subconscious feeling: A clinical perspective. *Music Therapy Perspective*, *11*(1), 15-23.

Kendall, P. C. (2021). 아동 청소년 심리치료(신현균, 김정호, 최영미 공역). 학지사. (원저 2012년 출판).

Klink, M., & Crawford, D. (1998, June). *Conflict resolution and the arts*. OJJP FactSheet #80. U.S. Department of Justice.

Koelsch, S., Offermanns, L., & Franzke, P. (2010). Music in the treatment of affective disorders: an exploratory investigation of a new method for music-therapeutic research. *Music Perception, 27*(4), 307-316.

Kwok, S. Y. C. L. (2019). Integrating positive psychology and elements of music therapy to alleviate adolescent anxiety. *Research on Social Work Practice, 29*(6), 663-676.

Laiho, S. (2004). The Psychological Functions of Music in Adolescence. Nordic *Journal of Music Therapy, 13*(1), 47-63.

Landy, R. (2002). 억압받는 사람들을 위한 연극치료(이효원 역). 울력. (원저 1994년 출판).

Landy, R. (2012). 카우치와 무대: 심리치료에서 말과 행동을 통합하기(이효원 역). 울력. (원저 2008년 출판).

Malchiodi, C. A. (2008). 미술치료(최재영, 김진연 공역). 조형교육. (원저 2007년 출판).

Maratos, A., Crawford, M. J., & Procter, S. (2011). Music therapy for depression: It seems to work, but how?. *The British Journal of Psychiatry, 199*(2), 92-93.

McArthur, E., & Law, S. A. (1996). *The arts and public safety impact study: A review of current programs and literature. Prepared for Los Angeles Department for Cultural* Affairs. RAND Corporation, Institute on Education and Training.

McFerran, K. S. (2020). Adolescents and music therapy: Contextualized recommendations for research and practice. *Music Therapy Perspectives, 38*(1), 80-88.

Meekums, B. (2002). *Dance movement therapy: A creative psychotherapy approach*. Sage.

Meyberg, W. (1989). *Trommelnderwise, trommeln in therapie und selbsterfahrung*. Verlag Mike Behrens.

Miles, A. (2004) What works in offender rehabilitation: Revealing the contribution of the arts, In J. Cowling (Ed.), *For art's sake: Society and the arts in the 21st century*, (pp. 107-19). Institute of Public Policy Research.

Mucahy, K. V. (1996). *The arts and community development: Local arts agencies as cultural extension agents*. Symposium presentation. National Assembly of Local Arts Agencies(now Americans for the Arts).

Nordoff, P., & Robbins, C. (1971). *Music Therapy in special education*. Day Company.

Nordoff, P., & Robbins, C. (2007). Creative music therapy: A guide to fostering clinical musicianship. Barcelona.

Penelope. P. (2007). Art therapy with children after a disaster: A content analysis. *The*

Arts in Psychotherapy, 34(4), 350-361.

Priestley, M. (2006). 분석적 음악치료(권혜경 역). 권혜경음악치료센터. (원저 1994년 출판).

Rio, R. E., & Tenney, K. S. (2002). Music therapy for juvenile offenders in residential treatment. *Music Therapy Perspectives, 20*, 89-97.

Roberts, M., & McFerran, K. (2013). A mixed methods analysis of songs written by bereaved preadolescents in individual music therapy. *Journal of Music Therapy, 50*(1), 25-52.

Rubin, J. A. (2006). 미술치료학 개론(김진숙 역). 학지사. (원저 1999년 출판).

Rubin, J. A. (2008). 이구동성 미술치료(주리애 역). 학지사. (원저 1987년 출판).

Steinberg, L. (2010). A behavioral scientist looks at the science of adolescent brain development. *Brain and Cognition, 72*(1), 160-164.

Suh, E. S. (2023). The use of group drumming-based music therapy with male adolescents in a school violence prevention program in Korea: A pilot study. *Psychology of Music, 51*(3), 682-699.

The Unit for the Arts and Offenders. (2004). *A case for space*. UAOP Publishers.

Thaut, M. H., & Hoemberg, V. (Eds.). (2014). *Handbook of neurologic music therapy*. Oxford University Press.

Weitz, J. H. (1996). *Coming up taller: Arts and humanities program for children and youth at-risk*. The president's Committee on the Arts and the Humanities.

Wigram, T. (2006). 즉흥연주(김진아, 김귀현 공역). 학지사. (원저 2004년 출판).

Wooten, M. A. (1992). The effects of heavy metal music on affects shifts of adolescents in an inpatient psychiatric setting. *Music Therapy Perspectives, 10*(2), 93-98.

Wu, B. (2017). Influence of a music therapy program to prevent somatic symptom disorder pain: An experimental study. *NeuroQuantology, 15*(3), 158-163.

Wyatt, J. G. (2002). From the filed: Clinical resources for music therapy with juvenile offenders. *Music Therapy Perspectives, 40*(2), 80-88.

찾아보기

인명

내용

저자 소개

황은영(Eunyoung, Hwang)
숙명여자대학교 대학원 음악치료학 전공 박사
현) 숙명여자대학교 음악치료대학원 임상음악치료학과 조교수
자격) 임상음악전문가 1급
GIM심상음악치료전문가(FAMI)
명상지도전문가 T급

박지선(Jisun, Park)
숙명여자대학교 대학원 음악치료학 전공 박사
전) 연세정신건강의학과 소아청소년과 음악치료사
현) 숙명여자대학교 음악치료대학원 초빙교수
자격) 임상음악전문가 1급
GIM심상음악치료전문가(FAMI)
임상심리사 2급
발달재활서비스 음악재활사

이일경(Ilkyoung, Lee)
숙명여자대학교 대학원 음악치료학 전공 박사
전) (사)인터넷꿈희망터 음악치료사 및 상담실장
강남교육복지센터 센터장
현) 뮤직앤마인드 심리상담교육연구소 소장
숙명여자대학교 음악치료대학원 겸임교수
자격) 임상음악전문가 1급
GIM심상음악치료전문가(FAMI)
임상심리사 2급
발달재활서비스 음악재활사

장문정(Moonjung, Jang)
숙명여자대학교 대학원 음악치료학 전공 박사
전) 숙명여자대학교 부설 음악치료센터 선임연구원
가출 청소녀 쉼터 힐링캠프 음악치료 출강
현) 명지병원 예술치유센터 정신과 전담 음악치료사
숙명여자대학교 음악치료대학원 강사
자격) 임상음악전문가 1급
GIM심상음악치료전문가(FAMI)
성악심리치료사(AVPT)
임상심리사 2급

주지은(Jieun, Ju)
숙명여자대학교 대학원 음악치료학 전공 박사
전) 서울장애인종합복지관 음악치료사
현) 명지병원 예술치유센터 팀장
숙명여자대학교 음악치료대학원 겸임교수
자격) 임상음악전문가 1급
임상심리사 2급
발달재활서비스 음악재활사

올 댓 위기청소년 음악치료

All That Music Therapy for Youth at Risk

2024년 9월 15일 1판 1쇄 인쇄
2024년 9월 20일 1판 1쇄 발행

지은이 • 황은영 · 박지선 · 이일경 · 장문정 · 주지은

펴낸이 • 김진환
펴낸곳 • (주) 학지사

04031 서울특별시 마포구 양화로 15길 20 마인드월드빌딩
대표전화 • 02)330-5114 팩스 02)324-2345
등록번호 • 제313-2006-000265호

홈페이지 • http://www.hakjisa.co.kr
인스타그램 • https://www.instagram.com/hakjisabook

ISBN 978-89-997-3218-8 93180

정가 22,000원